青岛工商史

近代卷

于佐臣　著

中国海洋大学出版社

·青岛·

图书在版编目(CIP)数据

青岛工商史. 近代卷 / 于佐臣著. — 青岛：中国海洋大学出版社，2024. 11. —ISBN 978-7-5670-4051 -9

Ⅰ. F203.9

中国国家版本馆 CIP 数据核字第 2024ZU1607 号

QINGDAO GONGSHANG SHI · JINDAI JUAN

青 岛 工 商 史 · 近 代 卷

出版发行	中国海洋大学出版社	
社　　址	青岛市香港东路 23 号	**邮政编码**　266071
出 版 人	刘文菁	
网　　址	http://pub.ouc.edu.cn	
电子信箱	116333903@qq.com	
订购电话	0532-82032573(传真)	
责任编辑	滕俊平	**电　　话**　0532-85902342
印　　制	青岛泰兴印刷有限公司	
版　　次	2024 年 11 月第 1 版	
印　　次	2024 年 11 月第 1 次印刷	
成品尺寸	170 mm×230 mm	
印　　张	18	
字　　数	320 千	
印　　数	1~1350	
定　　价	198.00 元	

发现印装质量问题,请致电 13658665976,由印刷厂负责调换。

前言/Preface

　　青岛工商业,历史悠久,源远流长。其历史发端,可以上溯至夏商,陶业、盐业、青铜业等均已源起滥觞。春秋时期,即墨跃为齐国五都之一,与齐都临淄"并夸殷富",出现了最早的商人阶级和被称作"百工"的工匠群体;即墨刀币作为一种全新的货币,流通于齐燕诸国。秦代,琅琊港成为北方的海港城市,港航贸易较为繁盛。徐福东渡,从琅琊港启航,开丝绸之路之先河。宋代,胶州板桥镇成为中国北方对外贸易重要口岸和连接河海航运的商贸重镇,货连九域三吴,帆接东南沿海,北达日本、朝鲜,南至南洋,实现了南北海上丝绸之路的对接。明代,青岛口、女姑口、金家口、塔埠头港相继兴起,形成环胶州湾的港口集群。由于倭患频仍,明王朝实行海禁政策,初露萌芽的青岛工商业失去了应有的发展动力。直至明代后期开放海禁,胶州湾内外诸港方再现帆樯连云、商贾云集的商贸盛况,从而为青岛近代工商业的发展奠定了基础。

　　青岛近代工商业,时限起自 1840 年鸦片战争以后西方资本主义入侵,至 1949 年青岛解放。其间,西方资本主义特别是德、日工商业资本强势介入青岛工商业,建立殖民工商体制。青岛传统手工业、商业在殖民外力的扭合下,逐步向近代工商业转轨,在长达四分之一个世纪的殖民统治下生长、发展,历尽艰难跌蹶。中国收回青岛后,依附西方资本主义的殖民工商体制不复存在,民族工商业的发展环境得以改善;但日本工商资本仍霸据城市工商业的垄断地位,严重滞碍青岛民族工商业的发展。青岛民族企业家及广大工商业者为民族工商业的崛起和收回经济利权抗争不已,生生不息。青岛工商业的历史成因、过程及其跌挫曲折、波澜起伏,值得深长思之并加以深刻的历史剖析。

青岛工商业发展的历史进程,既有国内外诸多城市、地区工商业发展的一般规律,也有其自身特有的发展路径和特点。同国内外诸多城市、地区工商业发展一样,青岛工商业伴随社会文明的进步而萌生,随着生产力和生产方式的更替而发展。近代以来,殖民军事的武力干预,扫平西方工商资本的东渐之路,改变了青岛工商业的发展进程和路径,将其纳入殖民工商体制之下。一方面加速了青岛传统工商业的近代化进程,城市工商业形成了一定的发展规模和较高水平;另一方面遏制了民族工商业的发展,使其处于艰难曲折中蹒跚前行的困境。总览近代青岛工商业发展历程,主要呈现如下特点。

第一,近代青岛工商业发展的历史进程与城市殖民历史交错并行,凸显鲜明、深刻的殖民经济特征。德、日帝国主义通过向青岛输出资本、技术,为其提供现代化港口、铁路和城市基础设施,使近代青岛的商品经济得到发展,城市化步伐加快,把青岛带入了世界市场经济领域。同时,其恃仗经济优势、使用军事胁迫,对青岛及山东资源大肆掠夺,对传统社会经济结构构成严重破坏,凭借资本、技术优势夺占民族工商业的生存空间,迫其异变为殖民经济的附庸。殖民经济体制下的青岛工商业态,外国资本进行大机器生产的现代工业企业与传统落后的从事低端产品生产的手工业作坊形成悬殊落差,呈现两极分化的畸态;原料、能源、劳动力资源输出与洋货充斥造成进出口贸易的大幅失衡。为此,青岛外资与中资工商企业之间的较量和抗争,成为贯穿青岛近代工商业发展全过程的主线。

第二,铁路—港口是近代青岛工商业发展的动力源与驱动器。铁路—港口联动,不仅拓展了青岛工业原料供应基地和产品外运通道,还推动了商业和其他行业的综合发展。作为工商实业之母,路港联动,造就了与青岛港和胶济铁路相伴生的轮船、机车高端制造业,刺激了临港加工业和进出口商贸业的发展,促使与原料、燃料、市场等区位优势紧密相连的区位性企业如纺织业、烟业、矿业、水产业等企业应运而生。多数工商企业入围路港经济圈并选址路港周边而设,形成了港埠区、工业区、商业区与住宅区,促使青岛跃变为铁路——港口构成的现代交通枢纽城市,不仅奠定了南北狭长的城市产业分布格局,而且对城市人口分布、职业构成与城市空间拓展产生了半个世纪的重要影响。

第三,青岛民族工商业在西方工商资本的打压下,以技术创新为驱动,打破了西方技术壁垒,逐步实现生产技术和原材料本土化,对青岛产业结构重塑产生了巨大推动力。青岛民族企业家自强自立、艰难崛起的精神和与之相匹的企业战略,在企业克服障碍、推动创新进程中发挥了重要作用,促进了青岛民族工商业的蓬勃崛起。青岛民族工商业经济社团组织的涌现,为民族工商业的发展壮大注入了强大的内聚力。青岛民族工商业经济社团组织是城市工商业发展到一定阶段的产物,标志着城市工商业的发展规模和层次水平,不仅构建起门类众多、分工细密的行业协作网,还改变了华人工商社会缺乏经济联系与合作、组织涣散、各自为战之旧观。青岛民族工商界冲决各抱一方的乡谊藩篱,自发成立商会和同业公会,实现行业整合,加强团结合作,联手对外,与实力雄厚的外国资本相抗衡,收回路矿权,废除胶平银,抵制日货,提倡国货,自办物品交易所,打破了日人对青岛市场的长期垄断,张扬了国魂民气,大大提高了民族自信力和凝聚力。这是观照近代青岛工商业发展历程的精神主轴。

研究青岛城市工商历史,在于梳理、总结其发展演变规律,明史资政,鉴往而知今,服务新时代中国特色社会主义建设事业与伟大实践。目前,青岛城市工商发展史研究还在路上,此前虽然有为数不少的反映青岛工商历史某一时期某一方面某个行业的专题研究成果问世,但其总量偏少,全视角探究近代青岛工商业生成因由、历史脉络、演变主线和阶段性特征的断代史研究专著尚不多见。诚愿《青岛工商史·近代卷》的付梓,对这一领域的深入研究起到促进作用。

目录／Contents

第一章　胶州湾岸港群落的形成

宋元以来,青岛地区伴随区域港航格局海运—河海联运—海运的嬗变,港口区位发生流转腾挪,依托天然海湾、河口的新港口先后出现。据方志记载,先后形成的天然港口有唐家湾口、淮子口、董家湾口、金家口、青岛口、女姑口等24个港口,沿胶州湾内外海口、河口分布,岸线绵长,规模庞大。近代以来,环湾布列的诸多港口贸易重地,形成顺岸码头形态的天然港口群,推动青岛区域港航贸易加速向海拓展,赓续丝绸之路的新篇章,对青岛地区及山东半岛的社会、经济、贸易产生了重要影响。

第一节　胶州的门户港塔埠头

塔埠头,位于胶州湾西北岸,胶州城东南6公里处,距大沽河入海处约10公里,为通往淮子口海路的要冲。据《胶州志》载:"由塔埠头至淮子口,名少海,商船停泊处也。岸西为土堰百余丈,拒潮且便登舟。"[1]

塔埠头港的历史缘起为时久远。宋代,为阻断辽、金从海上南侵之路,朝廷封闭了山东半岛北部的登州、莱州海口,而以密州管辖的板桥镇港为当时北方唯一的海口商港。至北宋中期,板桥镇港跃升为全国著名的贸易港口之一,商务税额跃居山东省各州县之首,居全国上乘。但海运商贸之利,专为富户巨商所得,未"笼商人专利归于中央",且板桥镇港舶运的金、银、缗钱、铁等属于朝廷限制或禁止的,而进口的象牙、犀角、乳香等珍奇物品,朝廷明令禁止私下买卖。对此,因板桥镇尚未设市舶司,难以行使管理职能,加之当时密州治所在距海较远的诸城,查缉海港出入船舶和征收商税极为不便,如果在胶州板桥镇设立市舶司,"则海外诸物积于府库者,必倍于杭、明二州"(《宋史·食货志下八》)。于

---

[1]　乾隆《胶州志》卷1《图说》,乾隆十七年(1752)刻本。

是,宋廷采纳密州知州范锷①的建议,在濒海的板桥镇设置密州市舶司,管理内外航运事务,抽取进出口贸易税收。时为板桥镇外港的塔埠头位居入海要冲,是抽解务机关的驻地,遂成两广、福建、淮东、闽东、河北等路南调北运物资的水路转输集散地。

元世祖至元十七年(1280),南起胶州湾、北达莱州湾的世界上第一条通海运河——胶莱运河通航,"南来货物……完全改由海道由塔埠头卸载,货物转移于东西北各地,一时商贾辐辏,帆樯云集"②。凡海船进入胶州湾,需在塔埠头港换平底船驶入运河,进至莱州湾后,再换回海船驶入渤海。待运的客货、沿岸的船商、提供给养的服务商,聚集于塔埠头和胶州城,塔埠头港遂变为冠领运河航运的枢纽港。此时,板桥镇港已濒淤废,港航贸易已让位于外港塔埠头,塔埠头变身为胶州的港城腹地。在外港贸易的促动下,久为山东重要商港的胶州呈现数百年来未有之繁荣景象。胶莱运河通航8年之后,因漕运运力不足,元廷于至元二十五年(1288)罢停南北海运,塔埠头港遂从领衔运河航运的中心地位跌落。

明清两代,京都军粮民食多赖南方供应,漕运的恢复,使塔埠头港重返海运中心的地位,运输量持续增长,航运至盛时年运量达360万石。这一时期虽屡行海禁,对沿海港航产生重大影响,但胶州的近海航运始终没有中断。清初,山东沿海各口船税以胶州最多,每年征银达7540两。至清中期,塔埠头港航贸易进一步拓展,码头两岸成为繁华商业区。清咸丰九年(1859),清政府设立塔埠头厘税局。是年,清兵部左侍郎郭嵩焘奉旨调查山东税局,抵塔埠头海口考察,其时塔埠头分布有福广行等八大商行。据《郭嵩焘日记》记载:"旧设行八家:福广行曰孙公顺,杉木行曰王德茂,棉花行曰陈正隆,驴骡行曰匡吉成,草果行曰王祥升,油饼行曰孙裕盛,腌猪行曰徐德顺,干粉行曰匡公聚。"③从塔埠头港驳运的货物,东至即墨,西达潍县,北往海阳、莱阳,货通胶东各县,与金家口商路相接,直抵登州、烟台,时有"金胶州,银潍县,铁打的周村"之谚。这一时期,塔埠头港区内布满了各种货栈,存放卸岸货物。其中以荣德号的货栈规模最大,

① 范锷,字隐之,浙江兰溪香溪人。宋仁宗皇祐五年(1053)进士,官至太府少卿,封特进光禄大夫、上柱国、长社郡公。宋神宗元丰六年(1083),任密州知府的范锷上书宋神宗,奏请在内外贸易发达的板桥镇设立市舶司。此后五年间,经过范锷的不懈努力,终于在宋哲宗元祐三年(1088)设立了板桥镇市舶司。自此板桥镇进入了港航贸易的历史繁荣期。
② 民国《增修胶志》卷52,胶县大同印刷社1931年版。
③ [清]郭嵩焘:《郭嵩焘日记》第1卷,湖南人民出版社1980年版,第267~268页。

院内可摆放 3000 只油篓(每篓一百七八十斤),另设两个货仓,每个货仓可囤纸张 200 吨以上。码头区内,有许多专营海运的船行,其中规模较大的船行,经营舢板近百条,数百上千专事驳运的杠力脚夫聚集塔埠头,形成码头搬运业群体。塔埠头港区以北,是通往胶州城的货运大道,错落分布着海神庙与多处会馆,成排连栋的馆舍屋宇、饭铺旅店,是供南北商人休息和娱乐之所。时塔埠头港有水道与海上航线联通,潮水涨时,小型船舶可乘潮出入,驳运货物。卸岸之后,载运货物的大小车辆络绎往来,贸易极为繁盛,贸易商行已扩展为 20 余家。清同治四年(1865)东海关设常关于塔埠头,征收一般贸易商品常税。此后塔埠头、青岛口两处常关每年平均向东海关上缴税银约 2 万海关两,其中不包括当地海关附带收取船规船费的捐税在内,另外又附加征收厘金约 6000 海关两,每年总收入达 26000 海关两。由此窥见塔埠头海关、海运在胶东半岛沿海港口中的重要地位。为便于常关关务运行,港区随之扩大。根据相关人回忆绘制的《塔埠头港示意图》,塔埠头港区,北起海神庙,南至海关常关,长约 750 米。清同治、光绪年间,进泊塔埠头的商船以南船为多,主要有宁波的宁船、福州的闽船和江浙的沙船,最大载重量为 30 吨。输入塔埠头的货物主要有纸张、砂糖、南竹、陶器等,输出塔埠头的货物主要有油、豆、豆饼、白菜等产品,此外木材、棉花、果品、油饼、干粉、腌猪等也是转港货品之大宗。这一时期,塔埠头水道最大通过吨位为 20 吨,故大商船须远泊在港外的主航道上,通过平底船过驳。"由于这种障碍,往往有许多船只需要被迫等待下一次大潮到来时才能离港,造成不必要的耽误时间和营业损失。有些商人因为业务利害关系巨大,不得不雇工挖去约一英里长的水道淤泥,才能到达海水较深的地方。"①清光绪年间,塔埠头的淤积年甚一年。光绪十八年(1892),塔埠头港水道淤塞,以河工捐的名义劝募 5000 银圆,又向 5 家当地商行借支 4000 吊钱,完成挖河工程,但胶州湾北部湾底泥沙淤积的状况终难逆转。

1900 年青岛小港建成,因未向中国民船开放,加之青岛自由港税制存在的种种弊端,庞大的中国民船商队纷纷弃青岛港而转往塔埠头。据 1900 年胶海关统计,从华南到东北进泊塔埠头的来船,进港 2514 艘次,出港 2181 艘次,合计 4695 艘次。塔埠头港复现的繁荣,令德国殖民当局极为担忧,期望塔埠头的民船贸易转变方向来青岛。此时小港码头刚刚启运,而大港建设尚待时日,殖

① 青岛市档案馆编:《帝国主义与胶海关》,档案出版社 1986 年版,第 66 页。

民当局不希望在青岛港之外出现一个新码头,以避免方兴未艾的小港贸易转向新的港口。其时,为了德国铁路公司设在塔埠头港的货场汽艇航行便利,德国在塔埠头港的航道上设置了许多小型航标,但在铁路公司停止汽艇运输后便撤走航标,以此遏制塔埠头港成为吸引民船贸易的新生边界贸易港。

1904年,青岛大港一号码头竣工,实现了路港一体化运行。次年发布《会订青岛设关征税修改办法》,实行新的保税区税制,吸引民船贸易转向青岛港。加之塔埠头滩涂淤积,海岸线外移,吞吐量回缩,塔埠头港海运业务大部分东移至青岛,从此便失去了昔日的繁盛景象。民国初年,塔埠头仍为鲁东商品集散之一大市场,据记载贸易额尚达300万元以上。至20世纪20年代,塔埠头仅余源顺、同祥、利生、赢德等四家较大的货栈,贸易额一落千丈。后随着河沙进一步淤塞,塔埠头渐次变成了一处渔村。

第二节 "山东沿海之冠"金口港

金口港(原称金家口港)位于今青岛市即墨区金口(原称金家口)村东,在今青岛市即墨区东北36公里处,丁字湾西岸。丁字湾,位于即墨、莱阳、海阳三地交界处,五龙河、店集河和白沙河等流入湾内。湾内岸线蜿蜒曲折,岬湾相间,因状如"丁"字而名丁字湾。古之丁字湾两岸夹峙,"凤头山、万松山护其南,颜武岛诸山林护其东,中有小水自西山下引海潮为船浒"[1]。港湾状如江河,水深浪平,形成天然避风港,古称丁字港,为天然形成的顺岸式码头。郭嵩焘考察胶州湾诸港后记载称:"金家口与莱阳诸海口同一海汊,地势稍折而东向,香岛、青岛、白马岛横蔽其南。海势束如小溪,径东又为莱阳之蠢岛所蔽,不见大洋。大船亦不能入内汊。惟驳船数十百号,鳞次布列。市东一片沙滩,又横出一小港。驳船乘潮运货,皆在此港。"[2]

金口港开埠的时间,史无确载。明万历年间,明廷批准即墨县开辟青岛口、金家口、女姑口为通商口岸,金家口始开海通商。至明天启年间,金家口日臻昌盛。清朝中叶以后,金口港曾是山东半岛著名的通商港口。鼎盛时蚁舟盈港,

---

① [清]周铭旗等:《即墨县乡土志》卷下《道路部》。

② [清]郭嵩焘:《郭嵩焘日记》第1卷,湖南人民出版社1980年版,第266页。

商舶辐辏,南客北旅,往来不暇,行商坐贾,肩踵接摩,每天进出港的船只上百艘。商贸兴隆,为即墨沿海诸港之冠。仅有 4 平方公里的金家口港,人口增至 2 万多。据现存金口天后宫《庙田碑记》[嘉庆元年(1796)立]镌记:"即邑金家口为商船停泊之区,于乾隆三十三年,南北客商捐资建造天后圣母行宫。"金口天后宫规模之大,为山东半岛之最,建筑宏大精美,庙产极为雄厚,由此可从一个侧面窥知金口港港航经济所形成的规模及其繁荣程度。德国地质学家李希霍芬在后来的山东考察报告中特别强调:"很长时间以来,在南部海岸上的金家口和胶州就是主要的进口口岸,是南方的船客们,特别是来自宁波的一些沿岸进行大宗贸易交往的捎客和来自汕头的一些带着南方的糖及其他货物的客商光顾的地方。"①据 1845 年女姑口亿亭号《南北则例本》记载,其时与金家口港有港航贸易的包括苏州、宁波、汕头、绍北、青口、夹仓、两城、胶州、文登、大庄河、小沙河、洋河、复州、貔子窝、南锦州、西锦州、牛庄、盖州等,与朝鲜亦有贸易往来,年贸易量达 10 万担以上。道光年间,胶东半岛商埠重镇莱阳、昌邑、掖县、即墨、曹州、胶州、黄县、潍县、文登、登州等处的秤均以金口为标准相互折算,金家口港在胶州湾诸港中的卓著地位可见一斑。

金口港兴盛的另一缘由,是吸聚邻港羊郡的货源而更趋发达。据民国《莱阳县志》记载:"在昔羊郡市场繁盛,南船北马,凡平(度)、掖(县)、栖(霞)、招(远)之土产,江、浙、闽、广之舶品,胥以此为集散所,虽因海口淤塞,商场移金家口,尤号称为莱阳码头。"羊郡港地处莱阳五龙河入海口,距金家口约 5 公里,素负"龙口衔珠"之誉,自清初起即为莱阳沿海通商码头,"帆船云集,商贾往来苏浙、朝鲜、津沽称便利焉"。后因五龙河泥沙淤积而废,原羊郡港及羊郡集的货源运输并入金家口,促使金家口愈益繁盛。

金口港的盛起,不仅使其成为胶州湾内外诸港之翘楚,还带动了周边陆路交通的繁兴,催生了客旅店、牛齐埠等连接水陆商贸运输的集散地。客旅店(今店集镇)地处即墨县北境,原是商旅过往的食宿秣马之地。东临金口,南毗温泉,西邻灵山,西北与莱阳接境。方志记载客旅店为即墨北境要冲:

……又东北逾五道岭渡文星河至客旅店市镇六十里,又东北至南阡七十里,经古阡至金口八十里。由客旅店北行,经旋子湾、杏村等处至海阳二百四十

---

① 〔德〕斐迪南·冯·李希霍芬:《山东及其门户胶州》,青岛市档案馆编译,青岛出版社 2014 年版,第 166 页。

里。此路以客旅店为冲要。由客旅店西出迤南者经西河头、泊子、双疃、牛齐埠，为金口通胶州道路。西出迤北经庄子、庞家岚、夏哥庄、马棚等处，为金口通平度道路。①

金口港兴起之后，客旅店由车马汇集之地变身为即墨北境最大的集市，名为店集。客旅店距金口港 30 公里，地处通金口、海阳道路的要冲，置身即墨县北境大十字交通的中央，东连金家口，南下即墨城，北上莱阳、海阳，远至栾村（蓝村）、胶州、平度，是连接金家口和即墨、胶州、平度、莱阳、海阳的商贸要道。客旅店变身店集，不仅在于大十字交通地利之便，更因其位居即墨、胶州、平度、海阳、莱阳连接金家口的五路锁钥之地。过往客商在此设栈、采办、囤货、转运，栈房、商号、客店、饭铺毗连而起，成为即墨早期银钱业的兴起之地。来自胶州的豆类、粮食，即墨的披猪（屠宰后劈为两扇的猪）、果菜，海莱地区的花生、豆油等四方物产蜂拥而至，促生了客旅店这一贯联五县（散州）（即墨、胶州、平度、海阳、莱阳）的物产集散地，同时也催生了以客旅店为要冲的金口的贸易通道。羊郡港贸易并入金口港之后，对胶东海陆商贸格局的调整产生了重要影响。由于羊郡港货源南移金口港的运输需求，胶东海莱地区与即墨之间陆路运输更为频繁密织，地处金家口—海阳道路要冲的客旅店愈益增强对海莱地区货源的吸纳力，海莱地区南输金口港的货流、人流纷纷聚集客旅店，即墨北境的古镇客旅店遂成为羊郡港货源南移金口港的陆路交通枢纽。

清咸丰八年（1858），清政府与英、美、法签订《天津条约》，烟台成为山东唯一通商口岸，金口港的港口腹地虽形削减，但仍未改其繁盛的港口贸易势头。咸丰九年（1859），清兵部左侍郎郭嵩焘奉旨调查山东税局时，所见金家口港贸易状况："惟驳船数十百号，鳞次布列。""赴岗上，见小车运载豆饼、花生上船，以数百辆计，填塞街道。沿海遍历，初见此景。"②其时，孙恒来、赵振东、房德春、赵丰盛、房永吉等商号为金家口港五大著名进出口商号。大宗进口商品以棉花为主，纸张、布匹、大米次之。大宗出口商品主要是豆饼、豆油。海上贸易的获利，刺激了当地渔民弃渔从商，改渔船为商船，从事短途海上商业运输，逐渐形成一支往来南北的海上贸易船队。咸丰年间，金家口港出现了第一条大商船"福和泰"号，开启了当地商民集股自造大商船的历史。

---

① ［清］周铭旗等：《即墨县乡土志》卷下《道路部》。
② ［清］郭嵩焘：《郭嵩焘日记》第 1 卷，湖南人民出版社 1981 年版，第 266 页。

光绪初年，金家口港的贸易依然畅达，输出江南的货品主要有披猪、花生、方瓜子、沙参、豆油、豆饼、粉干等。输入货品主要是木材、竹、桐油、杂粮、棉花、布匹等。山东省特产周村铜制品、博山陶瓷、淄川煤炭也在此汇集、转运。据《中华新形势一览图》载，金口镇"市街宽敞，店肆栉比，为沿海城市之冠；当烟台未开埠以前，南北贸易，此为枢纽"。1890 年前后，金家口镇有油坊 120 家，是胶东一带重要经济作物大豆的加工中心和最大的集散地。当时金口镇南北客商不绝，商店、药铺、酒肆、饭馆、旅店等一应俱全。

1897 年，德国强占胶澳，开放青岛为自由港。胶济铁路开通后，青岛港的港口腹地疾速扩张，青岛港与烟台港吞吐量之比，呈现"烟台日衰，青岛日盛"之势。青岛港的崛起，对金口港等形成强势挤压。豆油一向为金口港贸易的大项，光绪年间的年输出额最高达 10 万篓之巨。20 世纪初，金口至上海的海运是豆油的主要销路通道，较大商船装的油篓可垒至五六层高，运量较一般商船大，收益颇丰。青岛港开港后，豆油改由产地平度直输青岛，至民国初年金口港豆油输出下降到 2 万篓。这一时期，江浙闽广及渤海湾的商船已被吸引到青岛，金口商民遂延聘本乡南百里村的木匠班子，集股自造大商船，渐次形成以栲栳瞳领衔的商业船队。资料记载，1920 年前后，集资 20 余股自建的金口第一大载重商船"金长生"号建成投运，船长 100 余步，船板厚 8 寸余，载重量 50 万公斤，号称"山东第一舟"。此后短短几年内，栲栳瞳船队扩展到 40 余艘，其中金口第二大载重商船的载重量达 34.5 万公斤，10 万公斤以上的大型载重商船 28 艘。各船商大户相继开设了长生成、乾祥、福康、裕盛、德成、聚成永、惠昌等 7 家商号，从大连、丹东、青岛、烟台等地装载豆油和花生油运往南方，销货后采购桐油、胡麻、竹竿、木料、大米、棉花、扫帚、白笺纸等货物返回金口，再运销至青岛、烟台、威海、石岛等胶东沿海商埠。[1] 20 世纪二三十年代，南销的豆油改从大连、丹东、青岛、烟台等港埠运往南方，载回的土产杂货也多靠泊青岛、烟台、威海、石岛等港，致金口港的贸易日渐萎缩。直至七七事变前，金口港在大吨位载重船队的拉动下，南北水陆交通尚称便利，金口船队北上丹东、南下上海，运油商路依然畅达，近海可达青岛诸地，北面能通海阳诸县，商船云集，商贸流通颇显活跃。青岛被日本侵占后，驻青日军曾于 1939 年两度窜至金口，焚毁、劫掠栲栳瞳商业船队，加之海盗洗劫，致使商业船队荡然无存。

---

[1]　即墨县县志编纂委员会编：《即墨县志》，新华出版社 1991 年版，第 946 页。

20 世纪 40 年代初，当年繁华的金口港水陆码头已凋敝式微，工商业户纷纷迁离，房舍虽存，居民日稀，百业凋零，一片萧条，金口港已不能与往日的繁盛商港同日而语。

第三节　女姑口与即墨沿海诸港

女姑口位于今城阳区的女姑山村西，因女姑山而得名。女姑山，相传先秦时期，山上有"老姑祠"，以供奉得道的"女姑"，山之周边渐次形成环绕女姑山的 5 个村落。白沙河由崂山天乙泉发源，至女姑山口处注入胶州湾，故其入海口称女姑口。女姑口系西向海湾，湾底平坦，岸壁拱卫，为屯泊避风良港。汉武帝太始四年（前 93 年），汉武帝巡幸不其城时登陆女姑口，并在女姑山建太乙仙人祠及明堂。后商旅往来，女姑口成为海上贸易口岸。

清朝同治年间，女姑口众商家曾因当地商风日下、诚信崩坏，合立《重整旧规》碑，碑文载："我即邑自前明许公奏青岛、女姑等口准行海运，于是百物鳞集，千艘云屯，南北之货既通，农商之利益普。"由此窥见明朝女姑口的繁荣情景。明朝初年，因倭寇频频侵扰中国东南沿海，明太祖朱元璋下令设卫所，行海禁。明代中后期，在倭患渐息、商贸待兴的情势下，昔日"寸板不得下海"的海禁之策已是强弩之末，难以为继。明隆庆年间，海禁之策稍有松弛，开放胶州各海口海上贸易，"胶之民因而造舟达淮安，淮商之舟亦因而入胶"[①]。格局开化之际，即墨县的诸海口却被摒除在开放贸易之外，仍深陷海禁闭锁之中。

即墨，战国时为齐国五都之一。管仲相齐，"鱼盐蜃蛤，弗加于海"，即墨兴工商之业，得鱼盐之利，人口辐集，商业发达，广为流通的即墨刀币见证了古即墨的商业繁华。时移世易，逝者如斯，古即墨经历世变沧桑，繁盛不再。明代以降，昔日的商都即墨，因海禁不开，商路阻断，"既非车毂辐辏之地，绝无商贾往来之踪"[②]，从一代名邑落为青齐疲邑。明万历六年（1578），许铤[③]莅任即墨知县，深感海禁闭锁"商贩不通"贻害墨邑百姓的种种弊端，始遍访民间，访知海商

---

① 万历《即墨志》卷 9，明万历八年（1580）刻本。
② 万历《即墨志》卷 9，明万历八年（1580）刻本。
③ 许铤（生卒年月不详），号静峰，北直隶武清人，进士出身。明万历六年（1578）任即墨知县，励精图治，整顿吏蠹，订定户则，开垦荒田，招徕移民，修志劝学，文教斐然，治理即墨卓具成效。

牛稼,自明代嘉靖年间,私下打通巡检司的关节,得到浮海通商的默许,租船经营从金口到南方淮安一带的海上贸易,历数年后获利颇丰,成为远近闻名的海商富户,并带动城阳社乡亲冒禁出海经商致富。许铤遂上书《地方事宜议》,以古喻今,认为即墨一带土地贫瘠,"考之青齐,古逐末之国,本非专仰给于农。而管子富齐,全在权利"。富民之策,在于开放海禁,为墨邑百姓开一条海上生路。许铤力陈明廷,明隆庆年间胶州塔埠头已获准开海通商,但即墨却无一处口岸可以通商。"独本县则拘守厉禁而无敢通商。淮海之船亦不能越县之淮子口等处……而胶州地方任其交易。"许铤在奏议中以牛稼为例,陈述开海通商于国于民的益处,建议明廷速开海禁,宽弛民生。"淮舟既无害于防倭防辽,则大破常格,宽其厉禁,凡民船、商船之往来淮海者,给之印照,树之标记,或令输桩木于官,如胶州故事。庶几淮海之滨,舟楫绎络,百物鳞集,墨之粟可入淮,淮之货可入墨。"[1]许铤在奏议中,历数"本县淮子口、董家湾诸海口,系淮舟必由之路;而阴岛、会海等社,则海口切近之乡"[2]。虽未将金家口列为口岸,却认为此地虽不宜垦荒,但可谋求海上贸易另图开发。其时,即墨有两个金家口:一在即墨县西,胶州湾内淮涉河口的城阳社;一在即墨县东部的丁字湾海口。许铤所言显系前者而非后者。许铤上书后,明廷批准即墨县开辟青岛口、金家口、女姑口为通商口岸,即墨县一西一东两个金家口同时获准开海通商。即墨县以东淮涉河口的金家口和即墨县东部丁字湾畔的金家口同兴起于明朝,但是前者由于墨水河改道,淮涉河淤浅成为陆地,在乾隆《即墨县志》中再无记载(该处后为京口),以示区别。此后所称皆指丁字湾畔的金家口。

清代初期,实施"收台"方略,曾先后五次颁布禁海令,至康熙二十三年(1684)始开海通商。其间,海商改行,渔民内迁,女姑口及即墨沿海诸港的海路通商时断时续,历经跌跌,数度起落,致使当地民众陷于贫困。这一时期,即墨山区贫民得试种花椒之利,由陆路将花椒运销南北各地。康熙二十三年(1684)废除禁海令后,大量即墨地产花椒通过女姑口及沙子口、登瀛口、京口、沧口等大小口岸经海路输运南北口岸商埠,成为海上贸易的"新宠",崂山一带原不见经传的小型渔港如沙子口、登瀛口渐成新兴通商口岸。沙子口,位于崂山南部沿海,下临董家湾,与崂山口并列,为南九水入海处,有"崂山港"之称。登瀛口

---

① 乾隆《即墨县志》卷10,清乾隆二十九年(1764)刻本。
② 乾隆《即墨县志》卷10,清乾隆二十九年(1764)刻本。

旧称登窑口,位于今沙子口栲栳岛以东至大顶山之间的登瀛海湾内。两海口皆因花椒贸易而由渔港发展成小型通商口岸。

与胶州湾内外诸港一样,女姑口是依凭天然海湾生成的顺岸式码头,沿岸筑有仓房货栈,供入港货物卸岸存储之用,再经分拨后,通过陆路用担杖、推车、骡马车运往城阳、即墨等处。女姑口亿亭号抄于清道光二十四年(1844)的《南北则例本》,记载了当时女姑口的贸易货品计有豆子、豆饼、豆油、披猪、泥瓦、毛竹、生姜、扫帚、核桃、铜钱、山楂、铁锅、大蒜等 44 种,因卸岸货物品类多、数量大,码头搬运形成杠力脚夫一行,并订有《女姑杠力规目》,对豆子、豆饼、豆油、猪、泥瓦、生姜、竹笋、核桃、麻等卸岸货品的搬运单位、数量、使费明定标准,一体遵行。《南北则例本》作为全国各港埠通行的规条和守则,女姑口亿亭号手抄本注明的时间是 1844 年,亦即胶州湾内外诸港至迟从 1844 年起开始施行此则。《南北则例本》载有各类商船官税与使费、进出口货税、舢板驳力、补税规定、开船账、公积规矩、上洋出口货税、写船立合同、舢板旗子规矩等近 30 项规条,包括金家口、塔埠头、女姑口等环湾诸港的进出口货种、货量、装卸费用,以及上海、苏州等国内大港的有关规条,反映出女姑口港航贸易的规模在胶州湾内外诸港中所处的位次及其与南方诸港的贸易往来,并进而推知胶州湾内外诸港在全国港埠经济中的地位。

在胶州湾内外诸港中,女姑口虽不及塔埠头和金家口的港航贸易规模,但亦占有重要地位。咸丰九年(1859)清廷在塔埠头、金家口设立厘金局,在青岛口、女姑口设立分局,征收厘金。是年,兵部左侍郎郭嵩焘奉旨调查山东税局时,曾记有"青岛口、女姑口两处皆有税局",足见其地位与青岛口略同。同治四年(1865),青岛口、塔埠头、金家口设立东海关常关,并在女姑口、沧口、沙子口、登窑等地设立常关分卡和代办处。这一时期,即墨地产花椒依然是女姑口及即墨沿海诸港的大宗贸易商品,梨果的输出量也大增。"沧口、沙子口、登窑三小口,装载花椒、梨果同。咸丰十一年设立东海关,税归监督登莱道委员征收。"[①]

同治十年(1871),女姑口众商户合立《重正旧规》碑。从碑文可见,女姑口一带商户自实施《南北则例本》以后,在厉行与全国南北港口相一致的港航条规过程中,曾有过波折起伏。如碑文所载,《南北则例本》实行多年,"惟是历年已

① 同治《即墨县志》卷 5,清同治十一年(1872)刊本。

久,旧章渐湮,货物交易,或失公平之心",原定各项条规,被一些商户置若罔闻,诚信之风,日渐崩坏。为此,女姑口众商户决意重整商风,惩治谲诡盛行的奸商败类,造就"惟五尺之童莫欺,斯四海之客交至"的港航贸易生态,"……今公议重正旧例,并创新规条于左,永垂于后,如有私循等弊,定为鸣鼓之攻,倘不奉公而行,各受爱金之罚"。女姑口众商户重整商风之举,重塑女姑口诚信经商的良好口碑,为口岸贸易营造出公平公正的经商环境,"望近者悦,而远者来",赢得了口岸贸易的再度振兴。

1897 年,德国侵占青岛。"自德人占胶州湾,独登垄断,名口岸已夺其三,然海关只金口一隅,税虽减色而货路大畅于前。"①据 1905—1907 年港口货物调查,女姑口输出货物主要有披猪、核桃、杏仁、大白菜、豆油等,主销江南各省,而花生、沙参、豆饼、粉干等大宗货输出,均流向金家口。受青岛建筑市场的拉动,输入货物新增福建桐柴和奉天木材、料板。沧口的贸易货物与女姑口相近,主销江南梨、葡萄、苹果、枣。德国殖民当局进行租借地居民从业活动调查时,对时称"崂山港"的沙子口极为关注:"沙子口之意为'沙码头或港口',是一个在沙丘上建立的小贸易场所。这里有几处很好的货栈,水果和木材由此输出。收获季节这里交通繁忙。"②沙子口主要输出商品有水果、大白菜、海产品和黑毛猪。据记载,上述每个口岸都有多家经营农产品贸易的商行货栈,从事农产品收购、存储和外销,"虽未及发达,而进化萌芽已肇于此",显现出专业运作的市场经济早期萌芽。其时,从沧口输出的黑毛猪被称作沧口猪,"沧口猪的肉在全中国都被视为肉味特别鲜美的品种,因此上海运来的猪,往往旋即由此运回上海,在那里可以当作美味的'沧口猪'卖得高价"③。据调查,从事上述商品贸易的出口商店沧口 25 家、女姑口 12 家、沙子口 7 家、东盐场 6 家。④ 后因女姑河口淤积,商船日稀,女姑口渐为渔港码头。而沧口因距青岛大港太近,入泊的民船日渐稀少。沙子口一直维系着半商半渔的状态,直至 20 世纪三四十年代。

---

① 〔清〕周铭旗等纂:《即墨县乡土志》卷下《商务》。
② 〔德〕海因里希·谋乐编:《山东德邑村镇志》,青岛市档案馆编:《胶澳租借地经济与社会发展——1879—1914 年档案史料选编》,中国文史出版社 2004 年版,第 389 页。
③ 《胶澳发展备忘录(1902 年 10 月至 1903 年 10 月)》,青岛市档案馆编:《青岛开埠十七年——〈胶澳发展备忘录〉全译》,中国档案出版社 2007 年版,第 239 页。
④ 《胶澳发展备忘录(1902 年 10 月至 1903 年 10 月)》,青岛市档案馆编:《青岛开埠十七年——〈胶澳发展备忘录〉全译》,中国档案出版社 2007 年版,第 235 页。

第四节　青岛口的兴起

　　青岛口,位于青岛村、青岛湾一带,是胶州湾的外口,原为即墨县城西南的一个商旅过往的海口和军事要隘。明万历年间,明廷批准即墨县开辟青岛口、金家口、女姑口为通商口岸,青岛由一滨海渔村成为口岸,文献始称青岛口,口岸伊始,渐呈"舟楫绎络,百物鳞集"的繁盛景况。明成化三年(1467),青岛口一带商民始建天后宫。明崇祯十七年(1644),扩建增筑天后宫戏楼。可见,青岛口的港航贸易日趋隆盛。

　　明代以降,伴随传统税收体制向海关税收体制的演化,青岛口在胶州湾诸港中的地位愈益凸显。在清海关建立前,青岛口与胶州湾内外口岸一样,只是一个官府征税的税卡。清政府开征厘金后,在胶州湾塔埠头、金家口设立厘金局,在青岛口和女姑口设立厘金分局,征收厘金,上解国库,监管进出胶州湾一带港口的船舶贸易及税务等。青岛口从一税卡变为设局之所。

　　清咸丰六年(1856)发生的第二次鸦片战争,导致不平等条约《天津条约》签订。1862年3月烟台开埠,随之设立了烟台海关,也称东海关。清同治四年(1865),东海关在青岛口及塔埠头、金家口设立常关,东海关监督委员会派一名委员前往主持关务。从分局到常关的一轮转身,青岛口的港航贸易随之风生水起。青岛口设常关的当年,天后宫重修殿宇,捐资施助的商家船行有60多家,包括福泰、晋昌、永豫会、意诚、隆盛、聚和诚等领衔商号。另外,东海关和县局一类官方机构也纷纷出资襄助①,政商各方均对天后宫修缮这一重大地方事宜表示极大关切。政界的襄举及商界捐资之众,表明此时青岛口在胶州湾诸港中的地位及其港航经济的繁盛已非昔可比。

　　光绪年间,国门洞开,列强环伺的国家危局,赋予"有海无防"的青岛口以新的使命担当,从此青岛口与胶州湾设防的历史进程绑在一起。1891年,清廷颁发光绪皇帝"上谕",准予胶州湾设防,胶州湾继旅顺口和威海卫之后,成为北洋水师海防体系的第三个军港。次年六月,登州镇总兵章高元率广武军二营、嵩武军二营开赴青岛口。继之,利用旅顺要塞的剩余钢材在前海建起海军栈桥。

---

① 《重修天后宫碑记》。

胶澳总兵衙门建成后,调度大批兵员、物资筹建炮台、兵营、电报房、弹药库及一系列军事设施,并实施胶州湾防务工程建设,兵船过往,物资调度,军需采办,辎重购置,物料运输等工程事项逐次展开,推助青岛口的口岸贸易日趋繁兴,物流资金流大为增加。据《海云堂随记》记载,从经营瑞茂酒馆起家的青岛村胡氏,与平度万家祥泰号、张家元昌协号合资成立瑞泰协号商行,经营土产南货,北达牛庄,西至安东卫、海州,南则江淮闽浙广粤,再北抵达朝鲜各处,贸易极为畅达。青岛口的港航贸易吸纳周边县邑资金流的状况可见一斑。

1896年,青岛口的各类商铺由49家扩展为61家,青岛口商务公所的地位和作用愈益显著。青岛口商务公所设于天后宫内,推举当地声望贤达的大商户胡存约①担任会首。作为商民设立的商业组织,青岛口商务公所不仅是深孚众望的民意机构,维护商民利益,调解商务纠纷,还负责对青岛口及周边区域进行市场调查,并将调查统计情况禀报即墨县署。由于史料散佚,笔者试从现存《海云堂随记》中梳理出青岛口商务公所市场调查所涉内容,包括青岛口商家户数、经营门类,进出口岸货品品种、数量,青岛口银价、粮价变动情况,外来劳动力流入本口数量及其从业分类,女姑口、沧口、阴岛入港渔船数量,青岛口及周边渔港鱼货种类,青岛口与周边渔港鱼产品对比分析,等等,范围极为广泛,内容亦称详禛。青岛口商务公所作为商界的代言人,对进出青岛口的货物价格变动虽有一定话语权,却须和东海关常关保持一定沟通,在东海关与商民利益之间保持平衡。以披猪价格为例,披猪一直是青岛口和附近各口的贸易大宗,大多销往闽浙各口岸,为统一市场价格,青岛口税关常关专门订立统一购价。但逢旱涝灾年粮食减产,引致披猪价格上涨,商家以原定的公订购价收购披猪十分困难,众商户一致吁请青岛口商务公所提高披猪收购价格。但此事攸关税费,必须由青岛口税关常关允准方可实行。但"询之税关阎二师爷,不允"②。青岛口商务公所向税关常关转达商民这一诉求虽被税关搁置,但各商家在收购时暗自

① 胡存约(1858—1916),字规臣,世居青岛上庄(即青岛村),为青岛口诸商董中深孚众望的商董之一。德占青岛后,出任青岛中华商公局董事、胶澳参议督署董事。作为青岛口早期的主要绅董之一,胡存约所撰《海云堂随记》,对晚清时期青岛口的商情、税收、习俗、官衙及德军初占青岛等情况,均有较具体的描述,对了解当时青岛经济、政治状况有一定的参考价值。《海云堂随记》原件由胡存约之子胡镇中收藏。20世纪70年代,胡镇中逝世,《海云堂随记》原件连同胡存约手抄的《青岛口则例》均佚。存世的系按1955年摘抄的几页残稿整理出来的十几篇随记。

② 青岛市博物馆、中国第一历史档案馆、青岛市社会科学研究所编:《德国侵占胶州湾史料选编(1897—1898)》,山东人民出版社1986年版,第24页。

加价,以使披猪收购数量与往年持平,维持青岛口披猪贸易不中断。此外,青岛口商务公所还凭借在本口商民中的影响力和号召力,组织集捐赈灾,在社会公益民生方面发挥作用。光绪二十二年(1896),胶即一带遭灾,市面粮价大涨,青岛口商务公所及时比对胶州粮价涨落,对青岛口粮价做出调整。为救济胶即一带灾民,青岛口商务公所组织青岛口各商家集捐赈饥,共集白银 1314 两,赈米9113 斤,当年青岛各烧锅作坊一律停烧白酒,以筹集赈粮。

1897 年,青岛口的商家从 61 家扩展成 71 家。"除新近由即墨、平度、金口、海阳来此赁屋暂营者六家外,计车马、旅店七,洪炉一,成衣、估衣、雉发三,油坊、磨坊、染坊六,杂货、竹席、瓷器店铺五,药铺二,当铺一,织网、麻、草、油篓木材八,肉鱼盐铺行六,鞋帽、皮货各一,纱布绸店、广洋杂货店三,酒馆、饭铺九,酱园、豆腐坊各一,糕点茶食三,计六十五家。航载写船多由广洋、杂货木材诸店号兼业。"①作为胶州湾沿岸的港航贸易重镇,青岛口的商业行业门类俱全,其中以接纳客旅往来的车马店、旅店居多。当时大多数村镇乡民穿衣靠自家缝制,而青岛口经营成衣、估衣的店铺业已面市,既售卖成衣,也买售旧衣服或原料较次、加工较粗、价格低廉的低档衣服。从市场化、商品化的意义上说,此类衣店,不仅在一定程度上起到调剂社会余缺的作用,也加快了早期自然经济状态下服装业的商品化。透视这一时期的青岛口商业形态,从其占有相当比例的杂货、竹席、瓷器店铺数量,足以显示出青岛口南北港航贸易的繁盛及其畅旺的市场需求。广洋杂货进入青岛口居民的消费圈,反映出当地居民消费水平高于一般乡间农区,更具城镇居民消费特色。而瓷器也非一般渔家农户所常见的居家所用,比周边农村所流行的土陶制品要昂贵许多。其消费群体,除当地富户外,还有从即墨、金口、海阳等周边县邑和商埠口岸来青岛口经营的商户。综合这一时期青岛口商业业态的分析,此时的青岛口商贸活动已呈现突出而鲜明的港口贸易特征,其从事织网、麻草、油篓、木材的店铺,均为船舶修理而设,肉行主要面向披猪贸易加工,而鱼行、盐铺等门店字号是"商港+渔港"的青岛口传统鱼盐经济的转输、流通纽带,鱼产品和盐则是青岛港商品流通之大宗。

行业类别中,鳞栉的青岛口商家群落里出现了一户当铺,虽处于"春当秋赎"的刍态,但成为见于文字记载的青岛典当业的发端。是年,青岛口"出口以

①　青岛市博物馆、中国第一历史档案馆、青岛市社会科学研究所编:《德国侵占胶州湾史料选编(1897—1898)》,山东人民出版社 1986 年版,第 25 页。

披猪、花生、生油、豆油、豆饼、白蜡、青梨等为最，进口以广洋杂货、细白棉布、棉纱、绸缎、糖、桐油、竹木材。本口去春瑞顺、协昌福、庆泰进细白棉纱百二十七件，今春进二百六十一件，余者为靛兰、洋红均行销畅利"①。因贸易货品种类繁多，涉及多家商号经营的地产品、南北货品及来自广州和外洋的广洋杂货，故青岛口服务港航贸易的船行日渐增多。此时"航载写船多由广洋杂货、木材诸店号兼业"，兼营形式的船行已达 3 家，除经营广洋杂货、木材外，兼为各商号租船、货品转运提供代理业务。这一业态的出现，不仅反映了以港航贸易领衔的青岛口商业形态日显成熟，且从侧面反映了青岛口港航贸易的市场规模。

周边县邑农耕资本的涌入，是青岛口商家持续激增的动力源。商家汇集的主要动因首先是青岛口港航贸易的驱动。当时青岛口的花生、豆油、豆饼十分畅旺，而本地经营资本和加工能力不足。青岛周边的即墨、莱阳、海阳、平度不仅为胶东半岛重要的花生、豆类产地，且具备较强的油料加工能力，而金口作为山东半岛重要的花生、豆饼加工基地和集散地，必然把青岛口作为行业布点的优先选择。故周边县邑经营资本和加工能力外溢青岛口，是资本的趋利性和市场的驱动力使然。其次，胶州湾防务工程回暖，也是催动青岛口商家急速增长的重要因素。1894 年，中日甲午战争爆发，胶澳镇总兵章高元撤下刚刚开建的胶州湾防务工程，率广武军 2 营、嵩武军 2 营离青驰援奉天，胶防工程就此陷入半废弛状态。次年冬，章高元率兵回防胶澳，重开胶防工程，因战事而搁置的胶州湾防务工程才再度回暖。

此时，胶州湾防务尽管建树不多，但依然牵动着有识之士的心。一位山东记者在《华北每日新闻》上撰文，主张胶州湾应对外开放，因为它处于"山东商业最具战略位置"之上。张之洞上书清廷，提出中国应该建两个海军基地，一个在广东虎门，一个在胶州湾。但甲午战败之后，朝野上下对海防建设不感兴趣。日益趋冷的大环境，不仅使这些真知灼见束之高阁，而且注定了惨淡经营的胶防工程依然拖宕不前。但此时发生的一个意外，使胶州湾的价值戏剧化地升值了。1896 年 12 月，总理各国事务衙门爆出一个震惊朝野的惊闻：德国继任驻北京公使海靖登门"指索胶州湾"。由笼统地要求借让"无论何处海岛"，到指名索

① 青岛市博物馆、中国第一历史档案馆、青岛市社会科学研究所编：《德国侵占胶州湾史料选编（1897—1898）》，山东人民出版社 1986 年版，第 25 页。

取胶州湾,清朝和德国又展开一轮外交回合。在此情势逼迫下,胶州湾防务再一次"回暖"。经清廷君臣朝议,决定在胶州湾扩建船坞,进驻军舰,将已定购的德国穹甲快艇 3 艘、英国快艇 2 艘、德国鱼雷艇 3 艘驻泊胶州湾,以杜绝德国人的觊觎之心。

但德国人索取胶州湾的图谋并未就此止步。1897 年 11 月 14 日,德国借口"巨野教案"侵占胶州湾,武装登陆青岛。次年与清政府签订《胶澳租借条约》,强租青岛 99 年。继之,德国开放青岛为自由港。随着小港、大港相继建成,青岛口的港航贸易转入青岛港。

第二章　近代城乡工商业与集市贸易

商业繁荣与人口增衍是近代青岛周边城市兴起之基。沿胶莱河、大沽河布列的大小城镇,其兴衰起落与明清两朝海禁之策共进退,构成港航贸易—沿岸港湾—商贸城镇辅车相依、互为表里的演进路径,成为山东沿海城镇规模最巨、发达程度最高的首要之区。城市影响力和辐射力的扩大,促使青岛口突破旧时单一农渔经济结构,逐渐向城镇过渡,为青岛开埠奠定了商贸基础和人脉根基,并助推区域重心向滨海区南移。

第一节　城邑商业

元明之际,胶莱运河开启漕粮北运的河海通道,带动了胶州及沿线城镇的商贸繁荣。至明永乐年开通京畿漕粮会通运河水道后,曾一度繁荣的胶莱运河沿岸城镇经济失去活力。明初实行海禁,"片板不得入海",海上贸易流通受阻历百余年之久,港航商贸活动大都以违禁私贩的形式勉力维系,胶州湾港航贸易失去领先山东半岛经济发展的龙头地位。嘉靖年间,胶州、即墨一带的板桥镇、塔埠头、金口、女姑口与江淮暗通贸易,恢复发展港航经济。至隆庆年间,"今二十年来土人、岛人以及淮人做鱼虾,贩芩豆,贸易纸、布等货往来者众,其道遂通"①。"转运米豆南北互济,犹不过轻舟沿岸赍粮百石而止,连樯大艘未尝至也。"②这一时期的港航贸易多采取"暗通贸易"的方式,小批量、小吨位、少货品,多用小船傍岸而行,贸易范围抵至淮南、淮安之间。

清初,胶州湾沿岸港航贸易因海禁再度阻滞。康熙中叶开放海禁后,海上

---

① [明]冯梦龙:《海运新考》卷上《海道捷径》。

② 道光《重修胶州志》卷1《海疆图序》。

贸易范围扩大至江浙闽广。至康熙末年胶州泊港商船即来自"三江两浙八闽"①。雍正年间,胶州湾港航贸易大增,领有准行照票的福建同安、浙江鄞县的商船"常往胶州贸易",胶州大舶商船频频往来江南诸港,赴苏州经营的胶州商人日增愈众。自乾隆十五年(1750)至乾隆三十四年(1769),胶州与南方贸易的港口主要有乍浦、厦门、江南、苏州等,贸易物品主要有青豆、白豆、绿豆、核桃、柿饼、粉干、紫草、猪肉、豆油、腌猪等货。

　　胶州、即墨一带百姓,素享鱼盐之利,靠海吃海,获益颇丰,一年中自二月开始至谷雨前后鱼汛旺季渔获最丰,每网捕获多达万斤,鱼产品遂成南下贸易之大宗。胶即所产鱼产品主要贩销江南一带,鱼产品糟鱼(乌鱼)、糟蛋(乌鱼蛋)、海米等项,在江南一带销售畅旺。豆油、花生油、大豆、豆饼是胶东半岛向南方输出的主要商品,胶州大豆被列为大豆贸易上品,青豆、白豆也为南方商人所青睐。江浙一带商人凡来胶州、即墨贸易,回棹之时则采购青豆、白豆贩回江南牟利。胶州、即墨南下商船大都载运豆类、豆油,回程时多采买江南棉花贩至胶东,成为胶东城乡棉纺织业的原材料来源。随着豆油、花生油南北交易日趋畅旺,胶州、即墨一带海口都设有专门收购豆类、豆油的商行,供南方商人载运回程。咸丰年间,即墨金家口港每逢十月销售旺季,数百辆载油小车往来送货,场面十分壮观。

　　明清之际,港航贸易—沿岸港湾—商贸城镇构成辅车相依、互为因果、依次递进、迭相呈现的连带关系,其兴衰起落和恢复发展路径与明清两代开放海禁之举同进退、共兴衰。这一连锁推演的港城兴衰状况,在胶州湾诸港及其联同一体的城市表现最为鲜明。胶州自明代嘉靖、隆庆年间开放海禁后,率先成为胶州湾沿岸港口与江南地区海上贸易的重镇。胶州"城东三里即海潮往来之地,南至灵山卫百五十余里俱可泊船……商贾自淮南来者俱取道于此,民食所赖以济"②。自清康熙中叶开放海禁后,海上贸易从近海短程扩大到"南至闽广,北达盛京",贸易规模从"赍粮百石"发展到"夷货海估,山委云积",往来南北的海上运输,也由轻舟小船发展到大舸巨船。"三江两浙八闽"之地商船汇集胶州,胶州城东关一带成为商贾云集的市街,经商人口大幅增加。清代乾隆以后,胶州外港自塔埠头至淮子口"估客云集,千樯林立",城邑商业进一步繁荣。塔

---

① 道光《重修胶州志》卷39《考三金石》。
② 道光《重修胶州志》卷22《列传二·官师》。

埠头有船行商铺 20 余家,城区以内,则以西关、南关街市商业最为繁盛,一者为街,一者为市。云溪河南岸有粮食市、估衣市、铁器市、扒(耙)市、牛驴市、瓦罐市、簸箕市、工夫市、糠市、菜市等专营市场,还有两条杂货街和钱市街;北岸有花市、山货市、牛驴市、面市、草市,以及杂货街、店子街、姜行街、鱼市街等商业街。① 航运、典当、银钱三大行业已形成,金融业初具规模。航运贸易服务业亦称发达,从业人数众多,"牙佣贩负,资货为利者"群体实力不断壮大,城中出现胶州最大的牙商八大行栈,即福广行、杉木行、棉花行、驴骡行、草果行、油饼行、腌猪行、干粉行等,胶州港航贸易的货物交易、采购、存栈、转运等大都由八大行栈经手。清代康熙十八年(1679)实行船税,胶州在山东州县 17 个海口中所纳船税居首位。雍正四年(1726)改定船税,胶州每年纳船税 7540 两,由此可见胶州港航贸易发展之速。② 清代中期,胶州人口增速加快,康熙五十年(1711),胶州人口约为 9 万人,为青岛地区人口最密集之区。康熙五十二年(1713),清廷颁布人口新政:"新增人丁为盛世滋生人丁,永不加赋。"此后,胶州人口有了大幅度增长,胶州城面积已扩大到原面积的十余倍,成为山东沿海发展最快、商业规模最大的港口城市。至道光十六年(1836),胶州人口约为 50 万人。百余年间,人口增长了 4.5 倍多,人脉鼎盛,促进了商业进一步繁荣。

清代中期,即墨城沿袭明代集市布局,城内有市集五,分别是东门里、南门里、东关、南关、西关大集。清乾隆二十八年(1763)记载,全县有 104268 户 574374 人,渔商海口发展到 23 个,城内市集 4 个,分别是西关、东关、南关小集和西关大集。据同治《即墨县志》记载,时即墨县城与关厢人口合计共 2078 户,人口超过 1 万,是个具一定人口规模的县城。县内各乡,人口规模以县东南滨海区的仁化乡为多,合计 14850 户 75343 人;东移乡次之,为 12312 户 61069 人。全县 7 乡中,有 4 个乡人口为 5 万人以上。除仁化乡因距即墨城较远,较少接受城市商业的辐射外,其余各乡的稠密人口,与县城、城关往来频繁,成为县城商业繁荣的人脉与物流支撑。清光绪末年,即墨城厢坐商摊商有 364 家。即墨城四门关厢和四大市集为主脉的商业街区格局已基本成形,形成了南门里大街、东门里大街、西门里大街、北阁里大街、西阁里大街、郭集街、共济街、署前街、前河沿巷等为商业主干的市街格局,东西南北、四衢纵横联结起四门关厢和

① 道光《重修胶州志》卷 1《关厢建制开方图》。

② 雍正《山东通志》卷 12《杂税》。

四大市集的庞大人流、物流,其中以西阁里大街、西门里大街、共济街最为繁华。西阁里大街,自元代开辟,清末时有银楼3家,异香斋、馥香斋糕点铺,德元成、德丰、德泰、德顺钱庄,广德泰、同义丰绸布店,永泰堂、永寿堂、万裕堂、宏顺堂中西药房,复昌和、同和栈、源聚栈黄酒馆,和记茶庄,同泰瓷品店等。西门里大街两侧的商号有源兴泰、高胜店酒馆,馥郁斋糕点铺,公来堂当铺,全香斋熟肉店,文德堂、成文堂文具店,协同成钱庄,祥记茶庄,东西森森堂、云芝堂、济云、永春祥中西药房等。共济街两侧是杂货行、钱业行、旅馆酒店业和药业四大行业的扎堆之地,主要商号有振德祥、东兴祥、瑞昌、瑞合成、公兴德杂货店,义源永、德昌、文德、广盛、裕庆祥、义祥洪、同祥茂、进德、源聚泰、云盛、协隆、红聚、盛元等钱庄,隆兴栈、大兴馆、振之栈、醉月栈、全香楼、中和馆等旅馆酒店,祥泰、有全堂、裕德堂等药店。前河沿巷,是沿淮涉河北岸形成的小酒馆、车马店一条街,较有名的有临河二层小楼畅舒园饭店、六合春饭店、沙滩王修世海饭店,各家掌勺均系胶东风味烹炒。此外,巷中还有支蓬蒸包、炉包铺40余家,日用百货杂货摊贩30余家,供应四时节令的应市海鲜、菜蔬,从无间断。①

胶济铁路通车前,胶州与济南、周村、昌邑、潍县等地的商业运输,多用人力担挑和畜驮,或使用木制独轮车和二把手木车运送。与南方来往的大宗货物,多由水路从塔埠头码头集散。1904年,胶济铁路通车,胶州的长途货运改由铁路运输代替,短途货运仍以人力和畜力为主。此时,胶州的商业贸易受青岛港和胶济铁路的拉动,从往昔八大行栈所经营的商品范围扩至以南货、洋货为经营主体,上海产针织品、罐头、百货类,浙江、安徽产纸、笔、墨,汉口产桐油、老河口漆及江西瓷器等成为城区商业的主营货品,种类极为丰富。与此同时,西方商品的涌入较为强劲,日本的玻璃砖镜、布匹、缎子及红白糖等充斥市面。以胶州城为中心的商品流通格局迅速向乡镇推展。

近代平度的商贸发展路径,和即墨、胶州不尽相同,其兴衰起伏,虽间接受到海运、河运贸易的影响和辐射,但不像即墨、胶州的商贸发展进程那样与明清之际的海禁共进退,而是受重本轻末的民风世俗影响较重。"邑俗,勤俭敦本务,大都服田力稿,无恒产者,亦多佃耕,若工若商,则农业之辅耳。"②缘此,平度商人多为在本地经营的坐贾,而行商者寥寥无几,其贸易路径以短途为主,"贸

---

① 即墨市古城历史文化旅游资源普查办公室:《即墨古城历史文化和古建筑普查资料》(内部资料)。

② 民国《平度县续志》卷10《民社志·工商业》,民国二十五年(1936)铅印本。

迁不过数百里,南到胶州、即墨,东抵掖县、黄县,西至昌、潍、济南,西北武定,贩易惟麦菽麻黍布绵牛驴羊猪之属"。"杂货业,旧多贩自潍县、周村。南省之货来自胶州、烟台。"①

清道光初年,平度知州周云凤教当地百姓试种花生,榨油业从此盛起。平度所产花生油,大部运销南方各省及日本与西洋各国。平度人行商的半径也从"曩日出境,率由金口、胶州,远则烟台、天津",放大至南北海运,出口东洋西洋。民国初期,平度商业初具规模的行业主要是杂货、油业、酒业、土产业、药业等。其中油坊多散布各村镇,其余均以县城一带为中心,使平度城的商业行业聚集更集中、更密集。史料统计,县城商号杂货业共 30 家,年交易总值约 25 万元;酒业共 16 家,年交易总值约 10 万元;油业共 200 家,散处各乡,年交易总值约 40 万元;土产业共 12 家,年交易总值约 18 万元;药业共 10 家,年交易总值约 1 万元。各业年交易总值约 94 万元。平度城的商业布局呈核心辐射状,以城区为商业中心,分布有大小商号 140 余家,包括杂货业、酒业、油业、土产业、药业、印刷业、书笔业、饭馆业、木作业等,年交易总值 60 万～70 万元。拱卫城区的外围商业,以城西之门村,西北之店子,城南之蓼兰、兰底,城东之古岘等处为货物聚集地,主要从事杂粮、花生、花生油、豆油等类货物交易。据 1932—1934 年平度进出口主要商品统计资料,出口商品主要是花生油、花生米、麦子、高粱、草帽辫、大豆、葡萄、鸡蛋、刺绣以及牛、猪、鸡等,其中麦子的出口量高达 500 万公斤,花生米的出口量高达 15 万公斤,花生油的出口量高达 5 万公斤。一些产品经青岛、烟台出口国外,如花生油、花生米、鸡蛋、牛、猪、鸡经青岛出口欧、美、苏、日,草帽辫经青岛出口苏、美、日等国,刺绣经烟台出口英、美、法等国。进口商品主要有棉纱、洋油、红白糖、纸张、布匹、铁器、茶、火柴等,均为青岛港转口贸易。

20 世纪 30 年代中期,平度商业布局大幅扩展。1934 年,平度有商业市镇 17 处,商店 95 个。货物多来自青岛,亦销于青岛。至 1936 年,平度城乡有各种工商业户 148 家。其中,土产业 20 家,布店 2 家,火油店 3 家,药铺 4 家,酒馆 20 家,饭店 25 家,肉食业 4 家,酱园 4 家,鞋铺 4 家,棉花业 5 家,小肥皂业 2 家,临时性和季节性商贩 31 家。杂货行、杂粮行、铁业行、纱线行等较大的行业计 28 家,营业总额为 301000 元。平度城的承德堂、绍德堂等商行资本额都在 1

---

① 民国《平度县续志》卷 10《民社志·工商业》,民国二十五年(1936)铅印本。

万元以上,另有吉祥、周官方等几家布店和东胶水、西胶水几家钱庄,其均系平度城区商业大户。[①]

这一时期,各县商业工业品的购进,除采购外,还采取函购、联商代购以及货栈代购等订货形式。商品购进渠道亦有扩展,有的从外埠商品集散地进货,有的从产地直接进货,有的从本地工厂、作坊进货,还有的从本地市场批发进货,商品种类、进货量大倍于前。其间,"东洋货更起而代之,集贿纷纭,器用万端,国产品乃稀如星凤"[②]。洋货倾销,以难以阻挡之势蔓延城乡。以胶县为例,1918—1927 年,胶县商业销售的国外进口商品,以布类、日用品和工业原料为主,布类主要有粗细色布、本色粗细斜纹布、白布及漂白布、染色粗细斜纹布、漂花布、花宁绸、106 厘米及 119 厘米本色漂布、花漂布及花纱、羽绸、缎子、绒布、棉法绒等;其他进口工业品主要有卷烟、染料、火柴、煤油、红糖、白糖、冰糖、马口铁、蜡烛、纯碱、烧碱、光纸、玻璃及玻璃制品等。20 世纪 30 年代,即墨城的工商企业依然沿袭前店后厂、前店后库的经营格局。城里、东关、西关和河南郭家巷的大街是各类店铺集中之地。花边厂、火柴厂、铸锅厂、冰棍厂、蜡烛厂、白酒烧锅等小工厂分布于城厢各处,酒馆、饭店、茶庄、浴池、茶食店、照相馆、书籍文具店、绸缎布匹店等主要分布在西阁里和西门里,钱庄、当铺、杂货店、药铺等集中于共济街。1933 年,即墨城织布业兴起,经营杂货的商行、摊贩日增。城内有资本额较大的坐商 200 余家,亦工亦商的织布厂 200 家左右,其他杂货商近 600 家,为民国最繁盛时期。

第二节　集市之城集与乡集

青岛区域的城乡集市,自古有之。一县之境,一乡之区,村社之间乃至水陆交汇、城乡叠合之处均设有集市。集市之设,听民自便,视城乡之间的经济地理结构而定,且随着人口增长,历代均有增设,广及平原、山区、沿海、滩地。"察供求之范围,计交通之便利,聚行商于市廛,供顾客之选择,以便民也。"[③]作为近代

① 山东省平度县地方史志编纂委员会编:《平度县志》(内部资料),1987 年版。
② 民国《平度县续志》卷 10《民社志·工商业》,民国二十五年(1936)铅印本。
③ 民国《胶澳志》卷 8《建置志·市廛》,民国十七年(1928)铅印本。

传统市场的重要组成部分,青岛区域城乡集市贸易,至清代已初步形成疏密不一的集市网,并依托不同的经济、地理、交通、习俗状况,呈现各具特点的结构布局和集市业态,形成乡集—城集—城区商业层层联结的圈层结构。

方志记载,明代万历年间,即墨共有 17 处集市,其中城内集市 5 处、乡村集市 12 处:客旅店(店集)、零山(灵山)、信村、团湾(湍湾)、城阳、栾村(蓝村)、刘家庄、南村、流亭、李村、棘洪滩、长直。① 清康熙十七年(1678)《莱阳县志》载,时有水沟头、孙受、夏格庄、店埠、靖林寺(院上)、日照庄、南岚、马恋庄(马连庄)、河头店、姜家山(姜山)、泽口、毛家埠 12 个集市,为莱阳西境的主要商品集散地。据《胶南县志》记载,清乾隆年间,胶南的集市有漕汶、王台、塔桥、王戈庄、张仓、张戈庄、徐兴、夏河城、丁家大村、泊里、胜水等 11 处。清末,胶南先后增设灵山卫、柳家屯、水城、石甲、张家楼、李铁店、纪家庄、红石崖等集市。

清代同治年间,即墨乡集增至 24 处,续增乡集 14 处,并将灵山、马山、玉皇庙、火神庙、石桥等 5 处庙会列入集市之属。集市交易的主要商品以粮食、海产品为大宗,辅以手工制品、果蔬禽蛋、木材等,因地理位置、交通条件和物产集散各不相同,乡集交易呈现不同的市场特点。以鳌山卫、王村、丰城、金口为主的沿海集市,以海产品交易为主;以皋虞、窝洛子、温泉为主的山区集市,以柴草、野味交易见长;以灵山、普东、官庄、移风店、刘家庄等为主的平原地区集市,以粮食、蔬菜、禽畜交易为主;城垣周边及蓝村等交通节点集市,物流通畅,毗近手工业加工地,故以手工业制品流通为多。

清代,胶州城的西关、沙滩、寺门首和水寨街成为城内四大城集。民国初兴,依旧沿袭清代旧例,尤以西关和沙滩两城集最为繁盛。以农历每旬逢二、七、四、九为市集日期,其中二、七两日为大集。上市交易的物品有牲畜、粮食、蔬菜、果品、肉类、水产、柴草及日用工业品等。集市天明即开,日上三竿最繁荣,下午即散。此外,胶州的乡集分布也较广,其中以王台集声名最著。王台是胶州湾西岸的著名商贸古镇,地处胶州西南境的陆路交通中央。据《胶南县志》载,清乾隆年间,王台集即为胶东有名的大集之一,每年春秋两季举行的山会(山集)为胶州第一,赶会人数上万。王台集的繁盛,其一,得益于地理交通得天独厚,北通胶州城,东毗红石崖,南下泊里,西依艾山,为陆海商贸交通要道,自古便是举办乡集的最佳区位。其二,王台还是胶州西南乡最大的花生、花生油

---

① 万历《即墨县志》卷 3《建置·市集》,明万历八年(1580)刻本。

集散地,汇聚胶州、即墨、海阳的花生、花生油交易。据胶州钱庄记载,在秋季花生油交易旺季,胶州钱庄需调运大量铜圆用于王台花生油交易,往往一个交易季需调运铜圆八九千万。

清代,平度州有大小集市44个,乡集主要有门村、白埠、唐田、张舍、辛安、亭口、蓼兰、张戈庄、兰底、麻兰、洪栾、祝沟、崔召、旧店、高望山、新河等。州城内有8集,分别为东关、西关、南关、北关、东南城脚、老集街、文村巷、桥北。其集日分别为农历每月初一、十一、二十一老集街集(称一老);初二、十二、二十二西阁集(称二西南);初三、十三、二十三,初八、十八、二十八北关集(称三八黑虎泉);初四、十四、二十四,初九、十九、二十九南关、油坊村集(称四九南门口);初五、十五、二十五东关街集(称逢五赶东关);初十、二十、三十文村巷集(称逢十文村巷)。后州城八集改为以四关为城集,融观瞻、参拜、逛山、耍庙为一的山会、庙会,是乡村集市的又一组合形式。历史上,即墨的山会、庙会名目繁多,至盛时达62个之多。山会、庙会一般按照农历时令节气和当地民间信仰行会,"正月,一元复始开场会19个;二月,龙王抬头出巡会5个;三月,南北贸易会9个;四月,南北贸易山会6个;五月,马神庙会2个;六月,老母仙姑会10个;七月,财神会2个;九月,重阳登高会6个;十月,皮货封山会3个"①。即墨62处山会、庙会中,以"灵山老母会"为最盛。每年四月十五举会,会期5日,赶会者除即邑乡民、商家外,远及闽广、江浙、上海,近者芝罘、潍县、胶州、莱州、平度、莱阳、海阳的商客,与会者有四五万之众。

商铺货摊星罗棋布,闽广江浙的竹器、百货,周村的丝绸,掖县的皮货,莱阳的叉、扒、扫帚、小农具,平度的风匣,本县的各类土产品应有尽有,饮食摊铺遍布庙会,直到夕阳下山后庙会方散。②

清代,平度州大小山会共23个,会期大多在农历三、九两月或四、十两月举行,每年两次。民国时期,大小山会举会均沿袭清制,分布更广。20世纪30年代,胶县有山(庙)会22处,分别设在牛沟、良乡、张应、谈疃铺、九龙山、尧王山、王珠山、杨家庙、城隍庙、海神庙、马虎山、王台、市美、六旺、百令山、庙子山、柏乡、瞭甲埠、双凤山、龙泉王、老君塔、七宝山等地。九龙山会远近闻名。初设在

---

① 即墨县县志编纂委员会编:《即墨县志》,新华出版社1991年版,第412页。

② 即墨县县志编纂委员会编:《即墨县志》,新华出版社1991年版,第412页。

夼集九龙山的南坡,立会年代不详。以每年农历四月二十一日至二十三日和十月十一日至十三日为山会日期。山会期间,方圆几十里的乡间百姓和大小客商万余人前来赶山交易。上市商品以牲畜居多,可有几千头,其余为木材、家具、各色山货、民间工艺品、药材等。山坡上,多处搭席棚为铺,有酒馆、饭馆、茶棚、赌棚及各种小吃棚。后经历年推演,山会随商贸交通日趋畅达而逐年增多,主要山会有麻兰、古岘、仁兆、南村、兰底、吴家口、蓼兰、中庄、崔家集、台头、白埠、门村、田庄、马各庄、张舍、新河、灰埠、城子、昌里、店子、长乐、盛家、塔丘、徐里、大田、旧店、筑沟、郭家寨、万家、亭口、明村、官庄、孟戈庄、高望山、大城、前楼、鲁家丘、吕家集、城关等,共 39 处,其月际分布仍沿袭旧制。时移世易,后改山会为骡马大会,亦称物资交流会。

李村大集在青岛地区各乡集中场面较大,其立市时间在 500 年以前。李村大集设在李村河中段的干滩地上,长及数里,宽近一里,以农历逢二、逢七为固定集日,买卖之繁盛在各集市中首屈一指,为青岛地区乡民互通有无的最大、最集中的商品交流场所。李村大集最初赶集人数一般为 4000 人左右,秋收后和春节前夕的繁忙季节,赶集人数可达 15000 人。20 世纪初,集上交易以柴草为大宗,其次是农产品,蔬菜果品商贩少一些,而海产品和地瓜干交易量较大。集上的买卖双方大都是当地农民,摊贩数量较少。实物交换是集市交易的一大特色,甚至那些走村串户兜卖商品的小商贩也不能完全摆脱以物易物的交换方式。崂山的乡民以柴草交易为主,海边的渔户则以鱼产品交易为主,盛产梨、桃、杏、柿等水果的山区村民主要从事水果交易,其集贸状况以及在周边农村人际社会的重要作用备受西方人文学者的关注。有关文字记载见于一些专题性论著:"对于农民而言,除了每年有游行的庙会外,赶集是对他们终年单调农业劳动的唯一娱乐,它不仅满足经济的需要,而且也满足社会的和情感的需要。在集市上他们会遇到换钱币的,代写信的,说书的,卖唱的,说相声的,还有算命先生,医师,赌博游戏,巡回剧团的地方剧演出。"[①]

20 世纪初,在第一次城市区划中李村成为租借地的乡区之一,李村大集作为最大的乡区物流中心,官方"颇奖励市集之发展,故有逐年日盛之象"。官方

---

① 〔德〕威廉·马查特:《在保护区的日常生活:平民和军人,中国人和德国人》,〔德〕汉斯-马丁·辛茨、克里斯托夫·林德:《青岛:德国殖民历史之中国篇(1897—1914)》,青岛出版社 2011 年版,第 130～131 页。

曾对赶集人数作过 10 余次统计调查,每集约在 22000 人,傍年关时能达三四万人。当时,台东镇初建不久便出现了一批杂货摊,被称作穷汉市,上市的旧货、估衣、被絮和居家度日的各种家什、蔬菜、粮食,大都来自李村大集。

民国初年,李村大集以物易物的交易状态有较大改观,随着集市规模扩展,走贩坐摊的商贩与日俱增,货品货源从青岛当地扩至鲁、闽、广、江、浙乃至欧、美、日。上市的摊贩每集有 1200 余家,农闲时或秋收后,集上的摊位可多达 1400 家。而小型的鱼摊、杂货摊、估衣摊、种子摊、钱摊和食物摊还不计算在内,其数量也不比统计在册的商家少。据官方调查,每集面市交易物品平均值为"小麦一千一百五十元,属赵村城阳所产;棉纱九百余元,属日本产;布匹八百元,土布占十之四,洋布占十之六;烟叶七百余元,属潍县产;豆饼五百元,属沧口、流亭、大村庄产;其总值在二百元以上者,为海州产之豌豆、大连产之王蜀黍;在百五十元上下者,为海州产之黄豆,李村产之高粱、地瓜干,宋哥庄产之柳条筐与上海运来之火柴;在百元以上者,为泰安、莱芜之麻,上海之粗纸,安邱之苇笠,赵村之粟;在八十元以上者,为即墨产之黄酒,李村产之猪肉,外洋之煤油,上海运来之棉花;在五十元以上者,为即墨产之黄酒,李村产之牛肉,崂山产之松柴,乐安产之炕席;在三十元上下者,为即墨之皮货、竹篓、铁器,下庄之陶器,潍县之靴钉,沧口之铁锅,上海之箬帚,平度之鹅卵及鸡,李村之粉条及韭菜,即墨之蒜,上海之胡椒。此外,在十元上下者,为食物之蔬菜、糖姜及器具之木扒、锄柄、锅盖、圆斗,以及建筑用之窗户、门板,无不备具"[1]。

李村大集的应市物品交易,往往随时令节气而变。春夏之际,大批农事所需的种子、豆饼及夏布、蚊帐布上市。秋冬之际,大量粮食、秋果及估衣、旧棉花供人采买。春秋鱼汛期来临,又有各类水产从沧口、沙子口运来李村集。总计全年 72 个集日,加上闰月所增集日,全年上市货值不下 70 万元,以三成交易量计算,交易总值在 21 万元以上。从货源分布看,李村大集的货源囊括南北,纵横海内外。集上的大宗煤油来自欧美,棉纱、细布来自日本,棉花、火柴、粗纸、胡椒来自上海,还有青州的烟叶、周村的土布、济宁的酱菜以及即墨的黄酒、阴岛的干鱼、城阳的咸盐、李村的牛肉、崂山的松菇、沙子口的海货、下庄的陶器、沧口的铁锅等著名产品,四方供求,无不齐备。

其时,场面浩大的李村集已是集中有市、集外有集。集按不同的交易商品

---

① 民国《胶澳志》卷 8《建置志·市廛》,民国十七年(1928)铅印本。

划分成几个功能区,有鱼市、肉市、钱市、布匹棉花市、粮食市、杂货市、皮货市、估衣市和骡马市等。各种面食、小吃、炒货、酱货虽不称为"市",但各自占有独立的空间。每当逢集,河沿上的李村河南大街分外热闹,街南街北的客栈、粮号、酱园、茶庄、文具行、点心铺的生意十分火爆,沿街的十几家饭铺如逢春店、逢泰店、泰和店的食客川流不息,各种家常小炒、鲁席大餐吸引着宴宾会友、携妻带子的人流。

20 世纪 20 年代胶澳商埠时期,商埠区及青岛周边集市还有流亭、华荫、沧口、枣园、浮山所、薛家岛、红石崖、韩家庄、萧家庄等处。其中,位于白沙河下游的流亭集规模较大,地处崂山山区的华荫集次之。流亭集假流亭村外的干河滩而设,平日逢集"平均露店数七百三四十家,陈列总值三千六七百元,约当李村集三之一"①。集上交易物品主要有棉花、煤油、火柴、苇笠、纸类、棉纱、小麦、高粱、玉蜀黍、豆粕、烟叶、布匹、麻、食盐、干鱼等,其货品货源与李村集相类,就其经济地理位置而言,受青岛港与胶济铁路的辐射,与青岛、即墨、胶县的物流往来较密切。华荫集地处进出崂山的交通要冲,是方志记载的较大山区集市,逢集时摊点计 850 家左右,上市商品总值 2500 元上下,因僻处山区,其货品货源不如李村、流亭两集殷实丰富。浮山所集为青岛东部滨海一带村庄唯一的市场,逢四、九为集,赶集人数盛时四五千人,平日集市 2000 人上下,以浮山所、湛山村一带居民及渔户居多。沧口集毗近工业区,集市交易物品以工人生活需用为主。位于黄岛、阴岛的薛家岛、红石崖等集规模不大,赶集人数都在千人以下。

第三节　城邑乡村的近代手工业

近代手工业是近代工业的胚芽。青岛地区的近代手工业,行业较多、分布广泛,从以一家一户为单位的农产品家庭手工加工起步,与农业生产、生活密切联系,逐步由简单的、小规模的副业化手工生产向作坊式—工场式手工业过渡,呈现近代工业的萌芽状态;相继形成以生产棉纺、丝织、布匹为主的棉丝纺织业,以制作泥陶盆、罐、缸、碗为主的制陶业,以制作镰、锄、钩、刀、耙为主的冶铁业,以生产豆油、花生油、豆饼为主的榨油业,以米、面、玉米、高粱、玉蜀黍加工

---

① 民国《胶澳志》卷 8《建置志·市廛》,民国十七年(1928)铅印本。

为主的碾坊业，以及盐业、矿业、酒业、纸业、铜业、粉干业、鞋帽业等，促进了城邑商业的繁荣，在城乡经济中占有重要地位。

⚓ 编织

青岛地区的手工编织业，始于以篓、筐、篮、斗为主的柳条、腊条编织，因加工的材质和产品不同，分为柳编、腊编、蒲编、麻编、麦编、藤编、竹编等多种编织业态。用蒲草打蒲鞋，用秸秆编草垫、炕席，用柳条、腊条编筐、捆笤帚，用苎麻编绳索等手工编织，遍及各村各户，久盛不衰。

麦编是胶东一带兴起稍晚的手工加工业之一。麦子"其秸可为笠，俗名草帽"，称草帽辫（亦作草帽缏），作为当地土产品，外销各地。胶东一带的麦编加工，最早兴起于莱州北部沿海一带，以莱州沙河镇为草帽辫加工和集散中心，当地设有多个辫庄，从事草帽辫加工生产和收购运销。咸丰、同治年间，麦编从莱州沙河镇传入胶州、即墨、平度，遂在当地盛行。草帽辫加工之初，使用麦秆作原料，染成多种颜色，花色各异，形制纤巧，编制的花样随时翻新。因系手工加工，妇女、儿童皆可编制。获得的报酬较为优厚，女童操此为业，可为将来出嫁筹办嫁妆，所以在胶东一带农村乡区极为普及。各地从事草帽辫编制的家庭手工作坊和大小辫庄竞相涌现，"负贩者鬻之沙河辫庄，转运出口"[①]。烟台开埠后，胶东一带麦编品载往烟台出口，成为出口商品之大宗，每年出口草帽辫约4万担，总值关银150万两。商贩们收购沙河镇附近的草帽辫后，就地分拣等级，重新包装成件，雇用民船运至烟台出口。青岛开埠后，随着胶济铁路通车，收购草帽辫的商贩们选择从潍县走铁路，一天便可到达青岛港，胶州、即墨、平度、莱阳、掖县的麦编品大部也改由青岛出口。时平度每年出口草帽辫4000包，"售于本境者半，售于掖商者半"。第一次世界大战爆发后，欧洲市场销路中断，胶东一带草编业陷于阻滞。第一次世界大战结束后，草帽辫出口得以恢复，但达不到战前出口量，直至20世纪30年代再度繁盛。

20世纪30年代，平度西北乡新河一带出现编织草帽的帽庄，使一度衰竭的草编业得以复兴。"草由海舶运来，分布各村，令妇女学制，工值优厚，一帽之功，致者可得银八元，低劣者亦二元，一月之中人，可织帽二，青年妇女竞习为

---

① 　民国《平度县续志》卷10《民社志·工商业》，民国二十五年（1936）铅印本。

之。则造成后运贩西洋诸国,其值颇昂。"①时平度年出口总值 70 余万元,而草帽辫出口一项,年出口值即达 60 万元。

🜨 榨油

油是广大农户渔民居家度日的日常生活资料,在农村渔区的生活、生产中用途广泛。一是日用,充当食用、照明的主要消费品;二是作为手工业原料和辅助材料,用于制作蜡烛、烟叶加工和手工造纸等;三是榨油制作的油饼可作肥料、饲料,油渣可以肥田等。

青岛地区自古为米豆之乡,明万历年间,胶州大豆被列为输运江南的"豆之上品"。清雍正年间,江南商船进泊胶州、即墨诸港,货物卸岸后,多采买青白二豆载回江南,或上市交易,或榨油牟利。其时,来胶州、即墨、莱阳等沿海口岸舶运豆类的南省商船剧增,而南下商船多载运豆类赴江南贸易。清代中期,青岛地区榨油业兴起,大豆输出渐为豆油、豆饼输出所替代,榨油业已成为重要的农产品加工业,油料加工产品成为港航贸易的大宗货品。这一时期,胶州八大行中的油饼行,从加工豆油饼手工作坊起家,渐次做大,汇聚了本行业的若干手工作坊,发展为专营性商行,总揽一方豆油、豆饼的加工和营销。在近代机器榨油业发展之前,青岛区域的油料以木榨、石碾等手工工具榨制而成。迄今地方志中未见有关官办榨油业的记载,可见这一行业是民间经营。

花生自传入中国后,至清代渐向内陆推广。胶东一带地多沙壤,土质松散,适宜花生生长,是花生种植最先普及的地区,花生种植面积不断扩大。清道光初年,平度知州周云凤教当地百姓试种花生,力倡榨油制饼的种种益处,"堪佐食品,且以代烛,饼则粪田,外兼可饲牲"②,州内花生榨油业由此而兴。咸丰年间,即墨金家口港以豆油、豆饼、花生输出为大宗,十月销售旺季,每日数百辆小车装载豆饼、花生上船。时有"三百六十盘油碾,三百六十只舢板"之说,虽非确数,但金家口港榨油业与榨油外运之繁盛境况形诸言表。据史料记载,光绪初年,金家口镇有油坊 120 家,成为胶东一带重要经济作物大豆、花生的加工中心和最大的集散地。同一时期,平度宋哥庄人袁克仁从美国传教士梅里士处觅得大花生种子,试种后收成极好,于是在平度大为盛行,榨油业愈加普及。清末,

---

① 民国《平度县续志》卷 10《民社志·工商业》,民国二十五年(1936)铅印本。
② 民国《平度县续志》卷 10《民社志·工商业》,民国二十五年(1936)铅印本。

平度花生油、豆油"每年出售万篓,每篓百七八十斤,花生油称是。本境销者十之二三,出口者十之七八"①。光绪二十三年(1897),来自即墨、平度、金家口、海阳等地的6家富商大户来青岛口赁屋开铺。青岛口向以豆油、花生油为大宗销售商品,其时仅有油坊3家。即墨、平度、海阳作为胶东花生重要产地,是油料加工业的资源丰饶之地。而素有"三百六十盘油碾"之称的金家口,油料加工业和航运业居胶州湾诸港之首。诸商家先后入驻青岛口,弥补其榨油业的缺位,进而扩大青岛口的豆油、花生油销售规模。

☸ 酿酒

青岛地区的酿酒业历史悠久,其酿酒材料以粮食、果品为主。以黍米酿造的称黄酒;以麦子、玉米、高粱酿造的称烧酒,亦称烧锅;以麦糠、谷糠酿造的称糠酒;以红薯酿造的称地瓜酒;另有以果品酿造的枣酒、桃酒等果酒。黄酒亦称老酒,因盛产于即墨,故称即墨老酒,属黄酒中的珍品,清代称老干榨,系胶东地区诸黄酒之冠。其风味别致,盈盅不溢,晶莹纯正,醇厚爽口,颇负盛誉。即墨自古为米豆之乡,所产黍米(俗称大黄米)粒大、光圆、色澄,是酿造黄酒的上乘材质。以此为原料,按照"黍米必齐、曲蘖必实、水泉必秀、陶器必良、火剂必得"的古代造酒六法("古遗六法"),经自然发酵后精酿而成。即墨老酒的酿造设备为木、石和陶器,其工艺流程可分为选米、浸米、洗米、装笼、翻搅、糊化、降温、加曲、保温糖化、冷却加酵母、入缸发酵、压榨、陈酿、勾兑等,方能化汁成酒。其质纯正,便于贮存,且久存尤佳,具有色泽瑰丽、气味馥郁、香型独特、性质温馨、质地醇厚等特点,初在胶东各地畅销,后传入济南府及山东省各州县,成山东省饮酒之上品。据1932年《胶济铁路调查报告》载,即墨有黄酒馆500家,年产量50万公斤,年产值20万元(中国联合准备银行"联银券",下同),大都销于青岛、济南及本县。青岛沦陷后,日伪政权实行战时经济统制,对粮食类加工业严加控制,致黄酒商号十闭其九,产量萎缩殆尽。1944年《"青岛特别市"即墨辖境烧酿酒业调查表》显示,即墨黄酒商号仅余17家,其中资金最多的是西阁里刘辅廷经营的同合栈,年资本额5400元,年产量2880公斤;资本额最少的是城关迟佑之经营的源兴泰,年资本额2000元,年产量2700公斤。还有西阁外刘海峰经

---

① 光绪《平度州乡土志》卷15《商务》。

营的中合馆年资本额 3000 元,年产量 2900 公斤。

烧酒酿造是历代酒业之大宗,惜州县志迄无详载。据《即墨古城历史文化和古建筑调查资料》载,清光绪年间,即墨城内有龙盛栈等 10 家酒馆,烧酒、黄酒均供之。光绪二十二年(1896),胶即一带大灾,即墨县谕令各地捐资赈饥。"奉县谕:集捐赈饥。本口殷实商户共集一千三百一十四两,赈米九千一百十三斤。又谕:各处烧锅停止烧酒。"①其时,青岛口有酒馆、饭铺 9 家,供应青岛口当地商民、农渔民及总兵衙门各兵营的烧酒、黄酒,其需求量几与即墨城相当,然烧酒作坊却无文字记载。同期,胶州作为鲁东商品主要集散口岸,商贾云集,熙来攘往,酿酒业因之生意兴隆。时酿酒业分兼营、专营两种,兼营者多为小康农民和殷实地主,以余粮酿酒出售;专营工商业户设厂立肆,批发零售,供应当地及行销他县。烧酒按原料不同分为高粱烧酒、小麦烧酒和玉米烧酒,以高粱烧酒居多。高粱 50 公斤、麦曲 12.5 公斤、糠秕 15 公斤,一般可出酒 18 公斤左右。因酿烧酒耗粮较多,当局出台的烟酒税逐年攀高,如逢灾荒年,往往有停业之虞,故烧酒市场虽旺,但烧酒酿造商家增长缓慢。光绪年间,莱阳西境姜家山(姜山)解家泽口村农户联合办起烧锅作坊,以高粱为原料,发酵后用该村半甜半咸的泉水酿制,小甑蒸馏,酒质纯正,独具风味,醇和适口,称泽口酒,畅销于山东。

1913 年,华商寇坤臣在青岛太平镇开设义源烧锅,自酿自卖白酒,批零兼营,青岛市区的烧酒作坊从此联袂而起。义源烧锅后发展为青岛规模较大的烧锅作坊,资本额 2.16 万元,设有 4 个分销处、8 个门市部,年销酒 1.5 万余公斤。1919 年,即墨城乡有烧酒作坊 20 家,烧酒业大为扩展。烧酒作坊除自制烧酒外,还设门市零售,并批发供应当地酒馆和餐馆,宽泛而固定的销货渠道,扩大了烧酒业的市场覆盖。同期,泊里铜匠谭凤祥从安丘景芝聘请烧锅师傅开办天和泰烧锅,有工人 40 余名,年产烧酒 20 万公斤,为当时青岛规模最大的烧酒作坊,其年产量为区域烧酒行业之最。1928 年,青岛建立华北酒精厂(今青岛酒精厂前身),以高粱或绿豆为原料,勾兑白酒。随着城市人口的增加与饮酒习惯的变化,青岛市区烧酒业布点愈加稠密。

20 世纪 30 年代,青岛周边地区烧酒业的发展领先于青岛市区。1932 年,

---

① 青岛市博物馆、中国第一历史档案馆、青岛市社会科学研究所编:《德国侵占胶州湾史料选编(1897—1898)》,山东人民出版社 1986 年版,第 24 页。

胶州烧酒业商号发展至 69 户,其中胶城 4 户,其余分布各乡。1933 年,胶城的协盛庄、丰泰、增祥、顺兴 4 处酿酒作坊,共有资金 5.7 万元,职工 155 人,年用高粱 82 万公斤、麦曲 9.5 万公斤,年产烧酒 36 万公斤,产值 14.4 万元。和周边县镇相比,青岛市区的烧酒业商号增速较慢。至 1936 年,市区烧酒商号共 23 家,从业人员 184 人。是年,青岛市烧酒同业公会组建,全市烧酒业纳入行业管理。抗日战争时期,粮食被列为经济统制的首位,烧酒业遭到遏制。抗日战争胜利后,烧酒业得到恢复发展。1947 年,全市烧酒业商号达到 113 家,资本额 4159.4 万元,从业人员 417 人。

🎡 刺绣

　　明清时期,刺绣在青岛民间十分流行。广大农村妇女绣织的帐幔、挂帘、荷包、绣巾、肚兜、鞋面、鞋垫、枕头、嫁衣等,工艺精巧,样式各异,应时出新,多数为农家自用,或馈赠亲友,置备妆奁,也有精于刺绣的技良人等操此为业,用于集市交换、售卖,还有的联络城镇及县邑周边一些刺绣工艺精良的妇女兴办绣庄。即墨、胶州、平度城镇均有多家绣庄,承接各式绣品加工。清末,刺绣业新品——花边始兴,平度兰底一带"有倡织花边运售西洋者,南乡妇女藉得沾润。故推行未广,旋即停罢"[1]。后有烟台商人在平度城厢设手巾刺绣分庄,募集妇女学习制作,手巾制作花样繁多,但普及范围狭小,前往习艺者稀少。

　　1918 年,即墨荒洼村手工艺人卢忠溪通过烟台英商引进刺绣新工艺——手拿花边,以一幅 12 英寸×18 英寸的意大利花边做底样,试做成功,遂在即墨城北阁里创办裕民花庄专司经营手拿花边,传播花边制作技艺,使花边技艺在即墨民间普及,培养了一批民间花边艺人。在传播花边技艺过程中,花边艺人结合民间编织、刺绣的特点,在工种、针法、图案上不断创新和改进,使花边与刺绣互为融合,合二为一,衍生形成了一种独特的具有民族传统特色和地方艺术风格的工艺针法,被称为即墨手拿花边,即即墨花边,又称即墨镶边。即墨镶边的主要原料是优质亚麻布和特制丝光线,色泽以米黄、漂白为主,针法工艺独特,造型宛如浮雕,改变了一般刺绣工艺品平面化的呆板风格,在刺绣业中独具一格,很快在当地农村妇女中流传开来。起初产品仅为杯垫、桌边、网罩等,后发

---

① 　民国《平度县续志》卷 10《民社志·工商业》,民国二十五年(1936)铅印本。

展有较大尺寸的台布、床罩及大尺度挂件、相框等,产品有十几种。

即墨花边手工业,因切近乡村城镇非农劳动力的生产需求,尤其适合妇女生产,易于组织多点分布的跨区域生产,促使专业生产组织——花边庄得以出现,进而扩展为行业性区域覆盖。民国初年,以即墨周边各县域花边庄为行业生长基点,形成了以即墨为中心,北至莱阳、海阳,南到崂山,西跨沽河两岸的大范围花边生产区,仅即墨县城就有花边庄 45 家。1936 年成立即墨花边同业公会,实行行业统一质量、品种与销售管理。

🛳 糕点

青岛区域的糕点业始业较早。据资料记载,清嘉庆年间,苏州陈姓人家来即墨城开设糕点铺,由"氤氲入几席,馥郁浸衣裳"之句得店名馥郁斋,是青岛地区迄今见于记载的最早的糕点作坊。光绪初年,馥郁斋在即墨城东阁大街和河南增设两家分号,以西门里街南的馥郁斋为正宗老店。馥郁斋的糕点,以苏州南点风味著称,制作精良,工艺讲究,花色品种随四时节令不断出新,有枇杷梗、蜜三刀、瑞饼、翻花、芝麻饼、马蹄酥、蛋糕、桃酥、糖球、酥皮、麻片、元宵、月饼等,尤以麻片为佳,系馥郁斋独创佳点,成即墨糕点之品牌。这一时期,青岛地区已形成各具地方特色的糕点作坊群,女姑口附近就有多家点心作坊与零售店铺。胶澳总兵衙门附近的青岛村一带也有糕点茶食铺 3 家。北京蜜饯、南方果脯及高密大蜜枣、掖县兰花根亦先后传入青岛。

清末民初,胶州糕点业制作工艺已臻成熟,糕点名品、名店迭次而起。糕点大多以炉烘、锅蒸、油炸等手工方法生产。各类糕点店铺,均以前店后坊经营方式,自制自售。胶州城厢协茂点心铺以黍米面和糯米面为原料,炸制枇杷梗,辅以红糖、白糖,分别称金梗、银梗,产品以香、酥、甜、脆闻名遐迩,为胶州糕点名产。和意点心铺和同聚福点心铺为胶州名优糕点生产大户,生产的酥皮饼、脱炉饼、瑞饼、雪糕、蜜三刀、枇杷梗及用瓜果制作的籽瓜糕、木瓜糕别具风味。

随着青岛移民人口及工商人口的迅速增长,大鲍岛商业区成为兼合东西南北糕点业的兴盛之地,当地一些糕点店聘请南北二京糕点名师扩展营业。1918年,现北京路开设了祥兴永糕点铺,聘请北京著名糕点店正名斋的师傅孟某,生产京式糕点,成为青岛京式糕点第一家。1919 年,庄宝康在现潍县路 24 号又开设万康福记食品店,从南京延聘糕点师傅,自行加工苏式糕点,成为青岛苏式糕点第一家。

南北糕点制作工艺的交汇与融合,促使青岛糕点业加快发展。1920年,在现金乡路开业的正大福记食品店经营南北各色糕点食品,成为青岛首家南北糕点专营店。泰和祥、三阳泰、同裕和效法万康福记,自行生产销售苏式糕点,经营规模扩大,成为青岛四大南货店。京式糕点作坊店铺生意兴旺,除正大福记颇有影响外,1928年开业的万盛春糕点店生产的点心,1932年开业的万福临糕点店出产的月饼,声誉都很高。

⚙ 鞋帽

青岛地区的制毡业始创于清初,随着羊毛加工业盛起,各种毡制品相继面市。胶州的毡鞋、毡帽尤以做工精致素负盛名,誉为山东特产。毡鞋畅销山东、河北及东北诸省,毡帽则风行江苏、浙江一带。时胶州人从事羊毛加工业的毡匠较多,"胶人设作坊制造,岁以数万计,由海舟运南省出售"[①]。除毡帽、毡靴外,还有毡席、毡垫等毡制品,使胶州输往南方的商品品种大为增加。毡鞋、毡帽原产于红石崖、辛安、薛家岛一带沿海区域,是当地盛行的家庭手工产品。后因毡制品销路广、利润厚,渐有人在当地和胶州城设立作坊,开设毡鞋、毡帽店铺,进行季节性生产。1928年,裕春毡帽绒鞋铺开业,独资经营,资金13000元,雇工48人,年产毡鞋6600双,总产值19800元。1930年,永泰丰毡帽店开业,合资经营,资金14000元,雇工46人,年产毡帽18000顶,总产值18000元。裕春毡帽绒鞋铺和永泰丰毡帽店为民国时期胶州最大的两家毡鞋、毡帽生产厂家。其毡毛制品,以原料精良、做工精细、质量严格著称。毡鞋或毡帽制作,要经过拔纱、摘绒、喷水、打绒、弹绒、铺坯、回坯、搓坯、滚坯、敞边、割拉、染色、冲样、包沿等20余道工序。产品绒毛组织均匀而有光泽,具有防潮防寒、轻便美观、坚固耐用、久不变形的特点,不滚毡、不倒帮,能抵御零下三四十摄氏度的气温。享有盛誉的裕春毡帽,与当时绍兴的乌毡帽并称为南北两绝。

辛亥革命后,习俗剧变,男子除辫戴帽成为一大习尚,单帽棉帽、呢帽皮帽,式样不一,新式制帽业应运而生。20世纪二三十年代,青岛地区城乡时兴的三开帽,因适应北方的寒冷天气,使男子颇具英武之气,在中青年男子中广为流

---

① 道光《重修胶州志》卷14《物产》,清道光二十五年(1845)刊本。

行。即墨城北宋化泉村于宝清兄弟创办的德盛永帽庄即以专门制作三开帽而名盛一时。德盛永的三开帽由三瓦帽改进而来，是一款男式棉帽，仿东北带捂耳的皮帽制成。三开帽左右带帽耳，额前还有一块捂额头的帽耳，冷时拉下来，暖时再把帽耳翻上去，三片帽耳时开时合，故称三开。德盛永制作的三开帽，以耐磨性较强的麻葛做帽面，采用细布做内衬，选用长絮棉做填充，材质优尚，制式严整，工艺精细，讲究顶圆、耳宽、额方，其制作有裁顶、裁耳、剪额、絮棉、咬缝、镶顶、挂耳、碾边、缝合、钉带等工序，所制三开帽垂耳平展，立耳不奔，絮棉匀称，翻卷自如，合缝严实。德盛永帽庄仅雇工 10 余人，家人内眷、左邻右舍及本村一些农户也为帽庄做零活加工，年产三开帽 5000 余顶。当时一些外村人也暗地仿做德盛永三开帽，终因无销路而罢停，后改为由德盛永帽庄统一发活，统一验收，统一合成，并加盖德盛永的徽戳，统一上市发售。德盛永三开帽在胶即一带久负盛誉，畅销不衰，还销至莱海地区及烟台等地。[1]

第四节　近代工业的早期发展

青岛地区近代工业的早期发展，与工场手工业交并而行，摆脱了自给自足的自然经济形态，进入以商品为目的的生产过程，形成了以新型生产关系为纽带的生产销售链条。但受清政府固化体制和落后生产力的桎梏，其渐进过程缓慢而艰难。西方工业资本的输入，西方先进生产设备和生产技术的东渐，一方面推动了青岛近代工业的早期发展，另一方面也加速了青岛近代工业的殖民化进程。

☸ 棉纺织业

鸦片战争以前，非植棉纺织户已经在东南沿海一带出现。这种非自种自织的纺织业的萌芽，促使耕织结合的小农经济获得一定程度的发展。青岛地区棉产不丰，亦耕亦织的农村经济不具备自种自织、"棉纺结合"的条件和基础，"土壤污下，多种草棉，其贩自西府及南省者数亦不少"[2]。当时大多数棉纺织户非

---

[1] 据青岛市即墨区北安街道宋化泉村于永佩老人口述整理。

[2] 民国《平度县续志》卷 10《民社志·工商业》，民国二十五年（1936）铅印本。

植棉户,不依赖自给棉而求诸市场供给来纺纱织布。以平度民间纺织的棉花供给为例,当地所产草棉,植株矮小,纤维细而短,产量较低,所以当地农户所需棉花大多由鲁西与江南产棉区输入。从"棉纺分离"状态起步的家庭棉纺织业,原料大部来自市场,农户的棉纱基本自给而非售卖品。一户之家,既纺又织,距离"纺织分离"还很遥远,先用手摇纺车纺棉线,再上腰机、平纺机织成布。

不同的地理文化区间,具有不同的消费需求。通商口岸城市和沿海地区,人们趋新入市的消费心理比较强烈,而青岛周边县邑及山东内地广大农村,受外来生活方式冲击较少,民风淳厚,固守旧德,对衣着尚质料坚牢而非花样薄俏。山东半岛冬季气候寒冷,农村集市特别看好棉布的厚重、坚韧程度,以是否结实、耐久取决消费。寒暑易节,农民穿的一身土布衣,冬絮棉,夏改单,一年拆洗一次,反复捣洗也不易破,甚至一生一世穿不破,这是土布业生产一直保持旺盛的市场需求而历久不衰的社会基础。当时青岛地区主要纺织产品有土布、丝绸、绵绸、葛线、麻布等。其中,土布为家庭纺织,自产自用;丝绸、葛线、麻布为作坊生产,以销售为主。织户所织的土布,称为棉布,世代沿袭,是众多农户赖以生存的重要经济来源。

鸦片战争以后,青岛地区受沿海贸易的影响,一些农业种植条件不佳的盐碱沙碛地带农村,假烟台港开埠之机,凭陆海交通之便,家庭棉纺织业快速兴起。清同治十年(1871),棘洪滩已建立拥有"百台木制机的纺织作坊"[1],成为近代青岛棉纺织业的萌芽。棘洪滩,位于胶州湾北部的近海滩地,以农渔经济为主,地当海湾交通要道,毗邻山东内地与烟台传统商路枢纽——蓝村。当地村民多为卫所后裔或盐户渔民,因所处地理环境多盐碱滩地,仅以农渔为业难图温饱,所以一家一户的家庭纺织业较为普及,不少家庭多年维系着半渔、半纺织的生产方式,自给自足之外尚有棉布可供输出。清末,青岛棘洪滩一带农村百姓基于对机织棉布的生活需求,借助以滩里集为中心的棉花集散市场,采购纺织原料,购置木制纺机,自发从事一家一户的土布纺织。因所织土布自给有余,剩余土布多送往滩里集换取其他生产生活资料,或作价售卖,贴补家用,或以布作抵,换回棉花、织机,再添加人手,扩大规模,渐成家庭式织布作坊。这一时期的中国民间纺织业,呈现"南织绸,北织棉"的萌芽状态,棘洪滩乡民织机作坊的发展轨迹,和南方丝绸织户有相似的路径,都经历了从家庭手工业的分散

---

① 青岛市史志办公室编:《青岛市志·科学技术志》,新华出版社1999年版,第2页。

状态转向作坊式生产的过程,都堪称非土地资源的开发利用之先例。随着织机作坊的逐步进化,全日纺织的生产方式,与机器生产相伴生的作坊主与织工的新型生产关系,布商—作坊—织工组成的生产销售链条开始形成,近代青岛纺织业也由此萌芽。同期,平度西南乡一带因毗连山东省商贸重镇昌邑,受邻县经商务工习尚的影响,且得毗邻棉花集散地的地利之便,一些农户弃农从工,贩运棉花,购买织机,延聘织工,转化为从事机织业的小户作坊。有的农户农商兼营,从昌邑贩运棉花,卖给当地机织作坊或单体织户,专供机织原料。由此,工商两业互依互补,使平度成为青岛地区近代棉纺织业发轫较早之地。

光绪中叶以后,随着"洋纱"输入,"织工乐其匀适,相率用之,手纺线遂废"[1],手纺线退出原料市场,农户棉纱自给自足的生产状态被打破。继之"洋布、洋织机"竞相输入,促使传统木织机逐步改进。光绪末年,平度邑人许崇越购入日本"东洋大机",延聘技师,培训学徒,改制宽面布新式织机并逐步推广,助力土布生产形成遍布乡村农户的产业格局。新式织机所织的布,幅宽二尺余,长百尺余,并有花色线及斜纹等多种样式,称为大布,不仅易于裁剪,且装饰性较强,备受市场青睐。平度县大布生产以该县西乡最盛,时有新式织机七八百架,如以二人替换织布,一月之内可织大布 20 匹,每年农闲季节以 6 个月计,可织大布 120 匹,按新机 500 架推算,能制成大布 6 万匹,生产规模十分可观。西乡的门村集是附近十里八乡的土布交易大集,大布问世后,门村集成为大布的集散总汇地,通过大布集市交易,以市场形式联结起土布业生产、经营、销售的完整链条,进而成为区域棉布生产的主体,所产大布不仅推销全境,还贩运至掖(县)、莱(阳)、招(远)、黄(县)及胶东各县。[2]

清代,各州县棉布生产一般农户均使用手摇纺纱车,部分农户有织布机。织布机初为手抛梭,后改进为手推木机。20 世纪 20 年代,逐渐采用铁轮机(亦称铁木布机、脚踏织布机)织布。铁轮机分平纹铁轮机、斜纹铁轮机、提花铁轮机数种。1931 年,胶县城乡织布业户 800 家,年产土布 10 万匹,产品总值 80 万元,所产土布均为原色白布,每匹 100 尺,幅宽 1～1.2 尺,每匹售价 8 元。是年,胶县成立了第一家官办织布厂——平民工厂,有工人 14 人,资本 1 万元,铁轮机 4 台,年产各种棉布 340 匹,产品总值 2250 元。原料主要从青岛、济南购进,

---

① 民国《平度县续志》卷 10《民社志·工商业》,民国二十五年(1936)铅印本。
② 民国《平度县续志》卷 10《民社志·工商业》,民国二十五年(1936)铅印本。

一般为 16 支纱、20 支纱、32 支纱、42 支纱,主要产品有爱国布、平纹布、斜纹布、大线布、木机细布等。

🛞 盐业

胶州湾盐业的缘起,可以远溯至炎黄时代的"夙沙氏煮海为盐"。传说胶州湾一带的夙沙部落精于制盐,煮水为乳而成盐,其"盐业早兴,盐座最著"。据史书记载,管仲在齐国为相时,"伐菹薪,煮水为盐,征而集之,十月始征,至于正月,成盐三万六千钟"。自齐开始的煎盐法开中国盐业之嚆矢。自汉代起,青岛地区成为我国重要产盐区之一。① 明代山东盐运司自北而南下设二分司,北部盐区设滨乐分司于蒲台,辖 12 盐场;南部盐区设胶莱分司于胶州,辖信阳、涛雒、石河、行村、登宁、西由、海沧 7 盐场②,胶州总领南部盐区之中枢,在山东产盐区的地位举足轻重。延至清初,胶州湾沿岸陆续开辟盐田。据《山东盐法志》记载:"前清时石河场所属胶州盐田 11 副,盐锅 14 面;即墨县盐田 15 副,草荡 4处,盐锅 93 面……"时盐田面积以"副"为计算单位,每副面积大小不一,从 200公亩(1 公亩约合 0.15 亩)到 330 公亩不等。以此推算,清代胶州盐田规模应在3000 公亩以上,约合 450 亩,再加即墨县盐田,总规模不下 1000 亩。这一时期,也是制盐法从煎盐法向晒盐法的转换期,而青岛地区各盐场采用晒盐法晚于北部盐区,迟至清代光绪年始推行。

清代光绪之前,胶州湾盐田的制盐工艺依然沿袭锅煎成盐的传统古法。当时盐锅是世代盐民相传的主要煎盐工具,煎盐法也是盐工世代相承的制盐工艺。每逢早潮后,从海滩高处取盐土晒干,后收土成堆,倾入盐锅煎炒成盐。如以大锅煎盐,煎盐成效数倍于盐锅,"以鑊煎之,每一鑊容汁二石,烧草五束,盐煎得八斗,视灶丁工力厚薄以为煎盐多少"③。晒盐之法,是选择海滩平阔之地,垒筑堤堰,辟出一方方畦田,并留出缺口,待引入海潮后,关上闸门,经炎天烈日暴晒成盐。"晒盐每池大者可成盐一二千斤,小者一次也可得五六百斤。"④产量大大高于煎盐法,且大幅缩减柴草、盐锅等生产成本。

---

① 纪丽真:《山东盐业史》,山东人民出版社 2019 年版,第 36 页。
② 纪丽真:《山东盐业史》,山东人民出版社 2019 年版,第 146~147 页。
③ 万历《青州府志》卷 5《物产》,明万历四十三年(1615)刻本。
④ 许檀:《明清时期山东商品经济的发展》,中国社会科学出版社 1998 年版,第 130 页。

　　清光绪十七年(1891),即墨大桥村民在其村南开盐滩 14 公顷,建起了 7 副斗的张家滩晒盐场,次年投入生产,年产原盐 4900 斗(每斗 35 公斤)。光绪十九年(1893),大桥村民又于张家滩东南建起了 12 公顷的胡家滩盐滩。光绪三十一年(1905),纸坊盐场建成投产。光绪三十四年(1908),阴岛萧家村的萧廷藩着力改造盐田结构,把盐田改造成相互配套的荒水池、卤池、结晶池来晒盐,产盐量大增。此种盐田结构,较接近现代盐田的功能区间架构。此后,经过多年摸索,呈井字排列的盐田,根据晒盐的递进程序,分为储水池、蒸发池、制卤池、结晶池,海水引潮进入储水池后一路蒸发、制卤、结晶而变身成盐。阴岛盐田结构的普及,使阴岛崛起为胶州湾盐田的一个新兴高产区,集聚了规模较大、工艺先进的晒盐场。据胶澳租借地李村区公所对农村居民从业活动的调查,作为从事制盐业的农村居民,阴岛盐户的晒盐场无论是经营规模还是从业人数都是首屈一指的:

　　阴岛北部沿海一带有 4 处晒盐场,它们分别在宁家、萧家、高家和中国村庄陈哥庄,陈哥庄的盐田地处德属地区。制盐法很简单:涨潮时将海水导入在海滩挖掘出的凹地,朝海一面筑坝拦水,凹地的海盐在水份逐渐蒸发后析出。每斤盐价值 2 文制钱。平均产量:宁家 150000 斤＝300 吊钱;萧家 900000 斤＝1800 吊钱;高家 300000 斤＝600 吊钱;陈哥庄 300000 斤＝600 吊钱,共计 1650000 斤＝3300 吊钱。[①]

　　其时,清政府限定食盐产销的票引制度已不再实行,从事煎盐的盐户在缴纳盐田税、盐锅税之后,可以自行销售自己的食盐。按光绪三十年(1904)的盐税规定,从事煎盐的盐户以盐锅为计税单位,每个盐锅每年须支付 0.1 两盐税。此际,因推广晒盐法盐产量大增而导致盐价下跌,从事煎盐的盐户因成本较高而纷纷停业,从事晒盐的阴岛盐户乘势而起,迅速扩大经营规模,占领广大农村市场。"阴岛生产的食盐绝大部分被青岛商人买走,并从那里继续销往农村地区。商人们以 3 个大钱 1 斤买进,在李村集市上可卖到 5 个大钱 1 斤。"[②]阴岛盐户群的迅速崛起,使类似合资经营的公司化模式逐步出现。史料记载,当时

① 《胶澳发展备忘录(1902 年 10 月至 1903 年 10 月)》,青岛市档案馆编:《青岛开埠十七年——〈胶澳发展备忘录〉全译》,中国档案出版社 2007 年版,第 240～241 页。

② 《胶澳发展备忘录(1904 年 10 月至 1905 年 10 月)》,青岛市档案馆编:《青岛开埠十七年——〈胶澳发展备忘录〉全译》,中国档案出版社 2007 年版,第 391 页。

阴岛有 4 家晒盐场实行合资经营,宁家有 5 家,萧家有 30 家,高家和陈哥庄各有 10 家,成为合资经营的公司化盐业组织,赢利由各家分配,每家可得 60 吊钱。按一个成年人年需盐 20 斤计算,阴岛产盐对于满足青岛农村地区全部食盐需求绰绰有余。至 1912 年,阴岛周围已有盐田 900 多副,面积 2.7 万亩,盐民 1800 余人,人均年产盐 19 吨,年产盐总量达 3.4 万吨。因为食盐加工的需求,盐区民间的制盐作坊开始向工场化转变。

矿业

青岛地区矿产资源富集,品类较多,据历代州县志所载,主要有金、铁、煤、白土、花岗岩、水晶、萤石、石灰岩、砂石等。早在唐代,薛国老曾在南墅村南采掘铁矿。南墅镇董格庄村西北、东馆村北金岭山等均留有古人淘金遗址。青岛地区的石灰岩开采历史久远,明朝时,赵、殷两姓迁至胶州南部立村,以烧石灰为业,借坡挖洞筑窑,以柴草烧制,每窑产石灰,少则四五百斤,多则近千斤,开窑之地后称石灰窑村。清朝末年,莱阳望城镇、谭格庄亦建有石灰窑,采当地石灰岩做原料,一次性装窑,再用松柴做燃料,燃火烧制,石灰烧成后再拆窑装运。因石灰用途广,易烧制,石灰岩遂成近代开采最广泛的矿产之一。筑窑烧石灰者,既有专门从事石灰生产的窑户,也有利用农闲季节烧窑的非专业户。胶州的石灰生产多为砖瓦业的副业,所需石灰岩多为就地开采,自采自用,也有的需从外地购入。萤石的开采历史亦较久远,现存胶南白家屯矿坑遗址历宋、元、明、清数代,以出产萤石的老坑著称。

青岛的金矿,或藏于崂山花岗岩层,或散布山地溪涧流沙之下,以砂金居多,当地人以土法开采。平度素以蕴藏金矿著称,自清代同治初年起,英美商人常以游历为名潜往考察,寻觅金矿。青岛地区规模最大的矿业开采当属平度金矿。该矿位于平度东北山地旧店附近,明万历年时矿税太监陈增曾在此开采。此后当地一些匪伙在此地进行私采。19 世纪末期,洋务运动推动了民用工业与民间采矿业的发展,国内出现了开发金属矿的热潮。光绪九年(1883),广东佛山巨富、前济东道李宗岱请求试办栖霞金矿,未获批准。两年后又禀请巡抚衙门准予开发平度金矿,得到批准。李宗岱遂向国外聘请采矿技师,从旧金山购买一部春矿机,集资创办平度金矿。光绪十三年(1887)平度矿务局设立,时有工人 600 余名,分为 3 班,轮换机采,昼夜不停。"据说平度矿采用的是进口机器,是用水银提炼黄金的原理进行生产的,这种黄金是和石英晶体伴生的……
这个矿每年曾运到潍县的砂金有三千两,熔化提纯后,再由青岛转口运往上海
销售。[①]此处的"砂金三千两"是该矿后来尝试用"水银提炼黄金的原理生产
的",而最初的输出产品是金砂。据 1899 年的关册记载,当年平度金矿输出金
砂 3676 担,估值约银 16400 两。史料记载,"平度矿务局在筹办时原拟广泛地
招集商人资本。但由于 1883 年发生了上海金融风潮,一时间集资非常困难。
据说,平度金矿的创办资本中有李鸿章所拨的官款 18 万两;后来又曾向英国汇
丰银行借贷 18 万两"[②]。后因平度金矿资本不足,李宗岱先后提出官督商办和
由旧金山侨商接办等转圜之法,均未成功。1895 年,李宗岱筹划与侨商集股接
办,以维持开支,归还洋债,主张采用土法碾石淘金,以解金矿危局,但"事为李
秉衡(时任山东巡抚)批驳"[③]。1896 年,平度金矿遭官方封闭,遂告停产。

水晶,以崂山山脉储藏最丰,开采最广。崂山水晶,有的色白晶透,有的色
暗而微紫,尤以墨晶为上品。采水晶制眼镜,自古为人所推崇,唯以黑色为贵,
令崂山墨晶身价百倍,南方商船多慕名来青岛口采买。同治九年(1870),青岛
口顺兴、义兴两商号联手集资开采崂山水晶,远销至上海、广州,按水晶色差、大
小给价,大者约银 50 两,中者 20 余两,小者、次者 10 余两不等。光绪年间,青
岛口商家雇佣玉匠精工雕制崂山水晶,磨制为器皿、玩饰、印章,以供把玩,开玉
器雕刻业之风,为富商大户所垂青。登州镇总兵章高元率兵移驻胶州湾后,斥
重金购置崂山水晶,雕制为桌面屏风,"总镇购巨晶镂雕精制为桌屏,钳金饰翠,
光彩晶莹,价称千金",以供观赏。

青岛地区花岗岩以崂山为最,素以质坚而美、性堪耐久、适于建筑而著称,
清代已有专事花岗岩加工生产的民间采石业,主要靠锤、砧、凿、钎进行手工开
采,并进行工制不一的粗细加工,用来制作石磨、石碾、石臼等生产、生活器具,
石阶、石梯、石基及门拱、窗托等建材,石碑、石坊、石雕及石狮、石虎、石马、石
牛、石羊等工艺精巧的标志物与外饰物,用于豪门大宅、宫观寺庙或墓园碑碣、
功德牌坊等。1897 年德国侵占青岛后,随着城区基本设施建设的兴起,以采花
岗岩为主的采石业得以迅速发展。时花岗岩采石场大都在沙子口附近,再经海

---

① 青岛市档案馆编:《帝国主义与胶海关》,档案出版社 1986 年版,第 78 页。
② 严中平主编:《中国近代经济史(1840—1894)》下册,人民出版社 2001 年版,第 1397 页。
③ 严中平主编:《中国近代经济史(1840—1894)》下册,人民出版社 2001 年版,第 1399 页。

路运至前海岸边。"往年沙子口与九水附近常有石工三百余名从事采石,每日工资约银五角,又有把头多人互争承揽,而经纪人则介绍于买主与把头之间,居中取赢。"[1]1901年德国胶澳总督府(简称总督府)颁布《打石告示》,对石料开采实行行业管理。胶济铁路通车后,青岛花岗岩经铁路运赴胶济沿线,以供道路和建筑用石料。民国初年,青岛花岗岩运达上海、大连等外埠,总值15000元左右,占青岛采石业年产额的27%。

窑业

青岛地区多黏土、陶土、砂石与石灰岩,至明代,周边县邑的窑业已较为兴盛,主产砖瓦、石灰及各式土陶。各窑户淡季务农,旺季烧窑,采用手工木模制坯及土窑焙烧的传统工艺方法经营。青岛地区的传统砖瓦生产,以胶州大沽河、胶河一带分布较为集中,小窑、大窑、老窑等村皆因村民经营窑业而得名。窑工以木质砖瓦模手工操作制坯,以柴草为燃料,用马蹄型小土窑焙烧,生产青砖、红砖和小弧瓦(俗称小鞍瓦)。砖瓦烧制成形后,加水润之,呈黛青色或暗红色,前者为青砖、黑瓦,后者为红砖、红瓦。

青岛周边各县凡有石灰岩矿分布之地,自古便就近开辟土窑,烧制石灰。莱西东南部草化山以西的谭格庄一带和北部唐家庄乡柳连庄一带,蕴藏着丰富的石灰岩资源,当地窑户专以烧制石灰为业。旧法烧制石灰均为小土窑,一次上足料,用松柴烧制,烧成后拆除另装,车载肩挑,流通各处供建筑之用。

1898年,德人买办魏希成在胶州麻湾河口开办大成窑厂,以德式瓦机制作平瓦,用德式轮窑焙烧。此种平瓦,与欧式大屋顶设计相配套,专供青岛德式楼房建筑之用,表面平展无弧,状如牛舌,俗称牛舌瓦。当时青岛建楼,专由麻湾大成窑厂供瓦。同年,今中山路北端大窑沟一带建成捷成窑厂,用砖机替代手工脱坯,用压砖机生产黏土平瓦坯,并采用轮窑焙烧,砖瓦焙烧制作质量和功效大为提高。1913年,窑户刘明卿在湖岛开办祥利窑厂,佣工140余人,窑田面积90亩,配有40匹功率电机2台、制砖机1台、制瓦机1台、坯泥机1台,年产砖170万块,瓦30万页,成为山东省最早的民族机制砖瓦厂。1914年,刘子山在大窑沟建立的复合永窑厂西迁至胶南红石崖,改称益民窑厂,建有轮窑两座,时

---

[1] 民国《胶澳志》卷5《食货志·矿业》,民国十七年(1928)铅印本。

为青岛地区规模较大的新式窑厂之一。后义和祥窑厂、三友窑厂、裕兴和窑厂等较大的私营窑厂相继开办。20世纪20年代初,大窑沟窑土告罄,青岛市区窑厂建设开始向市区东北部转移。1922年,孤山窑厂建成,该厂有制砖机、制瓦机各2台,以50马力电动机为动力装置,有工人400名,每年制成砖瓦600万块,除供应本埠外,还运销上海、大连并采用沧口文昌阁的黏土试制耐火砖。1925—1934年,水清沟一带相继建成利合、福兴、和丰等新式窑厂,在吴家村、错埠岭一带建成双合盛、裕兴、三盛、益丰等轮窑厂,同时还建有楼山后窑厂、田家村窑厂、万丰窑厂和胶州湾麻湾窑厂等。

即墨留村一带陶土资源蕴藏丰厚,颇具细、黏、硬之型器制作优长,暴晒不裂,水泡不碎,自明代起即被当地人作为优良黏土用来烧制碗、盆、罐等器皿。采于窝洛子村南山黏土烧制的窝洛子缸质地坚固,表面亮泽,以石敲之铮铮有声,多用于盛水、储粮、囤积谷物,在胶东一带极为畅销。土陶制作工艺设施较为简易,有作坊(轮屋)、晾晒场、冬晾台、储存棚、马蹄窑等。制作工艺流程,一是黏土和泥;二是上轮造型;三是晾晒固型;四是困润晾干;五是入窑烧制。成品陶有黑色、红色或青色三种。莱西河里吴家乡的山后、芝下、上店、扒头张家等村也有辟建土窑烧制罐、盆、瓮等陶器的窑户。崂山"张村南之刘家下庄、宋家下庄、董家下庄向有烧制陶器之土窑数所,每年制成缸、瓮、碗、盏三四万个,售诸李村、枣园市集,以供各村之用"[①]。其中尤以刘家下庄的土陶业为最。

刘家下庄土陶制作始于清代嘉庆年间,为即墨西城汇祖传瓦罐盆制作世家李姓人家将其祖传土陶工艺传授于村人。刘家下庄土陶品种多、功能多、规格多、花样多,有百余种,广泛用于村民生活、生产的方方面面。有用于建筑业的小瓦、鞍子瓦、板瓦、小梭瓦、异型瓦以及各种口径的烟筒、雕花烟筒、釜台、弯脖、拐脖等;用于居家生活的大罐、二罐、三罐、柿釜罐、蛎子罐、盒罐、鸡蛋罐,还有接磨盆、碗盆、饭罩、菜碟子、酒罩、酒流子、筷子筒、夜壶等盆盘皿器;用于栽植花卉的大小花盆、异型盆、滚齿盆、雕花盆、脚盆、盆景盆、花蝶盆等;用于祭祀的香炉、挂镂、香筒、异型鼎等;用于文牍案头的笔筒、笔架、纸镇、石板、砚台、插花筒等;用于渔业捕捞的渔网角石、鱼缸、鱼盆、肥料罐(海带养殖用)等;还有用于庙宇建筑的多种兽头瓦、观赏物、耐火炉、耐火罐、耐火砖及燎水、炖药炉等,无所不备。后刘家下庄村中的陶工巧匠或应聘或为生计出走他乡,把传统土陶

---

① 民国《胶澳志》卷5《食货志·工业》,民国十七年(1928)铅印本。

工艺传播至栖霞、招远、牟平和一些省外地区。

☸ 纸业

  青岛地区的纸业历史较久。纸业作坊多以制作土纸为主,其制纸之法,以麦秸草为造纸原料,经浸泡、碾碎成浆,轧压、晒干为纸,称土纸或粗纸,可制成草纸、纸板,用作包装、制盒、烧化等。胶东一带州县城垣内多有称作纸坊街的街巷,即土纸作坊的扎聚之所。其时,青岛地区所需细纸、色纸均需从上海、江浙舶运,当地纸业作坊的细纸、色纸生产一直属于空白。光绪年间,平度城西宗家庄人兴办专产色纸的纸业作坊,胶东各县竞相销售。宗家庄色纸,是在白纸的基础上染上灰白、淡绿、鹅黄、大红、浓绿等颜色制作而成,其以纯色为主,可用作年画拓印、装裱,还可用于剪纸、对联及婚庆、祭祀等。宗家庄是久负盛名的木版年画之乡,有年画作坊 30 余家,全村几乎家家都以印制年画为业,并相继在平度城西关大街开设了新盛元、公兴义、北新成、东增盛等十几家年画店。每当秋种结束后,尤其是进入农历腊月,各家作坊昼夜赶印,客商熙来攘往,顿呈"家家雕刻木版,户户描绘丹青"的繁忙景况。宗家庄木版年画先热销于胶东半岛,进而扩大至东北辽宁、吉林、黑龙江等省,流传至朝鲜半岛、日本,至盛时日成交量为五六万张之多。后平度的双丘、侯戈庄、荆戈庄、邵家疃等村也相继经营此业,印制木版年画的范围不断扩大。每当年关临近,进入年画制作旺季,木版印画所需的纸张往往供不应求。为此,一些年画作坊便精心研习南方色纸制作工艺,自行制作色纸,久之则操此为业,助力木版年画业愈益发达。如县志所载:"宗家庄之染色纸印年画,可行销至莱海各县。每岁冬腊,负贩麇集,颇盛极一时也。"①

  这一时期,胶州一些在烟台、黄县从事木刻浮花纸(俗称天棚纸)制作的工匠,见此行业获利不菲,且当地尚无人操持此业,遂返回本乡开设色纸作坊,采用木版彩色套印工艺,进行木刻浮花纸生产。由于省去了异地差价,其所制浮花纸物美价廉,为当地市场所青睐,遂成热销不衰的纸业新秀。至 1937 年,胶州有 7 家色纸作坊,从业人员 40 余人。胶州浮花纸除满足本县需求外,还外销周村、博山等地。1939 年,胶州有天玉成恒记、全顺栈等 9 家色纸作坊,每家资

---

① 民国《平度县续志》卷 10《民社志·工商业》,民国二十五年(1936)铅印本。

本金一般为 300～2500 元,共计资本额 11170 元,每家工人一般为 4～10 人,共有 54 人。

⚓ 印刷业

明清时期,青岛地区的图书出版,以官刻、家刻和坊刻为主。官刻,是由官府出资或主持的图书刻印,所刻印的图书多以正经正史为主,官府以雄厚的财力支持刊刻大型图书。凡私人出资在家中刊印图书,且不以谋利为目的的,称为家刻或私刻。以书商为主体的民间刊刻作坊,以市场需求为导向,所刻书大都是经、史、子、集四大部类经典名家注本、科举程式用书、医书以及各类名家名著的选本、通俗文学读物等,出版量及图书流通量十分庞大。

清乾隆年间,青岛地区的印刷业由印刷作坊变为印刷书局。乾隆八年(1743),胶州的海上庐书局创办,为青岛最早的印刷书局。继之,胶州的又敬堂书局于乾隆十五年(1750)创办。清代,青岛地区的印刷出版业以胶州成文堂书局和保真堂书局两大出版商号较为活跃,出版图书达 272 种之多。今胶州西门外太平街的成文堂书局,创办于清道光中期。该书局因经营得法,业务发展很快,相继在青岛口、潍县、即墨、高密、烟台、龙口及北京、天津、丹东等地设立 10 余个分号,并开始应用铅字和石字印刷。成文堂书局,规模较大,自办雕版印刷,印有《论语》等四书五经线装书和各种塾学民间启蒙读物,是山东省用雕版印书较早的书局,也是清代青岛地区唯一拥有雕版印刷作坊的书局。现存有《尚书离句》《礼记体注》《青云集合注》《左传易谈》《算法统宗》《医方集解》等数十种印刷出版物。

印刷书局的面世,打破了官刻、家刻、坊刻并存的出版业态,开始涉足由官刻垄断的经史印刷出版领域,对相对封闭的家刻形成吸引力,拓宽了印刷业的社会覆盖,其编辑、印刷、发行逐步开始实行专业分工。当时,书局的印刷出版物主要为经、史、子、集四大部类。经部类书有胶州成文堂书局出版的《礼记易读》(1877 年版)、《四书体注合讲》(1879 年版);史类书多为地方志书,较为著名的有万历《即墨县志》10 卷(1583 年刊刻,现存中国国家图书馆),乾隆《即墨县志》12 卷(1763 年刊刻),道光《重修胶州志》40 卷(1845 年版);子类书有成文堂书局出版的《医方集解》,即墨清和堂篆刻的《杜诗浅说》;集类书有种德堂篆刻的《助息园遗书》等。

20 世纪初,西方现代出版业和现代印刷技术传入青岛,以外资经营为主的现代出版业开始兴起,中国民族出版业也在外力刺激下开始向现代出版业转型。这一时期,青岛现代出版印刷发行机构共有 11 家。其中德国人开设的有教会印刷所、天主堂印书局、青岛印书局、Adolf Haupt 出版社、青岛特别高等专门学堂译书局、青岛特别高等专门学堂印书处等 6 家。民族出版业有宜今兴印务局、成文堂青岛分号、同文印刷局、青岛福昌书局、鸿顺公南纸印刷局等 5 家。1900 年春,教会印刷所在曲阜路 1 号成立,由德国神父主办。资金 1000 美元,拥有德制各种凸版印刷机及其他印刷设备,计有脚踏机 1 台,打眼机 1 台,烫字机 1 台,对开切纸机 2 台,5 马力电机 5 台。教会印刷所的任务主要是印制教会活动所需书籍,并承担《青岛同益报》《青岛官报》的印刷业务。此外,该印刷所也接受外界委托的印刷和装订业务。1912 年,德国胶澳督署的官办印刷机构青岛印书局成立,其主要印刷业务是印制胶澳督署翻译谋乐辑的《青岛全书》等书及各类账册、告白、案牍文书等。"本局开设青岛飞芝喜街(今中山路),专印中西书籍、帐单、章程、告白、文体及象皮图章、华洋名片。所印无不精工。兼售德国上等信纸、封套,各式铅笔、钢笔、自来水笔、墨水、青岛图画、大小抄字本、帐部纸单、学堂文具俱已全备,不及每举。仕商惠顾,价值格外从廉。"[1]青岛特别高等专门学堂印书处也是当时重要的出版机构。青岛特别高等专门学堂附设译书局和印书处,曾编辑出版《中德法律丛书》及《中德法报》《自西徂东》等期刊,着力于中德文教材的对译。

民族出版业中的鸿顺公南纸印刷局创办于 1909 年,是徐敬舆在河北路 22 号开办的青岛最早的民族资本印刷企业。有职工 20 人,资金 6 万银圆。开始为手工作坊,雕版印刷账簿、信纸、信封等。1911 年后添置了凸版印刷机及各号铅字,开始承印书刊。1912 年,广东省潮阳县人陈乃昭在青岛以 2 万银圆独资创办宜今兴印务局,地址设于潍县路 81 号,经理梁星垣。该局经营南北土特产品,兼营印刷。胶州成文堂等资深印刷商号于 1913 年在青岛开设分号,始设于天津路 26 号,旋徙天津路 13 号,并在高密路 84 号相继开业。

五四新文化运动推动了青岛地区民族印刷业的进一步发展,促使现代印刷业逐步提升铅印工艺。1919 年,胶州孙仁轩开办了双珠印刷局,有石印机 2 台、四开铅印机 1 台、元盘机 2 台,主要承印单据、表格、信封、信笺等印刷品。至

---

① 〔德〕谋乐辑:《青岛全书》,青岛印书局 1912 年版。

1930 年,胶州有铅、石印印刷局(社)7 家。王楷甫开办的大同印刷社为当时规模较大的印刷厂家,有职工 30 人,四开铅印机 2 台,石印机 2 台,元盘机 2 台,切纸机 1 台,主要承揽各机关、学校、工厂、商店的单据、报表及县报、期刊、家谱、书籍等大宗印刷品,近百万字的民国《增修胶志》即为该社印制,由于印刷精美,在同行业中享有较高声誉。

第五节　近代银钱业与典当业

19 世纪末,青岛地区尚无现代银行出现,钱庄是具有银行地位和作用的区域银钱业主体。即墨最早的钱庄出现在清道光年间的金家口,称福康号钱庄。客旅店(今店集镇)也开设了两家钱庄,即仁德堂钱庄和同庆号钱庄。清光绪末年,即墨城内所设钱庄主要有积庆、协同成、公义诚、鸿德等 4 家。后钱庄又增设公义盛、德元成、德丰、德泰、德顺、义元永、德昌、文德、广盛、裕庆祥、义祥洪、同祥茂、进德、元聚泰、云盛、协隆、红聚、盛元等 18 家。①

据胶海关调查,当时青岛口以外,胶州城内有 11 家钱庄,组成相当于行业公会性质的行会作为胶州银钱业团体,以调控汇兑牌价起落和汇兑费用标准。城内各钱庄,每日挂牌公布银两与铜圆之间的兑换价格,同时也公布向即墨、潍县、沙河镇和其他贸易重镇汇款收取的汇兑费用。这一时期,银两与铜圆的汇兑牌价涨落异常,由于交通闭塞,信息不畅,胶州汇兑牌价与外埠的差价,往往造成异地汇兑投机,一些精于此道的"钱商"常将银两从甲地运往乙地,从铜圆的汇兑差价中牟利。例如,青岛同丰益号的创始人綦官晟就曾从事过银两与铜圆的差价交易,并由此赚得创业的第一桶金。

胶州钱庄以短期借贷为主,一年之中,贷予商人的短期贷款利息高低不同。春季的贷款利率最低,而冬季大批商人需现款购买花生油等秋收作物,用款需求迫切,因而利率最高。钱庄把一年分为 3 个贷款节期,确定短期贷款的利率,1—3 月为第一节期,4—6 月为第二节期,7—12 月为第三节期。第一节期,无论全节贷款或不满全节贷款,利率平均在 2% 左右;第二节期,利率平均在 3%～4%;第三节期即 7 月份以后,利率平均在 8% 以上。全年贷款的利率也有一定

---

① 即墨市古城历史文化旅游资源普查办公室:《即墨古城历史文化和古建筑普查资料》(内部资料)。

之规,如在春季贷款成交,利率较为低廉,贷款月份越往后,银根越紧,贷款利率越高。钱庄贷款一般没有还款担保,无论是商行店铺贷款还是个人贷款凭借的都是借贷方的信誉,图章钤记就是借贷方承担还款责任的承诺,故贷款到期不归的风险须钱庄自己承担。

胶州为鲁东商业重镇,贸易繁盛,流通畅旺,清末时青岛地区的货币流通多集中在胶州。胶州市面流通的银码,统称为胶平,即胶平银。此种银两成色足,纯度高,为胶州及青岛周边各县广为流通的实物银两。当时,青岛地区唯一流通的银元宝称胶州元宝。胶州元宝呈靴状,靴面较宽,两耳较短,每个大锭重 50两,中锭重 10 两,小锭重 1~5 两,1 两以下称碎银。胶州元宝以成色纯而为半岛地区商界和银钱界奉为统一银码。德国在青岛的货币发行机构——德华银行,曾试图打破胶州元宝在胶澳地区的一统天下,从上海引进沪市元宝而取代之,但因市面流通受阻而最终出局。按当时的规矩,外地的银元宝进入青岛,首先须重新熔化铸成胶州元宝,"变脸"后方得流通。在设立评定机构公估局之前,这种"变脸"的行当多由私商承造,每铸一锭元宝收费 150 铜圆。[1] 银元宝改铸生意趋旺,诱使专营熔铸银元宝的大小钱庄频增。

当时胶州与闽广江浙等南方口岸的贸易量较大,南方商人抵港后,需要把外地银两兑换成胶州银两,用于货物交割和当地产品采购,而胶州银两与铜圆的兑换牌价常常变动不居。每次南方船队带进一批外地银两,都会给胶州货币兑换市场带来干扰和冲击。由于南方船队海途遥远,每一次交易周期较长,一些钱庄往往采取"存空"的办法与借贷方达成预先借贷协议。所谓"存空",即钱庄提前几个月预先挂牌,标明银两与铜圆之间的兑换价格,如南方商人愿意在某一日期,按照该钱庄挂牌的兑换价格成交,则双方预先达成协议,确定银两与铜钱之间的兑换比例,届时兑现成交。这种借贷双方共担汇兑牌价风险的做法,后推广到大量借贷业务中,官方曾以"易导致投机性交易"为由加以禁止,但当时在胶州各钱庄中仍广泛流行。

史料记载,光绪二十二年(1896)四月,胶澳总兵衙门因修筑海防炮台,向胶州钱庄垫借 5500 两白银,支付工程费用,引致胶州银价下跌。此时,胶州钱庄的借款垫支业务已进入青岛口,胶平银作为当地货币标准单位,不仅成为民间货币流通的固定形态,也为官方所认可。当时青岛口与胶州塔埠头港的港航贸

---

① 青岛市档案馆编:《帝国主义与胶海关》,档案出版社 1986 年版,第 61 页。

易联系十分紧密,青岛口的过往货物都以胶平银论价,其汇兑比价也都以胶州汇兑牌价为基准。青岛口的商务公所,对银价与制钱、铜圆的兑换比率极为关注,每当大批银两进出青岛口时,新一轮银价波动便会随之而起。商务公所在禀报即墨县署的呈文中,货币行情分析是其重要内容。如前述总兵衙门借款垫支 5500 两白银一事,导致胶州银价由每两兑 1107 文降至 1079 文,当月即禀报即墨县署备案。即使没有上述大额白银调度引起的银价变故,各项交易所用白银也迥然有别,极为烦琐。以莱阳县西境(今莱西市)的银价对折为例,光绪末年,该地区市面流通的白银有库平、漕平、口平、胶平、黄平、莱平 6 种之多:"库平,官府所用;漕平,漕运官司所用,每一两二分五厘五毫五丝合库平一两;口平,即墨金家口商场所用,每一两二分六厘四丝合库平一两;胶平,胶州通行,每一两三分一厘九毫合库平一两;黄平,黄县通行,每一两八分一毫合库平一两;莱平,每九钱七分合库平一两……口平用于东南,胶平用于西南,黄平用于西北,而漕平、莱平通行。"①

德华银行青岛分行设立后,德国胶澳总督府授权德华银行把青岛当地的流通货币单位统一到胶平银上来。德华银行将胶平银与沿海各商埠流通银两加一比对、考订后,规定租借地内以胶平银为流通货币统一银两标准,同时规定胶平银按每两合 36 克的重量标准,作为青岛特有的海关虚拟记账单位加以推行,所有进出口货物,均以海关两作为计价标准。海关两作为虚拟的记账单位存在,充当进出口交易媒介,属虚设的银本位计价单位,并非实际流通的银两,而在实际流通时,须折合成银圆由买卖双方交割。

清末民初,青岛地区广大城乡流通的中国币,胶州元宝、碎银(一两以下称碎银)、制钱三者并行。大宗交易,用胶州元宝交割;中等交易,以碎银支付;制钱多系民用,供平民百姓一般小额流通。胶州元宝和碎银是银两的两种物态形式。银两的"两",代表一个标准银量,铸制者根据流通需求,按照标准银量铸成大小不一的银锭,使银两物态化。其中,一两以下的碎银专用于中等交易,支付过程最麻烦,讲究也最多。当时碎银称重的计量工具叫戥,即由秤杆、秤盘、秤砣合成的"三件套",装在中字形匣中,交易时买卖双方当场称重交割,令人不胜其烦。制钱是自明代洪武元年按照定制铸造的"定制之钱",故称之。清代沿袭前朝旧制,从顺治元年起开铸制钱,每历一朝,均以当时的年号名之,发行全国

---

① 民国《莱阳县志》卷二之二《政治志》。

流通。制钱，以文为单位，用绳串成100枚、500枚或1000枚一串，称小吊、半吊、一吊。来自国内不同流通区域的制钱，叫法各不相同。从京津方向来的制钱，叫京钱；通用于宁沪客商之间的制钱，称老钱。当时，李村、台东一带通用的制钱叫九八钱，也称为底子钱。银子和制钱可以互兑，兑率上下浮动，每两银子依据不同的兑率，可兑一至二吊制钱不等。把银两换成制钱，须运用十进制进行换算。银两的最小值为厘，最大值为两，十厘为一分，十分为一钱，十钱为一两。制钱的最小值为文或枚，最大值为吊，1000文为一吊，500文为半吊，而100文的概念是把一吊拆成10等份，随手当零花钱用。辛亥革命后，制钱渐渐淡出市场流通。十几年后制钱几近绝迹，其兑换率跌至1银圆换10吊制钱。

　　当时流通于广大城乡的货币，除中国币之外，还有大量的外币，称洋钱。"欧洲人将他们的银币带入中国参加流通，在中国货币流通中相当快就得到认可的银币有玛利亚·特雷辛银元（Maria-Theresien-Taler）、美国自由元（US-amerikanische Libeliy-Dollars）、西班牙卡罗斯·比索（spanische Karolus-Pesos）和居垄断地位的墨西哥银元。银币在贸易往来中不断被检查，并由中国银行家用压印或墨印章加上所谓的商店标记，直至铸造的图案已经不能认出来。"①其时流通的外币主要有墨西哥银圆、美国银圆、西班牙银圆及德国银币等。平度等地的外币乱象尤甚，除上述流入的外币之外，该县赴外劳工和商人带回的外币，更加重了外币流通乱象："清季通商，外洋纸币侵入，俄之卢布帖（市称羌帖），日之老头金票，正金银票（邑人多有工贩于东三省及日俄诸国者，相率携归）。德人据青岛，又有德华银行票颇为流通。而羌帖最盛，值高于现银十二三。"②

　　胶州湾沿岸的港埠重镇是典当业繁兴之地。明清时期，典当业在胶州已形成一定规模。当时胶州商人大者有三，"曰装运、曰典当、曰银钱"，除港航贸易外，典当业、银钱业并称两大商业门类。清末，典当业作为银钱业的辅助形式，散布于青岛口周边县邑及胶州湾沿岸港埠码头。王台是胶州湾西岸一座商贸古镇，位于王台镇中村的王台当铺，始建于清咸丰年间，由胶州城一孙姓富户开设广顺当铺。清同治六年（1867），东捻军过境时倒闭。次年，一丁姓富户在广

---

① 〔德〕米歇尔·昆泽尔：《为青岛发行的德国货币》，〔德〕汉斯-马丁·辛茨、克里斯托夫·林德：《青岛：德国殖民历史之中国篇（1897—1914）》，青岛出版社2011年版，第161页。
② 民国《平度县续志》卷10《民社志·钱币》，民国二十五年（1936）铅印本。

顺原址开设天有当铺。当铺南北长 100 余米,东西宽 40 余米,计 122 间房屋。当铺至盛时,典当生意北至胶州、即墨,东至青岛口一带。据《即墨县志》记载,清末时,即墨城的当铺有共益当和共来当,由私人独资或合伙经营。还有春兴、祥兴、瑞成泰、锦诚泰、锦成义、德昌等 6 家估衣铺,出售旧衣服或原料较次、加工较粗的新衣服。灵山、蓝村、青岛口和客旅店等地也设有当铺。当铺一般实行"三不当",即神袍戏衣不当,旗锣伞扇不当,不明来路的贵重首饰不当。当铺的月息一般为 2%~3%,押值较低,一般只付给当物实际价值 30%~50%的押值,以不超过原价的一半为限,规定低值易损物品不收押,且当期长短不一,一般当期最长为两年,最短的只有一个月,赎当时须付利息,过期出号。抵押物期满不赎,当铺即行出号,抵押物即归当铺所有,由当铺变卖。

第三章　路港一体化的东亚航运中心

鸦片战争以后,中国沦为半殖民地半封建社会。西方列强大举入侵中国,胶州湾的地理优势引起西方列强的觊觎,"每艳称胶州湾为屯船第一善埠"。自1861年英舰"多布"号进泊胶州湾,至19世纪70年代,西方各国对胶州湾的考察活动接踵而来。德国地质学家李希霍芬①实地考察山东半岛后,为德国攫取胶州湾作为殖民港口做了重要提示。地处山东半岛南部海岸的青岛,既远离华北腹地商业中心,又缺乏上海与腹地那种纵横交错的水运网,故从19世纪60年代开始的胶州湾考察无不判言,青岛前途取决于是否拥有通达广阔经济腹地的便捷通道,唯此才能充当华北腹地与世界市场联系的门户。早在李希霍芬的著述中,已经大致勾勒出这座未来港城通过港口与山东铁路线通达山东腹地的基本轮廓。1898年中德《胶澳租借条约》签订后,德国胶澳总督府便把胶济铁路和青岛港的建设置于租借地建设的首位。

第一节　青岛港的崛起

1869年3月至5月,德国地质学家斐迪南·冯·李希霍芬用3个月时间实地考察山东半岛。1882年李希霍芬出版《中国》第2卷,公布了对山东实地考察的过程和结论。基于上海欧美商会赋予他的考察使命"全面探查这个封建帝国的矿位",他特别关注博山煤矿等山东煤田。李希霍芬考察后认为,山东煤田的唯一出口芝罘港,由于山脉环绕难以修建通达产煤区的铁路,而胶州湾则是中

---

① 斐迪南·冯·李希霍芬(Freiherr Ferdinand von Richthofen,1833—1905),德国著名地质学家。1868年,在欧美商会资助下,从上海出发开始中国考察活动。1869年实地考察山东半岛。1882年出版的《中国》第2卷,公布了关于山东实地考察的过程和结论,提出"选择青岛作为华北最大和最好的港口,将其作为与整个华北联系的起点,青岛将成为德国进入整个中国市场的一扇门户",为激发德国对远东的军事野心并进而攫取胶州湾作为租借地的扩张政策作了重要提示。

国北半部最大和最好的港口。将其作为与整个华北联系的起点，青岛将成为德国进入整个中国市场的一扇门户。

1866 年，德国东亚舰队司令、海军上将梯尔匹茨①考察胶州湾后，向德皇威廉二世呈送考察报告称，胶州湾和中国北部的开放城市一样是一个重要的商业港口，它是中国从上海直至牛庄之间唯一的天然良港。当时德国海军部和外交部对胶州湾的不冻期问题把握不定，为此梯尔匹茨特别强调了关于不冻港的考察结论。经梯尔匹茨的详细调查，胶州湾是事实上的不冻港。地处北纬 36.3°的港湾高盐海水、强海流和黑潮暖流影响是胶州湾不冻港的主要成因。

1897 年初，德国海军部顾问、筑港工程师弗朗裘斯②奉德皇威廉二世密令考察胶州湾，对湾内面积、航路、入港口、湾内岛屿、气候、风向、潮流、潮水落差、海水盐份等技术数据进行技术性调查。详尽分析了胶州湾的成因及港内水深、范围、抛锚地选位等，调查内容还包括胶州湾沿岸地理、地貌、地质构造、居民状况、商业及交通、渔业、畜牧业、农业、工业，以及当地房屋结构与建筑材料，最后就建港工程和铁路建设拟订了宏观规划。弗朗裘斯评价胶州湾作为海港价值颇大，尤其与天津港不同的是，胶州湾是个不冻港，利用这一得天独厚的条件建筑港口极为有利。弗朗裘斯基于胶州湾的调查结果，建议德国政府在胶州设立根据地，以山东省为势力范围，进而攫取矿山开采权，以支撑胶州湾作为德国军港和商港的既定目标。对于胶州湾的发展远景，弗朗裘斯预言，胶州湾建港开放之时，从其优越的地理位置看，很容易夺取芝罘贸易的一半以上，毫无疑问将成为全面繁荣的商港。为此，胶州湾建港之初，就应当相应地建设大造船厂。

如果说，李希霍芬做出青岛是"华北最大和最好的港口"的结论，是未经实地考察而得出的宏观推论，那么梯尔匹茨的考察结论则进一步证实了青岛"是中国从上海直至牛庄之间唯一的天然良港"。而弗朗裘斯的技术性考察，不仅

---

① 阿尔弗雷德·冯·梯尔匹茨（Alfred von Tirpitz，1849—1930），德国海军元帅。1865 年加入普鲁士海军，经历普奥战争、北德意志联盟成立，成为基尔海军学校的一名军校生。1881 年被提拔为海军少校。至 19 世纪 80 年代，已成为德国海军中的主要鱼雷专家。1896 年任德国东亚舰队司令。1897 年被任命为德国海军大臣，后出任国务秘书。1911 年被提拔为公海舰队总司令，并晋升为四星元帅军衔。

② 弗朗裘斯（Franz Schönhals，1832—1902），德国著名筑港工程师。1848 年就学于汉诺威，1864 年在奥斯纳布吕克任筑港总监，1867 年被柏林建筑大学聘为教授。1875 年被任命为不来梅港总建筑师，成功筹划建设了不来梅港。此后德国各都市建港，多听取他的意见，并请其设计或任工程监督。1892 年任普鲁士王国水灾防治委员。

为德国武装夺取青岛提供了精确而又细微的军事坐标,而且规划了日后青岛港的建港设计方案。

1898年3月,中德《胶澳租借条约》签订。不久,德国海军港务测量部的一支测量分队开始了青岛港开建前的测量工作,测量范围包括港湾、岛屿、岸滩及未来港区的预留土地等。彼时,港口选址定位哪里,还在反复考量中。德国胶澳总督府最初设想,以胶州湾外口的老港栈桥为中轴线,把青岛湾扩展为新建港口。但测量结果表明,老港水深不足,且受南北季风的影响较大,修建防波堤的成本耗资甚巨,选港目标只得从外口移往内口。如此,一年前弗朗裘斯考察胶州湾时的建港方案浮出水面。按照弗朗裘斯考察胶州湾得出的结论,胶州湾的前海和后海应当做两种设计。南面的前海,由于绵延的山地挡住北风南侵,作为宜居的住宅区来设计;北面的后海,不仅水面平阔,还有建设码头、仓库的大片滩地,连接挡浪坝和树立灯标的礁群、岛屿等诸多先天条件,加之风向、水域,以及为建港提供的广阔空间,未来的设计应当是一座商港。在经过一个夏季的紧张测量之后,圈定了位于胶州湾内口的一片滩涂相间的海湾作为建港选址,这就是后来的大港和小港。

弗朗裘斯提出的建港设计,是依据青岛港所处的地理环境量体定制的。胶州湾内口状如半圆形的弯月,和意大利热那亚老港半圆形的港池十分相似,为青岛港提供了极具操作性的建港模本。筑港的最好选案是借鉴德国不来梅港,进行土石大搬运,采掘周围岗峦台地的土石填海,创造巨大的筑港空间。粗略计算,如果将淤积在水下的土沙堆积在港湾上部,不仅能把无用的滩地填平,而且可以加以利用,产生12000万平方米的筑港空间,填平滩地按平均填高2米计算,大约需要两倍于这个天文数字的填海工程,和自然造陆运动相比,节约时间将近100年。

1898年冬,青岛港的大港环形防波堤开始动工修建。在修筑防波堤之前,根据测量结果,确定了大港防波堤的路线及建筑设计。大港防波堤分南、北两段,利用散列于海中的礁岩和小岛相结合,其间投以巨大的石块做联结,构成4500米长的防波链。南防波堤全长1100米,完成筑堤后,堤身作为修筑第一码头的依托。

次年春,小港码头破土兴建。开辟前的小港,是一片泥沙淤积的濒海滩涂。后海的潮汐裹挟海沙涌向这里,大鲍岛东山沙石俱下,沿大窑沟的腹底汇入小港岸滩。小港码头港址选择在大鲍岛以北,大港以南。首期工程是修建一南一北两座坡式防波堤。北防波堤长 453 米,南防波堤长 142 米,阻挡住来自港湾西北和西南方向的强风。小港口门宽 100 米,由南北两座防波堤围合形成 3.4 万平方米水域。港内建有长 150 米的木码头,连接南部港区,木码头两边可停靠两艘小吨级海轮。码头上有铁路和干线联接,配有装卸起重机。1901 年春,小港工程竣工。完工后的小港开始接纳航运业务,泊位上的装卸机可以把货物直接从船上装到火车上,最大卸运能力可达 22 吨。

对于胶州湾的传统贸易格局而言,小港的出现是个历史拐点,改变了胶州湾的传统港口布局和港航贸易秩序。进入胶州湾诸港的民船和帆船,大部被吸引到青岛小港,连一向不在青岛口寄泊的闽船、宁船也纷纷驶入小港。当时进出小港的主要有福建的刁船、宁波的宁船(也称鸟船)、江苏的沙船和关东的瓜篓船(丁油船)。福建刁船,大者可装货 6000 担,船员 25 人以上,小者装货 1000~2000 担。宁波宁船,形状与刁船相似,载货量也和刁船相当。江苏的沙船,分大、中、小三挡,往来上海的大船载货量一般在 2500 担以上,船员 20 人。关东瓜篓船,以运载东北木材为主,船腰较细,因状如瓜篓而得名。山东的近海民船称舢板,船尾较宽,船身尖长,载货量在二三百担,在山东南部和江苏北部之间往来贸易。据载,自小港开放航运后,胶州的水运一落千丈,而塔埠头港的人力搬运更无法和小港的起重机装卸同日而语,胶州湾民船贸易中心随之转移到胶州湾内港。1899 年青岛进出民船(中国帆船)2422 艘次,而小港开港的 1900 年,小港的帆船贸易额为 3148676 海关两,而轮船贸易额仅为 81517 海关两,呈现帆船贸易领先青岛港的局面。1903 年进出小港的中国帆船即达 6343 艘次,较 1899 年增加 1.6 倍多。帆船贸易领先青岛港的局面一直持续到大港建成以后。

1901 年,当大批货物中转渐渐向小港分散时,当时的海轮主要装卸地——作为老港的前海栈桥开始扩建。"下立铁柱,上铺木板,置轨具上",桥身由 200 米增至 350 米,寄泊船舶的吃水线可深达 5 米,使过驳区向外锚地前跨了一大步。扩建后的前海栈桥,承担海轮主要靠泊港和货物集散中转地的责任,为大港的建设赢得了时间。

1901 年 4 月,大港建港工程全面开工。大港码头建设从一号码头自南向北展开。此时环绕大港的防波堤工程已告结束,大港建设主要包括航道港湾的疏浚,港区码头、船厂、船坞建设,灯塔、航标灯海上设施建设及陆上各种应用建筑如仓库、堆栈、旗台、工场、港区专用铁路等建设。港湾和航道疏浚工程,深达海平面以下 9.5 米,挖出的泥土回填港区,为建设造船厂、码头、货场,铺设铁路填筑起高出平均海面 5 米的广大港区地面。1904 年 3 月 6 日,一号码头建成开放。此时胶济铁路已接入港口泊位前,铁路、港口即连成一线。竣工仪式上,进入港口的第一辆机车"罗绅达尔"号,驶到刚为青岛造的第一条开港轮船"叶世克"号的旁边,成为青岛港实现陆港一体化的标志。当时应邀出席竣工仪式的山东巡抚周馥,在贵宾席上目睹了停泊在码头上的两艘中国商船把满载的粮食大米装进铁路货厢,然后转入胶济线路。

和一号码头相平行,接着建设二号码头。然后工程继续北移,在 4600 米的北堤建设五号码头。1906 年,二号、五号码头先后建成。和二号码头相平行,循序再建四号码头。建于 1908 年的四号码头,作为大港专用石油码头,码头后方建有若干油罐。各码头都铺设有铁路专线,一直通到泊位前,另一端和胶济铁路相连。至此,大港码头开始形成规模。1901—1906 年是青岛造船所的建设期。青岛造船所位于大港五号码头,耗资 500 万马克,建有 16000 吨的浮船坞和造船、锅炉锻造、煅铁、翻砂等车间,以及仓库、办公大楼、工人宿舍、食堂、模型棚、修检船只官兵营房、油库和其他附属设施。

一号码头投产后的 1905 年,德国胶澳总督府对青岛港的评价提到与东亚诸多老牌港口一比高下的位置:"从装卸设备的方便和安全来看,青岛超过了东亚所有港口。甚至在诸多老牌的海上贸易中心(如香港、上海、芝罘、天津、长崎和神户等),大船的装卸也必须借助舢板才行,但在青岛,即使最大的货轮也可以在码头上将货物直接转装上火车。海岸的形状和符合各种要求的航道灯标和其他标志,可使船只能在任何天气、任何季节和每天的任何时候进港。"①

整个大港建港工程到 1908 年基本结束,筑港费高达 5000 万马克。大港水域面积计 394 万平方米,口门宽 300 米,堆栈 7 座,后方仓库 15 座,一、二号码头可同时停靠 6000 吨级的海轮 12 艘,可同时装卸 72000 吨货物。大港设备完善,成为德国在中国的重要海军基地和中国沿海主要贸易大港之一。二号码头为德国海军专用。五号码头为军用和船厂用。用于商泊的是一号码头北岸 5 个泊位和四号码头 1 个泊位,总共 6 个泊位,其军用泊位数量超过商用泊位的 1 倍。在港航贸易发达之后,码头泊位不敷应用,胶澳总督府计划在二、四号码头

---

① 《胶澳发展备忘录(1905 年 10 月至 1906 年 10 月)》,青岛市档案馆编:《青岛开埠十七年——〈胶澳发展备忘录〉全译》,中国档案出版社 2007 年版,第 400 页。

之间增筑新码头一座,并列入了 1915 年预算,终因 1914 年的日德青岛之战而化为泡影。

1905 年,前海栈桥因日益淤浅,卸去海轮主装卸地的重负,成为仅面向旅人开放的观光点。青岛港的重心从此转向大港。随着大港吞吐能力迅速增长,远洋和近海航线大为增加,青岛港从一个传统的内贸港口,发展成为国际贸易港,很快超过了比它早 43 年开港的烟台港。到 1912 年它已跃居全国 45 个港口中的第六位。

小港从一顺岸码头发展而来。最初作为民船即中国帆船商队的靠泊地进入德国殖民当局的建港规划,反映在筑港计划中,则以大港为大,小港仅仅作为辅助港或营养港来布局,大港和小港在定位、取向、规模、码头、仓库、机械、设施等诸多方面的比较差,明确无误地说明了这一点。由于殖民当局急于变青岛为"全面繁荣的商港"和"中国北半部最大和最好的港口",寄希望于欧美大轮船公司的涌入,故把建港重点放在大港,而视小港的建设为轻。这一建港主张很快暴露出难掩的缺陷。据《胶澳志》记载,1900 年,青岛港的汽船贸易——外国轮船公司经营的包括远洋航运在内的轮船贸易——全年贸易额仅 80 万两,而中国商人的帆船贸易额则达 310 万两。当时正值世界经济萧条时期,期望欧美大轮船公司倾入青岛港的运力逆势增长是不现实的,两相比较,凭借中国商人的帆船贸易拉动青岛港航贸易的抬升,是个切合时宜的理智选择,但殖民当局却做了"重大港而轻小港"的错误判断,造成了难以弥补的历史缺憾。"到了后几年,(德国胶澳总督府)才发现中国的帆船运输,在地方的物资集散上是一大潜在力量。同时也认识到小港设施的缺点,并计划进行改造。"1909 年是小港进港帆船最多的一年,达到 11883 艘次,载重吨位达到 203984 吨。第一次世界大战前后,采用木桩基混凝土式的码头建筑也暴露出很多缺点,各码头建造的岸壁"必须随时打钻灌沙,俾由板桩接笋流出之沙获得补充,否则填沙空虚,基桩朽败"①。历经 10 余年的损耗,岸壁接缝处出现破损,当年填充的沙石流出,造成岸壁凹陷,基石脱落,险象环生。为此,各码头采用"洋灰方块"对岸壁进行修补,以维持码头正常营运。

日本早在占领青岛之前就已窥见德国经营大、小港的利弊得失,通过日德青岛之战夺取青岛后,着眼于加大对沿海货源的吸收力,疏通进出口物资的集

---

① 青岛港务局:《青岛港工概述》,1948 年版,第 11 页。

散力，进一步加快对青岛—山东的资源掠夺，采取与德国人相反的港埠经营主旨，实行"以小（港）养大（港），以内贸促外贸"的经营方略，补充小港营养港、内贸港功能，助力大港外贸发展。从 1917 年起，改筑小港西南部、东北部岸壁，架设泊碇浮码头，扩充货物堆栈场，后因中日"鲁案"交涉而中止。中国收回青岛后，完成小港各项改筑工程，实行民船号牌制，更订港口使费标准，加强港口堆栈货场管理，促使小港贸易日渐发达，民船出入频行增加。至 20 年代末，"现港内可停泊帆船千余只，租赁暂寄等地之面积共计有二万六千余方步，有码头二处，分甲乙丙丁戊五区，轮船在三百吨以内者，皆在此系靠，同时可系轮船七只。至于留置货物之区域，则均在小港沿岸一带"[①]。

20 世纪 30 年代，青岛市被确定为南京政府行政院直辖市，青岛市政、商工建设呈现一定程度的繁荣发展。交通运输日臻发达，港口贸易稳步上升，港口收入在全市实际收入中的占比达 40%。但由于港口严重失修，泊位不敷应用，"船舶之往来，货物之运输，逐年增加有致，原有码头船位，大有不敷分配之苦，是以码头之填筑，实为水利交通上必要之图"[②]。港口建设滞后，势将影响青岛城市的进一步繁荣。

1931 年，青岛港实施中国政府收回青岛后第一大工程，也是当时全国最大的工程之一——三号码头建设，推动青岛港的进出口贸易额在全国港口中由第七位跃居第三位。青岛市政当局以增加码头费率充作码头建筑基金，来筹集资金开工建设三号码头。大港三号码头工程长约 1140 米，码头为重力式突堤码头，采用混凝土方块实填式。先挖海底至坚硬地层，后回填块石，上砌 40 吨重混凝土方块 5760 块，计 91119 立方米。这种施工方式与德国在青岛修建的码头不同，全部用混凝土方块填筑，坚固耐用，便于养护，所需料石大多数从薛家岛运来。该工程由大连福昌公司以 390 万元承包，全部工程于 1936 年 2 月 10 完工。

1934 年，青岛船坞在小港太平湾内建成，是继 20 世纪初建成的 16000 吨浮船坞之后又一大型修造船设施，时称青岛三大建筑之一。青岛船坞基础工程全部用崂山花岗岩砌成，底宽 18 米，上部宽 23 米，周边呈阶梯状，倾斜为 50 度；船坞内设两道闸门，第一道闸门至坞首长约 146 米，第二道闸门至坞首长约 108

---

① 民国《胶澳志》卷 8《建置志·港湾设备》，民国十七年（1928）铅印本。
② 国家历史第二档案馆藏档：《青岛市港务局二十三年水利工作报告》。

米,基础木垫以上水深约 7 米,将闸门置于第一道,可修理万吨以内的大型船舶,将闸门置于第二道,可修理小型船舶;坞内还设有两台英国造的电动水泵,电动机容量为 150 千瓦,水泵每分钟抽水量约 82 吨,3 小时即可将坞内所有水抽干。青岛船坞投用后,提升了青岛造船厂的修造船能力,由青岛海军工厂承修"永祥"号、"海圻"号、"海琛"号、"肇和"号等军用舰船,其中"海圻"号为大型巡洋舰,总吨位达 4300 吨。青岛不但堪称华北最大的停泊港,也成为全国著名的船舶修理港。

第二节　青岛自由港体制的衍变

　　1898 年 1 月 5 日,中德《胶澳租借条约》正式签约的 2 个多月前,德国《帝国公报》宣布清政府总理衙门接受德国对胶州湾的领土要求。当日,德国外交大臣布洛夫在致驻伦敦大使哈慈菲尔德的密电中放言:"德国第一次行使这个临时性的主权可能是宣布胶州为一个自由港……如果德国在东亚实行保护贸易政策,就将使我们与英人发生紧张关系……德国将随从那些曾使英国获得巨大成功的自由主义原则。"①此番非正式外交言辞所指的"使英国获得巨大成功的自由主义原则"虽未道出香港自由港的名字,但所指不虚。而"德国将随从"的就是在青岛再造一个自由港。

　　此时的香港自由港已进入第 57 个年头。1842 年,随着近代中国第一个不平等条约《江宁条约》(即《中英南京条约》)落地,清廷割让香港岛予英国。在这座包括港口的城市,来自世界各国的商品可以自由加工、分装、改装、装卸储存、展览、再出口等,不受海关管制,免征关税。但当商品进入粤海关管辖区时,则须缴纳关税。香港自由港体制从此发端。经过最初 20 年的发展,香港自由港的内涵和功能逐步扩展,逐步成为国际金融、贸易、航运、信息服务枢纽之一和全球最大的贸易、金融和航运中心之一。目睹香港自由港的发展,德国人进行青岛关税体制最初设计时援例香港,期望在青岛再造一个"德国的香港"。

　　1898 年 1 月 8 日,布洛夫致电德国驻伦敦大使哈慈菲尔德,指示他向英方

---

① 　清华大学历史系编:《戊戌变法文献资料系日》,上海书店出版社 1998 年版,第 461 页。

明确转达德国开放青岛自由港的意图:"只有将胶州作为一个自由港,然后才能达到那种商业发展,而那样的商业发展乃我们居留该处的主要目的……"①关于青岛开放自由港的消息发布将推迟至中德协定全部圆满完成后。2月8日,布洛夫在议会发表声明:"胶州作为一个自由港最符合德国将来的利益。"这项声明在德国高层公开发布,表明开放青岛自由港已经从德国海军部上升到德国国家层面。

此时,青岛口的关税征收一直在极为暧昧的状态下进行。德国东亚海军司令棣利斯曾在占领胶州湾的第一时间宣布,青岛应继续征收关税,但不需要再向中国政府缴纳。在中德双方签订《胶澳租借条约》之前,清廷总理衙门对海靖提出的草约所做的几点说明中,即已申明:青岛、胶州、女姑口三处税口,应由中国照旧设关,征收关税。德方亦表认可。所以从德国占领胶州湾一直到中德《胶澳租借条约》签订,中国海关依旧在德国租借地的地盘上收税,但税收却没落入德国人的腰包,而是按照各项税捐的归属统统交到即墨县衙或东海关。3个月后,德华银行青岛分行成立。时任德国胶澳总督的罗绅达尔强行下达《德国胶州地区临时海关法令》,在中德签订关税协议之前,海关关税照常征收,但须临时上缴总督府保管。如此,德华银行代征关税的法定地位被德国人预先设定,只等一份正式海关文本了。

德国人向世界发布青岛开放自由港,选择在《胶澳租借地合同》出台后即胶澳租借地从条约字面上呱呱坠地之后。1898年9月2日,青岛自由港向各国开放贸易。青岛自由港包括整个德国租借地。鉴于英国经营香港自由港的经验,德国人认为,在设关问题上最有借鉴意义的是香港。虽然同为租借地,香港在地理环境上和青岛大不相同,因其相对独立的天然海域,关税管理易于划地而治。

但中德《胶澳租借条约》掀动的西方列强"租地热",使维系了半个多世纪的香港自由港出现了位移。1898年6月9日,中、英两国订立《展拓香港界址专条》,九龙划入英租界,不再作为双边互市的集散地,专条尽管保留"所有九龙城内驻扎之中国官员,仍可在城内各司其事",履行征税、稽查、巡检之职,但彼时英租界已展拓至沙头角以西,粤海关的九龙局已经变位,从租借地外变为租借地内了。

---

① 孙瑞芹译:《德国外交文件有关中国交涉史料选译》第1卷,商务印书馆1960年版,第218页。

  九龙局的变位,尖锐地提出了关于中国海关在港租界继续运作的问题。时任清朝海关总税务司的赫德①提出,现有的中国海关机构虽然位于新租让的领土之内,仍应予以保留,应允许中国海关的缉私巡逻船和汽艇继续在租借地水域执行任务。赫德的提议却遭到香港商会与香港检察总长的反对,认为只有将中国海关撤回到粤海关管辖的区域,终止中国海关官员在包括九龙新界在内的香港水域征收关税,才能真正保证香港自由。1899 年 10 月 4 日,驻香港新界以内的中国海关最后关闭。设在胶澳租借地的胶海关遂成唯一设在租借地的中国海关。

  据清朝海关总税务司为青岛设关征税与总理衙门的来往文件记载,德国人在青岛自由港的最初设计上,曾有过开放互市和自立税关的打算。"德国原拟将胶州作为互市之场,不设关征税,旋拟在该处建立德国之税关。"②但当时的青岛和英国人经营了半个多世纪的香港尚不可同日而语,德国人在胶澳租借地立足乍稳,拒中国海关于租借地之外只能是一厢情愿。青岛的地理环境和香港大相径庭,青岛与山东内地毗连,除海路之外,大量陆路贸易没有天然屏障的阻隔,如果没有中国海关统一掌控,势必引致租借地内外的走私活动畅通无阻,其局面比易于划地而治的香港更加难以应付。尤其是九龙双边互市的起起落落提醒德国人,如果胶澳租借地不接纳中国海关,一个边境贸易城镇必然无可遏止地从租借地之外出现,成为港航贸易新的兴奋点,这是德国人所不希望看到的。

  此时,青岛港和胶济铁路工程都已开工,一条伸向山东内地的钢铁脉管和青岛港的吸鲸巨口,已经把这座城市对山东内地资源的强烈依附性诠释无遗,对城市经济的未来预期也逼迫胶澳租借地向中国海关敞开大门。罗绅达尔很快和德国驻京公使海靖达成共识:在胶澳租借地内设立中国海关,比设在租借地外更为明智且现实可行。

  对于罗绅达尔和海靖所倾向的青岛设关之选,梯尔匹茨深表赞同。他要求

---

① 赫德(Robert Hart,1835—1911),英国人,1861 年署理清朝海关总税务司,1863 年被清政府任命为总税务司,至 1908 年,长达 45 年。1854 年赫德来华,先后在英国驻宁波和广州领事馆担任翻译和助理,任粤海关副税务司。1861 年起代理总税务司职务。1908 年休假离职回国。在主持中国海关的近半个世纪中,赫德的在华活动涉及中国的军事、政治、经济、外交以至文化、教育各个方面,都有一定的影响力。

② 总税务司致总理衙门的申呈(一八九八年十月十日),青岛市档案馆馆藏档案 47 全宗 1 目录 483 号卷 74 抄件。

这个设在"租借地里的中国海关",在关税、税率、货物过境运输办法等方面完全和中国的其他条约口岸一样,能把所有经济上有价值的因素——首先是中国商人吸引到租借地,避免在租借地之外形成一个"竞争性的商业点"。他还为租借地里的中国海关设定了目标:海关设在租借地内,而不是在租借地边界其或在租借地外,海关的税务司(即关长)应由德国人担任,关税银行则由设在青岛的德华银行分行代理。梯尔匹茨的认同表明青岛、柏林关于设立"租借地里的中国海关"取得了原则性的一致。

《胶澳发展备忘录(截止到 1898 年 10 月底)》对胶海关设立的相关事宜及其关制的种种优长做了具体说明:

中国的海关设在德国租借地内,而且离船舶停靠码头不远。这比把中国海关设在德国边界上对商人更为有利,因为这样可以节省货物在德属地区装货和在中国内地卸货两次停留所需的时间和费用。海关领导是一名德国人,他服务于中国海关当局。而其余欧籍工作人员通常也应是德国人。海关在与德国当局和德国商人打交道时使用德语;在青岛侨居的其他国籍商人可以使用其本国语言;信件交往也可使用中文。如果需要法庭裁判争议,则由胶澳地区的德国法院审理。

出入中国地区的商品关税税率按适用于各中国通商口岸的税率来定。①

载入德国胶澳总督府年度报告的上述文字,成为次年 4 月 17 日出台的《会订青岛设关征税办法》的主体内容。

总税务司赫德对青岛的关注,始于胶州湾事件和由此发生的一系列外交事件。对于德国人武力租借胶州湾这一公然违背国际法的事件,赫德大为愤懑,曾向时任大清海关驻伦敦办事处主任金登干发电:

难道炮舰政策又要恢复了吗?国际法是否允许先用武力后谈判?……如果欧洲的国家都将德国的行为视为一种正当的国际权力的话,这难道不是为其他地方的类似行为提供了一个先例吗?②

赫德向伦敦发去上述电文半年之后,青岛设关问题便提上总税务司的工作

---

① 《胶澳发展备忘录(截止到 1898 年 10 月底)》,青岛市档案馆编:《青岛开埠十七年——〈胶澳发展备忘录〉全译》,中国档案出版社 2007 年版,第 6～7 页。

② 1897 年 12 月 3 日赫德致金登干电报,海关档,第 722 号。

议程。

1898 年 5 月,德国海因里希亲王率海军第二舰队抵达胶州湾后,亲赴北京面见总税务司赫德。同年 10 月 10 日,赫德向总理衙门上报关于这次会见的申呈,经过与德方的反复协商,双方议定可由大清海关比照九龙的设关方式在德国租借地青岛设立中国海关,并选派税务司前往主持关务。其时,九龙尚未划入港租界,仍是一个在租借地以外设关征税的中国海关,所以德国海因里希亲王与总税务司达成一致,青岛设关拟"比照九龙等关,派税务司前往设关",这是中国海关的唯一立场,也是中德设关谈判的底线,急于促成在青岛设立中国海关的德国人只能顺势而为。在此次会见中,德方同时表明了在德国租借地设立中国海关的前提条件:一是选派德人为胶海关税务司;二是所有进出青岛港之各项货物,统归德国胶澳租借地的港务管理官员办理;三是港口税则一律依照通商税则办理。在德方提出的三项前提条件中,首先排除了应纳入中国海关管理的港口管理,将港口各项收费权让与德方,致使胶海关的管理职能大打折扣。随之,德国驻京公使海靖根据上述设关框架在北京和清朝海关总税务司赫德开始了谈判。关于胶海关税务司人选问题,赫德推荐了时任宜昌海关税务司的德国人阿里文①。总税务司对他的评价是,判断力强,可靠而且老练,有 31 年的海关工作经历,具备应对海关工作的广博知识。随之,他将阿里文派往青岛面谒德国胶澳总督,商谈青岛设关具体事宜。德方答应划出专门地段,接纳中国海关。阿里文来青岛后,租借了东海常关青岛钞关码头办公地点的四栋平房(在今青岛人民会堂南侧)作为办公室和宿舍,随即筹集资金,兴工修建海关公署办公楼及海关职员宿舍。

其间,总税务司委托他完成一项重要工作,就是作为德方提案的起草人,编制青岛设关征税草案。阿里文后来在胶海关贸易报告中记载了他对这份草案的理解和中德双方各自的立场:

从一开始大家就认为按照一般国际惯例,要在这块租借地周围设立许多边防哨所的边界海关的方式是行不通的。因为中国商人只知道中国法律和规章

---

① 阿里文,德国人,名恩斯特·奥尔默(Ernst Ohlmer,1847—1927),阿里文是他的中文名。十几岁时成为海员,后至中国厦门,并学会了汉语。1868 年入当地海关工作。1872 年调清朝海关总税务司。1884 年后历任广州海关副税务司、北海海关副税务司、拱北海关税务司、宜昌海关税务司。1899 年任胶海关税务司。第一次世界大战期间离任回国。阿里文从事中国海关工作 46 年,其中任胶海关税务司 15 年,对近代青岛海关史有着重要影响。

制度,他们自然愿意住在靠近海关的中国一侧的土地上。这样必然会在那里兴起一座新的市镇,并吸引青岛商人到那里进行贸易,这就意味着他们必须亲自到达现场或者在那里设立代理商行,因而要浪费时间和增加开支费用。从中国立场来看,他们反对设立这种边界海关的另一个原因是他们认为将来在边界上会发生大量走私活动,尤其是侦查军火鸦片等缉私活动,需要建立一支巨大的海上警察队伍,这不仅要干扰进行合法贸易的往来船只,而且也会象在香港和澳门一样,双方政府经常为此发生磨擦,损害了双方的关系。①

1899 年 4 月,作为双方协商的框架文本,《会订青岛设关征税办法》由阿里文在青岛草拟完成。这个设关方案呈报总理衙门备案鉴查时,总理衙门仅提出一条修改意见,即遵照《胶澳租借条约》确定的统一提法,把文本中的"德国属界"改为"德国租界"。4 月 17 日,《青岛设关征税办法》《胶州新关试行章程》作为自由港体制的法律文本和与之配套的新税制颁布出台。新税制规定,除鸦片烟以外,一切自海路到达青岛的货物一律免税,并在租借地范围内自由流通;凡租借地生产制造的货物出口一律免税,但经青岛转口贸易的货物须交纳和国内其他通商口岸相同的税率;转口内地的货物无须开箱或重装,就可以转运内地,反之,装船前的分拣、抽查和精装加工均可在青岛进行。上述种种,使青岛具备了自由港所具备的一切优势和长处。

1899 年 7 月 1 日,胶海关正式开关。阿里文为首任税务司。胶海关的主要职能是对进出口船只及其所载货物、旅客行李进行监督管理,并办理进出口手续、征收关税厘金、查缉走私、编制贸易统计等,同时兼办邮政、测量航道、管理港航设施等业务。在德国殖民强权的框束下,胶海关的职责只限于征收关税,而无管理港口的权力,船钞收支和泊港费用包括吨位税、灯塔税和入港税等,一概在海关经营范围之外,无须海关经手,收入全部落入德国殖民当局的钱囊。此外,海关对稽查走私、偷漏关税和违犯关章的查讯大权,悉归殖民当局掌握,掌关执法功能名存实亡。胶海关一系列管理权的旁落,更加便利了德国对青岛乃至山东权益的侵夺。上述种种,严重损害了中国的主权和利益,为自由港体制的日渐萎缩和 6 年后的改制埋下了伏笔。

中国海关对胶澳租借地设关后德国殖民当局的专横举止似乎早有所料,在

---

① 青岛市档案馆编:《帝国主义与胶海关》,档案出版社 1986 年版,第 105 页。

《青岛设关征税办法》正式签约前,总理衙门与总税务司的往来信札中,曾提出过应对这一困局的办法:"现经筹定办法,缮立英、汉文各一份,彼此画押存案。若以为然,即可照办。倘不以为然,只可在沿边地方设立缉私处所矣。"[①]意即如其掌关功能受阻,就改在租借地边界设立查缉走私的税关。赫德提出,德国殖民当局开始时不愿意让中国海关在德国租借地上行使职责,则不得不在租借地边境的中国这一边设立一系列海关检查站以检查所有进出租借地的货物。赫德的提议很快变成现实,胶海关在自由港与周边贸易区之间随即建立了一系列"关外之关",相继设立了塔埠头、金家口、青岛口等常关分关及红石崖、灵山卫、大港口、女姑口、沧口、登窑、狗塔埠、沙子口、薛家岛等海路常关分卡或代办处,还增设了小港分关,并在大赵村和流亭设陆路分关。其中,除小港分关和陆路分关外,原属东海关所辖的青岛地区各海口的常关分关、常关分卡和代办处全部隶属胶海关,构建形成了联结租借地内外、干支分明、陆海相依的近代青岛海关体系结构框架。

赫德和阿里文设计的青岛自由港"双港式"设关征税模式,固然是中德双方相互妥协的结果,但德国殖民当局从中攫取了最大化利益,而中国海关借此把走私管控关进第二道税关笼子,其被殖民强权侵夺的掌关功能部分得到了恢复。

青岛自由港颁布新关税制度的第二年,自由港体制的优越性开始逐步显现。自由港对来港贸易的各国实行和中国其他通商口岸相同的优惠待遇,刺激了过境贸易的增长和需求。1900 年青岛港进泊的外轮增加到 182 艘,比上个年度增加近 1 倍,德、英、日、俄、奥、美和丹麦等国及租借地以外的中国船舶大批涌进青岛,建材、机械、食品、棉制品、煤油、皮革、花生、豆油尤其是草编品的进出口贸易给租借地经济带来蓬勃生机。德国胶澳总督府在年度报告中公布了一组数字,1901 年 5—8 月,中国商人的商品销售额比 1900 年同期增长 1 倍。随着胶济铁路的延伸,山东内陆的茧绸生意也被吸引到青岛自由港。大批来自闽、广、苏、浙和渤海湾、莱州湾的民船携着商品、资本涌向青岛,手工业者和专门代理茧绸、草编品、皮革生意的华商经纪人相与俱来,给刚开港的小港码头带来了商机和人气。

---

① 　总理衙门致总税务司的申呈(一八九九年四月二十六日),青岛市档案馆藏档案 47 全宗 1 目录 483
　　号卷 74 抄件。

《胶澳发展备忘录(1900 年 10 月至 1901 年 10 月)》记录了自由港体制给租借地经济社会带来的显著变化:

> ……有大批中国人,尤其是商界人士不断迁入德属(编者注:租借地)地区,这是本报告年度地区经济发展的突出特点。华人那种引人注目的购地热潮,为数众多的手工业者和商人们纷至沓来,本地人为了与内地进行银钱往来而开设的银行,凡此种种,都反映了那些头脑理智、谙熟商务的华人对这个德国殖民地(编者注:租借地)未来发展所寄予的强烈期待。①

> 他们在火车站附近建造了一个大型中国旅馆,为与鲁西方面进行贸易往来而开设了一个银号,在一座大型山东会馆中也进行着与鲁东方面的银行业务……1901 年秋,一家由香港商人组成的富有影响而资金雄厚的辛迪加在青岛落户。本报告年度中国商人和手工业者涌入的势头尤为踊跃,致使青岛的华人区和塔埠头发展成一个很可观的居民点。②

无疑,"双港式"设关征税模式是青岛自由港的吸引力所在。一方面把出入青岛的中外货轮置于管控之下,防止了关税的流失;另一方面,避免了因设立边界海关可能引发的大量边界走私活动。尤其是侦缉军火和鸦片走私活动,需要建立庞大的海上缉私队伍,将使海关付出一笔巨大的费用,而"双港式"设关征税模式则为海关省去了这样一笔巨大开支。再者,查缉边界走私,不仅干扰合法贸易的往来船舶,双方政府还难免发生一些摩擦和冲突,摩擦和冲突的一演再演,又将使走私活动得到权力的庇护,衍生出藏污纳垢的真空地带,使海关缉私功能形同虚设。由于没有设立边界海关和边防哨所,租借地与中国内地的贸易畅通无阻,还避免了因为内外互市的需要在自由港之外出现一个新兴贸易城镇,反之,无疑将导致贸易热点的分散甚至转移,成为肘腋之患,影响这座年轻港口城市的发育。

除了自由港体制自身的优势和长处外,还有这一体制所依附的优越地理位置。地处中国南端的香港,在对外贸易上有广阔的地理空间,但在资源依附上却后继乏力。青岛虽处于上海、天津一南一北两大贸易区的挟制中,但因其优

---

① 《胶澳发展备忘录(1900 年 10 月至 1901 年 10 月)》,青岛市档案馆编:《青岛开埠十七年——〈胶澳发展备忘录〉全译》,中国档案出版社 2007 年版,第 125 页。

② 《胶澳发展备忘录(1900 年 10 月至 1901 年 10 月)》,青岛市档案馆编:《青岛开埠十七年——〈胶澳发展备忘录〉全译》,中国档案出版社 2007 年版,第 130 页。

越的关税制度,不仅背倚广博的内地腹地,大量吸纳内地矿产资源,还可以从两大贸易区输入诸如棉花、蚕茧、皮革、羊毛等原料。在进出口贸易中,尽管须承受来自上海港的排压,但进口贸易的触角可以向胶东半岛乃至山东内地和沿黄流域纵深,这种地理优势使自由港体制如虎添翼。

因体制内外诸多优势,青岛自由港经历六年的惨淡经营后港口贸易呈现出乐观景况。《胶澳发展备忘录(1905 年 10 月至 1906 年 10 月)》特别刊载了汉堡商会年度报告给予青岛港的评价:

> (据 1905 年中国海关总署的贸易和关税数字)。1898 年刚刚开港的青岛几乎赶上了 1863 年就开港的芝罘,而且所有迹象都表明,青岛不久会超过这个港口。先前不尽如人意的出口(商品)的普遍增长引人注目:煤、豆饼和草帽辫已成为三项很重要的(出口)商品,在商人们的努力下,这三宗货物(的出口)已被吸引到青岛,未来将确保增加其(装船)吨位和销售量。青岛作为中国最重要的草帽辫出口港占据了优先地位……[1]

德国国内对青岛自由港的评价不是一种声音。直到德占青岛数年之后,还有一些人认为选中青岛作为德国在东亚的自由港城是件失策的事情,对于青岛开放自由港之后的工商业发展前途始终有人怀疑,尽管已成为一个一流的拥有大型而实用的建筑、宽广而良好的码头以及可以快速装卸大型船舶的现代化设施的港口,成为一个可以和中国所有港口,包括香港媲美的海港。显然,这种怀疑主要缘于德国对这个港口期望值过高,对日益扩展的世界贸易特别是德国商品在这里的倾销胃口过大。在汉堡开辟了去上海的航线之后,德国与青岛港直航仍被一再搁置,便是这种情绪的反应。

魏尔特在他的《赫德与中国海关》一书中评价 1899 年出台的《青岛设关征税办法》被事实证明"是不切实际的,主要是因为没有适当的规定来检查来往于租借地和内地的货物"。这个评价无疑既客观又切中肯綮。《青岛设关征税办法》只在末尾处写道:"稽查走私、偷漏暨违犯关章等事之办法,嗣后酌核另订,惟所有掌握查询之大权,自归德国所设之衙署。"此款规定,把海关"稽查走私、偷漏暨违犯关章等事"的查询大权攫为德国胶澳总督府所有了。直到 5 年之

---

[1] 《胶澳发展备忘录(1905 年 10 月至 1906 年 10 月)》,青岛市档案馆编:《青岛开埠十七年——〈胶澳发展备忘录〉全译》,中国档案出版社 2007 年版,第 396 页。

后,中德《续立会订青岛设关征税办法附件》规定:"至洋药(鸦片)一项及其余违禁货物,不准运入,亦不准运出。倘查该船有装运洋药及违禁货物情事,可将该货入官,并罚该船洋银伍佰元。若再犯,即将关牌撤销,亦不予以关牌上所有一切利益。凡有防范透漏事宜,德国自可襄办,其巡缉走私及别项违禁货物,尤应襄助办理。"①德国殖民当局把原来包揽所有稽查走私、偷漏违犯关章等事的查询大权让与胶海关,胶海关被削夺的职权和功能基本得以回归。

优越的关税制度,是为了吸引海内外贸易商的快速进入来带动自由港的发展。青岛自由港关税制度最初设计的初衷,正如阿里文执笔的《胶海关十年贸易报告(1902—1911)》所标榜的:"中德双方政府在一八九九年起草这份胶州海关协议书,目的是要制订一项能够符合两国利益的海关工作程序,将中国商人吸引到这里营业,使得这块租借地的贸易获得发展。因为当时青岛大部分居民是渔业人口,而且仅有小量的民船贸易。"②

青岛自由港开放之初,能接纳大批欧洲货轮的大港刚刚开建,德国胶澳总督府对其抱有极大的预期,坚信一旦大型港口设备和来自山东腹地的质优价廉的煤联起手来,欧洲的大轮船公司就会在总督府大订单的鼓舞下奔着自由港而来,在东亚航线上靠泊这个港口。但事实上这个目标十分遥远。受当时欧洲经济萧条的影响,海外贸易大量增长尚费时日,欧洲货轮的涌入十分缓慢,现状并不令人乐观。相反,中国民船的传统贸易却增势强劲,持久不衰,所以,这个目标一开始就被庞大的中国商人队伍所逆转。据海关统计,1900 年青岛港轮船贸易额为 810517 海关两,帆船贸易额达 3148676 海关两。帆船贸易成为租借地港航贸易的领跑者,使殖民当局不得不对它刮目相看。

当时,青岛港的贸易特点和天津港与汉口港极为相似,大宗的进口货物都是中国商人通过欧洲公司的代理人买进,再通过自有的分销渠道对外销售,而欧洲公司只能在出口领域和中国商人竞争。也就是说,如果除去服务于洋行的买办,青岛港进出口贸易的半壁江山掌握在中国商人手里。为此,德国殖民当局对于能否吸引大批中国商人进入自由港的贸易圈格外关注,曾多次提醒那些德国公司准确了解商品特性,掌握当地市场行情,养成和中国商人打交道的能力,为德国工业界由青岛向内地进口争得更大份额。然而这只是德国殖民当局

① 青岛市档案馆馆藏海关资料 356 号 368～369 页印本。
② 青岛市档案馆编:《帝国主义与胶海关》,档案出版社 1986 年版,第 105 页。

的一厢情愿,在中国商人没有切实感受到自由港体制的优越性之前,自由港对于他们仍然隔着一道难以逾越的门槛。

再者,因为海关授权所限,稽查走私活动的功能被弱化,致使鸦片和军火走私愈演愈烈。据胶海关十年贸易报告记载,1902—1906 年,山东鸦片种植业普遍发展,受山东最大鸦片交易中心烟台港的影响,青岛地区的鸦片走私日甚一日。清政府下达谕旨禁绝鸦片后,青岛当地一些有钱的吸烟人仍在大量收买鸦片,以致青岛当地存货不继,不得不从上海、烟台两地买入鸦片。为了不使鸦片走私的高额利润从租借地流失到周边地区,德国胶澳总督府准予在青岛设烟馆,以抽取高税来控制本地鸦片流通。烟馆既然得到殖民当局的认可,鸦片走私便可横行无忌,导致鸦片在青岛肆意横行,毒害百姓。扼守胶州湾流通门户的胶海关,尽管节省了养活一支海上缉私警察队伍的开支,但因查询走私大权操于殖民当局之手,海关又不能对走私坐视不问,双方由此引起的矛盾和纠纷时有发生,往往影响了港口贸易的正常进行,也势必反作用于自由港经济的发展。

按照自由港税制,进入青岛港的货运船只,除了以青岛港为目的地或出发地的货物和来自租借地的地产品可以享受免税外,所有转口贸易都不在免税之列,而当时大批进入青岛港的传统帆船贸易都是转口贸易。在胶济铁路修到潍县以后,青岛港在较长的时间里只是一个过往商港,尽管它已具备了廉价、便利的海运、货栈和装卸能力等条件,但入泊青岛港的转口货物并不享有比中国其他海关更多的关税优惠,装载转口货物驶离港口的中国零售商必须纳税,这意味着时间和利益的双重损失,所以许多中国商人不愿进入青岛港以免徒增麻烦。再有,当时进入青岛港的流通货币五花八门、成色不一,在进行交易之前,须换成纯度较高的胶州元宝,银号钱庄兑银过程所产生的银耗,也得由中国商人来承担。凡此种种,使多数中国商人感到青岛港对他们缺少吸引力,所以相当数量的转口贸易往往弃青岛港而转往塔埠头港。

德国殖民当局也从德国批发商那里了解到中国商人对青岛港的不满和失望:

商人们抱怨的是,来自内地的、为了买几千银元的货来到这里的小商人们,不仅因为完税要耗去许多时间,而且他们支付的关税与付出的辛劳、烦恼和他们长时间待在青岛的花费不成比例。按他们的观点,通过不对少量留在保护区的货物完税得到的利益,不足以抵偿这些烦恼和时间损失,目前的手续必然是既损失时间又对贸易的发展造成障碍。①

显然,不能吸引中国商人大批汇聚青岛已成为自由港体制难以为继的一个主要原因。阿里文根据海关掌握的大量数据找出了这一问题的症结。欧洲公司—中国批发商—大大小小的零售商,是进口贸易过程中的三根"接力棒",免税仅面向第一、第二棒,而纳税却针对第三棒。易言之,来自内地大大小小的零售商,为了买几千银圆的货来到这里,当他们满载批发来的货物离开青岛港时,却成了纳税人。这就意味着,青岛港开辟得越大,横亘在青岛港和内陆腹地之间的关税体制就越加成为一种障碍。问题的症结是青岛自由港设置过大、过泛,自由港区、自由港贸易区和自由港城合为一体,用统一税制来管理自由港城内的自由港区和自由港贸易区,要改变之,须从改变青岛自由港的范围入手,把自由港的范围从整个租借地收缩到港区以内,变成一个保税区,这样大批中国零售商就可以进入保税区以外的广大空间而免纳出口税,还可以限制大进口商从订单和免税中捞取双倍好处。

1905年,阿里文向德国海军部提交了一份备忘录,提出胶海关关制、税制改制办法和自由港收缩为保税区的方案,在德国海军部引起很大反响。从青岛设关框架的最初设计起,德国海军部国务秘书梯尔匹茨就主张把吸引中国商人移居租借地作为设关的前提。几年后,由于关税滞碍,青岛自由港的吸引力并未得到充分释放,港口贸易规模和移民人口增速离德国海军部设定的目标相距甚远。阿里文呈交的备忘录恰与梯尔匹茨寻求破解瓶颈的想法一拍即合。

青岛自由港改制方案却遭到一批纯粹的国家主义者的反对,其中包括德国胶澳总督特鲁泊和驻华公使穆默。其反对理由是,把原本享受免税的大进口商变成纳税人,不符合"德国优先"的利益原则。阿里文批评说,这种偏狭的理解是短视的,青岛自由港不仅需要大进口商也需要大大小小的中国批发商和零售商,没有后者的支撑,大批舶来商品就不会占领市场。梯尔匹茨要求他们对备忘录做出正面表态,即只能赞成不能反对。

不久,德国胶澳总督府向德国首相封·毕洛夫发去一封呈报函,报告新的自由港设置方案和税制方案。

---

① 《胶州总督府致德国首相封·毕洛夫的函》,青岛市档案馆编:《胶澳租借地经济与社会发展——1879—1914年档案史料选编》,中国文史出版社2004年版,第78页。

我们期望的新的调整可以概述如下：

1. 对自由港的界限大幅收缩，只限于港口本身。在自由港区以汉堡为榜样只设码头堆栈和库房……海边的自由港区可以包括大约延伸到铁路路堤的大港和小港。

2. 货物自自由港区出来时由中国海关对其完税。货物随着完税进入自由流通。不做另外的关税检查。

3. 与留在德国地区的商品的价格相比，取消的关税补回给总督府并加到租借地的收入中。

4. 为租借地工业用途的进口货物免税……①

1905 年 12 月 1 日，《青岛德境以内征税办法章程》出台，规定"无税之区地即系大海口以及海堤、修船场、护口之坝，又自海口起至火车干路止中间之地，皆属其内。至于该地西南系在雷希丹大马路、哈分小路转角前面，自后海岸起至火车道止。……将来开展无税区地界限，应由本署随势酌情办理"②。当时的"雷希丹大马路"，《德租时期青岛街名中德文对照表》译作"雷先街"，即今冠县路（含后来的新疆路），"哈分小路转角"应是今冠县路和新疆路的交口处，以此交口为界，从后海岸起至火车道止，画一直线，直线东北的大港港区就是无税区。

《胶海关贸易报告（1902—1911 年）》对无税区界址的说明更为详缜：

在陆地上，青岛自由港的面积是由一道铁路路基和一道临时栅栏围住的，这条栅栏可以根据以后需要，随意扩展。在自由港入口处有一座面向主要马路的胶海关大厦和出入货物必须通过的海关关卡房屋。自由港的海上边界是防浪堤，它的入口是在海港的南面一侧。③

大港港区之内变成事实上的无税区，但仍冠名青岛自由港。从此，租借地内大大小小的收税站和边界收税站等"关外之关"成为历史，无论是对于欧洲商人还是对于中国商人，这在征税形式上都是一个备受好评的简化。次年，胶澳租借地的整体收入由 1001170 马克增加到 1370485 马克，增加了约 37%，其中 236867 马克来自新的关税协定规定给予德国胶澳总督府的"补贴"。原规定"中

---

① 《胶州总督府致德国首相封·毕洛夫的函》，青岛市档案馆编：《胶澳租借地经济与社会发展——1879—1914 年档案史料选编》，中国文史出版社 2004 年版，第 79 页。

② 王铁崖编：《中外旧约章汇编》，生活·读书·新知三联书店 1959 年版，第 2 册，第 384 页。

③ 青岛市档案馆编：《帝国主义与胶海关》，档案出版社 1986 年版，第 108 页。

国海关每年将进口关税收入的 20％"交付总督府,而 1906 年胶海关交付总督府
的进口关税收入已达 22％。

从自由港到无税区引起的变化,明显反映在山东两个开放港口——青岛和
烟台海关收入的此长彼消上。1906 年青岛的海关收入增长了 58.3％,而烟台却
减少了 6.1％。短短 9 年,青岛就超过了 45 年前通过《中英天津条约》开放的烟
台。至 1907 年上半年结束时,青岛港的关税额在中国 36 个海关中排第七位,
超过它的只有上海、广州、天津、汉口、汕头和镇江。

第三节　开辟远洋近海航线

20 世纪初,关于青岛港的评价,正如许多乐观的评价所言,有较之国内诸多
港口更廉价的海运、宽敞的仓栈和先进的装卸设备,但在一个较长的时间内,青
岛港仍然只是一个过往商港。其间,青岛港的贸易大部通过南北各大港埠间接
进行,输入青岛的棉布、棉纱、五金、糖、面粉、煤油等进口洋货中有 55％来自国
内各大港埠,而非直接输入青岛港,输出的土特产中有 75％经由国内各大口岸
转船出口,也不以青岛港为始发港。当胶济铁路已经实现与山东内陆腹地的链
接时,只要港口的通达能力不具备极明显的优势,就仍难以释放路港一体化所
蕴藏的动能。实际上,天津港和汉口港都有过青岛港这样的经历,上海港和其
他海港都曾像青岛港一样,首先是个过往港,而当数以千万计的港航贸易需求
通过青岛港得以满足时,即过往贸易达到高峰值时,以青岛港为目的地的独立
贸易基础才得以确立。

自古以来,胶州湾和南北沿海诸多港口有着广泛的民船贸易往来,形成了
通达南北诸港的固定海航线路。史料载,至 1896 年,胶州湾的南北航路,南至
江、淮、闽、浙、广、粤,西为安东卫、石臼所、胶州、海州,北为牛庄,再北为高丽各
处。① 远海近海航线连接山东半岛东南海岬、扬子江口、宁波、福州、广州湾,北
至渤海湾、鸭绿江口,远及朝鲜半岛,贸易悉通,船舶频往。据 1901 年海关关册
统计,青岛港往来贸易的港口主要有上海、淮安、海州、乍浦、浏河、扬州、镇江、
福建、宁波、烟台、关东、苏州、牛庄、通州等。青岛港与山东西南、西北的通航港

① ［清］胡存约:《海云堂随记》。

口数量众多,通达登州府、莱州府、青州府、沂州府等地的沿海港口主要包括俚岛、石岛、张家埠、海阳、乳山、金家口、鳌山卫、塔埠头、红石崖、灵山卫、大港口、古镇口、王家滩、官庄口、夹仓口、涛雒口、石臼所、两城、安家口、安东卫、山南头等大小海口,还有青岛临近港口如沧口、女姑口、沙子口、登窑、王哥庄等。上述可见,青岛早在殖民统治开始之前,就已连接形成穿接南北的帆船贸易海航网络,赓续丝绸之路的近代篇章。而在殖民统治开始尤其是小港建成之后,其帆船贸易仍增势强劲,航路航次持续增长。反映在山东西南、东北沿海诸港进出青岛港的船次上,以海州为最,莱州、胶州、青州、沂州诸港次之,1900 年海州民船入港 1270 船次,居该年度之首。1901 年鲁西南民船出港 1183 船次,为该年度首位,而登州民船进出港船次已走出低徊不进的状况,较上年成倍增长,可作为青岛小港帆船贸易持续上升的旁注。

1897 年 12 月,第一艘有文字记载的外国货轮进入青岛海域,其是进泊青岛的德国禅臣洋行的货轮"龙门"号。当时这艘航速为 11.5 海里的货轮全部装载着建筑工人和建筑材料,来为一个月前登陆青岛的德国海军陆战队官兵搭建一种临时木板营房。次年,从事中德远洋航运多年的德国捷成洋行,进入德国国家资助轮船公司的榜单。是年,受国家资助的捷成洋行投入 19 艘轮船,开辟上海—青岛的定期邮轮航线,每 4～6 天从上海经青岛、芝罘到天津并返回,按照航行时刻表,与在上海的欧洲大轮船公司特别是德国邮轮公司相衔接,到达上海后直接赴欧洲。《胶澳发展备忘录》的第一份航运统计表显示,捷成洋行开辟上海—青岛的定期邮轮航线当年,进出青岛港的外国轮船、帆船除德国船以外,还有英国、美国、日本、俄国、朝鲜、挪威、丹麦等国的船,共 173 艘。

显然,青岛的船舶交通状况不能令德国殖民当局满意。当时正值青岛自由港开放之初,商贩们利用免税之机,将大批商品输入青岛,满足了一时间的市场需求。然而随着市场饱和导致港口贸易在短暂繁荣之后停顿下来,加之交并而至的水灾旱魃造成购买力下降,所以青岛港的商品贸易量并不是很大。德国商人抱怨,青岛自由港的税制固然优越,但实际上经自由港进行的贸易却微不足道。德国商人甚至把当下微乎其微的商品销售数据作为评估自由港未来的标准,消极地抱怨青岛自由港距离香港自由港遥不可及。为了消弭这种颓丧情绪,坚定德国商人投资青岛的信心,殖民当局意识到直接建立青岛—德国远洋通道的实际意义。

随着青岛港建港工程和胶济铁路筑路工程先后开工,打通青岛—德国远洋通道显得迫在眉睫。其时,大批工程物资须德国胶澳总督府向德国生产商订购,发回德国的订单变现成各种物资之后,再跨海越洋运来青岛,除去订单落地所需时日外,仅海上运输也要一个半月才能中转到上海,再通过捷成洋行的定期邮轮转运至青岛。青岛—德国之间的漫长海运,仅靠捷成洋行的邮轮来往穿梭搭船出海,对于零散的小批量进出口业务尚能勉力维持,但对于青岛自由港而言,绝非长久之计。德国殖民当局认为当下最重要的是"要在青岛和(德国)国内之间建立起直接的定期轮船交通联系,将使货物在另一口岸换船装载成为不必要的,并使出口贸易免除其他口岸的监管和检查"①。特别是未来的青岛港不能仅仅是个单纯依赖过境贸易的三流码头,不能仅靠搭船出海与通往欧美各国的轮船交通航线相衔接。独立开辟远洋航线,对于青岛港来说,已是势在必行。唯如此,青岛港才能获得发展,缩短过往港的过渡期,有把握地在不太远的未来成为一个繁荣的贸易中心。

1901 年 3 月 25 日,由德国汉堡直航青岛的亨宝轮船公司货轮首次泊碇青岛港的外锚地,开辟了青岛至欧洲的航线,成为近代青岛的第一条远洋航线。这艘载货轮船满载山东德华铁路公司订购的首批筑路器材,从德国埃姆登港启航驶来青岛。在首开第一条远洋航线的当年,德国亨宝轮船公司共有 16 艘载货轮船相继驶来青岛。这一"破冰之举",使德国胶澳总督府对未来充满美好的期待,坚信一旦航线开通就会有更多的货轮在东亚之行中靠泊这个港口。亨宝轮船公司开通中国航线之前,兼并了第一个开通远东定期航班"金星"号的汉堡德国轮船公司,从而成为世界上最大的远洋轮船公司,1898 年始航中国。这条以中国为目的地的远洋航线辗转于德国汉堡与美洲之间,所以又称汉美轮船公司或汉堡轮船公司。当时亨宝轮船公司首航青岛的泊碇地既非小港也不是大港,而是栈桥南部水面的外锚地,然后用平底驳船把货物过驳到海滩和铺设铁轨的桥面上。首开欧洲航线的当年,亨宝轮船公司便接手捷成洋行从事多年的定期邮轮,成为这条专线新的经纪人。公司新投入运营的"叶世克总督"号,除维持原班航运之外,每周还特别增开一次青沪航班,以适应两地之间繁忙的航运业务。德国胶澳总督府的年报显示,本年度的外国商品进口值翻了一番,差不多是上个年度的 3 倍。进港外国货轮 75 艘,其中德国货轮 54 艘、日本货轮

① 《胶澳发展备忘录(1899 年 10 月至 1900 年 10 月)》,青岛市档案馆编:《青岛开埠十七年——〈胶澳发展备忘录〉全译》,中国档案出版社 2007 年版,第 87 页。

10 艘，其他是英国、挪威和奥地利的货轮。先是东亚舰队的护卫舰"铁坦尼亚"号试航，"繁荣"号德国商船进泊。继之，亨宝轮船公司的"叙利亚"号从这里返航德国，英国货船"启豪"号满载出口草帽辫直驶欧洲，德国货轮"哥尼斯堡"号、挪威的运煤船"多丽丝"号纷至沓来。其时大港一直处在一边建设、一边使用中。

为了鼓励和支持德国轮船公司开辟更多的青岛远洋航线，德国胶澳总督府设立了特许航运津贴制度，对亨宝轮船公司等开辟青岛至欧洲远洋航线的公司给予补助，并规定"青岛至欧洲的运费和中国其他港口至欧洲的相同，而欧洲至青岛则比欧洲至中国其他港口运费低廉"。这项规定对各国轮船公司的吸引力是显而易见的，其结果是欧洲运往中国的货物纷纷涌入青岛港。正如一家媒体所描述的那样，凡由德国东来之货物，多绕过上海而先运至青岛，然后再由青岛运输于上海与天津各地。在地理上，虽上海距德国为近，今不先靠上海而先靠青岛，是使青岛在经济上距德国为近，而使上海反居其次。如是则由德国至青之运费，反较由德至沪之运费为廉。此种政策，盖完全以发达青港为主要目者也。[1] 继亨宝轮船公司之后，北德轮船公司即北德意志-劳埃德轮船公司也加盟了这条远洋航线。该公司最初由美最时洋行代理货运承揽业务，后在芦坡街（今浙江路）6 号设立青岛分公司，扩大客货运经营。北德轮船公司是德国造船业的领军企业，当时世界上最大的客船——"威廉大帝"号就出自它之手。公司拥有数量庞大的远洋商船队，和亨宝轮船公司一道经营远航青岛的欧洲航线，成为青岛港远洋航运业的基干船队之一。随之，禅臣洋行、美最时洋行、捷成洋行、瑞记洋行及英商太古洋行的众多轮船公司相继开辟青岛至欧洲的远洋航线，使加盟青岛港远洋航线的外轮数量大增。1903 年 2 月，亨宝轮船公司在中山路、肥城路口设立分公司，经营青岛航线的货轮已达 10 艘，总吨位达 25723 吨。其他公司加入这条航线的有 27 艘货轮，远航欧洲的港口包括鹿特丹、汉堡、安特卫普、马赛、热那亚、利物浦、伦敦、亚丁、不来梅、塞得等。

1906 年，德国禅臣洋行以旅日华商东源号为代理商，与日本原田汽船公司商定协议，开通青岛—神户的特约准定期航线。同年，德国亨宝轮船公司以神户德商伊里斯商会为代理公司，定期驶航于青岛—神户，与日本原田汽船公司展开竞争，迫使日方在这条航线上投入更多日船，青岛与日本神户之间的航运

---

[1]　谭书奎：《港口发达之经济原理与青岛市之前途》，《交通杂志》1934 年第 2 卷第 6 期，第 88 页。

量随之增加。① 1906 年之后,青岛港的出口贸易呈现出乎意料的增长之势。在此之前,青岛港的大宗货物出口贸易一直是个短板,因为山东内地的货源吸纳不足,须依靠从别的港口进货以应对出口订单。随着德、英、日、法等国经营中国出口业务的大公司纷纷来青岛设立分行或代理机构,竞相招揽出口货物和办理去欧、美、日本港口的客运业务,青岛港逐步变为草编、花生、植物油、蚕丝、猪鬃、棉花等大宗商品的出口港。这一时期,青岛至欧洲的远洋航班日趋加密,有 7 条大的远洋客运、货运航线定期到达青岛。

1907—1908 年,国内各大港埠遭受世界经济大萧条的影响,加之上海金融风潮、橡胶投机风潮的波及,时局动荡,灾害频仍,港航贸易均呈现不同程度的颓势,而青岛的港口贸易在经历这些波折之后依旧增势不减。在连接日本的北洋航线上,以往只有零星装载的日本船,开始大批靠泊青岛港,跻入青岛东北亚航运圈的角逐,形成德、英、日竞争青岛航运业的局面。1907 年,怡和洋行开始涉入上海至青岛的航运和进出口业务,每周在两地之间定期往返一次。直至第一次世界大战爆发前,怡和洋行在青岛经营的航线,一直以沿海和近海航运为主,有 4 条沿海定期航线和 1 条近海航线,配有轮船 17 艘,总吨位 30044 吨。沿海定期航线有:经上海、汕头、香港的青岛—广州线,每周 2 班;经上海、青岛、牛庄的上海—牛庄线,每周 1 班;经香港、汕头、青岛、威海、天津的香港—天津线,每月 1 班;上海—青岛线,每周 1 班。近海航线为青岛至海州、石臼所线。

1908 年,继日本大阪商船会社开辟基隆—福州—上海—青岛—天津的航线之后,日本轮船首次直航青岛,之后每月至少有一次直航班次来青岛。是年进出青岛港的日船增加至 80 艘。这一时期,日本轮船公司在青岛近海的航运业务,半数以上仍经由上海转口,因为搭线在上海的参加世界航运会议的远洋货轮,能享受较低廉的运费,可以补偿从青岛绕道上海转口所产生的费用。是年,日本邮船株式会社新下水的两艘巨型货轮,进入青岛至欧洲的直通航线,运载草帽辫和花生米、花生油、豆油及皮革、猪鬃往返于青岛与欧洲之间,日本与德、英轮船公司在青岛航运业的竞争从此踏入远洋航线。1908 年,青岛港与符拉迪沃斯托克(海参崴)的船运往来有了较大的增长。由于符拉迪沃斯托克(海参崴)港口出台新的关税政策,对青岛港输入的牛肉实行免税,加之大批出口劳工经由青岛港赴符拉迪沃斯托克(海参崴),促使青岛港直航符拉迪沃斯托克(海

① 庄维民、刘大可:《日本工商资本与近代山东》,社会科学文献出版社 2005 年版,第 11~12 页。

参崴)的轮船达到 43 艘,其中亨宝轮船公司有 7 艘船投入。是年,由于青岛至上海的转口业务日趋繁忙,亨宝轮船公司有 3 艘装备良好的轮船往返于青岛—上海的定期航线上,加速两地转口货物运转,并承担定期邮轮的传递功能。这一年,中国轮船招商局和中国航业公司的轮船开辟驶往青岛港的定期航线,意味着殖民体制下的青岛港纳入民族航运业的对外发展。

至 1911 年,青岛港在中国沿海港口中的排次已经跃居第六位,进出青岛港的外国轮船吨位占青岛港吨位总数的 95% 以上,进出口业务呈现前所未有的繁盛局面。此时,以青岛港为目的地和始发港的港航贸易已占一半以上,50% 的出口货物由外轮运往上海转口出洋,60% 的进口货物由从事沿海航运的外轮运来青岛(英、德船占 50%,日船占 10%),其余直接由国外输入。1912 年,进泊青岛港的日船数量有了突飞猛进的增长,达到 176 艘,吨位近 14.4 万吨,同比分别增长 1.5 倍和 50%。至 1913 年,进出青岛港的外轮达 1679 艘,吨位达 262.3 万吨,占船舶吨位总数的 97.9%。其中德国商船为 331 艘,吨位达 57.2 万吨,居各国之首。日船次之,为 260 艘,超过英国居第二位。同年,亨宝轮船公司开通至美洲的新航线。新航线对于青岛港的意义在于,青岛的出口商品可以绕开上海转口而直接运抵加拿大和美国,并且直接从大洋彼岸承接新产品来青岛。

在外轮的挤压下,处于沿海航运高峰点的海州及山东沿海各港口仍以青岛为出入门户,多采用帆船小轮载运土货至青岛转口外港,故这一时期的民船贸易也有一定发展。1913 年进出青岛的帆船达到 10030 只,载货量 327.08 万担,分别比 1900 年增长 1.13 倍和 1.18 倍。但这种传统的贸易方式占青岛口岸全部贸易的比重越来越小,至 1907 年海关已不再将其列入对比统计数字之内。1913 年,帆船进出口货物合计值 596.2 万海关两,不足青岛全部贸易额的10%。

1914 年日本侵占青岛后,青岛港的航运业开始"德退日进"。德国轮船公司相继退出青岛航运业,青岛—欧洲航线被英商太古洋行和怡和洋行所取代。日本邮船公司、大阪商船会社、大连汽船会社和日清汽船会社等 15 家航运公司先后进入青岛航运业,扩大经营青岛至日韩航线。以青岛—大阪线和青岛—仁川线为架构的日韩航运圈,进一步加密航运船次,加大挂靠港密度,挂靠的主要港口有大阪、神户、宇品、下关、门司、釜山、木浦、仁川等。为了畅通日韩航运圈的资源输出通道,青岛港的 7 条沿海航线,大体构成了青岛与上海、天津、广州、大连、香港、高雄等国内沿海各大港口的定期航班直航网,同时与威海、海州、塔埠头也建立了定期航班航线。从 1915 年起,日本和青岛的进出口贸易跃居各国进出港船舶和各国对青岛进出口贸易的首位。1915 年,青岛港吞吐量达 14471589 吨,进出口贸易额达 98351598 海关两,青岛港的输入输出货物数倍激增,贸易额暴涨,比大战前分别增长了 3.04 倍和 6.31 倍。日本对青岛的进出口贸易额在青岛港贸易总额中的占比最高达 87%。

1922 年,中国政府收回青岛,设立胶澳商埠。青岛港最显著的变化是日本在青岛港一国独大的境况大为改观,进出口贸易的对象国趋向多元。"迨至中国收回以后,青岛顿成中外通商口岸,贸易公开,各国侨商群相麇集,经营懋迁,于是本埠对外贸易,不复为一、二国家所独占,而为世界友邦所均占矣。"①1922 年丹麦宝隆洋行在青岛设立分行,是青岛贸易往来国增加的一个标志性事件。来自丹麦首都哥本哈根的宝隆洋行,其分支机构遍布五大洲,拥有自己的庞大船队,主要以花生米为货运大宗,凭借"贸易+货运"的优势跻身青岛港的欧洲航线竞争中。同年,德国亨宝等 3 家轮船公司恢复欧洲至青岛航线,使青岛通欧洲的 8 条航线上的轮船达到 75 艘,总吨位达 53.43 万吨。其中英国 27 艘,19.37 万吨;德国 25 艘,17.54 万吨;日本 12 艘,8.34 万吨;荷兰 6 艘,4.77 万吨;瑞典 5 艘,3.41 万吨。

此时,国际航运重心逐步由伦敦移向纽约,呈现以纽约为中心的国际航运新格局。受这一变动影响,各国以大吨位快轮投入日显激烈的竞争,而北美航线成为青岛港远洋航线竞争的新焦点。这一时期,美国大来洋行经营丹波公司 1.2 万吨的轮船 17 艘,从纽约经巴拿马运河至大连、青岛、上海一线。富罗、祥泰、和记洋行代理的其他 5 家美国轮船公司,航行北美至青岛航线,投入轮船 29 艘,吨位达 21.2 万吨。参加北美航线竞争的日本三井物产株式会社、国际运输会社、大阪商船会社 3 家公司共投入轮船 18 艘,吨位为 11.6 万吨。加拿大公司投入北美航线货船 5 艘,吨位 2.5 万吨。青岛至北美的 7 条航线,共投入轮船 69 艘,合计运力达 55.7 万吨。在此轮竞争中,美国后来居上,在与英、日、德等国的远洋航运角逐中胜出。1923 年,青岛港出口美国的货物总值出现较大幅度跃升,1922 年仅为 39.7 万海关两,1923 年增至 319 万海关两,货值总额猛增 7 倍以上。同年美国商船来青泊港的吨位,年增 1 倍以上。美国小麦进口,由 1922 年的 36113 担增至 167313 担,增幅 3 倍以上。

---

① 青岛市档案馆编:《帝国主义与胶海关》,档案出版社 1986 年版,第 199 页。

20 世纪 20 年代,青岛民族轮船业由代理外轮和租船经营发展为集资购船,依托小港的青岛民族航运业迅速发展起来,设在冠县路、金乡路、莘县路、河北路、北京路一带的华商船行环绕小港形成一个民族航运圈。"至于我国轮船来往青岛者,初不满万吨,接收后渐增至四十四万吨,而十五年又骤减为二十万吨,仅居全额百分之四。"[①]其中政记轮船公司的规模最大,有 22 艘轮船,10 艘以下的有裕盛船行、英记行、同福昌船行、长记船行、肇兴轮船公司等,还有 1~2 艘轮船的船行 10 家。其时,小港北岸小港一路建有小港客运站,开往烟台、威海、海州、乳山、石岛、石臼所、红石崖、薛家岛的航班在此流水发船,客运站附近遍布饭铺客栈,洋车、人力车穿梭往来,宝山路和冠县路成为往来客运站的交通干线。这一时期,外国航运势力竞争青岛沿海航运更趋激烈,在青岛 11 条沿海定期航线共投入轮船 62 艘,总吨位达 11.27 万吨,占比 82.48%。其中日本 29 艘,61937 吨;英国 13 艘,30828 吨。青岛民族轮船业起步较晚,众多小公司势单力薄,处在势力雄厚的外国资本夹缝中,经营艰难,时有停业转业之忧,因无法与外国轮船业抗衡,遂转向青岛附近口岸的木帆船航线。青岛—海州线是青岛港沿海主干航线,腹地广阔,连接鲁南、苏北粮食和畜产品主产区。山东沂州、郯城等地的大宗花生、花生油、棉花、豆饼、杂粮,山西所产粮油及苏北各县的米、麦、豆类均由海州湾的青口输往青岛。青岛民族轮船业大多拥入青岛—海州线,多时有八九家船行,政记、肇兴公司的小吨位船舶也加入经营,凭借轮船的优势逐渐取代木帆船。

1925 年,青岛港华轮总数超过 25 艘,总吨位 5500 吨以上。1927 年,青岛港运往沿海口岸货物总值 3765 万海关两,中国船只承运 87 万海关两,仅占沿海货运总值的 2.31%。1930 年,轮船招商局来往青岛的轮船和青岛民族轮船业各公司的轮船约有 52 艘,总吨位约 6.1 万吨,占青岛沿海运输船舶吨位总数的 8.2%。

20 世纪 30 年代中期,青岛港先后有肇兴、政记、裕盛等 32 个船行经营沿海运输业,资本总额约 180 万元。1936 年,天津航政局青岛办事处登记的船只为 71 艘,总吨位 52991 吨。其中 500 吨以上的 10 艘,1000 吨以上的 9 艘,最大的"生和"轮 4575 吨,时速超过 12 海里的仅 3 艘。青岛港的近海航线,以青岛为起点分为南、北两线,南线由青岛向南,至陈家港、王家滩、石臼所、涛雒、岚山头

---

① 民国《胶澳志》卷 6《交通志·航运》,民国十七年(1928)铅印本。

及苏北之柘汪、连云港、新浦、响水口、阜宁、盐城等地；北线由青岛向北至海阳、乳山口、张家埠、石岛、大埠圈、俚岛等地，再往北至威海、烟台、大连等地。由青岛输出的货物，主要是棉布、棉纱、煤油、火柴、香烟、煤油灯、蜡烛、胶鞋、小五金、纸张、茶叶、酒、碱、鲜鱼、糖、胡椒、颜料、煤炭等；由沿海各口运至青岛的土产品有花生、豆类、豆油、豆饼、猪油、鸡蛋、核桃、栗子、瓜子、瓜干、草药、皮革、猪肠、猪鬃等。南北两线都以秋季为旺季，货运繁忙，至春季开始逐渐减少，夏季是淡季，各船行大都轮流停船修理，以备秋季复航。[①]

这一时期，青岛远洋航线上的各国航运发展更为迅速，青岛通往欧美的 15 条远洋航线全部为外轮垄断，轮船达 144 艘，总吨位 108.2 万吨。同期，英、日、美、德等国在青岛设立的外国轮船公司机构达 16 家，多国航运势力竞争的局面持续到抗日战争爆发前夕。

第四节　齐鲁大动脉：胶济铁路

从城市地理学的角度看，青岛僻处胶东半岛一隅，港口没有通航条件良好的河流伸向内陆，成为经济腹地的条件极为有限。此种条件，在古代社会根本没有条件发展出城市来，所以青岛的兴起，只能是在拥有发达的铁路和公路之后，与广阔的山东内陆相连接，否则断无可能。19 世纪末西方对胶州湾的历次考察活动无不判言，经济潜力巨大的山东，唯有选择胶州湾为出海口，并修筑横穿山东半岛的铁路，才是唯一兴起之路。

1882 年，德国地质学家斐迪南·冯·李希霍芬出版《中国》第 2 卷，公布了在山东实地考察博山、章丘、潍县、坊子、济南和芝罘的过程和结论。上海欧美商会赋予他的考察使命是"全面探查这个封建帝国的矿位"。为此，李希霍芬考察山东煤田后认为，山东经济潜力巨大，其开发的制约因素是交通。他指出，山东煤田的唯一出口芝罘港，由于山脉环绕难以修建通达产煤区的铁路。拥有大量煤田的山东，取决于胶州湾的开放。胶州湾不仅具有良好的港口条件，还适宜修建一条横穿山东半岛的铁路。这条连接内地的交通线的开辟，是山东煤田

---

① 叶春墀：《青岛开埠以来至解放前近海轮船航运概况》，中国人民政治协商会议山东省委员会文史资料研究委员会编：《文史资料选集》第 1 辑，山东人民出版社 1982 年版，第 163～164 页。

和铁矿的前途所在。1885 年,李希霍芬在柏林出版了德文《中国地图册》,其中包含比例尺为 1:750000 的《山东东部地图》。该图属于较早以现代西方制图技术反映山东及青岛的地图,对山东东部的地质地貌及矿产资源等分布情况进行了图例、图解。1898 年,李希霍芬在该图基础上,以 1:1000000 的比例尺再次出版了山东地形图和地质图,第一次标注了规划中的胶济铁路,并在其论文中对铁路线的可能走向做了详细说明。1896 年 9 月,德国东亚舰队司令、海军上将梯尔匹茨向德皇威廉二世呈送胶州湾考察报告,称从胶州湾"修筑通往济南府的铁路,则胶州湾的价值会更大。在山东占据重要地位的煤矿可得到开发,还可为山西煤矿提供又一个天然出口良港,立即给胶州带来新的活力"。他还指出:"(芝罘)其穿越山东东部山岭通往内地的铁路只有在巨额投资及绕道的前提下才有可能实现。而从胶州至中国北方的铁路却能在平原上修筑。"

　　清末,胶东半岛与山东西部经济中心尚处于较为闭塞的状态。烟台开埠后,连接胶东半岛与山东内陆的水运商道有两条:一条由济南经小清河至羊角沟,另一条由潍县经潍河至下营。这两条水运线路在胶东半岛与山东内陆之间搭建起河海联运的东西通道,再通过烟台至潍县的陆路商道与济南府、东昌府、兖州府、曹州府等农耕经济中心相沟通。此时胶东半岛连接山东内陆的商贸线路全部集中在胶东半岛北部,而地处半岛南部滨海的青岛则处于被边缘化的困境,独处海隅的胶州湾,只有经胶州至烟潍大道一条交通干道联系西部内陆。当时,只凭理论数据远窥青岛的李希霍芬,并未亲临青岛,他选中青岛的理由,不仅仅是气候条件、适合建港的天然资质,更重要的是以铁路为链条,打通胶州湾与山东内陆乃至华北地区的通道,赋予其沟通山东腹地乃至华北市场的门户优势。为了打开这扇门户,他所制作的山东地图虚拟了一条铁路线,即后来的胶济铁路。

　　德国借口"巨野教案"侵占胶州湾后,于 1898 年强迫清政府签订《胶澳租借条约》。德国依据这一条约取得了修筑山东铁路和沿线 30 公里采矿的特权,自1899 年起修筑胶济铁路。这是西方列强第一次通过强加给中国的不平等条约攫取在中国修铁路和挖煤矿的权利,其后各国相继效仿,形成了掠夺中国矿权的一轮高潮。德国攫取的"条约特权",除铁路修建优先权和采矿优先权之外,还包括"在山东省内,如有开办各项事务,商定向外国招集帮助为理,或用外国人,或用外国资本,或用外国料物,中国应许先问德国商人等愿否承办工程、售卖料物"①。亦享有向中国贷款优先权、派遣洋员优先权、承揽工程优先权及物资订购优先权等,以牢牢把控入侵山东经济的种种"条约特权",谋取经济侵略的利益最大化。

1899年6月,德国一家包括德华银行、礼和洋行等大牌辛迪加在内的银行财团联合体投标成功,拿到了修建胶济铁路的特许权,当月便成立了两个中德合资的股份制联合公司——山东铁路公司和山东矿业公司,分别在德国注册并在柏林设立总部,在青岛设立分公司和最高营业部。山东铁路公司发行股票54000股,全部资本一次收足,融资5400万马克。按照德国政府对它的授权,山东铁路公司必须在5年内完成胶济铁路的修建并交付营运。铁路营运收入的一部分需要向德国胶澳总督府缴纳税款,作为修建青岛港口及保护区的行政开支费用。山东铁路公司聘任在华工作多年的普鲁士国家铁路管理局官员锡乐巴担任德国驻青岛山东铁路事务总办兼公司经理。山东铁路公司甫一成立,便立即着手胶济铁路的修建准备工作。全部的铁路轨床器材由公司的柏林经理部向德国工厂订货,包括铁路桥梁,筑路和铁路营运所需的机车、客车、行李车和运煤车等,订购器材总价值约2000万马克,重约85000吨。为此,山东铁路公司与德国北德意志劳埃德轮船公司与亨宝轮船公司签订承运合同,由其按铁路修筑计划将这些器材运抵青岛。

1899年9月9日,胶济铁路动工修建。9月23日,德国海因里希亲王在青岛主持开工典礼,"德人开筑铁路工程乃由青岛、胶州同时并举。胶州所用材料,多用驳船运至塔埠头起岸,并于塔埠头至胶州之间设有轻便铁路,以便转运"②。胶济铁路首段筑路工程,从青岛向西、由胶州往东两个方向同时开工,在10月初完成了10万立方米的土石方掘进工程。

最初,德国以青岛港为中心的铁路网规划十分庞大,通达内陆腹地的并非仅仅一条胶济铁路。铁路规划设计的思路,是以胶济线为中轴,呈辐射状打通华北腹地的京汉线和未来的津浦线、陇海线,向北经德州至顺德(今河北邢台),与京汉线相接;向西延伸至沂州(今临沂)和兖州,与未来的津浦线相接;向南经兖州至开封,与未来的陇海铁路连接。围绕此,敷设穿织山东腹地的三条铁路

---

① 《附录 胶澳租借条约》,青岛市档案馆编:《青岛开埠十七年——〈胶澳发展备忘录〉全译》,中国档案出版社2007年版,第740页。

② 民国《胶澳志》卷1《沿革志·德人租借始末》,民国十七年(1928)铅印本。

支线:高密至韩庄、潍县至烟台、青州至沂州,总长约 1200 千米,向东、西、南三个方向延展,把物产丰富、人口密集的山东内陆腹地包围起来,形成以青岛港为龙头、与华北各铁路干线密接的铁路联网,把整个山东半岛和内陆全部纳入青岛的辐射圈,并沿铁路向华北腹地和沿黄流域纵深推进,实现腹地扩展的最大化。由于列强在华利益的相互牵掣和彼此制衡,最后完成的仅胶济铁路及张店至博山、淄川至黉山、金岭镇至铁山三条铁路支线。

这条铁路的走向和线路设计,从一开始就着眼于攫取山东内陆能源和资源输出,依据铁路穿越青岛与济南府之间的工商重镇潍县、周村、青州、博山等地来决定其线路取向和站点串接。确定以济南府为这条铁路的西部端点,一方面着眼于沿黄流域的交通物流,另一方面须兼顾与天津、镇江南北两个方向对鲁南腹地的争夺。按此思路,这条铁路以青岛港为贸易口岸,以济南府为货品集散中心,以潍坊、淄博为能源基地,形成以青岛港为动力源、胶济铁路为驱动轴的路港一体化设计方案,取胶澳(青岛旧称)和济南两地的首字命名为胶济铁路,东起青岛西至济南,全长 384.6 公里。

1901 年,胶济铁路第一段——青岛至胶州段正式交付使用。这条新铁路当年被载入德国公共交通设施行车时刻表。1902 年,铁路进至山东第一个产煤区——潍县。同年 10 月 30 日,第一车坊子煤运抵青岛,青岛从此由一个缺煤城市变成了煤炭输出城市。随后进行的煤燃烧试验证明,这种煤热值高、煤烟小,质量优于日本煤,为山东煤在东亚其他港口打开销路迈出了第一步。1902 年底,铁路修至张店,从那里岔出一条 39 公里的铁路支线,通往博山和黉山煤田。胶济铁路的这个中转枢纽正式运转以后,黉山煤和博山瓷又成了青岛港的贸易大宗。次年,青岛至周村段通车以后,每天往返一次的区间列车增至 4 列,往返于青岛—高密、高密—潍县、张店—昌乐、张店—周村,胶济铁路的客运、货运列车每天达 10 对,每周的客运量逾万人。1904 年 6 月 1 日,胶济铁路通车到济南,实现全线贯通。胶济铁路通车后,铁路收入急剧增加,翌年营业收入 200 万元。

胶济铁路由 1 条干线、3 条支线组成,干支各线全长 445.99 公里,总投资 5290 万马克,所有铁轨、桥梁、车辆、枕木、水泥等筑路材料重达 15.5 万吨。干线自青岛起,由东向西经过即墨、高密、安丘、潍县、昌乐、益都、长山、章丘等县而达济南,总长 394.06 公里。全线设车站 51 处,即青岛、大港、四方、沧口、女姑口、城阳、南泉、蓝村、李哥庄、胶东、胶州、芝兰庄、姚哥庄、高密、康家庄、蔡家庄、塔耳堡、丈岭、峄山、黄旗堡、南流、虾蟆屯、坊子、二十里堡、潍县、大圩河、朱刘店、昌乐、尧沟、谭家坊子、杨家庄、青州、普通、淄河店、辛店、金岭镇、湖田、张店、马尚、周村、大临池、王村、普集、明水、枣园庄、龙山、郭店、王舍人庄、黄台、北关、济南。此外，胶济铁路还附设 3 条支线：一是通达金岭镇的铁山支线（长 6.56 公里）；二是由张店通博山的张博支线（长 38.87 公里），经过南定、淄川、大昆仑抵博山，属专设的运输博山煤炭专线；三是张博支线内分出的黄山支线（长 6.5 公里），由淄川通黄山，属专设的黄山煤专线。三支线总长 51.93 公里。

胶济铁路是单轨建筑，但其占地面积足够以后敷设双轨之用。钢轨每米重 30 公斤，铁质的枕木每根也重 30 公斤，可以承担时速为 60 公里的火车运行。因铁路建材连同铁路机车和车厢全部从德国订购，再装船运至青岛，所以整个工程的造价十分昂贵。青岛起始点的车站建设与铁路同时开工，首先落成的是大港火车站，那里有铁路岔道直接通往港区纵深和船舶作业区，是路港一体化的关键性节点。青岛站的建筑期稍晚，一座仿欧洲乡村教堂样式的车站钟塔后来成为这座城市的鲜明地标，陡峭的塔顶覆面是中国的杂色琉璃瓦，由中国建筑商中标承揽其挂瓦工程。胶济铁路的终点在济南的城东和城西各有一个车站，济南西站是总站。

胶济铁路在筑路过程中，以路港一体化为主旨，着眼于青岛港与山东内陆的沟通与联系，开辟青岛港的市场腹地，拓展山东沿海口岸与山东内陆乃至华北地区的市场通道，边修建，边运营，迅速摆脱了胶东半岛尤其是青岛被山东传统商路边缘化的状态，从此整合到以港口贸易为纽带的国内国际市场经济体系中。陈为忠在《近代山东经济格局变迁研究——以港口与腹地互动为视角》一文认为，胶济铁路的开通，促使山东省的经济轴心由沿运河纵向分布变为沿港口和铁路横向布局，把青岛路港一体化的重要作用，纳入了港口与腹地互动这一研究视角之中。[①] 胶济铁路的开通，加速了青岛开埠通商的进程，日趋发展的口岸贸易使腹地农工商业获得长足发展，山东原来经天津、烟台等港口输出输入的货物，大部分就近转移到青岛港，由此引发了山东省经济格局的调整。

胶济铁路联结起山东内地诸多工商重镇，并通过与各商埠重镇的公路连接，向更深更广的内陆腹地推进。"铁路所经过的省内一些主要市镇，如潍县、

---

① 陈为忠：《近代山东经济格局变迁研究——以港口与腹地互动为视角》，《中国历史地理论丛》，2005 年第 20 卷第 3 辑，第 25～33 页。

青州府、周村等,都有铺了沥青、全年均可通行的公路与车站相连;这些车站也和一些小车站一样,其周围及其附近出现了许多新的由贸易货栈、商品仓库、货棚、煤厂和旅店形成的成片房舍,其规模和营业活动都在与日俱增。"①铁路沿线建有车站和与邻近市镇联结的公路,向距离铁路较远的内河口岸延伸。如从黄台西门到黄台桥的运河水道,在胶济铁路通达黄台前已进行疏浚,把小清河水运的辐射圈也纳入青岛港腹地。这条运河水道上航行的民船大约有 1000 艘,主要驳运输往济南府的货物,如盐、棉花及来自博山的煤,还包括从国外进口的布匹、煤油、火柴等。胶济铁路的开通,促进了沿线工商重镇对外开放,但也使国人中的有识之士清醒认识到,德国势力必将恃仗铁路的便捷,由胶澳一隅向山东腹地扩张,一场激烈的利权之争已势不可免。当务之举,一方面要力阻德国势力沿胶济铁路向山东内陆扩张,一方面要采取主动应变姿态,利用铁路交通的新优势,自开内陆商埠,振兴民族实业。1904 年 5 月,时任山东巡抚周馥②赴胶澳租借地考察后,和他的前任、时任直隶总督兼北洋大臣的袁世凯一起,联名上奏朝廷,请求批准济南、周村、潍县三地"尽快自开商埠,以免利权再失"。5月 19 日清政府正式批准山东自开济南等三处商埠,其行政、税收、司法、通讯、基础设施建设等与列强在中国"强开商埠"不同,不仅具有独立主权,且均由国人执掌署理各项商埠事务,可与德国强开之青岛商埠相抗。"自开商埠"虽属面对德国殖民经济入侵的应变之举,但开放"华洋公共通商之埠",客观上使济南开创了近代内陆城市对外开放的先河,一跃成为"山东内陆第一大商贸中心",加速了近代济南、周村、潍县的城市发展进程。

胶济铁路通车后,山东腹地深处一些人口稠密的集镇和与世隔绝的乡村,过去只能就地消费和在附近流通的大批农产品有了广阔的外部市场。周村的丝织品、沙河的草帽辫、博山的陶瓷玻璃制品成为青岛港出口的大宗商品。商品物流迅速改变了山东腹地的社会生活景观,铁路所到之处,涌现出与物流相配套的仓储业、旅店餐饮业新生业态,铁路经济成为腹地小集镇的催生剂。这

① 《胶澳发展备忘录(1906 年 10 月至 1907 年 10 月)》,青岛市档案馆编:《青岛开埠十七年——〈胶澳发展备忘录〉全译》,中国档案出版社 2007 年版,第 469 页。

② 周馥(1837—1921),安徽至德人。清末官吏,民初企业家。幼从淮军,因功擢升道员,后历任直隶按察使、山东巡抚、两江总督、两广总督。德国侵占青岛后,曾到胶澳租借地会见胶澳总督,视察民情,回省后上疏奏请在胶济铁路、矿山购买华股。1912 年举家迁居青岛,主持三江会馆,弃政从工,与子周学熙建立青岛最大的民族企业华新纱厂。

条贯通齐鲁大地的钢铁大动脉,改变了山东传统的物流走向和商贸格局,为青岛拓展出广阔的城市腹地,成为青岛港口经济的强大支撑,青岛港由此在全国沿海港口中获得了重要地位。胶济铁路通车的次年,胶海关在全国 36 个海关收入中的排次迅速上升到第七位。

胶济铁路通车一年后,德国殖民当局以往预计的铁路建设所带来的租借地经济繁荣状况已基本兑现了,但德国胶澳总督府期望港口腹地不止于山东,而应向华北内陆有更大的伸展,如果能使胶济铁路经济向天津方向延伸,必将具有十分重大的意义。渤海湾的海运每年冬季因结冰而停航,这种状况必然有利于距离最近并有铁路相通的不冻港青岛,这样整个华北都要仰仗这条铁路通道沟通与海外的商贸联系。特别是在客运方面,如果选择通过青岛与海外联系,毫无疑问必须使用这条铁路通道作为跳板。

1908 年 1 月,清政府与英国、德国签订《天津浦口铁路借款合同》,德国胶澳总督府对这条将与山东铁路相连接的铁路持乐观态度,认为这将为青岛的贸易开辟一个更为广阔、规模更大、更重要的经济区域。德国胶澳总督府期冀已久的这条通道,就是后来的津浦铁路。1912 年,津浦铁路全线通车,两条铁路在济南相交,北上南下直抵南北二京,远接西伯利亚铁路。此时,胶济铁路年客运量已突破 90 万人次,货运量达 70 万吨。棉纱、棉织品、布匹、机器、农具、铁器、纸张、火柴、染料等工业产品,以及煤油、食品、建材等通过铁路由青岛输往山东内地,来自广大腹地的煤炭、铁矿、茧丝和水果、蔬菜、大豆、花生油、大麻、烟草、皮革、牲畜沿着铁路源源不断汇流到青岛港。

津浦铁路从 1908 年 7 月开始动工,至 1912 年 11 月全线通车,以天津为起点,由北向南,与胶济铁路经纬相交,为山东省通往外埠的又一铁路干线。山东一段长 413.36 公里,途经鲁西、鲁中的重镇要埠,如德州、济南、泰安、兖州、薛城等,与津浦铁路支线临枣线(临城至枣庄)、兖济线(兖州至济宁)、洛黄线(洛口至黄台桥)相接,对山东南北贸易具有较强拉动力。1911 年,津浦、胶济铁路全线在济南接轨,两条铁路缔结火车临时连接互通协议,以济南车站为过渡,货车无须换装便可通过,大大便利了货车过往。仅"1911 年从山东铁路(即胶济铁路)转到津浦路上有 5026 节车,从津浦路转到山东铁路上有 492 节车"[①],胶济

---

① 青岛市档案馆编:《胶澳租借地经济与社会发展——1897—1914 年档案史料选编》,中国文史出版社 2004 年版,第 181 页。

铁路的运营收入有了明显的增长。另据《胶澳志·沿革志》记载,胶济、津浦铁路连通后,为加大对腹地货源的吸纳力,"德人将(山东)内地运出之货减轻运费。凡由青岛运往济南之头等货,每吨收费九元四角六分,二等收费八元一角,三等收费六元七角六分;而由济南运至青岛,头等货仅收五元八角五分,二等仅收五元零三分,三等仅收四元一角九分"。1913 年,两铁路正式签订连接互通协议,除了整车货物之外,还加进了整包货物连接互通条款,并规定两铁路的主要车站之间可以出售直达车票及办理包裹直接邮寄。1913 年,胶济铁路发往津浦铁路 3876 节车厢,津浦铁路发往胶济铁路 4209 节车厢,协议对两条铁路客货发送量的提高起到了明显的拉动作用。1913 年,胶济铁路总货运量计 911434 吨(不含公务物资运量),总客运量 1317437 人次,同期分别增长 10.18%、7.1%,胶济铁路的客货运能和地域覆盖进一步向连接中国内地的交通大动脉提升。至 1913 年 9 月,胶济铁路自 1905 年营业以来利润总计达 19505761 元。客运总量增长 63%,货运总量增长 200%,利润增加 1.5 倍。

1914 年第一次世界大战爆发,日本趁机出兵青岛,占领胶济铁路,随即进行铁路增修与扩建,提高行车能力,增加车次,缩短行车时间,提高客货运量。1922 年,客运总量与货运总量比 1912 年分别增加了 1.66 倍和 1.24 倍。日本把胶济铁路作为向中国内地扩张的大动脉和攫取巨额利润的吸血管,至中国接收胶济铁路的前一年即 1922 年,胶济铁路年纯利润达 882.6 万元,为胶济铁路运营第一年总收入的 4 倍多。日本青岛守备军攫占胶济铁路 8 年间,共获取利润 5126.1 万元。日本攫占胶济铁路的经营目标,着眼于最迅速、最大限度地掠夺山东内地资源,不可能从扩展港口腹地的长远计划着想,谋求搭乘与津浦铁路的互通之道。而德国人经营胶济铁路的最后一个年份,即 1913 年,胶济铁路的收入比 1912 年相差 123000 元之巨,原因是鲁南、鲁北货源被津浦铁路分流。所以日本将胶济铁路攫夺到手后,便"因故中止"与津浦铁路的货物互通,断绝其与山东内地资源的连接通道。日本中止与津浦铁路货物互通后,组建日资鲁大煤矿,实行"特定运商专价""出口特约煤炭减价"及"最低运率"特惠等[1],以"吃小灶"的方式降低该矿煤炭运输成本,以最大限度地掠夺中国煤炭资源。1922 年,中国政府收回青岛。翌年 1 月,根据中日《解决山东悬案条约》及《附约》和《山东悬案铁路细目协定》,中国政府以 4000 万日元赎回胶济铁路,日本

---

[1] 宓汝成:《帝国主义与中国铁路:1847~1949》,经济管理出版社 2007 年版,第 451 页。

将山东铁路及其支线并一切附属财产移交北洋政府。胶济铁路事务从此完全归中国管理。中国政府收回青岛后,胶济、津浦两路协商联运办法,决定自 1925 年 3 月 1 日起两路实行货物联运,胶济铁路以青岛、大港、四方、沧口、蓝村、胶州、高密、坊子、二十里堡、潍县、青州、张店、周村、博山、淄川炭矿等 15 个站为货物联运站,津浦铁路以天津东、总、西三站及沧州、泊头、连镇、桑园、德州、平原、禹城、泺口、泰安、大汶口、吴村、兖州、济宁、邹县、滕县、临城、枣庄、徐州南、宿州、蚌埠、临淮关、浦口等 25 个站为货物联运站。联运货物主要有整车煤油、花生油、花生仁、木料、棉花、石灰、杂粮、烟叶、陶器、草帽辫、小麦、豆油、布匹、棉纱、面粉、糖、鸡蛋、煤、石料、麸皮等。1925 年 7 月,陇海铁路徐海(徐州—连云港)段通车到新浦,成为青岛港腹地南延的转运口岸,青岛与海州之间通过陇海线实现了陆海联运,对鲁南腹地和陇海线腹地的强大吸纳力开始显现。新浦港从事货物转口青岛的转运公司达 41 家,将鲁南、徐海广大地区生产的大宗花生、黄豆、豆饼、棉花、粮食、牲畜装船输往青岛港。

1932 年秋冬间,津浦铁路与胶济铁路在济南互相连轨,两路从此实现直通。1933 年,胶济铁路与津浦铁路奉铁道部指令实行全面联运,规定:"①两路各站均为联运站;②整车零担均办联运;③负责货物一律联运;④现付运费及到付运费,均可照办。从此两路货物均可由此路直达彼路。"[1]胶济铁路与津浦铁路联运以后,由于分属不同的管理机构,服务于不同经济区间,在客货联运的同时,联而有分,外和内争,从各自利益的需求出发,必然伴随着竞争与冲突,"胶济铁路与津浦北段竞争,彼此钩心斗角,近年已成显著之事实",两铁路在鲁北、鲁南部分货物方面的竞争表象,实际上是青岛—天津港口腹地争夺的必然反映。

1934 年,陇海铁路展筑至西北中心城市西安,青岛港凭借与海州(连云港)的陆海通道之便,"更谋向西发展,直接道清路线(道清铁路,河南道口—清化镇线,1907 年全线通车,铁路全长 150 公里)。北行可谋与正太路联运,南行过黄河至郑州可与陇海联运,则山西、河北西南之物产可以畅运青岛,陕西、河南南部之物产亦可运青。而青岛货物亦可由胶济路直运各路交点,深入华北各省"[2]。其腹地格局从陇海端点经沿黄地带进一步向西、北延展。

---

① 《胶济津浦两路会议决实行联运》,《大公报》1933 年 5 月 22 日第 6 版。

② 《青岛在华北之地位及其发展趋势》,青岛市档案馆、青岛理工大学马克思主义学院编:《民国时期青岛档案史料汇编·工商篇(1929—1938)》,青岛出版社 2020 年版,第 376 页。

第五节　港口腹地的开辟与拓展

　　一个港口城市,商品传输线路所覆盖的区域空间构成它的腹地。腹地既接受城市的吸引和辐射,又为城市提供资源、产品和劳动力,和城市构成互依共存的区域关系。而腹地范围的大小与强弱,首先取决于城市和腹地之间的通达性。

　　李希霍芬在著述中虚拟的港口与山东铁路线,已经大致勾勒出青岛这座未来港城的腹地轮廓。德国胶澳总督府在开放青岛自由港之前,对构建港口腹地,也做出和香港与上海完全不同的设计。地处中国与东南亚交通枢纽上的香港,是转口贸易的天然良港,不需要与中国广大腹地沟通。而地处山东半岛南部海岸的青岛,既远离华北腹地商业中心,又缺乏上海与腹地那种纵横交错的水运网,故从 19 世纪 60 年代开始的历次胶州湾考察无不判言,青岛前途取决于是否拥有通达广阔经济腹地的便捷通道,唯此才能充当华北腹地与世界市场联系的门户。1898 年中德《胶澳租借条约》签订后,德国胶澳总督府便把胶济铁路和青岛港的建设置于整个租借地建设的首位。

　　山东是中国沿海各省中多山的省份之一,有肥沃的土地,宜人的气候,蕴藏着丰富的矿藏,生长着优质的丝蚕,纵横交错的谷地、平原可产小麦、大豆、豌豆、花生、玉米、烟叶和各种水果,物产丰饶,资源富集,但因缺少南方沿海省份江河湖泊、港汊水网纵横的运输条件,一直锁闭在低下的陆路运输瓶颈中。

　　胶济铁路通车前,山东半岛大部分地区的货运,长期依靠马车、骡车、驴驮、推车等畜运加人力运输方式,长途跋涉,运输艰难,不仅运量小、速度慢,且运价高于水运,安全保障率较低。胶济铁路开通后,从青岛港伸向山东内陆腹地及华北地区的铁路交通骨架基本构成,青岛港至济南府之间的商埠、工业重镇、商品集散地与河口港已联成一气,并逐步向华北广大区域延伸、扩张。1901 年,胶济铁路通车里程达 128 公里,胶州、高密两个车站先后落成,已通车线路上陆续建成 13 个小站和停车场,每隔 8 公里一个站点,港口通达腹地的铁路网络初步架构完成。胶海关税务司阿里文在分析青岛港与山东腹地的关系时强调:"可以把鲁北、鲁西和鲁南的进口和出口贸易,包括蚕丝和草帽辫在内,都集中在青岛一处……通过胶济铁路和津浦铁路连接后,青岛可以成为直接与华北地区通邮和客运的枢纽地点。"[1]

胶济铁路的开通,加快了青岛城市腹地以路港一体化向山东内陆的推展,成为山东内陆农产品商品化的主要动因,"使农村起了经济的革命——由自给的经济变都为市附庸的经济,以至陷于殖民地化的经济,——这都要归功于铁路。有了一条铁路,像一根吸管插入腹地的农村,把那些农产品都吸出来"[2]。胶济铁路开通后,山东内陆的农产品扩大了市场空间和市场容量,使其出口海外与世界市场对接成为可能。应欧美市场需求的山东花生,因产油量高而著称,20世纪初虽受病虫害蔓延的影响而减产,却因世界市场供不应求,出口价格持续走高,出口量激增。1906年,青岛港出口花生19837担,至1911年增至59551担,可见出口世界市场扩大了山东花生的种植面积和推广规模。山东为全国三大产棉区之一,1904年后,种植推广美棉获得很大成功。1910年,山东棉花经青岛港出口6099担,1911年上半年经由青岛港出口棉花达21280担。山东花生、棉花及烟草、染料等与世界市场的紧密结合,均得益于胶济铁路的开通和由此形成的路港一体化对腹地农业经济的辐射带动。

胶济铁路的开通,颠覆了山东贸易的传统格局。以往沿烟潍大道—运河航运布局的山东内陆—胶东半岛传统商贸中有很大一部分出口商品运往烟台出口,现在却改变了运输方向来到青岛。1902年即青岛港小港投入运营的次年,随着胶济铁路向山东内陆的伸展,青岛港的腹地格局发生变化。该年度通车到山东生丝最大集散地周村,青岛港的生丝出口剧增,而这部分增量原本是从烟台港移往青岛港的。从进出口贸易看,原由烟台港进口的布匹、棉纱、煤油等大部分改道青岛港登岸,而煤、草编、蚕丝、丝绸、花生等山东内地土特产也迅速转道青岛港出口海外。[3]

从空间地理的角度,简单以胶济铁路所经过的区域为界,胶济铁路由东往西所经过的即墨、胶县、高密、昌邑、安邱、潍县、昌乐、益都、临淄、桓台、淄川、博山、长山、章丘、历城、济南等沿线商埠重镇都可纳入胶济铁路联结的港口腹地。自1904年胶济铁路全线通车后,这些区域的商贸、矿业、农业、畜牧等各方面受港口经济的拉动最为直接,也最为显著。从经济地理的角度看,对于胶东半岛

---

① 青岛市档案馆编:《帝国主义与胶海关》,档案出版社1986年版,第103页。

② 龙大均:《青岛济南一带粮食产销情形报告》,《农村复兴委员会会报》1934年第2卷第7期,第51页。

③ 青岛市档案馆编:《帝国主义与胶海关》,档案出版社1986年版,第103页。

及山东内陆一些区域,胶济铁路虽未直接经过,但距离胶济铁路不远且与之存在一定经济关系,也间接受到港口经济的辐射,其经济变化一样与港口经济密切相关,成为青岛港出口大宗地产品的源出地。

丝绸是备受青睐的出口商品。青岛港通过胶济铁路,穿越山东重要丝绸产区,把青州、周村、柳疃等丝绸重镇的大宗产品吸引到青岛。昌邑的柳疃是丝绸和棉布的重要产地,以茧绸业闻名全国。"今之茧绸,以莱为盛,莱之昌邑柳疃集,为丝业荟萃之区,机户如林,商贾骈毕,茧绸之名,溢于四远。"[1]"附近居民千余户,约六七千人,商界占百分之七十,商号四百余家,仅经营绸业者即有三百家之多。尽属收买附近各村织成之绸,以便运销国内外各处,每年总交易不下二百万元。"[2]清末,柳疃丝绸仅和北京一地的年交易额就达 800 万两白银,其出口贸易路线是越过半岛丘陵地带从烟台港北上京津出口。柳疃丝绸的原料产地距青岛不远,在胶州、诸城、莒县一带,常年从事蚕茧采购的昌邑商人,收购蚕茧后,再由商行雇车转运,赶 3 天路程,经过胶州和平度运抵柳疃。那里还有来自河南、山西的蚕商和关东蚕茧在等候交易。胶济铁路通车后,柳疃丝绸的原料采购,可就近在昌邑、潍县、胶州等站搭乘火车转运,由胶济铁路运出的货物,80％由潍县转青岛港,转运烟台的货物仅占 20％。胶济沿线青州、周村的黄丝和柳疃齐名,青州黄丝的产地远达临朐,年产值达 200 万两白银,大部运往烟台出口。周村,自古就是丝绸业重镇,明代即以"步步闻机声,家家织绸缎"闻名遐迩。至清末,周村缫丝、丝织已采用机器生产。周村黄丝的产地远在蒙阴、沂水、泰安、沂州、滕县、新泰和莱芜等地,加工成丝绸后,用箱子包装好,再经陆路运往烟台分级挑选,或出口海外,或运往上海、广州。胶济铁路通车后,原从烟台出口的丝绸大都转移到青岛。再如草帽辫,作为山东出口商品的大宗,其主要产地在莱州、胶州和即墨。山东最大的草帽辫集散地为莱州沙河镇,距青岛仅 120 公里。往常经营草帽辫生意的商人一般会在沙河镇包装成件,绕过青岛口,再搭上 4 天的路程去烟台。胶济铁路开通后,草帽辫商人只需 1 天时间,便可赶至潍县,当日便可搭乘胶济列车向青岛港发货。博山是闻名全国的玻璃器皿工业重镇,鼻烟壶、玻璃灯盏、灯罩及有孔念珠、手镯、脚镯、烟管嘴等玻璃制

---

① [清]王元綎辑,郑辟疆校:《野蚕录》,农业出版社 1962 年版,第 89 页。

② 胶济铁路管理局车务处编:《胶济铁路沿线经济调查报告分编三·昌邑》,胶济铁路管理局车务处 1933 年版,第 8 页 b。

品,颜色多样,工艺精巧,每担价值约 40 海关两,胶济铁路通至博山后改由青岛港出口,每年 7000 担左右。博山的制陶工业亦较发达,当地彩釉陶器厂主产青灰色、茶色陶罐和釉彩坛、花瓶、花盆等,式样和釉光可与瓷器媲美,年产陶器达 16 万担,也转往青岛港出口。泰安、大汶口一带盛产花生。这一区域所产花生"米油房用半数,输出亦占半数",其多向津浦铁路的泰山站、大汶口站集中,通过津浦铁路运至济南,然而再通过胶济铁路运至青岛港,最后通过海运至世界各大花生消费市场。诸城、胶县、莱阳、即墨、招远、潍县、高密等胶东花生盛产区,借铁路之便运往青岛港。"花生之由胶济铁路运至青岛者,约占青岛花生总数三分之二。"①从青岛港出口的花生由胶济铁路通车前的 11000 担迅速增长到 1911 年的 297000 担,7 年增长了 26 倍,青岛遂成为山东最大的草帽辫、花生交易中心。

山东煤矿和铁矿的藏量极为丰富,胶济铁路沿线煤田主要集中在坊子、黉山、博山等处。此外,分布在博山—淄川谷地的金岭镇铁矿,也在胶济铁路周边特许采矿区以内。坊子煤矿煤层分布不规则,储藏着大量无烟煤,日产量达 900 吨,为青岛提供了足够的城市用煤。位于博山—淄川谷地的博山煤矿,煤层厚积,以黑山谷地的黑山煤而著称,煤质优良,适宜炼焦,年产 20 万吨左右,其煤多作为炼焦煤销往外埠或出口国外。产于黉山谷地的黉山煤,煤质优良,绝大部分黉山煤块供驻青德国海军、海轮、铁路用作燃料。博山—淄川谷地之间的金岭镇铁矿,富藏铁砂矿。位于张店以东的铁山,是重要的铁矿砂产地,铁矿藏量总计 1 亿吨左右,矿石含铁量可达 60%,是德、日殖民统治者重点掠夺的战略资源。

开埠前的青岛口,是从属胶莱河运的过往码头,山东腹地分割的传统格局一直把青岛置于边缘地位。第二次鸦片战争之后,胶东半岛及鲁中、鲁西、鲁南成为烟台港的腹地范围,但囿于烟台港辐射力的局限性,加之外部的强力掣动,山东腹地开始逐步向南北飘移,并导致部分流失,鲁西北被摄入天津港的腹地范围,鲁南被纳入镇江港的腹地范围,山东腹地的进出口贸易遂形成鼎足三分之势。胶济铁路通车后,它所覆盖的地域无一例外地都被纳入了一个全新的城市磁力场,成为青岛的港口腹地。随之,青岛和山东腹地之间出现了一种"缩地"效应,和往日的传统商路形成了巨大反差。原来到烟台从沙河镇的陆路要

---

① 实业部国际贸易局编:《花生》,商务印书馆 1940 年版,第 93 页。

走 4 天,从柳疃要走 5 天,从青州要走 7 天,从周村要走 8 天,而如今从柳疃或从沙河镇赶往潍县坐火车只要 1 天的路程,而周村和青州已成胶济线上的两个大站,人和货当天就能到达青岛。而当其抵达青岛时,直航欧洲的货轮已等候在那里,所有发往欧洲和沪广的商品将无一例外地享受免税。于是,便捷的胶济铁路运输,在改变商品流向的同时,催动了城市腹地的大变局。原来依附于烟台港的周村、青州、潍县、柳疃、沙河镇、塔尔埠等商品集散地被纳入青岛城市腹地格局,而这些商埠重镇的背后,则通过水陆连接,纵横山东省的东西南北,从鲁西南、鲁西北一直向沿黄流域伸展。据烟台海关统计,因为这个变局,烟台港仅出口丝这一项的贸易额每年要失去 300 万两白银,草帽辫一项要失去 150 万两白银。周村一地的年贸易额达 1500 万两白银,其不光是山东省的黄丝集散地,也是鲁北最大的国内外货物中转市场,由上海转口烟台的布匹、棉纱、生铁、火柴、煤油等商品,大都经小清河口的羊角沟运抵周村,所以青沪直航的开通,便具有某种颠覆意义,其结果是青岛港把一大片进口商品市场揽入自己的腹地范围。山东中部的草制品以前一直运往烟台港,在路港一体的拉动下也全部被集中到青岛。

实际上,青岛港与烟台港的腹地争夺,在小港投入运营的次年,随着胶济铁路向腹地伸展就已展开。1902 年,胶济铁路通车到山东生丝最大集散地周村,是年青岛港的生丝出口剧增,而这部分增量原是从烟台港移往青岛港的。从进出口贸易看,原由烟台港进口的布匹、棉纱、煤油等大部分改道青岛登岸,而煤、草编、蚕丝、丝绸、花生等山东内地土特产也迅速转道青岛港出口海外。烟台港的对外贸易,在胶济铁路全线贯通之前,已达 4500 万两白银,但胶济铁路贯通之后,青岛港日盛,烟台港日衰,数年内退至 3000 万两以内。1907 年,青岛港的贸易额增长 58.3%,而烟台港却减少 6.1%。到 1910 年,青岛港的贸易额反超烟台港 1000 万两白银。至此,青岛港以山东半岛为半径的省内腹地新格局基本形成。

山东腹地分配格局的调整,主要因为殖民经济的强力介入,路港—路矿建设的快速推进以及德国殖民当局的强大资本支撑和殖民经济政策的刺激,不仅建设了一条贯通山东主脉的铁路,而且路港一体、路矿合一的经营模式,也拉动物流、资金流和大量人力资源涌向青岛。把中国商人的帆船贸易确有把握地吸引到青岛,是德国殖民当局极为关注的。为了方便来自城市腹地的中国商人在租借地参与经商,使其感受将生意转移到青岛的种种益处,殖民当局在火车站附近建立大型中国旅馆,为鲁西来青客商进行贸易往来专门开设了银号,在商人汇集的齐燕会馆里办理鲁东的银行业务,目的在于掌控山东内陆腹地。

亨宝轮船公司开通欧美航线以后,青岛港的腹地争夺对手是中国南北大港,如上海、天津等港。在南线的腹地争夺上,原来大半由上海港出口的煤、草辫、蚕丝、丝绸、花生等商品已有一半改道青岛港出口海外,原来从上海港转口而来的洋货,也改从青岛港直接登岸。原本镇江港的山东腹地也大部倒向青岛港。1912年,津浦铁路建成通车,通过济南和胶济铁路交轨,北至天津,南到浦口,青岛在南北两个方向上对腹地的置控力得到加强。棉花、丝绸、铁矿和煤的南北流向很快被逆转,鲁西北从昔日天津港的直接腹地变成了青岛港和天津港的竞争性腹地,而鲁西南则从昔日的镇江港的腹地变成了青岛港的腹地。

1922年中国收回青岛后,青岛港走出最大进出口对象国(日本)把控的格局,港口贸易广及美、英、法、荷、德、意、日、俄、奥、瑞(典)、丹(麦)、挪(威)、波(兰)等国家。远洋航运以欧洲航线、北美洲航线和东北亚航线为主干,贯通利物浦、阿姆斯特丹、汉堡、不来梅、鹿特丹等欧洲大港,远及西雅图、旧金山、洛杉矶等北美太平洋沿岸诸港,青岛—大阪线和青岛—仁川线串联起大阪、神户、门司、釜山、木浦、仁川等日韩诸港。近海航运覆盖南北洋的广大水域,通达上海、天津、广州、香港、高雄、大连、海州,航线穿织,纵横南北。通过铁路联运、陆海联运,青岛港过轨过港客货运输能力大增,整车货物运输涉及煤油、花生、食用油、木材、棉花、石灰、杂粮、烟叶、陶器、草编、小麦、布匹、棉纱等20余种进出口商品。

现代陆路交通结构体系中,铁路与公路辅车相依。"盖铁路便于长途负重之轮运,公路利于轻便往来迅速,铁路经线筑于何处,公路纬线即应衔接,铁路两旁各站筑至城市镇村,人货乃易散集,地方乃易繁荣,如仅有铁路经线,而无公路纬线,相辅而行,则铁道附近之轮运,深感困难,人货难以集中,行旅备感不便。"①对于胶济铁路而言,公路堪称胶济铁路这根"主动脉"的重要的"毛细血管",只有"主动脉"的不停搏动,没有若干"毛细血管"来为它供血,为其提供源源不断的营养源,铁路这根"主动脉"的动能和辐射力则会逐步弱化乃至衰竭,所以公路建设需与铁路建设相配套。20世纪20年代中期,青岛开通6条公路线路,即青沙线(青岛至沙河)、青金线(青岛至金口)、青即线(青岛至即墨)、青

---

① 胶济铁路管理局车务处编:《胶济铁路经济调查报告》,胶济铁路管理局车务处1933年版。

红线(青岛至红石崖)、胶塔线(胶州至塔埠头),沟通青岛周边工商重镇胶州、即墨、平度以及沧口、城阳、金家口、塔埠头、红石崖、王台等地公路交通,同时连接起沙河、洋河、流亭、客旅店(店集)等重点商贸集散地,形成联系紧密的港口腹地公路网。

20世纪30年代中期,青岛已呈现中等城市发展规模,其城市定位按照"中国五大经济区之一黄河区出海口"来设定,腹地的概念有了更广大的外延。青岛基于新的城市定位,构建城市未来。这一时期的城市腹地推展,因循德国租借青岛时期的腹地拓展方向,在完善城市功能的基础上,主要围绕加大城市对腹地的辐射力来进行设计,以城市辐射圈的扩展拉动经济腹地东展、北扩与南进。城市腹地呈现3个层面的扩展,即核心腹地—周边腹地—纵深腹地辐射式波浪形推进。核心腹地的扩展主要是城市功能区的东拓与北进,在市区东、北两个方向上,沧口、李村、辛家庄、麦岛纳入城市功能区,崂山风景区纳入旅游功能区,同时继续扩建大港,使大港北延至四方附近,以此为支点添建工业港,由此拉动城市行政中心和工业区北移,助力城市核心腹地版图从南部沿海一线向东跨进,推动胶济铁路沿线城区向北推移,扩展其南北跨度和纵深。

根据海陆分途并进的原则密切周边腹地与核心腹地的联系,促进城市周边腹地变为环绕核心腹地的第二圈层,水陆交通围绕港口和轮渡双轨并进,开辟薛家岛、红石崖、塔埠头、阴岛及沙子口等5条轮渡线。在胶州城东平原规划综合火车站,调流堆栈,向周边腹地分散青岛工业过分密集的空间压力。周边腹地南端的塔埠头瞄向青岛工业卫星城,成为青岛与毗邻城镇沟通山东腹地的中间市场。周边腹地北部的即墨,构建胶东半岛陆路交通中枢,先后修筑了青黄路(经即墨、招远至黄县)、青烟路(经即墨、莱阳、栖霞至烟台),构成了青岛通达胶东半岛主要城镇并进而辐射山东腹地的公路交通网,使这些地区与青岛之间的物流、商流、人流沟通更加紧密,形成以青岛为中心的市场网络。与此同时,交通运输业也有较快扩展,汽车成为陆路客货运输主要交通工具。"本埠各项汽车数目,据民国二十年统计,共有载客汽车六百辆,马达货车一百二十七辆,长途汽车一百零二辆,脚踏汽车九十二辆。回顾十一年间,载客汽车仅一百五十六辆,马达货车及长途汽车不过九辆及脚踏汽车三十六辆而已。"[①]

为了扩大城市纵深腹地范围,构建通达纵深腹地的远距离铁路交通,这一

---

① 青岛市档案馆编:《帝国主义与胶海关》,档案出版社1986年版,第221、223页。

时期还规划建设胶徐（青岛至徐州）、青烟（青岛至烟台）两条铁路线，打通山东半岛东部丘陵地带腹地，南下与陇海线接轨，拉动城市腹地向沿黄流域纵深拓展，并进而争夺镇江港腹地。海路方面，以小港北岸的小港客运站为海路中继端，依托开往烟台、威海、海州、乳山、石岛、石臼所的近海航线，借助胶济线—津浦线货物联运和青岛—大连海陆联运，形成对南北纵深腹地的吸附带动效应。这一轮城市腹地扩张，由于日本入侵而中断，未能悉数变为现实，但对于城市腹地进一步发育壮大仍具有里程碑意义。

第六节　殖民经济与资源掠夺

殖民经济指世界历史上西方列强充分利用其经济优势，使用一切可能的方式和手段，对欠发达国家和地区进行形式多样的经济剥削和资源掠夺。一部殖民经济的发达史，就是一部西方列强最大限度地掠夺欠发达国家资源财富的掠夺史。

清末时期的青岛沦为德国租借地后，随着第一条欧洲航线的开辟，西方资本相与俱来，殖民经济体系得以建立，以胶济铁路—青岛港的路港一体化为转折点，德、日帝国主义加大对山东半岛及其内陆腹地的资源掠夺。总的来看，德、日帝国主义资源掠夺的驱动力来自两个方面：一是服务于租借地政治、军事、经济的巩固和强化；二是通过资源掠运牟取暴利并满足本国的资源需求。胶海关的关册记载是分析青岛港出口贸易额、贸易量、货品种类及其流向的依据，也是观察殖民经济对山东资源掠夺的"晴雨表"。1900 年，胶海关始有青岛港出口贸易记录，是年外贸出口额仅 32828 关银两，1903 年即达 234216 关银两。1904 年，青岛大港一号码头北岸建成，对世界各国开放贸易。当年外贸出口即增至 845302 关银两。至 1913 年，出口贸易达 12038908 关银两。外贸出口量，1904 年和 1900 年比，海关报告所载的 16 种商品均有增长，除豆饼、瓜子增幅不大外，其余 14 种出口商品最低增长 40％，增幅较大的牛皮出口增长10.93 倍，草帽辫出口增长 12.57 倍。[1] 见表 3-1、表 3-2。

---

[1]　青岛市史志办公室编：《青岛市志·对外经济贸易志》，五洲传播出版社 2001 年版，第 88 页。

表 3-1　青岛外贸货物出口情况表（1899—1905 年）

商品名称	单位	1899 年	1900 年	1901 年	1902 年	1903 年	1904 年	1905 年
豆饼	担	—	3301	39558	4613	3536	3421	338563
各种豆类	担	3455	6641	22028	13212	11711	27730	19808
猪鬃	担	205	203	288	522	1061	887	852
毡帽	件	1850	321337	620576	664597	638892	897064	979069
山东大白菜	担	755566	774609	1350981	1327552	1307151	—	—
花生果	担	13537	11155	30943	26283	28771	20008	22823
豆油	担	9285	29161	37093	55827	70968	102287	99106
花生油	担	30090	54803	114680	71519	95133	83325	67572
药材	担	14375	7580	8818	7088	14175	53187	57373
腌猪	件	36970	13555	7250	13689	35686	21534	22439
杏树种子	担	332	212	409	347	553	298	631
瓜子	担	19937	20814	44136	29155	37370	21188	32833
核桃	担	7960	17191	18738	14711	17827	21796	20127
牛皮	担	119	669	1135	1585	2235	7984	5490
草帽辫	担	222	1870	3435	11697	9969	25383	41417
粉丝	担	2714	3270	6773	6395	7274	8906	7917

资料来源:青岛市史志办公室编:《青岛市志·对外经济贸易志》,五洲传播出版社 2001 年版,第 89 页。

表 3-2　青岛外贸货物出口情况表（1906—1911 年）

商品名称	单位	1906 年	1907 年	1908 年	1909 年	1910 年	1911 年
豆饼	担	172372	3779	21589	43116	15	40
各种豆类	担	7443	497	3494	839	1766	62
猪鬃	担	1196	1239	1508	1742	2242	2932
毡帽	件	977412	4932		1202	11850	14000

（续表）

商品名称	单位	1906 年	1907 年	1908 年	1909 年	1910 年	1911 年
花生果	担	19837	5926	19964	12054	26945	59551
豆油	担	109895	1084	772	7310	51359	70783
花生油	担	81657	10268	94666	137533	85397	109258
药材	担	35069	27765	27765	19140	28338	49365
腌猪	件	14071	1990	2543	1601	7433	6617
杏树种子	担	738	218	929	1020	1395	779
瓜子	担	29282	4579	5746	4014	1509	1898
核桃	担	13490	521	1320	2982	11803	4044
牛皮	担	3848	10502	7700	15781	11785	7190
草帽辫	担	62384	62078	76190	103996	100105	88002
粉丝	担	6917	4393	5408	6577	3015	436

资料来源：青岛市史志办公室编：《青岛市志·对外经济贸易志》，五洲传播出版社 2001 年版，第 90 页。

在当时的生产技术条件下，煤炭作为第一能源，是现代工业和航运业赖以生存和发展的基础条件。坊子煤矿从 1902 年投产后，最初几年的产量直线上升；淄川煤矿从 1906 年投产后，产量年年猛增。两矿历年产量及增长状况，与当时外资在华各大煤矿相比，仅次于开滦和抚顺，居第三位。[①] 其时，山东矿业公司在青岛、上海分别设有销售处，以青岛为煤炭市场营销中心和转运中心，从青岛转运煤炭去上海，并进行全省煤炭市场营销。1913 年，淄川、坊子两矿产煤总计 613000 吨，输运青岛及胶济铁路沿线约计 43.7％，供外国船舰及出口约占 27.7％，两项占比达 70％以上。1914 年第一次世界大战爆发，日本借机对德宣战，悍然出兵青岛，占领胶济铁路，坊子、淄川煤矿遂易入日本之手。经日本海军专家测定，淄川煤火力旺盛，蒸发力强，煤烟稀薄，甚至无烟，具有重要的军用价值，遂交由日本青岛守备军铁道管理部统制。为应军事急需，实行粗放经营

① 汪敬虞编：《中国近代工业史资料：1895—1914 年》第 2 辑上册，科学出版社 1957 年版，第 37 页。

方式,采取不计后果的掠夺式开采,拉抬煤产量逐年递增。日侵占时期,淄川煤的 40% 供应军需,其余均投入转口营销。自交付军事机构管理次年起,每年都有较大盈利。据日本青岛守备军铁道管理部统计,淄川煤矿在 1916 年、1920 年,盈利各在 500 万日元以上。日管期间,两矿盈利总额在 2200 万日元以上。金岭镇铁矿矿源丰厚,含铁量高,日本攫取胶济铁路后,接管了这座铁矿,至 1915 年完成了铁矿支线建设,第一批铁矿石于 1919 年运往日本,至 1921 年 3 年间,共获利达 260 万日元。①

第一次世界大战期间,因制造枪炮的铜锌价格飞涨,而制钱含铜 50%、含锌 25%,是提取稀缺战略物资的捷径所在。在青日人在胶济铁路沿线大批收购制钱,毁钱冶铜,利用青岛—符拉迪沃斯托克(海参崴)、青岛—神户航线转运俄国或运回日本后再转口欧洲,贩卖牟利。1916 年,日商经青岛港口、铁路往日本走私贩运净铜 67 万担,海关估价 960 万两。是年,铜块出口额占青岛出口贸易总额的 53.7%。直鲁豫三省铜钱日减,市场大受影响。据《胶澳志》记载:1918 年,日人私贩铜钱减为 46000 余担,经严查厉禁后,每年私贩量仍有三四万担,价值六七十万海关两。桐木(梧桐木)是日本占领青岛后的新增出口土产品。这一轻木类木材色洁白,耐久易藏,在日本需用较广,被视为珍贵木材。"粗大而年久者,用制器具,如衣箱、提囊、桌几等物,小者解成零块。其式如砖,制作男女通用之木屐。"自 1916 年起桐木始输出日本,1920 年出口日本的桐木屐料计达 25 万两关银,1921 年达 88.6 万两关银,其出口额增长率居青岛港出口货品首位。此项出口造成山东桐木资源枯竭,因不敷出口,后转运河北、山西桐木到青岛港再转口日本。

1917 年以前,青岛盐的输出以香港地区为主,其次为符拉迪沃斯托克(海参崴)和朝鲜半岛。② 自 1917 年后开始输出日本,青盐的销路为之一变,成为出口日本、朝鲜的大宗货。1918 年,日本盐化工业面临巨大的原盐缺口,导致国内发生盐荒,驱使原盐供需矛盾日益加重,拉动盐价飞速飙升。是年,日本青岛守备军司令部出台《青岛盐业管理规则》,宣布盐田开张、使用须经日本官厅许可,规定青岛盐输入日本的盐税每担银 3 钱,青岛盐输往外省的盐税每担 2.5 元,附加捐 1.5～1.8 元,以低于内销盐税的低价掠夺青岛盐资源。1918 年,青岛港的盐

---

① 汪敬虞主编:《中国近代经济史:1895—1927》上册,人民出版社 2000 年版,第 606 页。

② 纪丽真:《近代青岛港对日本和朝鲜海盐输出问题研究》,《理论学刊》2014 年第 6 期,第 105 页。

出口量增至 331 万担（每担 50 公斤），主要出口日本。次年起，日本本土及朝鲜、金州加快向胶澳盐田移民，青岛港输入日本的盐量及胶州湾沿海的大量日商盐田数量激增。据海关统计，1919 年即日本盐户大批登陆青岛盐田的当年，日商便从青岛输出海盐 522 余万担，摸至历年最高。此后青盐输日的出口量与年俱增。其间，进泊青岛港的日本船"多系旧式，体积亦小，内有二百四十二艘专载食盐运赴日本、朝鲜等处"。

青岛盐质地优良，成本较低，自德国租借时期起，中国的盐业专卖制度始终未在租借地实行，故盐价较为低廉，青盐输日的获利空间较大。据青岛盐田调查统计，1917—1918 年青岛盐原盐本埠每吨售价 4 元左右，1919—1920 年每吨售价 5～7 元不等，1921 年每吨售价 8 元左右，运至日本内地后可卖 15 元，除去购买费用、装运费及税金，每吨可获利 2～3 元；精盐运至日本每吨可售 30～33 元，可获利 6～7 元。[①] 青盐输日，是在中国丧失盐业主权的畸态下，由日本盐商操控出口大权得以实现的，完全是为了满足日本国内对盐的需求，对这一时期日本盐化工业的发展起到了难以估量的作用，而对中国来说，不仅毫无利益可言，而且引致大量盐税流失。1914—1921 年，经由青岛港输入日本、朝鲜的青岛盐，约为 8 亿公斤，几乎占到全部输出量的 90%。[②] 1921 年，中日《解决山东悬案条约》规定胶澳盐田由中国购回，同时规定了日本进口青岛盐所应承担的义务。1922 年《中日间关于山东悬案细目协定》规定，日本得从 1923 年起的 15 年间，"每年在最高额三万万五千万斤，最低额五万万斤之范围以内购卖青岛盐"，亦即最高 17.5 万吨，最低 5 万吨。1924 年起，中日双方因出口手续问题未定，对日出口暂停。1926 年，北洋政府屈服于日本压力，被迫议定签字后恢复出口。输往日本食盐税率每担 0.03 元，工业用盐每担 0.06 元，输往朝鲜税率每担 1.20 元，而输往国内湖南、河南、徐州税率加附捐竟达 4 元。1929 年，出口日本的工业用盐和食用盐 3041358.19 担，1932 年出口日本、朝鲜盐已接近高限，达 3300320 担。自中国收回青岛后，根据《中日间关于山东悬案细目协定》，青岛向日本本土出口盐为 14464332.1 担，加上出口朝鲜达 17843170.18 担，除去因争议未出口年份，年均出口 2230396 担以上。

---

① 黄尊严：《1914—1922 年日本帝国主义对青岛盐业的经营与掠夺研究》，《北方论坛》1995 年第 4 期，第 61 页。

② 纪丽真：《近代青岛港对日本和朝鲜海盐输出问题研究》，《理论学刊》2014 年第 6 期，第 105 页。

　　山东省内土地一半为平原,加之土壤黏结,耕牛为农户耕地所需,蓄养耕牛的农户十有八九,泰安、兖州、沂州、曹县、临清、武定一带为省内养牛业的集聚之地。1916—1918 年因水灾频发,农户无力饲养,多贱价出售,后牛疫流行,染疫达十之三四。自 1915 年以来,英商和记洋行、美商开治洋行、日商高桥洋行等,因山东省畜牛量大且售价低廉,竞相在济南商埠设栈收购。每天由附近各县贩至济南,由济南运至青岛,再由海路远输符拉迪沃斯托克(海参崴)和西伯利亚,日输运量达 200 余头,加之当地家牛屠宰,一年的收购、屠宰、输出量几近10 万头。由于外国洋行垄断畜牛贩运,耕牛逐日减少,导致牛价腾涨,从每头大洋二三十元涨至七十余元,大利所在,又拉动农户竞相出售,致使洋行贩牛业更趋火旺。时山东省长公署为此发布训令称:"再过数年,牛种将绝,而农家必有辍耕之叹,此关系于农业前途者,至重且大,不可不亟图挽救者也。"①自省长公署训令严禁耕牛出口后,耕牛贩运之风虽稍有收敛,但各大洋行的贩牛业仍未得到遏制。

　　北洋政府统治时期,青岛港的对外贸易不再是一国垄断,和青岛通贸的国家和地区大为增加,但日本经济势力经多年经营,仍占据青岛对外贸易的重要地位。20 世纪 20 年代初,运往日本用作焦炭及碳砖的原煤出口量大增,加之京奉铁路停运日久,开滦煤供应短缺,以日本为主要出口国的原煤出口居青岛港出口货品第二位,1923 年出口 244610 吨,1924 年出口增至 511000 吨,年增109%。这一时期的外贸出口商品,受欧美市场需求拉动,以花生、花生饼、花生油类出口地位较为显著。山东花生"乃以鲁省土地多沙,且属松碎,种植花生特别适宜,播种既易,收成亦便"。1923 年,花生仁出口 1069180 担,花生油出口180884 担,其中以美国出口量最大,日本、法国出口大部转口美洲,余均出口欧洲。1924 年,花生仁、花生果、花生油、花生饼在出口贸易额中占 44%,在青岛港出口土产中居首位。花生仁较大出口国为美国、西班牙、法国、荷兰、德国、意大利、英国等。带壳花生几乎全部出口欧美。"近数年来花生种植地亩异常扩充,加以现时中国及欧美各国市场之需求较多,所产之货大有不足应付之势,因之加之亦继长增高……更以山东花生质美油多,为全世界之乐用。"②1928 年,

① 《山东省长屈映光为小麦、牛出口事的训令》(1919 年 9 月 9 日),青岛市档案馆馆藏档案全宗 1 目录
　　939 号卷 1 页正本。

② 《胶海关一九二四年贸易论略》(1925 年 2 月 28 日),青岛市档案馆馆藏海关资料 51 号 8~16 页印本。

仅花生仁即出口欧美 2577252 担,比 5 年前增长 1508072 万担,为 1923 年出口量的 241％。这一时期,青岛外贸出口花生、花生仁、花生油数量之大,是世界上所有港口无法比拟的。

　　中国收回青岛后,与青岛通贸的主要有美国、日本、英国、印度、荷兰、苏联、瑞典、朝鲜、爪哇、德国、法国、意大利等国家和地区,但国际航线和接近半数的国内近海航线为外国垄断,青岛港的对外贸易仍未摆脱外国控制。这一时期,煤炭和原盐在出口贸易中的地位居高不下,1931—1933 年,煤炭出口均居第一,分别占 30.33％、23.17％、39.91％;原盐除 1931 年低于花生出口外,余均属第二,分别占 10.16％、20.27％、19.27％,作为出口大宗,主要输出日本。1936 年,青岛出口的牛肉类、盐、棉籽、落棉、生丝等 100％输往日本。这一时期,世界性经济危机的影响开始显现,港口贸易量时起时落,随着欧美市场购买力下跌,青岛港的花生出口一度受挫。至 1931 年花生出口呈现增势,年内出口量增至 720409 担,花生仁出口亦增至 3241984 担,在出口贸易中居第二位,仅花生出口额即达 710 万元,占是年总出口额的 20.11％。1935 年,随着世界经济的复苏,花生出口额增至 1200 万元,占全年出口总额的 24.69％,跃居全年总出口额首位。1935—1937 年青岛出口贸易比重见表 3-3。

表 3-3　青岛出口贸易比重情况表(1935—1937 年)

单位:千元

年别 项别 国家和地区	1935		1936		1937	
	出口	比率/％	出口	比率/％	出口	比率/％
日本	15259	31.4	21339	41.5	18113	31.2
伪满	3920	8.1	5271	10.4	3726	6.4
英国	5201	10.7	5076	9.8	7348	12.7
美国	6428	13.2	8839	17.2	7606	13.1
德国	2000	4.1	2375	4.6	12973	22.4
法国	2278	4.7	319	0.6	295	0.5
荷兰	5859	12.1	2495	4.7	1915	3.3

（续表）

年别 项别 国家和地区	1935		1936		1937	
	出口	比率/%	出口	比率/%	出口	比率/%
印度	231	0.5	312	0.6	78	—
荷属印度	—	—	2	—	37	—
香港	2715	5.6	2899	5.6	2023	3.5
意大利	1206	2.5	19		15	
加拿大	1254	2.6	1232	2.4	2838	4.9
其他	2204	4.5	1295	2.6	1072	2.1
合计	48555	100	51533	100	58039	100

资料来源：青岛市史志办公室编：《青岛市志·对外经济贸易志》，五洲传播出版社 2001 年版，第 104～105 页。

　　1938 年，日本第二次侵占青岛，青岛港外贸完全为日本垄断和控制。日本帝国主义发动侵略战争，其最大的目的，莫过于凭借军事力量进行经济掠夺，榨取资源，垄断市场，断绝青岛工业的发展之路，使之沦为日本工商业的附庸。以此为目的，日本撤换胶海关税务司，攫取海关关税权，垄断青岛港港口贸易，外贸出口以日本为特定对象国，所有出口日本的货品均基于其本土经济资源需求与战争需求，以此控制青岛港的货物出口。出口对象国，是出口商品流向自由汰选的结果，而抗日战争时期的特定出口对象国，则是在特殊时期，强迫出口货品定向输入特定的一国一地的非正常贸易方式。1938 年 6 月起，青岛实行新的海关税则，规定减免棉毛纺织品、人造丝、海产品等项货物的进口税，免除棉花、矿产的出口税。其时日本的人造丝自给率已达 100%，棉毛纺织品的生产量居世界前列，而海产品已生产过剩，反之，其棉纺工业的首位资源需求——棉花则完全依赖外国，煤铁等矿产资源则是日本国内工业的急需，上述输日、输青的资源和产品，在资源源出地与产品生产地之间以减免税的特定方式一出一进，意味着中国利益和财富的双倍流失。日本全面发动侵华战争之前，就视青岛为"特殊权益地区"的核心地带，战时对青岛港进出口贸易的绝对垄断，成为其建立战时经济统制的重要一环。据胶海关档案记载，1938—1944 年，胶海关还为用于所谓"工业复兴"的日本机器及配件材料、通讯机材用物品、水泥、汽油及日本盐素免税,为输日萤石、铁矿砂免税,大大超出其新海关税则原定的免税进出口范围,日本垄断下的青岛港所蒙受的进出口税利流失尤甚于国内其他港口。

日本垄断青岛港航贸易后,尽管第三国船舶进出不受限制,但除日船之外的他国船舶进出青岛港已大不如前,而日船的数量逐年剧增。1938年日船占比62%,1943年日船占比剧增至90%,最高时达94.5%。特别是日本对青岛港实行新税则后,凭借进出口关税的减免特权,一些货物的进出口占比竟达100%,居于绝对垄断地位。1938年青岛出口的牛肉类、盐类、棉线、落棉、棉籽等100%输往日本。1939年,战争物资需求在出口日本的货品中占比大为增加,如供养军马的麦糠,修筑桥梁的石料、石制品、木材,机械动力用煤及焦炭,各类机械等均100%出口日本。同年牛肉出口总量5527吨,100%输往日本;盐出口总量166160吨,100%输往日本;棉花出口总量4075吨,100%输往日本;桐木出口总量4783吨,100%输往日本;煤出口总量592878吨,100%输往日本;焦炭出口总量4686吨,100%输往日本;金属矿石类出口总量10594吨,100%输往日本;烟制品出口总量445吨,100%输往日本;烟叶出口总量13459吨,100%输往日本等等。日本资料统计的所有25类外贸出口物资,是年出口总量为940194吨,出口日本877819吨,占出口总量的93.37%。出口其他国家和地区仅62371吨,占出口总量的6.63%。

1940年,随着侵华战争的持续以及战争对其本土产生的影响,日本对战争物资需求持续增加,通过青岛掠运的物资量亦大为膨胀。日本控制下的青岛外贸出口,尤其注重"两黑两白"(即煤炭、铁矿石、盐、棉花)及同类商品的输日。是年盐输日总量131365吨,煤输日总量847064吨,矿石输日总量4446吨,棉布输日总量935吨。日本资料统计的全部20类外贸出口物资出口总量为1112648吨,出口日本1071418吨,占出口总量的96.29%;出口其他外国和地区41300吨,出口总量的占比再跌至3.71%。太平洋战争爆发后,以日本为特定出口国的青岛港输日出口特征更加表露无遗。"两黑两白"的输日仍居高不下,对欧、美洲的出口基本断绝。1941年输日盐169211.5吨,达1923年以来最高水平。

第七节　倾轧与争夺:洋货充斥的青岛港

中日甲午战争后,西方世界生产与市场之间的矛盾日趋尖锐,帝国主义列强之间极力扩大本国产品的海外市场,争夺和瓜分世界市场的斗争不断加剧。国土广袤、人口众多、拥有广阔市场的中国,成为西方列强倾销剩余产品、榨取工业原料的潜力巨大的市场。20 世纪初,西方列强在中国占有的市场份额已由英国一方独大,演化为英、德、日、美之间的相互争斗、激烈角逐的多元格局。陷于市场争夺的各国洋商,习惯用国界的观念来看待自己的经营行为,以邻为壑的产品国籍划分,在很大程度上取代了商行之间的业务竞争。在德国殖民"独占地带"的青岛港,此番竞争表现得尤为突出而激烈。

1898 年胶海关开关前,就有了大批进口纺织品登记,计有 1 万多件棉纱、1.5 万余包衬衫布和斜纹布,其中 80%是免税过境的,用作自由港税制公布后青岛市场纺织品倾销。1900 年,胶海关始有青岛港进出口贸易的数据统计。这一年的港口进口外货中,棉布、棉纱仍为最大项,也是西方列强市场倾销的焦点。日本棉纱以其品种多、价格低,在青岛港的棉纱进口中占有压倒优势,1900 年,青岛进口日本棉纱 12440 担,将英国一直领先的印度棉纱压至 875 担。1901 年,德国衬衫布进口量达 13309 匹,是上一年度的 2 倍多;32 吋(1 吋合 25.4 厘米)丁布 16764 匹,接近上年度的 4 倍。美国床单布进口量达 25706 匹,是上一年度的 5 倍多,其增势十分迅猛。日本棉纱 1901 年进口量实现翻番,达到 27925 担,超过美国床单布的进口量,是该年度青岛港进口外货数量之最。同一年度的胶海关进口货物统计表中,英国棉布、棉纱为零。①

此外,青岛港的煤油进口为美孚油公司经销的美国煤油一家独占,1900 年进口量 664880 加仑。此时,美孚油公司已在青岛设立分公司,随着胶济铁路的修筑进程,销售触角逐步向胶东半岛推进。在青岛的煤油市场上,俄国石油曾是美国煤油的强大对手,英荷壳牌石油公司子公司亚细亚火油公司所推销的苏门答腊煤油也跻身青岛煤油市场的角逐。青岛"一度曾推销俄国煤油,但未获得大的成功。最近,有一条汽轮输入青岛一批苏门答腊的煤油,亦未能把美国

---

① 青岛市档案馆编:《帝国主义与胶海关》,档案出版社 1986 年版,第 52~53 页。

煤油排挤出本港市场"①。据关册记录,日本货输入青岛港一直保持倍增的势头,青岛港从日本神户进口的商品金额,1901 年为 651760 日元,1902 年为 1636431 日元,1903 年 1—8 月为 2323195 日元。1902 年的进口额是上一年的 1.5 倍,而 1903 年前 8 个月的进口金额,就相当于前两年进口金额的总和还要多。其中绝大部分进口商品是棉纱,占其进口商品总额的 80%～85%,其余部分为棉制品、火柴等,由此掀开日本商品加大对青岛港倾销的冰山一角。

1904 年,青岛大港一号码头投入运营,胶济铁路全线通车并实现与港口专用铁路的对接,随之进行的青岛港关税调整,刺激了青岛港口贸易的增长。青岛港发生的显著变化,是过往港的转口线路开始改变,青岛港运往中国北方港口的货物不像以往一样要在香港或上海港转运,而是部分地以青岛港为转运港运至其目的地,促使转口贸易货值快速递升,全年过港货值已达 32426596 银圆,比上年增长近 8000 万银圆。是年,纺织品、轻工业品和化学工业品成为西方各国倾销商品主流,有各色料子布,英国、美国、日本斜纹布,英国、美国煤油,印度、日本棉纱,日本火柴及欧美国家生产的肥皂、染料、金属制品、煤、食糖等。棉纺织品、纸张、五金、颜料、缝衣针、火柴、煤油等进口洋货大批涌入山东内地,胶济铁路沿线各商埠重镇、水运码头洋货充斥,成为转运从青岛登岸的进口布匹、棉纱、煤油的集散地。

1905 年,进泊青岛港的英国轮船由上一年的 66 艘增至 102 艘,对青岛港进口商品占有份额表现出前所未有的关注。同年进泊青岛港的外国轮船除德国的外,还包括英国、日本、美国、俄国、挪威、丹麦、奥匈帝国、法国、荷兰、朝鲜半岛等的,共 810 艘,其中德国轮船为第一,英国轮船次之,第三位是日本轮船。该年度的官方备忘录缺少对外货进口量的国别分析,占据首位的棉制品进口总量为 1317502 件;棉纱进口总量 121916 担,是 1901 年的 4.5 倍;煤油进口总量 1495660 加仑,是 1901 年的 2.5 倍。这从侧面反映出日本棉纱、美国煤油在青岛港进口货物中占比遥遥领先于其他国家。基于加大美国商品市场争夺的考虑,1906 年美国在青岛设立了领事馆,既为了应对美侨来青岛务商的签证业务,更多着眼于在青岛港占有一席之地,增大进口贸易的占有份额。为了参与青岛港草帽辫出口贸易的争夺,芝罘的英国哈利洋行也在青岛设立分号。美孚煤油公司和英国亚细亚火油公司,在毗邻大港的位置各自购置了大片土地用来建设

---

① 青岛市档案馆编:《帝国主义与胶海关》,档案出版社 1986 年版,第 53 页。

油罐群,计划使青岛成为同山东内地及华北诸省进行石油销售的基地。

1912年,经胶济铁路转运山东内地的进口洋货数量大增,其中日本棉布、棉纱进口转运量增加46％～140％不等。"凡质粗价廉之日本布匹"增比最大,通过铁路由青岛输往山东内地。是年,日本倾销青岛港原色布184331匹,1911年仅为77090匹,增长140％;日本标布28260匹,1911年仅为17880匹,增长58％;日本棉呢16445匹,1911年仅为8220匹,增长100％;日本棉纱173226担,1911年仅为118490,增长46％;日本火柴7745107罗,1911年仅为4943982罗,增长56％。1913年,青岛港进口贸易大幅度上升,贸易额首创最高纪录,海关收入增加了34％,外货进口额(不包括铁路和矿山物资)为41893683元,比上年增加10991464元。青岛港进口贸易额按国别排序,日本居第一位,为1040万元;德国居第二位,为517万元,仅及日本的1/2;以下依次为:法国为346万元,俄国为250万元,美国为110万元,英国为80万元,比利时为78万元,荷兰为74万元。至1913年,中国进口棉布量的国别比重,英国为47.0％,日本猛增至37.5％,而美国仅为15.0％。除花布、棉纱、火柴3种日本进口商品外,毛织物、丝绸、五金、雪茄、香烟、染料、面粉、矿山器材、钉子、石油、纸张、铁路器材等进口商品均来自德国、英国、美国、法国、俄国等国家。

1914年第一次世界大战爆发,日本趁机对德国宣战,并取代德国对青岛的殖民统治,在其工商资本扩张的同时,继续加大对青岛港的产品倾销和商品市场争夺,从陷于战争深渊的其他西方国家手中夺取市场占有份额。战争期间,由于欧洲市场货源中断,加之来自协约国海上潜水艇的威胁,青岛港和欧洲之间的直接贸易几乎停顿,而美国在青岛港的进口贸易却逆势上扬,大超战前所保持的中位水平,成为大战期间赶超欧洲贸易对手的最大赢家。第一次世界大战结束后,青岛的港航贸易逐步恢复。战前青岛港的贸易额总计为6000万两白银,平均每月500万两白银,因战争造成的贸易衰退直到1915年8月才恢复到每月100万两的平均贸易额。其时,青岛港对美国和欧洲的直接出口还没有恢复,港口贸易主要来自大阪、神户、下关、济州岛、釜山以及上海、大连等沿海港口。由于日本强化对港口贸易的垄断,其在青岛港的"特定进出口对象国"贸易地位日益凸显,对青岛港的商品倾销增势日盛。"(青岛港)现在主要进口大多为日本货,如棉纱、火柴、棉布、建筑木材、糖。出口包括花生、花生油、棉花、毛皮、动物油脂、骨头和蛋。进口的日本货几乎完全排挤了英国货,对外国的出口差不多完全中断了。"①至 1918 年,倾销青岛港的日货占总进口额的 77.6％,而其他国家各自很少超过 1％。

第一次世界大战后,日本在青岛港的商品倾销有增无已,货品结构发生了很大变化。除上述主项外,还包括大米、蔬菜、水果、海产品、酒精饮料、啤酒、糖、香烟、烟叶、医药、化学品、石油、木炭、金属器皿、玻璃、玻璃器皿、颜料、百货、食品、肥皂、香皂、纸张、文具、钟表等。从日本货输入青岛港的商品构成看,除了战前进口的棉纱、火柴、棉布外,战后已扩至日用工业品、日常生活资料等近 40 种商品,巨细无遗,无所不包。第一次世界大战后日本货对青岛港的大量倾销和对资源出口的垄断,使青岛港的进出口贸易呈现向特定进出口对象国日本一面倒的畸态。20 世纪 20 年代初起,棉花成为青岛港洋货进口的大宗。山东省产棉纤维短而硬,既不易于机纺,也不便收采、打包,因此纺织厂家多与美棉、印棉掺用。随着日商六大纱厂与华新纱厂相继开工生产,洋棉需量剧增。1920 年,美棉、印棉进口不及 20 万两关银,此后洋棉进口逐年速增,至 1927 年达到 1270 万两关银,8 年间增加了 60 多倍。日商纱厂进口洋棉在青岛港的进口占比中以前所未有的速度迅疾增长。

至 1921 年,日本在青岛港的船只数、吨位数、贸易额分别占总额的 74％、64％、87％。日本输入商品及营运收入剧增,日货倾销占据铁路输入主导地位。由日船倾入青岛港的洋货,通过胶济铁路向山东腹地倾销,洋货扩至火柴、棉布、棉纱、石油制品、毛织品、砂糖、大米、卷烟、汽水、水泥、机械器具、电气材料、玻璃制品、茶叶、海带海菜、酒、纸张、金属制品等。除了货品倾销外,日商还和青岛守备军司令部相勾结,大肆走私鸦片和军火。据 1916—1921 年度关册统计,6 年间输入青岛的鸦片达 26183 斤。而实际输入之数远不至此。据当时的媒体揭披,1917 年输入青岛的鸦片"其确数(与海关记载的数字相比)则当五十倍之"。再以 1921 年鸦片走私为例,是年海关查获没收的鸦片即达 500 多斤,被海关没收焚毁的吗啡为 1975 英两(1 英两相当于 1 盎司,合 28.35 克),赠省内各医院使用的可卡因和吗啡尚有 519 英两。至于那些受日本殖民当局纵容以"密输入"的方式输入青岛的鸦片,或凭借军方"军用物品"包装输入青岛的鸦片,更无法计数了。

---

① 《战争前后的青岛贸易》,青岛市档案馆编:《青岛开埠十七年——〈胶澳发展备忘录〉全译》,中国档案出版社 2007 年版,第 730 页。

中国收回青岛后,青岛港的对外贸易"不复为一二国独占",但日本经济仍占重要地位,进出青岛港的日船一直居高不下。与位居第二的英国相比,中国收回青岛后的 1923 年,日本货轮泊港数量为英轮的 2.95 倍,日船进泊青岛港的数量遥遥领先其他各国,最多时达到英轮的 3.75 倍。是年,青岛外贸进口额 41978031 关银两,其中日本一向领先的棉制品、普通棉纱及棉布进口量大幅度下降,而色素羽绸及上等细棉纱 32~42 支进口量有所增加。同年,美国加大对青岛港的出口,面粉一项 1922 年只有 36113 担,1923 年则增至 167313 担,同比激增 3.6 倍。美国煤油亦由 1922 年的 831 万加仑(1 加仑合 3.79 升)增至 1000 万加仑。五四运动以后,日本火柴遭到中国民众抵制,为民族火柴业的加快崛起创造了条件,民族火柴厂及火柴梗片生产厂相继开业。为了应对民族火柴业的竞争,日商持续增加青岛港的木梗及其他制造火柴的原料进口,此一项,进口总值达 486621 关银两。

20 世纪 30 年代,正值世界性的经济危机爆发,先后有 24 个国家改订关税,加大对外倾销,以转嫁国内经济危机。青岛港作为外国商品的倾销地,深受其害,自 1929 年起连续 5 年进口猛增,年外贸进口额均在 7000 万元以上。1929—1937 年,历年外贸入超严重,1932 年最高入超竟达 4700 万元以上。其中以棉花为倾销商品之最,1931 年外国棉花进口总值达 1600 万关银两,位居青岛进口贸易首位。其中,美国棉 229000 担,印度棉 121000 担。进口染色布、印花布、本色布居进口棉布倾销之首。其中,染色布 4848799 关银两,印花布 1680699 关银两,本色布 348470 关银两,仅 3 种棉布倾销额就高达 6877968 关银两。同年,外国杂粮倾销以空前规模涌入青岛港,猛增至 3600294 关银两。仅棉布、杂粮倾销已逾 1000 关银两。

同年,洋货充斥的青岛港,被迫把倾销的恶果向周边各县转移。1931 年,青岛倾销至胶县的货品计有棉纱、食糖、煤油、铁、纸张、文具、火柴、布匹、纸烟、五金器具、煤炭、陶器、石灰等达 9905 吨。据 1934 年数据统计,平度县的 17 处商业市镇进口商品主要有棉纱、洋油、红糖、白糖、纸张、布匹、铁器、茶器、火柴等,总价值 799.3 万元。进口之货多来自青岛。出口商品主要有花生油、花生米、麦子、高粱、草帽辫等,总价值 75.39 万元。进口高于出口 9.6 倍之多。上述进出口货物多来自青岛,亦销于青岛。

日本侵华战争时期,日本侵略军独霸青岛港,强制第三国船只不得利用青岛港的码头设备,英国、美国等往来青岛港的商船逐年减少,青岛的航运几乎为日本所垄断。其间，机械、棉织品、棉织物、医药、化学制品、橡胶制品、玻璃制品、金属制品、木材、石油、水泥及烟、糖、纸张等进口商品多半来自日本。1938年，外贸进口额4700万元（国币），而日本货达3869.3万元，占输入青岛商品额的82%。在进口洋货中，为修复已毁各日商纱厂进口的日本纺织机及棉纺工具、器械，计达1350万元，跃居进口商品首位。由于工商设施基本建设需要，木材进口由1937年的417万元增为454万元。1939年，外贸进口增至12100万元，同比增长1.5倍，进口货物的70%来自日本。其中机器、工具、器械、木材进口值持续增长，纸张进口激增2倍，达640万元。因日商在青工业复兴，化学品进口较1938年约增2倍，除工业化学品外，以日本药品进口为最。生胶及废旧橡胶，由22176担激增为120686担，约增4倍。是年，面粉进口由29760担增为338524担，同比剧增，其中60%来自日本，30%来自美国。随着侵华日军驻青人数增加，食用米进口增速亦较快，年内共进口339118担，激增1.8倍。其中，从朝鲜进口212236担，引致朝鲜境内食米不足，始转向泰国等处收购。煤油由1938年的13156200升上升为24492463升。其中自日本进口9654130升，自美国进口4782439升。汽油自899235升增至6154875升。这一时期，青岛外贸为日本侵占者严密把持，吸收进口以扩大和支撑侵略战争，以维护殖民统治为目标，若干进口货物100%来自日本。太平洋战争爆发后，英国、美国等欧美国家基本断绝向青岛输出，外贸进口来自日本的特定对象进口国现象更为凸显，来自日本的纯碱、烧碱、绸缎、海参、生旧胶皮、树胶等外贸进口额以4～10倍的增速极速膨胀。以太平洋战争为拐点，自日本进口的本色布、粗细布、小麦、面粉进口额迅速下降。至1942年小麦、煤的进口额几近于零。

抗日战争胜利后，青岛不仅成为第二次世界大战后美国在西太平洋最重要的海军基地之一，而且是美国对华贸易的前沿。这一时期，美国军舰频频占据青岛港泊位航道，青岛港成为美国为国民党反动派调运军队进行内战系泊舰船的军港，出现军运压倒商运、军港重于商港的畸形状态。1945年10月至1946年4月，青岛大港系靠美国和国民党军舰累计5459艘，商船共计233艘，军舰竟达商船的23.43倍。美国进出青岛港的船只、货物和贸易额均居各国之领先地位，美英十几家经营石油、金融、烟草、百货、进出口贸易的大公司把持青岛港进出口贸易，大到机械、车辆，小到火柴、牙刷，美货对华倾销的各类商品遍及青岛港及山东内地市场。大宗进口商品主要有原棉、面粉、小麦、电器用品、五金制品、车辆及附件、洋物杂货、染料、油漆、化学制品、药品、木材等，美货均占进口商品首位,在外国进口青岛的大宗商品中占比均达 80％以上。化学品及药品、机器油、西洋纸等进口商品中,美国也都占绝对的优势。美货像潮水般涌进青岛和其他地区,乃至普通的农村集镇也充斥着美国货。

尽管南京国民政府于 1946 年 11 月修改公布《进出口贸易暂行办法》,禁止饼干、糖果、化妆品等类商品进口,对生产资料类商品和工业原材料及日用品类商品实行定期限额配给外汇,但丝毫未能约束美货在青岛港的大肆倾销。从 1946 年青岛进口商品的流向来看,生产资料进口占 61.6％,其中原料进口占 46.4％。原料进口中棉花占据首位,达 189244 担,价值 1142920 万元。当时,进口青岛的美国货,除军火、武器外,其他有石油、塑料制品、卷烟、棉毛、纺织品、纸张、文具、化工品、车辆机械、火柴、雨衣、牙膏、服装、鞋帽、水泥、金笔,甚至香水、口红等。

1947 年 10 月,在美国倡议下,南京国民政府同美国签订《中美关于国际关税与贸易一般协定》,按照协定规定对 110 种美国商品减免进口税,其减税程度几乎等于免税,其中对洋参、淡牛奶等减税 1/2～2/3,对大量消耗品的减税程度甚至高达 5/6。此协定为战后美货倾销中国市场创造了有利条件。美国利用该协定攫取的种种特权,把大量减免关税的美国商品输入青岛,致青岛港对外贸易的入超现象日趋严重。协定签订当年,青岛港进口额达 13791885 万元(国币),竟占进出口总额的 74.64％,年入超额接近年出口额的 2 倍。

这一时期,美货在青岛港的另一倾销,采取以"特种物资"的形式大量输入燃油、电器、五金、车辆等军需品,迫使商品性进口数量急剧收缩。1946 年,进口石油 517440 万元,润滑油 48630 万元,柴油 5520 万元。同年,进口电器用品8530 吨,五金制品 29377 吨,车辆及附件 40190 吨,共计 78097 吨。是年,美货进口量为 150914.2 吨,占青岛港总进口量的 62.16％。在不平等条约的庇护下,美货以援助、协定乃至"特种物资"的名义源源而来,往往裹挟着大批量的走私活动,诚如媒体所披露的:"近来货物像潮一样涌进中国,单靠海关的统计是无法计算的。我们知道无论在海船上、军舰上、飞机上都可以走私大批的货物。军舰和飞机,海关是无从检查的。这些军舰和飞机,事实上成了外国货的走私队。"①青岛市场美货充斥,造成国产品滞销,对青岛民族工商业造成严重打击和摧残。全市 1400 余家工厂,有 1000 多家倒闭停业,400 余家勉力支撑,大批工人失业,工潮迭起,危机四伏,失业工人如陷水火之中。

---

① 天津《益世报》1946 年 8 月 1 日社论。

第八节　外国洋行的贸易垄断

外国洋行是外商在中国设立的商行商号,最初始于 18 世纪初叶英美公司设在广州的商馆。鸦片战争后,外商贸易活动的重心北移,洋行扩张至上海等通商口岸。第二次鸦片战争后,东南沿海各口岸开放贸易,"船、货任便往来",出现了外国洋行竞设行号的高潮。19 世纪末,随着德国强行侵占青岛,德国洋行领各国之先,竞相进入青岛,成为德国工商资本输入青岛的传输器。

⚓ 德国洋行与"买办制"

19 世纪末,远洋航运成为启动胶澳租借地港口、铁路建设的首位性行业,吸聚各国洋行落地青岛。由于德国胶澳总督府"特别航运补贴"的吸引,沿欧美航线进驻青岛的德国洋行络绎不绝。轮船运输业由此成为在青洋行势力扩张的重要领域。以修筑胶济铁路为楔点,一些德国洋行成为投资胶即铁路的辛迪加成员,在参与中国铁路权益的争夺中占有份额。路港一体化带来的"腹地效应",在改变山东内地传统商路的同时,又给洋行的商品贸易注入源源不断的资源支撑。在欧洲经济大萧条的背景下,在青德国洋行依赖铁路、港口、城市设施建设的大批订单,商品贸易呈现繁盛景况,和同期一些在华洋行被迫抽身的情景形成反差。

1897 年 12 月,德国禅臣洋行的货轮"龙门"号驶入青岛湾,成为有文字记载的第一艘驶入青岛海域的外国货轮,外国洋行抢滩青岛由此发端。禅臣洋行总行设在汉堡,在广州设立在华第一家分行,1856 年在上海设分行,主要从事军火、颜料和药品经营,是德国在上海设立的最早、规模最大的洋行。19 世纪末,禅臣洋行在汉口、天津、青岛、镇江设立分公司,经营转向航运、保险和进出口贸易,"兼承办铁路钢轨、大小车头,并有剖山开矿、纺织、磨面、轧油、造纸、锯木、挖泥、自来水、自来火等机器,以及各种新式机器,无不备俱。经售欧洲各大名厂各种军械、炸药、电气、锅炉等物"[①]。禅臣洋行的主营业务,还兼做德国和英

---

① 〔德〕谋乐辑:《青岛全书》,青岛印书局 1912 年版。

国轮船公司的客货航运代理和进出口,代理德国亿利登化学工厂、普达钢厂、OTK 铁路工厂、柴油机厂、美国旧金山油漆厂、德国汉堡水上保险公司和柏林水货保险公司的产品和业务,进口德国机器设备、五金器材和化学原料,以及日本棉纱、棉布,美国面粉、木材,往德、美、法、英、意出口花生、牛皮、大麻、猪鬃、草帽辫,进出口业务极为宽泛。其进出口业务,可以直接满足港口、铁路、矿山、军事要塞建设及临港加工业等的各类供货需求。其首航青岛,在德国东亚海军舰队占领青岛的次月,其目的是为驻青德军运来一批急需的建材和技术工人,用水泥和现成板材,把一种叫热带木屋的临时建筑,从太平洋南部的德属殖民地移植到这里,让德军官兵在青岛度过寒冬,足见其与德国海军部之关系契合,具有其他在华德国洋行所不具备的权力背景。

1898 年初春,德华银行青岛分行在青岛设立,德国洋行进入青岛的步伐明显加快。是年,德国捷成洋行船务局开通青岛至上海的邮轮,每周往返一次,在结束 36 小时的青沪航程之后,再从上海启航前往欧洲,成为青岛开通直航欧洲的航班之前,德国洋行推出的首个定期航班。捷成洋行是 1895 年由 Jacob Jebsen 和 Heinrich Jessen 联合成立的合资类洋行,主要从事运输代理,后发展为一家进出口贸易公司。1897 年,捷成洋行介入靛蓝类染料对华输出贸易,从此进入大型贸易领域。1898 年,其开通上海—青岛邮轮航线后在青岛设立分公司。自亨宝轮船公司接手这条邮轮航线后,捷成洋行船务局又开通往来于香港—青岛—芝罘—牛庄的定期航线,把青岛港的贸易航线延伸到东南海岸。同年,哈利洋行的合伙人之一海因里希·博拉姆拜克、顺和洋行的董事罗兰德·贝恩先后抵达青岛,着手在青岛设立分行。哈利洋行是一家德国洋行,1862 年创办于烟台,1898 年在青岛开设分行。据《青岛全书》载,哈利洋行最初经营范围仅为各种花露水、洋胰子(肥皂)、洋蜡烛、水果甜酒等,后扩展至"各国名厂所造各种军械、机器,各样布匹、磁器、玻璃,各色花纸、大板纸、照像纸、油砂纸、坐钟、挂钟、金银表、钻石表、镶宝石碧玺戒子、金手镯、金银表链子,以及拜耳颜料厂各颜色洋靛、青粉、干靛,保险银柜、水龙、各样瓦陇铁、洋锉、锯条、推抱、螺丝、洋锁……所用大小器具一概俱全。洋灰、洋油、洋酒、洋烛、洋针、机器油、各色油,罐头食物,各种香皂、香水、洋糖、砂糖、小孩玩物,各样皮靴、皮鞋、床毡、床上所用之物一概俱全"[①]。此外,哈利洋行还经营饭店旅馆、农场、酿造厂等,

---

① 〔德〕谋乐辑:《青岛全书》,青岛印书局 1912 年版。

并在青岛进行了一系列的旅游业收购活动,其中包括买断海因里希亲王饭店和胶州旅馆,被看作洋行经营业态扩张的标志性事件。1910 年前后,哈利洋行买下了青岛旅店业股份公司持有的海因里希亲王饭店的股权,成为这个德国饭店的新持股人。顺和洋行也是经营日用百货进口的德国洋行,1854 年创办于广州黄埔,后迁香港,19 世纪末先后在青岛、济南、上海、天津、汉口、北京设立分公司。顺和洋行在兰山路办公楼的一层开办了一个百货公司,把它经营的进口商品摆进临街的橱窗里。初时经营的百货商品有罐头、食品、洋酒、小五金及一般日用品等,后经营范围扩至洋烟、珐琅、饮物(饮)、窑货(瓷器)、玻璃、纸料、漆布、香水、肥皂、金银表、金银表链,盖房所用大小材料、铁货器具、颜色油漆、木料、洋灰、家具。同时代理火险、寿险、船险、人身险等各种保险,代理青岛蛋粉公司和上海啤酒公司产品经销。顺和洋行在青岛有多项投资,其中包括租借地仅有的两家新鲜蛋白加工企业之一哥伦比亚蛋厂。

1902 年,德资企业礼和洋行在青设立分行。礼和洋行曾是德国在远东最著名的企业。1845 年礼和洋行在广州创立,1866 年在香港设立分行。1877 年在上海设立分行,1887 年前后礼和洋行将上海分行变为总行。此后在天津、汉口(1891 年)、青岛(1902 年)、济南(1906 年)、沈阳、南京(1930 年)等地设立分行。礼和洋行创立初期主要代理欧美轮船、保险业务。随着贸易触角不断扩大,礼和洋行成为亨宝轮船公司、德国克虏伯炼钢厂、蔡司光学器材厂、伊默克化学原料、也得西拉公司蛇牌卫生医疗器材、瑞典卜福斯炮厂,以及美国古特立汽车轮胎等名企的代理商,在销售重型机械、特种钢板、精密仪器、铁路机车、采矿设备、光学器材甚至军火等方面,不但可以操纵德国国内市场,而且还控制着国际市场。礼和洋行在青设立分行后,进一步拓展对华进出口贸易,把青岛的猪鬃、桐油、草帽辫等销往欧洲、美洲、大洋洲、非洲等地,再将包括德国在内的欧美国家的五金、染料、机器、电器、照相材料等运到青岛,还将由其独家代理的德国克虏伯炼钢厂的军火、武器、机器、机车等源源不断地转运青岛。其不断飙升的代理业务,主要来自在建的胶济铁路、淄川煤矿、青岛要塞、四方机车厂的强力拉动,一手握着德国胶澳总督府的大额订单,一手握有各大名厂名品的代理权,通过实力雄厚的远洋船队,成为青岛早期洋行之翘楚。其时,进驻临港产业区的美最时洋行,已在雷先街(今冠县路)码头附近展开布局,它从德国进口的各种型号桅灯、铜汽炉、绒毛线、染料、摩托车、名贵补品以及"4711"法国知名化妆品系列,市场占有率很高。"美最时"牌各型桅灯(俗称马灯),在使用电灯之前,是兵营、机关、工厂、商户、渔号及百姓居家必备之物,在民间普及极广,至今仍被古董收藏者奉为热门藏品。美最时洋行还代理德国北德轮船公司的远洋航运业务,其进出口商品广及德、美、英、法等国。"美最时"为"Melchers"的中文音译,意为"永恒之美"。其在青经营实业的成功范例,首推崂山汽水厂和以生产葡萄酒为主的美口酒厂。来自青岛太平山泉的崂山汽水,经过精细、繁复的品牌化过程,最后接入美最时洋行的商品营销链,成为本土品牌厂家——崂山汽水厂。美口酒厂经历了葡萄酒坊的创立和与福昌洋行的产权易手,最终在美最时洋行的运营下,成为青岛首家葡萄酒厂——美口酒厂。(酒厂命名,取美最时洋行德文名称 Melcher & Co. 的字头,合成 MelCo,中文音译"美口"。中德文的含义,都象征对成功的不倦追求)

　　1903 年,开辟欧洲至青岛远洋航线的亨宝轮船公司在青岛设立分支机构。公司在青岛的航运业务全部交由礼和洋行代理。不久,亨宝轮船公司投放欧洲航线的货轮增加到 10 艘,总吨位达 25723 吨,和礼和洋行日益拓展的代理业务形成相匹配的远洋运输能力。作为世界航运业的超级大鳄,亨宝轮船公司是不挂洋行招牌的实力派洋行,不仅有远东最著名的洋行做代理,还建立起跨欧、亚、美的洲际航线。它的全称为汉堡—美洲公司,简称汉美轮船公司或汉堡轮船公司。后来的亨宝轮船公司,是为了赢得"大中华区"的人气,从中文谐音演化而来的中国版。《胶澳发展备忘录(1902 年 10 月至 1903 年 10 月)》称:"亨宝轮船公司轮船进出港海关检查,就次数而言,约占全部海关检查的 67%"[1],足见其在青岛港投入运力之大和扛鼎青岛港航运的地位之重。随后来青的北德轮船公司即北德意志-劳埃德(Norddeutscher Lloyd)轮船公司,设在青岛的分公司位于芦坡街(今浙江路)6 号。北德轮船公司是德国造船业的领军企业,当时世界上最大的客船——"威廉大帝"号就出自它之手。这家造船＋航运的复合型大公司,拥有数量庞大的远洋商船队,和亨宝轮船公司一道经营远航青岛的欧洲航线,在青岛港的远洋航运中业绩不俗。

　　20 世纪初,中西交通的变局,贸易方式的更新,日趋激烈的商业竞争,使得在华洋行对华贸易难以维持大幅盈利、全线飙升的盛况,不少资力雄厚的老牌洋行纷纷从茶叶、丝绸、陶瓷的传统贸易中抽身,改变经营套路,转向铁路、矿

---

[1]　《胶澳发展备忘录(1902 年 10 月至 1903 年 10 月)》,青岛市档案馆编:《青岛开埠十七年——〈胶澳发展备忘录〉全译》,中国档案出版社 2007 年版,第 228 页。

山、工厂等实业经营,如像德国山东铁路公司和山东矿业公司那样(见本章第三、四节)。而德国在青岛的其他洋行,则与青岛自由港的航运业崛起相与俱来,助力青岛港摆脱过往转口港的窘境,加速向贸易目的地港与始发港过渡,实现与世界市场的对接。胶济铁路与港口建设的刚需,临港加工业的勃兴,城市基础工业的奠基,为德国洋行提供了源源不断的商机,加之德国胶澳总督府"特别航运补贴"等鼓励政策的实施,吸引兼具航运与进出口贸易的复合型德国洋行进入青岛。在此过程中,洋行之间的航运代理、跨国代理及产品代理,显现出外国洋行跨国界、跨行业的经营优势与特点;航运类与进出口类洋行,商业类与服务业类洋行参差交互、相异共生,构成了洋行行业分空间序列的基本形态,成为德国工商资本东输青岛的"挹注器"。与租借地经济社会构成的主体基调相一致,德国洋行在青岛的存在也反映出其"一国领属"的单一性,其在青岛的商贸活动,依附"条约特权"而存在并服从于租借地经济需要而趋发达。这一时期,德国洋行在青贸易额,除去德国殖民当局以大批"订单"为驱动力的航运收入外,真正"自由贸易"意义上的航运收入并不高,与其指望欧美贸易的大规模涌入拉抬自由港贸易的期望值相距尚远。

在青德国洋行为规避经营风险,大都采用以代理华商经营为主的所谓"代理经营"方式,即"买办制",由此造就了一个新的社会阶层——华人买办。20世纪初,进入青岛的各国洋行不仅需要打理日常生活的"采买人",还需要跑进出口业务的通事、翻译、账房等,更需要精明、实力、人脉强大的代办或买办沟通与资源产地之间的联系,这对于依托港航贸易的德国洋行来说必须全力以求之,并须臾不可离之。"其时,外人势力限于通商口岸而止,洋货由通商口岸以入内地,土货由内地以运至通商口岸,必经华商之手,故进出口之贸易权虽操诸外人,然洋行终须用华人为买办,以与内地之行栈、商贩相互交易。例如土产之花生、棉花、草帽辫等项,由乡人售于小贩,小贩售于庄客,庄客售于号商,号商售于洋行,始得出口。"[1]

基于洋行对买办的需求,一些具备洋务工作经历的经纪人和一些行走在东西方商贸舞台上的风尖人物,以及一些华商会馆的会首和会馆中坚,成为外国洋行垂青的买办代理人,通过其代理的洋行与华商之间的商贸行为,维系着洋行与华商社会之间的种种利益关系。所谓"代理经营"买办,就是既打理洋行生

---

[1] 民国《胶澳志》卷5《食货志·商业》,民国十七年(1928)铅印本。

意,又可自营公司。如傅炳昭、刘子山、隋石卿等商界翘楚,以代理洋行经营为主的经营方式,既代理洋行业务,又打理各自公司的生意,两者之间只是法人的身份不同,而经营的行业及其货源地、供货人基本相同,彼此构成内供与外销的上下游业务联系。青岛早期影响较大的买办主要有禅臣洋行的丁敬臣、怡和洋行的宋雨亭、美最时洋行的田昭麟、礼和洋行的刘子山、顺和洋行的隋石卿等一班人。他们中间,有的经历过洋行雇员的初级形态,从雇员、跟班、通事、翻译、账房、代办,一步步登上买办的位子;还有的凭着自学德语买办起家,虽没充任洋行雇员,却有德国洋行采买人的经历,如傅炳昭曾在经销德国洋酒罐头之源泰号任经理,为德国洋行采买洋酒、罐头和五金器材。

买办,作为洋行进出口业务的总代理人,深谙商业经营,在商界人脉较广,颇具社会声望并有一定资产作抵押,是入围洋行买办必需持有的筹码,缺一不可,短一也不可。洋行对买办的人选十分在意。有的从颇具潜质的华商中物色,如刘子山。刘最初在德国人家里当仆役,给德国建筑师当翻译,代办建筑材料,后经营草帽辫,变身礼和洋行买办。有的从经营成功的华商人士中选聘,如丁敬臣。丁被称作青岛"四大家族"(刘子山、傅炳昭、丁敬臣、李涟溪)之一,早年弃官经商,在上海从事洋务,显露头角。后辗转来青,创办进出口商行,获利颇丰,被推举为三江会馆会首,出任青岛中华商务公局董事。后被禅臣洋行聘为买办。其余如美最时洋行首任买办田昭麟、怡和洋行首任买办牛辑五,也都以在青岛商界的卓著名声和经营业绩进入买办行列。还有经人引荐晋身洋行买办的,如隋石卿。隋幼年家贫,去往烟台谋生,得遇德国牧师亲授德文,后经德国牧师引荐来青岛顺和洋行当翻译,颇受洋行经理器重和信任,不久擢升洋行买办。当时,一些商界巨擘对出任洋行买办"辞而不就",往往也用引荐或转荐方式向洋行举荐自己的代理人,如宋雨亭。宋自幼以草编为业,20岁时任通聚福商号经理,在青岛工商界崭露头角。怡和洋行为利用宋雨亭的社会声望扩充业务,拟聘宋为买办。宋以自身兼职太多,无暇顾及,于是向怡和洋行推荐何永生代为买办。按常规,买办在入职前需向洋行缴纳一笔押金,并于需要时垫付款项办理业务,由洋行按时付给押金利息、华人账房费用以及买办经手业务应得的扣佣。买办向洋行缴纳的押金为数不菲,约在二三十万元之巨,宋为使何永生顺利入职怡和洋行,自甘承担缴纳洋行的巨额押金,此事被岛城商界传为美谈。而何永生不负深望,一直担任怡和洋行的买办至抗日战争爆发前。① 1945 年日本投降后，怡和洋行在青复业，不再设华人买办，改由何永生为华人经理。青岛的洋行买办，最初是以赊销、预购等形式进行的洋货推销代理，由此出现了一批从事进出口商品专业批发商号，此后实行代理经营的买办制，随之出现了一些以保证金形式与洋行建立代理经营关系的经纪人和买办。赊销、预购洋货的推销公司衍变为与洋行建立上下内外联系的买办自营公司。20 世纪初，洋商—华商型进出口贸易网的形成和发展，使得不通过买办的直接贸易成为可能，进出口贸易的买办制度开始发生变化。取而代之的，是洋行的高级雇员制和经销制。但青岛和外埠有所不同，如德华银行等实行的"华经理"或"华账房"，并未改变以往以保证金、佣金形式固化的洋行与买办之间的关系，实行的依然是合伙人性质的买办制。洋行对买办既用之又防之，往往通过押金形式来掌控风险。买办在入围洋行之前，须向洋行缴纳一笔相当数量的押金，洋行以按时付息的方式把押金掌控在手，既防范经营风险，又防范利润分成风险，以免买办把利润席卷一空。洋行为买办提供的，包括佣金、年底分红和办公地点。洋行为买办提供的办公地点，称"华账房"，由买办、账房、翻译、跟班等一班人组成。"华账房"还下设领工的把头，管理大批从事分拣、打包、加工、运输的苦力，负责完成买办代理业务的加工工序。在"华账房"的利益链上，买办既是最大的获利者，也是最大的投资者。"华账房"的日常开销，挂在买办的账上，每笔业务的必要支出也须买办垫付，身处男性化移民社会的职员大多是单身，其膳宿也由"华账房"包下来。年终洋行老板支付买办和"华账房"的费用，主要来自"华账房"的盈利，获利十分可观。无须讳言，买办具有洋行合作者和独立商人的双重身份，和洋行构成若即若离的商品关系，既为自己营利，又为他人作嫁。尽管买办与洋行之间存在种种利益纠结，但买办作为洋行和华商之间的中介人，不可或缺也无可替代，面对世界市场对中国廉价资源的偌大需求，洋行对买办的选择，除了可靠关系人的引荐及保证金外，主要取决于买办自身的经营能力及其社会影响力，实力雄厚的外国洋行从华商社会领袖或精英中物色买办往往难以如愿，现实的情况往往是买办选择洋行，而不是相反。这种状况一直延续到第一次世界大战前夕。

外国洋行是超额利润的占有者，却不是洋行业务的实际经营者。青岛与国

---

① 王滋骞：《我所知道的怡和洋行》，青岛市政协文史资料委员会编：《青岛文史撷英·工商金融》，新华出版社 2001 年版，第 7～8 页。

际市场的接轨,固然和洋行有着不可分割的联系,但由于语言、习俗、文化的种种局限性,洋行只有通过买办才有可能得到内陆市场,而去往欧洲的货轮也只有通过买办才能得到来自港口腹地的廉价商品。真正把产地和洋行连接起来,真正为洋行洋货打开销路的,是连接资源地与倾销地营销网络的买办。进而把青岛、山东乃至全国的购销网络和世界市场衔接起来,不仅凭借外国洋行的国外市场销路和供货渠道,更重要的是买办化的中国商人。

⚓ 英美洋行独占的"插花地带"

20 世纪初,在青岛,对港航经济形成强力支撑的,除了行业门类众多的德国洋行,还有太古洋行、怡和洋行、仁德洋行、和记洋行等实力雄厚的英国洋行。在航运业、进出口业和保险业等同行业竞争中,英国洋行独力开辟的经营空间,正如以"插播"方式楔入租借地洋行角逐的"插花地"。而亚细亚火油公司、美孚煤油公司、德士古石油公司等英美洋行,凭借石油专营的产业资本,在租借地的产业格局中拓展出独具优势的"插花地带"。此种产业格局与经营业态,既反映了英美洋行的实力存在,也折现出外国洋行之间犬牙交错的倾轧与争夺。

青岛港开辟欧洲航线的 1901 年,青岛外资保险业开始起步,成为在青洋行从商贸主业向服务型辅业转移的缩影。这一时期涉足青岛早期保险业的,除了德华银行、北德轮船公司、禅臣洋行、礼和洋行开始在青岛与德国通邮、通航的柏林、汉堡、不来梅、埃姆登、法兰克福等城市开办船货保险代理,还有英国洋行的大牌太古洋行和仁德洋行。太古洋行在英国洋行中最早介入青岛工商业活动,史料称该洋行最初落脚在海因里希亲王大街(今广西路),和扎堆于此的德国洋行比肩而立,主营航运和进出口贸易。20 世纪初,太古洋行的船只和吨位超越了怡和洋行,占据了外国轮船公司的首位,和怡和一起垄断了沿海和长江、珠江流域的航运。太古洋行涉足在华保险业,始于 19 世纪 70 年代后,先是代理其他公司的业务,后来自立门户,自办和代理兼备一身。太古洋行跻身青岛保险业,并不局限于青岛一地,其格局囊括了上海世界航运会议的所有成员单位,凡具与会资格的各国大型轮船公司、跨国贸易洋行、船行都成为太古保险的客户源。从太古保险的业务优长来看,其最大规模的火险业务,和后来的亚细亚与美孚所需的巨量火险遥相对应,大量海洋及意外保险业务,足以把青岛近海航线的水险揽到手。至 20 世纪第一个 10 年,青岛外资保险业代理机构上升到 40 多家,除德商保险业代理机构 9 家外,其余均为英商保险机构,在涉外保险的占比上居压倒优势。这一时期,以英商保险公司为主的外商保险业以其雄厚的资本,并凭借不平等条约,不向中国政府登记,不受中国法律约束,自订保险章程和保险费率,把持着青岛的保险市场。

20 世纪初,青岛进口货物主要是美国衬衫布、美国煤油、印度棉纱、美国卡其布、美国床单布、意大利棉布和日本木质火柴。这些货物的进口,大部要从上海转口。此时,日本尚未开通青岛航线,德国轮船公司大多奔波在欧洲航线上,青岛—上海的转口贸易大都通过太古洋行的近海船队与德国邮轮共同来完成。太古洋行在青岛经营的重要航线,以上海—香港—广州线为主力航线,配有轮船 12 艘,总吨位 30927 吨。次航线为上海—大连—营口—香港—广州线,配有轮船 4 艘,总吨位 8830 吨。在远洋航运上,太古洋行以代理形式经营。据《青岛市志·交通志》载,太古洋行代理英国蓝烟囱轮船公司的规模超过本公司投入近海航运的规模,代理轮船 19 艘,总吨位达 138938 吨,经常挂靠青岛的不定期欧洲航线。1900 年,太古洋行在香港兴建太古船坞,后成为香港最大的船坞;其建在香港的太古糖厂,后成为全球规模最大的糖业生产基地。对中国北方的贫糖地区而言,太古航线垄断的青岛近海诸港以及途经的烟台、威海、安东、天津、大连、营口等城市都在太古蔗糖的覆盖之内。

1906 年,是经营石油销售业务的英美洋行加盟青岛洋行角逐的开始。是年,继德国国会议员考察青岛之后,一系列欧美企业家对租借地的造访,使欧美一些大企业对参与租借地的工商业活动产生了浓厚的兴趣。同年,美孚煤油公司和英国亚细亚火油公司开始在青岛开工建设埋设大型油罐的储油基地。美孚煤油公司是美国洛克菲勒财团创立的一个石油商业机构,总部设在美国得克萨斯州。1870 年创立的标准石油公司,为美孚煤油公司的前身,其开拓中国市场的历史可以追溯到 19 世纪 90 年代。当时的美孚煤油公司,靠挨门逐户地赠送西式煤油灯在中国沿海城市打开煤油销售市场,之后美孚煤油公司在中国的业务又扩展至汽油和沥青。青岛作为最早接受煤油的城市之一,美孚在打开青岛煤油销售市场之初,曾在与俄国煤油和苏门答腊煤油的激烈竞争中,将其逐出青岛市场取而代之。亚细亚火油公司,在 1906 年英国壳牌石油与荷兰皇家石油公司合并为英荷壳牌石油公司后,成为该公司垄断亚洲市场的销售机构。它瞄准中国市场的首选目标是香港、上海和青岛。1906 年和 1908 年,亚细亚火油公司分别在香港和上海设立分支机构,直接经销石油产品。而青岛作为亚细亚火油公司主打中国市场的第三站,其营销方向和前面两站有所不同,不是直接经销石油,而是从经销煤油开始迂回,后扩至石油系列产品。[①]

1905 年,即胶济铁路全线通车的次年,客运量突破 80 万人次,货运量突破 30 万吨。面对汹涌而来的客货流量,青岛港的沿海航线和近海航线亟待大牌轮船公司经营。1906 年,怡和洋行上海总行的代表魏德迈抵达青岛,3 年后在北京路、河南路交会处设立分行,经营航运和进出口业务。此时,随着大港开港,航运业洋行在临港区开始新一轮布局,而怡和洋行的经营主业已从茶叶出口业务转移到经营轮船、保险、码头仓栈上来。作为一家实力雄厚的老牌英国洋行,怡和洋行弃"远"取"近",把经营航线绑定沿海和近海航运。怡和洋行在青岛经营沿海 4 条定期航线和 1 条近海航线,配有轮船 17 艘,总吨位 30044 吨。沿海定期航线有:经上海、汕头、香港的青岛—广州线,每周 2 班;经上海、青岛、牛庄的上海—牛庄线,每周 1 班;经香港、汕头、青岛、威海、天津的香港—天津线,每月 1 班;上海—青岛线,每周 1 班。近海航线为青岛至海州、石臼所线。由此,青岛港的远洋航运、沿海航运、近海航运三驾马车形成鼎足之势。怡和洋行的近海航线选择,避开了与德国洋行远洋航线的竞争。直待 20 世纪第一个 10 年之际,青岛港远洋航运面临运力不足的困境,怡和洋行才偕太古洋行接入青岛港的远洋航运。第一次世界大战结束后德国远洋航运公司撤出青岛,怡和洋行和太古洋行的远洋航运成为青岛港欧洲航线的主要远洋航运公司。怡和洋行除经营近海、远洋航运外,还经营规模可观的进出口业务,进口五金、机器和零件等,出口花生米、花生油、羊毛、猪鬃、冰蛋等。另外还代销上海怡和总公司附属工厂生产的毛纺织品、麻纺织品、啤酒、药品、胶合板等。

以经营进出口业务为主的英商和记洋行,是草帽辫和花生出口欧洲的经营大户。胶济铁路贯通之后,草帽辫主产地被纳入青岛港的周边腹地,草帽辫出口大部被吸引到青岛港,成为青岛港出口商品的大宗。青岛港还是山东最大的花生集散地和花生出口产品基地,伴随青岛港临港加工业的兴起,油料加工和花生仓储、分拣为花生出口提供了加工平台。为此和记洋行在青岛设立分行,主营草帽辫和花生出口。第一次世界大战期间,英、法两国在中国招募华人劳工,和记洋行还被委任为英国政府的代理商,负责在山东招募华人劳工。

---

① 白季凯、张凌云:《亚细亚、美孚和德士古》,青岛市政协文史资料委员会编:《青岛文史撷英·工商金融》,新华出版社 2001 年版,第 17~20 页。

　　1922 年丹麦宝隆洋行在青岛设立分行,被认为是青岛贸易往来国增加的一个标志性事件。1899 年第一艘丹麦大帆船出现在青岛海域时,宝隆洋行的前身还只是设在泰国曼谷的一家小商号。20 多年后,宝隆洋行靠政府的官股得以壮大,在哥本哈根设立总行,其分支机构遍布世界各大都市名港。自 20 世纪 20 年代初兴起的青岛花生出口热,使青岛港货运紧张成为瓶颈。宝隆洋行拥有庞大的船队,其独有的物流优势,其他洋行无可企及。坐拥航运优势的宝隆洋行恰在此时设立青岛分行。青岛宝隆洋行初设时在馆陶路汇丰银行大楼内,1925 年迁址馆陶路 28 号至 30 号。宝隆洋行为占有青岛港花生出口份额,总行派上海宝隆洋行买办罗叔羲同时兼任青岛买办。罗是广东人,甫一落地,便和青岛本埠的广东帮打成一片。此时广东帮执华商经营花生生意之牛耳,把持胶东半岛及山东内地花生产区的供货渠道,对宝隆洋行有“借路经商”的助益,而本埠广东帮攀附宝隆洋行主要在于借助宝隆洋行的船队“借船出海”,同时可以从对方获取国内外花生行情的情报。宝隆洋行的经济情报来自世界各地,能及时了解国内外主要商品产销情况及市场动态和趋势,市场调查远及世界另一花生出口国印度,总行每年与印度马德拉斯分行交流有关花生的生产情报。[①] 宝隆洋行进入青岛后,每年要对胶东半岛及山东内地花生产地做三次实地调查,包括春播面积、夏季长势和秋收数量,另外还对当地花生流通情况和余存数量进行调查,全面把握花生及各进出口商品的市场走向,瞅准油料加工品出口业,以花生米出口为大宗,其次为花生油、花生饼、棉籽饼、蓖麻籽、芝麻以及杏仁等各类油料加工品,其花生米出口量高达青岛港总出口量的一半。进口货物则有钢铁器材、大米、面粉、木材、棉花、麻袋、橡胶等多种工业品、农产品、建材、麻纺织品。1929 年,丹麦王子乘宝隆洋行新建的客货轮“飞欧尼亚”号至远东旅行,在青岛寄港期间,特赴青岛宝隆洋行视察。

　　20 世纪 20 年代,美国石油企业进军青岛的势头尤猛。美国石油合资公司德士古火油公司进驻曲阜路 18 号,和美孚、亚细亚组成青岛石油市场的“三驾马车”,引致青岛石油市场重新划分,美孚、亚细亚两公司各占 40%,德士古占 20%。之后,煤油年销量遂跃过 1500 万加仑,其中仅 1923 年一年,美孚、德士古进口的美国煤油由 831 万加仑增至 1094 万加仑,青岛遂成为山东半岛石油

---

①　毛雍琛:《丹商宝隆洋行》,青岛市政协文史资料委员会编:《青岛文史撷英·工商金融》,新华出版社 2001 年版,第 12 页。

贸易中心。以经销处或代理处为标识的青岛石油贸易圈,经胶济铁路沿线的胶州、高密、潍县、昌乐、益都、博山、周村,直抵济南外围的章丘龙山。沿海一线的烟台、威海、金口、蓬莱、石臼所,连同胶东内地的掖县、龙口、黄县、牟平等 19 座城镇构成陆海相接的胶东半岛石油贸易圈。

⚓ "一体自营"的日本洋行与市场垄断

20 世纪初,大大小小的日商开始进入德占时期的青岛,迫切感到"德华银行独揽青岛之金融大权,不予日商以融通之便,重为日商发展之障碍"。当时,日币在青岛不能流通,曾活跃一时的日本小银币也被逐出青岛。在德华银行的"内账房",日本洋行难以像欧美洋行那样获得低息贷款,德华银行出台的抵押贷款,在青日本洋行也难分享一杯羹。1913 年,日本横滨正金银行北上青岛,目的在于排除这道资本障碍。但正金银行的业务只有在日本洋行产生存贷需求时才会得以施展,而日本洋行的存贷需求也只有在大规模的货币流通汹涌时才会出现。正金银行寄望于日本洋行从青岛港挤开一道缝,成为撬动日金大规模流通的杠杆。

1914 年日本占领青岛后,这一切成为可能。1914 年,日德青岛之战成为众多在青洋行的命运拐点。洋行"淘金热"经历了一番"德退日进"此兴彼衰的新一轮变局,领军角色由日本洋行取代了德国洋行。战争期间,德国洋行全部关停,英美洋行营业受损,不少华商歇业倒闭,青岛工商业陷入衰落期。从 1915 年起,大批日商在日本青岛守备军的庇护下,"挟战胜之余威"涌入青岛,并沿日军驻防的胶济铁路向山东内陆蔓延,战时一度关闭的在青日本洋行也相继恢复营业。

早在 1907 年,日本大财阀三井洋行就已开始对青岛进行市场调查;1909 年在与胶济铁路一路之隔的堂邑路 11 号设立三井洋行青岛支店。三井洋行是日本的跨国公司,总行设于东京,拥资 1 亿日元,分支机构遍及伦敦、纽约、孟买、新加坡、马尼拉、西贡、香港、仁川、釜山、平壤等地,自有轮船公司、码头和仓库,并直接经营纺织、食品、化工等工业企业。三井洋行在华商业机构以上海为中心,在天津、青岛、烟台、济南、汉口、长沙、厦门均设有支店分号。其青岛支店面积 2000 平方米,营业额庞大。1917 年在若鹤町(今辽宁路)开设三井油坊,生产精制花生油,供应出口。仅出口花生、花生油等土产一项,年营业额达 2000 万银圆,其他出口物资如桐油、煤炭、牛骨等获利也十分可观。支店还从事船舶代理业务和保险等跨界经营。从 20 世纪初到 40 年代,三井洋行在青岛商界一直处于垄断地位,其经营范围涉及军事、工业、营造和日常生活所有门类的物资和商品,在特定时期通过特殊权力完成殖民商业的拓展与积累。

第一次世界大战后入驻青岛的日本三菱洋行青岛支店,1918 年由三菱商事改组成立,总部设于东京,在伦敦、纽约、巴黎、柏林、新加坡、马尼拉、香港等地设有分店,在上海、汉口、天津、大连等地设有支店。其青岛支店拥有三层楼的店面,其经营业务和三井洋行十分相似,营业额也与三井洋行不相上下。三菱洋行初期以大连为基地,经营横滨至上海的轮船航运业务,并设立榨油厂,收购东北地区的大豆、豆油和豆饼,到 1894 年已在汉口、香港等地设立支店或代理处,经营范围扩大到航运、工矿、保险及进出口贸易,资本金 1 亿日元,后在青岛等地设立分支机构,专营进出口贸易。进口物资有砂糖、玻璃、面粉、化工产品及金属制品、机械等,出口物资有花生米、花生油、桐油、牛脂、骨粉、煤炭、盐等。支店在若鹤町设有油坊,生产花生油及牛脂精品,出口日本、英国、德国、美国。支店的三层楼里还附设有另一家大型日本洋行——铃木洋行青岛支店。和三井洋行、三菱洋行相比,铃木洋行青岛支店的出口商品多了棉布和面粉两大宗,而进口商品石油、人造丝则与三井、三菱形成类比差,铃木的船舶代理业务远非三井、三菱可比,它一家包揽了日本东洋、扶桑、神户、帝国 4 家轮船公司的代理业务。

"日本洋行+轮船公司"的跨行业联手经营,使青岛港呈现新的竞争格局。丰饶的山东内地资源对日本洋行意味着空前利好的掠夺之机。当时,因为猝发的日德青岛之战,德国在青岛的公司大部关闭,而来自英法公司的贸易在战争期间大部已经停摆,战后还未恢复在青岛的经营。青岛的远洋航线上,除了日本的航运公司之外,只有怡和洋行和太古洋行的轮船还在继续,投入营运的远洋货轮大大减少,航运圈缩小到日本、中国沿海港口和利物浦、釜山之间的促狭空间,山东内地产品只有少部分经由青岛转口,大部分沿胶济铁路南下上海、镇江,经由南方的中立口岸转运。日本相关部门在分析战争前后青岛贸易状况时这样认为:

> 所有这些国家在远东的贸易活动中都因出乎意料长的战争而瘫痪。我们日本商人必须以一切手段利用这一有利时机,不管用什么方式把一切可以掌控

的贸易拉到青岛并紧握在手中。这样做得越好,面对未来的竞争就越容易获得成功。①

日本相关部门所谓的"有利时机",即指德国战败退出山东势力范围,英法深陷欧洲战场无暇东顾远东贸易,以及青岛华商与山东腹地的贸易被战乱所隔离的现实境况。由于时局动荡,战乱频仍,面对山东腹地的货物贸易,青岛华商大多观望不前。而日本洋行派出大批雇员,策动大大小小的日商,瞅准这个空当,很快出现在山东内陆的村镇、集市、店铺、行栈。他们取代了华商买办和庄客,或采办出口土货,或推销进口洋货,或销售青岛日本纱厂、针厂、磷寸厂生产的棉布、花布、棉线、制针、火柴等。短短几年的快速繁殖,形成数量庞大的日本洋行群。以皇帝街4号的山东起业株式会社为例,一个洋行门面竟挤进5家小型日本洋行(住友海上保险株式会社、三裕公司、三亚兴业株式会社、丸红商店、八木商店)。随着亨宝、禅臣、北德等德国航运业大牌洋行潮水般退去,偌大的行业缺位吸引日本大连汽船株式会社、山下汽船株式会社和东亚海运株式会社相继跻入青岛港的航运经营。其中最抢眼的大连汽船株式会社青岛分店,拥有73艘客货轮,独家经营从中国沿海到日本的航线。

1915年至1920年,是在青日本洋行的快速增长期。1915年青岛仅有日本洋行6家,1916年增至36家,一年间陡增5倍。至第一次世界大战结束的1919年,资本10万元以上的日本洋行则增加到116家,次年又增至147家。其时在青主要日本洋行有三井洋行、铃木商店、东和公司、吉泽洋行、江南合资会社、清喜洋行、日信洋行、峰村洋行、三重洋行、三信洋行、协丰洋行、桎村洋行、正昌洋行、小林洋行、山田洋行、尾野洋行、穗积洋行、三共洋行、三原洋行等20余家。②

庄维民、刘大可解析日本在青洋行的工商资本结构认为,其结构状如立锥式的塔形。分析认为,日本在青大小洋行在塔形结构中所处的层位,不按照其产业分类,而是依其资本规模来定。塔尖部分是日本大财阀三井、三菱等跨国公司的在青分支机构,其投资规模在100万日元以上。塔身部分由日资大公司、商社在青设立的铃木、东和等20余家大型洋行组成,其投资规模在30万~50万日元。塔基部分则是为数众多的中小型日本洋行,其投资规模大都在10

---

① 《战争前后的青岛贸易》,青岛市档案馆编:《青岛开埠十七年——〈胶澳发展备忘录〉全译》,中国档案出版社2007年版,第731页。

② 庄维民、刘大可:《日本工商资本与近代山东》,社会科学文献出版社2005年版,第167页。

万～20 万日元。从经营范围来看,三井、三菱等跨国公司的经营,囊括进出口贸易的全部货品,且下设进出口加工企业,自有轮船公司,形成商贸＋航运＋企业的完整经营链。铃木、东和等大型日本洋行,其经营范围按行业门类划分,或专门从事进出口贸易,或专门从事航运、保险业,还有的从事临港加工业等附属性行业。而数量庞大的中小型日本洋行,其经营范围按商品门类划分,大都局限于一种或几种进出口货品的经营,或从事百货类商业经营及诸种业态的服务业等。

日本洋行大批涌入青岛之时,正当日本纺织业来青岛投资建厂的"井喷期",棉花成为日本洋行资源攫取的重点目标。三井、铃木、大文、安部、茂木等日本洋行沿胶济铁路设立营业所或代理点,直接收买棉花;三井、山积两洋行深入棉产地临清,从当地花行收购棉花;东洋棉花、日本棉花两洋行还在济南、周村设立轧棉厂,对收购的籽棉就地加工后集中输运青岛。日本洋行为加强与山东内陆棉产地和集散地的联系,采取分地区包购的经销制办法,把洋行经营区间划分成若干块,每个区块物色一个代理商,与代理商(商号或华商个人)以合同形式确立代购关系,并进而建立下一级代购网络,组成棉花区块代购网络。其时,临清的 23 家花行、济南的 10 家花行都成为日本洋行的棉花代购点。

日本侵占青岛后,原为欧美洋行掌控的大规模花生出口贸易被日本洋行取而代之。三井、汤浅、峰村、东和、铃木、岩城、泰利、柴仁、山田、祭原、吉泽等 10 余家日本洋行争先恐后,群起竞购。此时日本洋行不再实行欧美洋行买办代理经营制,其经营活动极少与华人买办合作,大都采取雇佣制吸收大量中国员工,被雇用者只是佣金的收入者,而不具有合作者的身份。日本洋行深入山东内陆产地及青岛周边产地的花生采买,通常通过华人员工联络华商行栈来进行,以华商行栈的代理收购为主要形式,以保证采买规模迅速扩张。1919 年,青岛港花生及油类加工品输出达 1380 万海关两,相当于 1913 年的 5 倍。山东省 60％的花生产量集中在青岛输出,使青岛成为专营对日花生输出的日本洋行麇集之地。当时对日输出花生有两种形式,一是现货交易,二是期货交易。从事现货交易的有三菱、铃木、东和等 13 家日本洋行,进行期货交易的有泰利、中川、吉泽、大杉等 19 家日本洋行。其间,一些华商行栈也从事花生自营批发业务,但因资本实力不足而无力做大,基本以委托代理为主,其利润不及日本洋行的十之一二。

第一次世界大战爆发后,以铜、锌为军火生产原料的国际市场需求激增,价格不断拉高。铜、锌含量较高的中国制钱、铜圆成为日本掠夺军需物资的目标。

1915 年起,日商及大批形形色色的日本移民涌向山东内地收购制钱,次年从事这一"特种事业"的日本人多达 2500 人,铃木、中松等几家大资本洋行遂成为独霸制钱交易市场的中心,"实制钱市场之二大中心点,于制钱输出界几握霸权。其他稍有资财之人,无不争先恐后染手于制钱事业,人数非常之多"①。因染指制钱收购交易的大小日本洋行之间的利益纷争,三井、峰村、岩城、吉泽、铃木等38 家日本洋行组成铜业组合,与济南、坊子、潍县、青州、张店等地的日商组合互为沟通,沆瀣一气,形成沿胶济铁路的庞大贩运网。铃木、三菱、古河、久原等大牌日本洋行以青岛为贩运基地,成为操纵铜钱贩卖的最大走私商。日商铜钱走私活动导致流通货币大量外流,致使冀、鲁、豫三省的铜钱日渐减少,市场辅币流通遭受严重影响。这一时期,青岛港对日出口桐木趋旺,日本洋行通过华商进行收购,收购范围从胶东半岛扩及胶济铁路沿线各地,远及河南、直隶等省。从事桐木出口的日本洋行以山东物产株式会社的资本实力最强,其注册资金 50万日元。其余还有株式会社南海公司、青岛桐材株式会社、林田洋行、巽洋行、复信洋行、青桐洋行等。至 1920 年,山东省的桐木资源几近罄尽,是年胶海关贸易报告称:"据云鲁省之梧桐,业经用罄,现时贩运者,皆河南、山西之出产。"日本对桐木资源的掠夺由山东转向河南、山西。

日商介入肉牛贸易稍晚,最初仅充当欧美洋行的肉牛代购商,如日商义生洋行曾与美国滋美洋行订立代购合同,成为肉牛需求大户的供应商。1916 年肉牛出口解禁后,牛肉出口量大增。至 1918 年,日商青岛屠宰场的屠宰量达36675 头,相当于 1910 年的 2 倍,以致从胶济铁路沿线集中到青岛的活牛之多来不及装运出海,迫使日本邮船会社在邮船甲板上改建大型牛栏,以增大活牛运量。肉牛出口利润极大,每输出一头牛即获利 30～50 日元,给日本洋行带来丰厚的利润,由此一项拉动牛油、牛皮出口大增,至 20 世纪 20 年代中期,牛肉、牛油、牛皮 3 项出口总值计六七百万海关两。20 世纪 30 年代,青岛牛肉出口日甚一日,年销高达 28 万余担。据青岛市商会 1930 年出口土产商号调查,经营牛肉出口的日本商号、洋行主要有白男川商店、兴源洋行、共荣社、川喜洋行、共丰洋行、绵贯商店、大栲商店、大桥商会、西山商会、花井时一商店、聚宝号、德和洋行、一郡商会、稻垣商店、大正洋行、新泰号、杉浦洋行、三井物产株式会社、白须贺洋行、士麻洋行、第一洋行、三井洋行、松浦商店、松田商店、山和商会、明治

---

① 〔日〕青岛守备军民政部:《山东之物产》第壹编,1922 年版。

洋行等 35 家，至 1933 年日本洋行"操此业者 37 家"，其中资本最为雄厚、营业量最大的为大桥商会，资本 30 万元，年输日本牛肉总值计 327880 元。次为一郡商会，资本 20 万元，年出口牛肉总值 138920 元。经营牛肉出口最久的白男川商店，于 1912 年成立，每年出口总值 284480 元。其间，最为活跃的第一洋行，资本虽只有 10 万元，但年出口总值竟达 579010 元；聚宝号资本 14 万元，年出口总值约 577640 元，获利甚厚。

此外，日本洋行还鼓动在青岛设立取引所，从事期货、钱炒、证券投机活动，致青岛华商的市场交易权旁落日商之手。1920 年，青岛取引所开张，设钱炒、物产、证券三个部，大批日本洋行趋之若鹜，成为取引所的经纪人。物产部的日方经纪人包括山田、大杉、吉泽、泰利、安泰、大和、嘉益、夏本、滨田、中川等十余家日本洋行，青岛华商的几家著名行栈商也参与其中。该部物产交易绝大部分为期货交易，仅 1921 年花生米、花生油成交 71152 车，成交额 10792 万元，交易量远大于市场存货量，全凭"买空卖空"博取厚利，"实则竞为空盘，助长赌博而已"。钱钞部以日金交易为主，实为日本正金银行所发银票的投机性交易，日本金融类洋行如大和钱庄、不二商会、三台钱庄、洪利钱庄、长安钱庄、泰来号、朝日钱庄、安泰号等，握有大批日本银票，把控股价时抑时扬，导致青岛货币市场波动不居，青岛的金融货币频频遭受冲击。证券部交易的有价证券为日资企业的股票，以 10 家日商组成的日方经纪人包括伊藤正广商会、神泽商店、大黑屋株式店、伊东株式店、青岛商事株式会社、常磐商会、左右田商店、大桥株式店、足立甚太郎等。原指定上市股票 25 家，实际上市交易的股票仅有 16 家，主要包括信托、银行、运输、仓储、建筑、棉纺、烟草、盐业等日本在青产业股票，其交易目的仅为抬高日商股票的价格，以股融资，使日商企业资金便于周转。1922 年青岛取引所官营改商办后，取引所遂成日商投机的博弈场，各种黑幕暗潮接踵而至，每股均价由 12.5 元抬至 30 余元，后暴跌至一文不值，酿成取引所风波，日本投机商逃之夭夭，华商遭受损失达八九百万元之巨。

纵观日本侵占青岛时期的日本洋行，其贸易格局与德租时期大不相同。以往德国洋行的势力"仅限于通商口岸"而止，通商口岸以外的广大内陆，则以买办为中介，与内陆行栈发生商业联系，"由乡人售于小贩，小贩售于庄客，庄客售于号商，号商售于洋行，始得出口"[①]。日本洋行涌入青岛后，弃买办而不用，实

[①] 民国《胶澳志》卷 5《食货志·商业》，民国十七年（1928）铅印本。

行"去买办"化的"一体自营",凭借雄厚的资本实力,持有铅字印制的"三联单"作为敏捷便利的现货交易利器,纷纷派员赴山东内地济南、泰安、大汶口等处设立外庄,坐地收购花生、棉花、牛脂等各项土货,同时把进口日货推销到当地商号店铺。原由华商和德商通过洋行"代理制"联手的进出口贸易,从此被一体自营的日本洋行"内陆渗透"所颠覆并取代。日本洋行所谓的"一体自营",并非简单的经营方法与运营手段,其目的在于压榨、剥夺华商的经营空间,最终取而代之,操纵、垄断商业经营。正如《胶澳志》所言:

> 故自民国三四年以后,本埠华商倒产歇业者不计其数。父老相传,谓民三以前为华商致富时期,以后则为衰落时期。此种现象,尤以山东本籍之即墨、黄县、沙河各帮商人所感苦痛为甚。近年以来,歇业之土产商号不下五六十家。[①]

一体自营的日本洋行"内陆渗透"的结果,一向被华商、德商所把持之山东贸易权,从此转移于日本洋行之手,形成日本洋行对进出口市场的把控和垄断。日本洋行的垄断性贸易,直接导致华商贸易的衰落,两者形成鲜明对照。

第九节　劳动力资源输出与掠夺

近代青岛的劳工输出始于 20 世纪初。此前"国人之移殖事业向以山东、闽、粤著称","比及青岛开埠,而胶济铁路、南满铁路为山东与奉、吉交通之要道;青岛海运之联络又视芝罘为便。故近三十年来,山东人民之移植于省外、国外者,又恒取道于青岛矣"[②]。青岛自受德、日殖民统治以来,逐渐演变为山东劳工"移殖"省外、国外最主要的集散地和出口港。

20 世纪初,大规模的港口铁路建设与城市基本建设,产生数量巨大的劳动力需求,驱使青岛与山东内地的大批青壮劳动力走进工地、码头和工厂,成为诸多行业急需的劳工群体。对此,有关中国劳工的评价,屡屡出现在德国官方文件及新闻报道中。一些经济学者通过对青岛劳务市场的观察认为,租借地的中国劳工勤恳耐劳、可支配性很大且价格低廉,是最适合商品化的劳动力。时任

---

① 民国《胶澳志》卷 5《食货志·商业》,民国十七年(1928)铅印本。
② 民国《胶澳志》卷 3《民社志·移殖》,民国十七年(1928)铅印本。

德国海军东亚舰队司令的奥托·冯·迪德里希在呈交德国海军部的报告中提出："只要加以正确的引导和监督,胶澳租借地完全可以成为一个向德国在非洲和波利尼西亚的占领区输送劳动力的重要的口岸。"[1]在租借地青岛大批征收廉价劳动力,并把他们投放到德国在太平洋南部的殖民地。棣利斯提出输送劳动力到其他殖民地的可能性之后,德国将其作为这一时期德国海外殖民开发的一项"大胆举措",写进德国海外殖民的发展计划中。随之,从青岛招募的 4200 名中国工人以契约方式被输送到德国在太平洋南部的殖民地,其分布地区包括萨摩亚群岛(约 2500 人)、马绍尔群岛(约 500 人)和新几内亚群岛(约 1200 人)。[2]

当时,英、法、德、俄等帝国主义国家正致力于海外殖民地的角逐与争夺,纷纷效法德国人的套路,来青岛招募大批廉价的契约华工。契约华工要与雇主订立契约,规定出国后无选择地点和职业的自由,必须在契约规定的种植园或矿场劳动。契约期限内,雇主可将其转卖他人。1903—1912 年,法国、英国、俄国等国的洋行、公司先后到青岛等地招募华工 8000 余人,发往南太平洋西萨摩亚、南非特兰士瓦、非洲坦噶尼喀、西伯利亚和符拉迪沃斯托克(海参崴)。"在青岛苦力贸易是一项重要而运转良好的业务,山东农民被诱骗至此,签订合同后被运往俄国修筑西伯利亚铁路或开采煤矿,而他们受着奴隶般的待遇。殖民政府一直致力于增加苦力贸易出口份额。"[3]迄今为止,关于上述劳工输出的具体过程,及其在德属殖民地、西伯利亚及远东的工作、生活境况、是否返国等均未查到相关档案记载,故未知其详。

第一次世界大战爆发后,欧洲沦入战火之下,大部分青壮年被送上战场,后方劳力奇缺,粮食匮乏,厂矿停滞,英、法等协约国先后向中国发出求援之请,并与北洋政府达成招募协议。自 1915 年起,法、英等国相继派出招工团赴华,实施招募华工计划。代募、劝募是计划实施的主要途径,因洋行在华经营的商业联系和人脉基础,并能取得中国官方的认可和协助,劳工进口国多选择在华洋行代为募工。其时山东居基督教、天主教在华传教区之首,教会势力无所不及,所以教士也被拉来劝募,为赤裸的人身买卖罩上"人道互助"的光环。如和记洋

① 〔德〕余凯思:《在"模范殖民地"胶州湾的统治与抵抗——1897—1914 年的中国与德国的相互作用》,孙立新译,山东大学出版社 2005 年版,第 171 页。
② 〔德〕余凯思:《在"模范殖民地"胶州湾的统治与抵抗——1897—1914 年的中国与德国的相互作用》,孙立新译,山东大学出版社 2005 年版,第 171 页。
③ 〔德〕克劳斯·弥尔哈恩著,孙保锋译:《从社会形态看德国胶澳租借地(1897—1914)》(未刊本)。

行受英国政府委托代募,在胶济铁路沿线设立招工办事处,由教士劝募。设在青岛的招工处占用青岛华新纱厂厂房,作为胶济铁路沿线募工的集散中心,1917 年共招募 50350 人。法国则委托惠民公司代募,每招收一名华工付给公司100 法郎。惠民公司在天津、上海、香港、浦口、青岛等地设分公司对外招募,在青岛沧口分三批招募了 4413 人。

第一次世界大战期间,英、法等协约国为满足军队运输、战地服务及军工制造的劳动力需求,英国官方委托英商和记洋行代为募集华工,和记洋行在青岛沧口设立华工收容所,对募集华工进行训练,后经由香港输往欧洲。继之在青的法商惠民公司也步英商后尘,在沧口设立收容所,从事山东华工募集。其间,俄国亦从青岛招募赴俄华工。1917 年 2 月在即墨招募技术工人 33 名,赴俄国飞机厂工作。同年 6 月,又委托中日合资的泰茂公司来青招募赴俄华工,赴西伯利亚修筑铁路,或从事矿山、工场劳动,契约规定 3 年。英、法洋行、公司在青岛招募劳工大致过程如下:所有应募者须先检查体格,体检合格后始为剪发、沐浴、更衣、种痘。后订立应募合同,加盖指印,登记应募者姓名、籍贯、身份、履历及家庭联系人,载明安家费寄往何处,付与何人。被招募的华工通过体检后,华工家属可得到 10 块大洋的津贴费,华工登船赴欧时,再发给每人 10 块大洋的津贴费。"此等苦工并非从事于战争,系在路、矿、农、林、工厂、船坞等处分别执役,每日佣资,各计一法郎。在中国之家属,每月各得洋十元……"①华工签立合同后,每人发给一铜牌作为号数,集合后编号组队,实行统一管理。其管理方法仿照军队形式,编制为排、连、中队,15 名为一排,4 排为一连,5 连为一中队,每中队 300~500 人不等。每中队设工头总管 1 人,一、二、三等工头 30 人统领全队,实行军事化管理。华工赴欧前,均统一组织短期的准军事训练,如列队,操演,掌握战场运输本领等。

因欧洲战场急需华工,募集与输运同时进行。1917 年 4 月至 1918 年 2 月间,50350 名华工先后由青岛出发,分批乘船输往欧洲。其赴欧路线即由青岛出黄海,经朝鲜半岛、日本列岛进入太平洋,往东至美国旧金山,后转乘火车至美国东部,再乘船横渡大西洋到达法国北部,然后分赴前线或后方。1917 年 4 月 4 日,青岛输出的第一批华工,计 1860 人,登上"阿嘎彼诺尔"轮,前往法国马赛。到 1918 年 2 月,从青岛出发的运送船共 22 艘,运载华工 50350 名,是年"春、夏

---

① 青岛市档案馆编:《帝国主义与胶海关》,档案出版社 1986 年版,第 270~271 页。

间共有苦工一万零九百六十九人，（由青岛港）经美属温哥华前赴欧洲"①。青岛港成为中国输出赴欧华工的最大集结地和出发港。北洋政府内务部侨工事务局1918年《调查华工在法情况书》载：华工赴法"尽力于备战之工作者为数将及15万人"。由山东威海、青岛等港口出发的10万人赴英、法从事各行各业的活动，以代替这两个国家应征入伍的人工作。

最初，北洋政府与和英、法签署招募华工契约时，中国还是一个中立国，其契约第一条规定，华工不得从事任何军事活动。1917年8月黄海海面上猝发一起运送劳工血案，载有500名中国劳工的法国邮船"阿特拉斯"号被德国潜艇击沉，这一事件加速了中国对德宣战的进程。1917年8月14日中国对德宣战后，签约双方都不再恪守这一规定，赴欧华工开始介身军事活动，出没于战场之上。在法国的广大交战区，华工大多数从事挖掘和掩埋死于战争的尸体。根据招募契约，英国招募的华工被分配在公路、铁路、矿山、工厂、农田、森林、军械和坦克车间、军火库、草料厂和船坞等处工作。中国对德宣战后，大批华工被调往阿腊斯和甘勃莱军事地区为英国军队工作。美国远征军控制下的华工主要就是装卸粮食物资、修路和在工厂务工。美国劳工统计局的文件显示，华工在战时经济中的岗位分配，包括飞机制造、军械制造、化工厂、煤矿和煤气厂、建筑工程、各类军用品站、铸造厂、钢铁厂、船坞、海军造船厂、兵工厂、火药厂和铁路等，为欧洲的战时经济和战后恢复建设做出了不可磨灭的历史贡献。1989年纪念第一次世界大战停战70周年之际，法国巴黎树立起一座华工纪念碑。法国前总理、时任巴黎市长希拉克，在纪念碑揭幕的致词中说："在第一次世界大战期间，华工与法国人共患难，以心灵和身躯保卫法国的领土"，为华工赴欧参战的历史做出公正的历史评价。

史料记载，赴欧华工的去向，并不限于英、法等国，还包括其他国家。1917年11月15日，德国战机轰炸了位于比利时波普林格市的一个营地——布思本村，13名正在村子中修筑军用铁路的华工不幸遇难，当地人称为"布思本13人"。经中国、比利时史学家综合史料分析，"布思本13人"全部是山东人，青岛胶南人栾树德和青岛平度人李希顺是华工团名单中的第一、第二位。

按赴法华工招募协定，华工赴法劳动定期为3年，期满后遣送回国。1919

---

① 〔日〕立花正楼：《胶海关一九一八年贸易论略》，青岛市档案馆编：《帝国主义与胶海关》，档案出版社1986年版，第288页。

年2月14日,第一批回国的山东籍华工1200人,乘英轮"庇亚斯"号返青岛,其余大部陆续回国。据《胶海关一九一九年贸易论略》载:"本年装载此项华工(归国华工)之轮船,共有二十六艘,计三万九千四百七十一人,若算至翌年一月杪(1920年1月末),共有五万八千人。尚未回青者,计三万七千余人。"①

抗日战争时期,青岛港是日本向其国内掠运华北劳工的两大转口港之一(另一个是天津塘沽港),在日本华北劳务体系中占有非常重要的位置。青岛市档案馆馆藏劳工档案显示,日本掠运华北劳工到日政策是在太平洋战争爆发之后出台和实施的。在此之前,日本主要以"满洲劳工协会"和"华北劳工协会"为中心骗招或抓捕山东、华北等地区的劳工到伪满洲国等。之后,随着战争规模的扩大,日本国内大量的劳动力被征召驱往前线,国内军需生产劳力严重不足。为维持战争时期的军需生产,从中国掠取劳工到日本以弥补其国内劳动力不足,成为战时日本政府的必然手段。1942年11月27日,日本内阁讨论并通过了《关于将华人劳工移入内地事宜》文件,决定从中国劫掠劳工输日,以满足日本国内日益紧迫的劳力短缺需求。从1943年4月起,日本政府开始劳工移入试验,将4组863名港湾装卸工人和4组557名煤炭工人,共计8组1420名中国华北劳工掳掠到日本,分配到8家事业场进行劳动。1944年2月28日,日本内阁的次官会议通过了《关于促进向内地移入华工的文件》,继而提出从华北掠夺3万劳工到日本的动员计划,并指定青岛港和天津塘沽港为华北劳工对日输出的两个港口。由此,强制掠运中国劳工到日本服劳役开始大规模实施。

1944年下半年,随着太平洋战争的推进,日本投入前线的兵力增加,其国内劳动力已近枯竭,掠夺更多华北劳工到日本弥补其劳动力资源的匮乏越来越迫切。是年8月,日本政府操纵其卵翼下的伪华北政务委员会正式制定了《战时重要劳力紧急动员对策要纲》,决定采用"行政募集制",大规模向日本输入中国劳工。强制征集劳工的范围,从原来的乡区农村转向北平、天津、青岛、济南、徐州等华北重要城市。该计划规定从1944年8月到1945年3月,分两期从山东、河北、河南、伪淮海(包括现在的连云港、徐州等地)4省紧急募集20万劳工输往日本等地使用,其中输往日本5万人。山东省作为劳工输日的主要地区,承担

①〔日〕立花政树:《一九一九年贸易论略》,青岛市档案馆编:《帝国主义与胶海关》,档案出版社1986年版,第291页。

向日本输出劳工 3 万名,占输出总数的 2/3。因为青岛是日本指定的两大对日劳工输出港之一,山东劳工的绝大多数由青岛运往日本。故同年 9 月,青岛日伪政权决定"改劳工动员供出为劳工行政募集",设立抓捕劳工机构,制定《青岛市对日劳工供出实施要领》,电呈伪华北政务委员会、日本驻北平大使馆批准,从 10 月份起实施以"肃正都市为目的"的抓捕计划,动用大批警察力量和日本宪兵队,在市内以各种借口抓捕无辜平民、贫民,掠往日本充当劳工。①

青岛作为华北劳工对日输出的重点城市和输出港,日伪政权先后设立了"山东劳务公司""黄道会劳工福利局""满洲劳工协会青岛办事处""伪青岛特别市劳动统制委员会""把头协会""华北劳工协会山东分处""青岛劳工赴日事务所"等,劳工招募机构分布广泛,组织严密。"黄道会劳工福利局"本部设在湖南路 19 号,下设总务、企划、宣传、调查 4 科,还分设台西分会、台东分会、四沧分会、即墨分会、胶州分会、城阳分会、掖县分会、诸城分会和平度分会等,主要借助日伪地方行政力量进行劳工招募工作。"满洲劳工协会青岛办事处",是"满洲劳工协会"在青岛的分支机构,主要对劳工、劳务工作进行统制,调查、招募、供应、训练、输送劳工。"青岛苦力供给公司",是专门为在伪满的日本企业进行招募、输送劳工的公司,以日本企业招工的为幌子诱骗华人充当劳工,从中获取巨额利润。"华北劳工协会青岛办事处",是"华北劳工协会"设在山东的两个办事处之一(另一个设在济南),是由日本人操纵的实行劳工统制一元化的机构,主要进行劳工行政募集动员、登记、管理、训练等,先后设立了铁山路 85 号"第一劳工训练所"和汇泉体育场的"第二劳工训练所"。"青岛劳工赴日事务所",是伪青岛特别市政府设立的劳工招募机构,直辖于伪青岛特别市政府,在全市各行政办事处设置分所,各区设置支所,掌理劳工招募计划、劳工分配计划、劳工管理、训练及输送劳工赴日事宜。"把头协会",由伪青岛劳动统制委员会牵头,在日本兴亚院华北联络部及日伪军政势力的支持下组织成立,主要职能是协助招募劳工与供给劳工,日伪军政势力通过控制"把头协会"来控制青岛劳工的招募、分配与使用,构成日本在青岛劳工统制体系的重要一环。该协会先后为太平山防务工事、南泉工事及青岛埠头株式会社募集劳工数百名。

据青岛档案馆馆藏档案记载及一些健在劳工的回忆,早在 1944 年 9 月之前,日本就已开始从青岛往日本掠运劳工了。据青岛劳工档案研究学者考证,

---

① 青岛市档案馆馆藏档案 B23-1-2804,第 142 页。

首批从青岛运往日本的劳工是 1944 年 2 月。但据曾被掠运日本当劳工现仍健在的黄庆元老人的控诉,他是 1942 年在青岛大港码头干活时,被日本宪兵队抓到去日本的货船上运到广岛"加记村"——离原子弹爆炸地只有 100 公里当矿工,与他一同被抓去的有 100 人左右。平度张舍镇南尹家村的尹振平老人及邻村的 20 个青壮劳力则是在 1943 年 5 月被日本兵抓走送到日本东京东次城县伊里矿山(铜矿)做苦工,当时在这个矿已有中国劳工 200 人。[①] 1944 年下半年太平洋战争进入决战阶段,日本国内劳力更加贫乏,需要劳工数额不断攀升。8 月,伪华北政务委员会在日本政府授意下推出《战时重要劳力紧急对策要纲》,决定从山东、河北、河南、伪淮海 4 省紧急募集 20 万劳工向日本等地输出。20 万劳工山东省占了一半,其中分配给青岛的输日名额是 4000 名。大量男性青壮年劳动力被劫掠输日,造成山东农村耕地萎缩,劳动力急剧减少,"近来妇女下地帮助耕种,已成普遍现象"[②]。为了保证输日劳工计划的完成,青岛日本领事馆在 1944 年 8 月的警备会议上,借口维护地方治安,要求警察局抓捕青岛市内的乞丐、无业游民和轻微盗窃犯当劳工。1944 年 12 月底北京东亚劳务联络会议以后,青岛日伪政权又推出了《青岛市对日供出劳工实施要领》,以肃正都市为借口,把所谓"轻浮无赖者""不良洋车夫、不良古物商"以及"障碍治安上之分子"都归入抓捕对象。日军宪兵队和伪警察局在市内大肆搜捕,每月以 300 名为最低限额,达到一定数量后就送往日本。1944 年下半年,从华北各地抓捕的劳工大批抵青,"华北劳工协会青岛办事处"在青岛设立"劳工训练所"作为收容机构,并在送往日本之前对劳工进行所谓的"教化"训练。"青岛劳工训练所"实际上是关押输往日本劳工的大集中营,设审问、训练、卫生三股,分别负责劳工接收、甄审、运送、训练及在青滞留时的临时劳作和卫生防疫。为了防止在押劳工逃跑,劳工入所后强制统一着装,并强行没收劳工随身携带的活命钱,由会计股保管,断绝劳工生活来源。"青岛劳工训练所"劳工主要来自山东、河北、河南、山西、江苏、安徽等省,而以山东、河北、河南劳工最多。关押进劳工训练所的劳工分为"训练生"、一般劳工和特殊劳工三等。"训练生"是被日军俘虏的八路军等抗日军人、反抗意识和团体斗争力量强的"危险分子",受到严厉防范和

---

① 青岛市档案馆馆藏档案 B23-1-2657,第 86 页。

② 伪青岛特别市社会局提案《禁止华工携带家族赴满案》,青岛市档案馆馆藏档案 B-23-2-484 伪内务总署地方行政会议提案。

迫害;一般劳工是被日伪军抓来的农民和居民;特殊劳工是监狱中的犯人及其他人员。据日伪档案和原"华北劳工协会"职员揭露,由于训练所"收容"劳工数量很大,宿舍封闭管理,拥挤不堪,空气污浊,条件极差,致许多劳工染病,并引发时疫流行,数百劳工死于疫病,而训练所竟以经费紧张为由,不予救治。劳工每日二餐,早晨每人小米粥两碗,午饭及晚饭四人分玉米面窝窝头一个,每人每餐约摊食品 4 小两,且无饮水。后来虽然供应饮水,但经常只提供凉水,并且不允许多喝,防其小便。有的劳工万般无奈,自饮小便。

据日伪档案记载,自 1944 年 10 月至 1945 年 3 月 5 日,"铁山路第一劳工训练所"发生过 4 次劳工暴动。其中 1945 年 2 月 17 日的劳工暴动规模很大,尽管所内日伪职员开枪镇压,所外日军和伪警察出动镇压追捕,仍有 114 名劳工砸开铁门逃走。后在全市日伪军警追捕下有 8 名劳工重新落入魔掌,其他 106 人胜利逃亡。1945 年 1 月 16 日,"汇泉体育场第二劳工训练所"280 名劳工暴动,场内日伪军警开枪镇压,打死劳工 24 人,打伤多人,劳工则用石块还击,终于将南铁门砸坏逃走,也有的翻越围墙逃走。驻旭兵营的日军桐部队和伪市南警察分局闻讯赶来镇压追捕,除打死、打伤、抓回 34 名劳工外,其余 246 人逃出魔窟。①

由于形势混乱和日本人有意识的隐瞒和销毁档案,加之日伪劳工管理机构交叉重叠,经数度整合后统计数据紊乱,日本通过青岛港掠运劳工很难查到准确的数字。据青岛市档案馆馆藏《对日发证劳工出身县别调查表》,1944 年 5 月输往日本的劳工 482 人,其中山东籍 124 人,河北籍 354 人,河南籍 4 人,这是迄今能够查到的青岛第一批输往日本国内的劳工档案。同年 7 月,"华北劳工协会"从"北京劳工训练所"抽出劳工 300 名,由青岛港转运到日本;8 月 26 日,"青岛华工赴日事务所"挑选王方兆、朱正基等 100 名劳工输往日本。另据"华北劳工协会"的业务报告,1944 年 9 月至 1945 年 2 月,从青岛港输往日本的劳工总计为 3807 人。从青岛掠至日本的劳工,分布在日本北海道、秋田、广岛、神奈川、爱媛、茨城、岩手、大阪等地,按大队、中队、小队编成劳力队,被迫进行矿山、煤窑、货场等的繁重劳役,备受压榨,大批劳工病伤死亡,被迫集体暴动或潜逃求生。1944 年 7 月 28 日、1945 年 4 月 18 日和 1945 年 5 月 11 日,前后共有 3 批 986 名劳工,由青岛被掠至日本鹿岛组花岗矿山,因不堪矿主虐待和非人待

---

① 青岛市档案馆馆藏档案 B23-1-1312,第 75 页。

遇,于 1945 年 6 月 30 日深夜发动集体暴动,不幸失败,暴动劳工被杀害者竟达 411 人,死亡人数占总人数的 42%,酿成骇人听闻的残杀掠日劳工事件。1944 年 10 月,800 余名中国劳工由青岛港被掠至日本北海道明治矿业株式会社和矿业所,其中包括 1958 年返回中国的刘连仁。刘连仁(1913—2000),山东省高密县井沟镇草泊村人。1944 年 9 月 2 日被日军掳走押运至青岛。同年 10 月,刘连仁同当地的陈国起、邓撰有、陈宗福、杜桂相等 800 余名劳工一起被掠往日本,在北海道明治株式会社和矿业所做苦工,因不堪繁重的苦役和非人的生活,于 1945 年 7 月相偕逃跑。刘连仁于逃跑途中与难友失散,在北海道石狩郡当别町山洞中隐居下来。1958 年 4 月,刘连仁历尽曲折终于回国,成为日本在青岛劫掠劳工历史的"活见证",引起国际社会的广泛关注。

第四章　西方工业资本和生产技术的东渐

近代中国,西方工业资本的对华输出,是资本主义发展高级阶段对外经济侵略的主要手段。继过剩商品对华倾销之后,西方资本主义国家利用过剩资本在中国投资办厂,凭借雄厚的工业资本取得对殖民经济的垄断地位,进而通过资本控制半殖民地半封建中国的经济命脉。一方面,与西方工业资本相与俱来的先进生产技术,促进了中国工业的近代化进程;另一方面,西方工业资本扩张对中国民族工业构成严重排斥和打压。

甲午战争以后,随着德国垄断资本的扩张和金融资本统治地位的确立,资本输出迅速成为德国对外经济侵略的重要手段。德国工业资本的对华输出接踵而来,一跃而为向中国输出工业资本的主要国家之一。1882 年,德国地质学家斐迪南·冯·李希霍芬实地考察山东半岛之后,出版了《中国,独自旅行基于其研究的成果》(简称《中国》)第二部,在记载山东工业考察状况的同时,曾预见过这种工业资本输出的必然性,认为西方工业资本输出即便使中国在物质上、科学文化上和工业生产上的崛起违背欧洲先进工业国的利益,也是必然要出现的一种发展趋势。李希霍芬提出,在这种"必然要出现的发展趋势"到来之前,作为欧洲先进工业国的德国,在输出工业资本的同时,应通过政治的、军事的、经济的各种手段,攫取"尽可能多的好处"。李氏的上述观点,被德国海军部的决策层称作"德意志帝国主义理论的创立",也为德国选择青岛作为工业资本输出地及其"军事基地＋商港"的双重定位提供了坐标。

第一节　船舶、机车制造业

1897 年德国海军部顾问弗朗裴斯在考察胶州湾后,具体描述了殖民化以后的胶州湾船舶工业前景:

（青岛）将会成为巨大船舶的集中地和目的地，随之也就需要有大船坞……而且，山东的煤矿和铁矿丰富，劳力亦低廉，所以在胶州湾建港之初，就应当相应地建设大造船厂。①

青岛被德国侵占后，欲改变孤悬于半岛南端的区位劣势，沟通并建立与山东腹地乃至华北市场的种种联系，首赖路港先行。从 1898 年开始，德国胶澳租借地的一系列工业布局围绕青岛港和胶济铁路建设展开，摆上第一位的是与路港建设互辅互依的机车、轮船修造业与临港加工业。德国胶澳租借地工业起步之际，殖民当局对德国工业资本的输出更多倾向于民间工业资本，对其采取"自由发展"的政策，不予干预，对前来租借地办厂的"自由职业"者实行低价购地、减免税收等鼓励政策，为其创造自由、宽松的发展环境。德国造船工程师奥斯特、电灯厂主朴尔斯曼等民间工业资本家正是在"自由发展"环境的吸引下来青岛开办企业的。1899 年，造船工程师奥斯特在青岛湾东岸（后迁至小港附近）创办了奥斯特船厂。这座私营船厂注册资本为 30 万马克，以修船为主，兼造小型船艇，成功组装了青岛第一台蒸汽机。奥斯特船厂还制造了青岛第一艘开掘船，用于大港码头修筑工程，还以 26.5 万马克的报价拿下一艘俄国破冰船的造船合同。青岛船舶工业由此开始起步。

奥斯特船厂固然业绩不俗，但其经营规模难以满足东亚海军舰队和日益增长的自由港商贸需求。当时德国胶澳总督府对租借地船舶工业的期望是，尽早、尽快、尽最大规模地建设大造船厂、大船坞，使其成为对租借地船舶工业具有"前卫作用"、能够带动上下游配件产品生产供应的船舶工业"磁电极"。1902 年 10 月，由奥斯特设计的第一艘蒸汽船下水。这艘蒸汽船长 16 米，宽 3 米，舱深 2.8 米，船上的所有部件，从主机、锅炉到每一颗螺钉均在青岛制造。但其配件供应没有上下游产品的相关记载，全系自产自用，也就是说，奥斯特船厂未能胜任租借地官方所期待的、拉动相关产业链的"前卫作用"，依然停留在从配件生产到组装新船的一体化内循环状态。封闭、内向、自我循环的产业状况，仅能应对小型舰船的生产，对于大型船舶的生产则相去太远，无法应对东亚地区大造船厂、大船坞之间日益迫近的竞争。

当时，东亚地区大造船厂、大船坞之间的竞争态势已然明朗。当时香港的

---

① 〔德〕弗朗裴斯：《胶州湾调查报告》，1897 年版。

大船坞是中国唯一，经营收益巨大，1896 年上半年的收益分配已达 26％。其次，上海也有在吴淞口新建大船坞与香港船坞竞争的计划。从青岛自由港的定位及其面对的东亚大港之间的角逐观之，青岛港建港之初，建设大造船厂势所必然，势在必行。为此，1899—1904 年，租借地官方曾多次与德国最大的制造企业克虏伯公司进行协商，希望该公司能来青岛建设大造船厂，但克虏伯公司对在东亚建造船坞的前景不抱乐观态度，始终未应允前来青岛建厂。同时德国国内其他大型制造企业也没有来青岛经营的意向。德国国内对租借地大工业建设的冷漠，逼使德国胶澳总督府不得不出手，实行对租借地工业的干预政策，试图通过国家工业资本激活工业发展，改变难以令人满意的租借地工业状况。至此，租借地官方对德国工业资本的输出政策出现了重大转折，由德国民营资本的"自由输出"转向国家资本的强势输出。

1904 年奥斯特船厂在勉力经营 5 年后被德国胶澳总督府并购。对民营船厂的并购，意味着德国国家资本对船舶制造业的强势介入，随之而起的是在青岛湾东岸建立的船坞工艺厂（亦称总督府工厂、水师工务局）。船坞工艺厂系财务独立的国有企业，开始规模较小，只有工匠百余名，并购后扩展到有德国职工 33 人、华工 670 人；开始只能修补小型海军舰艇，后来随着青岛自由港贸易日益繁盛，修理业务逐日激增。"国家性质的海军造船厂刚刚建成，胶澳总督府就向航运和轮船公司施加压力，要他们把船舶的检查和维修业务委托给总督府船坞而不是交给奥斯特"①。这种做法强硬的行政保护政策，无疑大大地助推了船坞工艺厂的业务进展，但其行政效力仅止于那些从事中德航运的轮船公司。并购奥斯特船厂的次年即 1905 年，船坞工艺厂迁址大港，开始进行规模扩建，建造 16 万吨的大型浮船坞。

新建浮船坞是依据当时东亚水域最大吨位的船舶"量身定做"的，长 125 米，外宽 39 米，内宽 30 米，深 13 米，比当时日本长崎造船厂的船坞还要大，可容纳 145 米长的船舶入坞修理，为当时亚洲第一大浮船坞。凭借此，船坞工艺厂开始接手大吨位、多舰种的造船订单，从军用舰船扩大到货轮、客轮、驳船、破冰船、拖船制造，并开始有少量船舶出口。船坞工艺厂还设有 150 吨起重机，号称"亚洲第一大机器"，150 吨的重物可举送至 12 米以外，50 吨的重物可举送至

---

① 〔德〕余凯思：《在"模范殖民地"胶州湾的统治与抵抗——1897—1914 年的中国与德国的相互作用》，孙立新译，山东大学出版社 2005 年版，第 165 页。

25 米以外,并能把长 160 英尺、排水 150 吨的新造船舶举出水面。船坞工艺厂分为锅炉制造、化铁、铁工、钳工、木工、造船、电镀、漆皮、冷作、暖气、缝接等 11 个车间,设蓄电站 3 所,有各种车床 80 余台、炼铁炉 2 座以及电锤、汽锤、吊车等,属当时世界一流,生产过程基本实现了机械化,是青岛规模最大、设备最先进的新式工厂,能修理各类轮船及各种机器,也能制造各种轮船。船坞工艺厂"设在青岛内口以里,码头约有一千米打(metre 的音译,即米),水长深约九米打半。船坞能浮起船长数至多一百四十米打,有用电车开之水龙十座,海崖之电气提动机能起重一百五十吨。工厂之中用电最多。有一大机器房,长五十米打,宽三十五米打,内有绝大机器一座,能起二十吨重之吊车一辆。有一化生铁房长三十米打,内有化生铁炉三座,能容八吨重之物。又打铁屋内有电气自落锤四个,汽锤二个"[①]。1909 年,命名为青岛造船厂。[②]

1909 年,青岛造船厂成功地招揽到为天津的一家中国矿务公司建造两艘内河拖船的订单,这是当时该厂扩建后接受的最大一单业务。此前,青岛造船厂的经营状况一直低徊不前,除了德国东亚舰队的大量维修业务之外,很少接手除军事服务之外的私人订单。到 1912 年,共制造大小炮舰、快艇、拖轮等各种船只 22 艘。清政府海军部的"舞凤"号钢质炮舰即为该厂制造。"凤舞"号建于 1910 年,长 38 米,宽 5.80 米,排水量 220 吨,功率 441 千瓦,时速 15 海里,装备 65 毫米火炮两门。该舰设备与技术性能当时堪称先进,为青岛最早建成的海军舰艇。

与青岛造船厂同为国家资本的四方铁路工厂(也称胶济铁路工厂),于 1900 年动工兴建,是德国山东铁路公司创建的大型工厂。投资 158.7 万马克,厂址在四方村(今四方社区),占地 12.5 万平方米。1903 年试车投产,随即承担了胶济铁路全路机车车辆的组装、制造和修理业务。该厂建有动力室、仓库、水塔、室内迁车台,生产车间分为锻冶场、机车场、锯木场、机械场,后增建组装旋床、锅炉、油漆、电气修理等厂房。主要机械设备有电动机、发电机、蒸汽机、水压机、起重机、锅炉、锻冶炉、炼铁炉、汽锤、各种车床以及搬运车等共 215 台(辆)。从

---

① 〔德〕谋乐辑:《青岛全书》,青岛印书局 1912 年版附页。

② 1914 年日德青岛战争爆发后,德军于同年 11 月 3 日将浮船坞沉入海底。1915 年 9 月被日军打捞出水,1916 年 7 月 4 日被日军用"富士"号军舰劫运到日本佐世保军港。1914 年日本侵占青岛后,把青岛造船厂大片场地改作日军的军用码头,船厂改称港工局,后改称港工事务所,受日军青岛守备司令部统辖。随着青岛港口的恢复,船厂也恢复使用,厂址迁移到新疆路 4 号。

1900 年 11 月起,四方铁路工厂开始组装客车,至 1902 年底共组装 38 辆。组装的客车品种有头等客厅车、勤务车、食堂车、头等寝食车、头二等客车、二等客车、二三等客车,客车的零部件均来自德国。其中头等客厅车凸显客厅式列车特点,装潢豪华,经久耐用,参加了 1902 年杜塞尔多夫莱茵工业展览会,获得普遍好评。1901 年,开始组装蒸汽机车,同年 10 月组装 13 台;至翌年 10 月底共组装了 22 台。组装的蒸汽机车品种有 0-6-0 型、0-6-2 型调车机车,2-4-4 型、4-6-0 型客货混用机车,0-8-0 型货车用机车,4-6-0 型客用机车。这些机车部件均从德国运至青岛,由该厂进行组装。货车组装始于建厂初期,至 1902 年,共组装货车 213 辆、运煤车 245 辆。至 1914 年,四方铁路工厂累计组装与修理机车、客车、火车 1148 辆。该厂与青岛造船厂同为青岛这一时期的骨干工业。[①]

如同其他工厂面临劳动力短缺一样,青岛船坞工艺厂创办后,由于严重缺乏本地工匠,必须从南方省份,特别是从上海招用锅炉、模型、铸造、机械等方面的工匠。当时支付给南方工匠的工资明显高于青岛当地的平均工资,个别工种的工资甚至几倍于青岛当地工资。但按照德国技师所要求的缜密程度,其技能和工作质量远远达不到要求。1902 年,船坞工艺厂修理业务激增,为适应迅速发展的船舶修造业需要,为其提供大量掌握船舶修理技能的合格劳动力,船坞工艺厂建立了徒工学校,又称水师工业学校,从 1902 年起招收中国青年入厂学徒。《青岛水师工务局章程》规定,学徒必须是来自山东本地、年龄为 15～18 岁的身体强健青年,具有中文读写能力,为履行合同规定的义务,须有殷实的中方担保人方能录取入学。4 月,青岛船坞工艺厂徒工学校正式开办,校址在今莱阳路 8 号。该校设总办总揽教务,相当于校长,由该厂总技师兼任,实际工作由德国海军部委派一名副总办负责,另聘一名中国人任副总办,兼中文教员。学校设有一座学生楼,26 个四合院式的楼座是包括食堂在内的学生宿舍区。

徒工学校开设锅炉、模型、铸造、机械及维修等船坞修造技术专业。课程有德文、中文、计算、工程和工艺实践。学校规定学徒时间为 4 年,实行半工半读,学徒工资逐年增长。4 年学徒期满后,对学徒生进行满师考试,除确定其技术能力外,还须德文和中文水平测试过关,方认可满师。学校还规定,通过满师考试的学徒生,必须按合同留在船厂服务 2 年。1906 年起,进校的学徒生留厂服务

---

① 1914 年该厂被日本军队占领,改称山东铁道青岛工场。1923 年恢复原称,同年又改称胶济铁路管理局机务处四方机厂,简称四方机厂。

时间延长至 4 年。服务期满后晋升为师傅,才具有选择去留的资格。学校第一年招生,在 2 倍以上应考人中录取 76 名学徒生,至 1908 年 10 月,共计招生 490人。徒工学校开办后,化解了造船厂的用工急需,技术型劳动力源源不断地输入,使造船厂的技工队伍持续扩大,1909 年船厂工人达 1759 人。该校于 1914年停办,共培养学徒生 1200 多人。多数毕业生留在船厂做工,部分成为技术骨干,担任工厂班组主管、仓库管理员、书记员等,部分被选拔学习打字、会计等,少数成绩优异者被选派去洋行、胶澳督署机关任职。还有部分满师徒工返乡后在内地矿山、铁路和建桥公司中担任工长或翻译,有的通过单干建立了自己的小工厂、小公司,把徒工学校的职业教育成果传扩到山东内地。

四方铁路工厂,作为德国山东铁路公司创建的大型组装与修理客货车、蒸汽机车的专业工厂,同样面临技术型劳动力的匮乏。1902 年,胶济铁路通车至潍县后,铁路运输市场扩大,蒸汽机车、货车及运煤车的组装业务激增,急需机车装修技术工人。当时,工厂的中国职工大多是来自青岛周边农村及潍县、章丘等地的木匠、铁匠和泥瓦匠,厂方遂决定开办职工学校,统一进行技术培训,同时订立招收徒工章程,每年招收少年徒工 10 名进厂培训,规定徒工学徒 3年,满徒后留厂效力 3 年,学徒期每天工薪 0.12 银圆。四方铁路工厂职校的技工培训,初步缓解了胶济铁路沿线机车修造业的人才需求。胶济铁路全线通车后,铁道技工需求量大增,四方铁路工厂职校培养的技工供不应求,德国胶澳总督府于是委托天主教会开办铁路技工业务培训学校,招收中国学生,由山东铁路公司承担办学费用。学生学成后派往胶济铁路沿线各站点、工段和道班工作,成为胶济铁路第一代技术工人的中坚。

第二节　临港加工业与基础工业

20 世纪初,青岛港航经济的发展,促使毗邻大港、小港的港埠区成为加工业集中布局的区域。依托港口区位优势、陆海贸易通道和西方近代工业基础,青岛形成了以啤酒、烟草、肉蛋制品及加工包装为主要业态的加工业集群,成为临港加工业的基本形态。

啤酒业是青岛最早的食品加工业之一。1903 年,上海的法纳姆和博伊德有限公司、吉布和利文斯顿公司、费伦和丹尼尔公司、斯勒福格特公司和芝罘的西塔斯有限公司等五家公司联合,并在德华银行参与下,根据《香港公司条例》在香港注册成立了日耳曼啤酒公司青岛股份公司。公司成立当年,在毛奇兵营西侧的霍普曼街(今登州路)投资 44 万元建厂。1904 年 10 月,由德国施密特公司承建的日耳曼啤酒公司青岛股份公司建成投产。该公司由德国人经营,采用德国克姆尼茨机械厂 1893 年设计制造的全套生产设备,生产设备全部由德国运来;生产原料是崂山泉水、德国产大麦和啤酒花,生产 640 毫升玻璃瓶装 12 度淡色和黑色啤酒,年产 2000 吨。该公司所生产的淡色啤酒和黑色啤酒,采用进口的优质麦芽和著名的巴伐利亚酒花,用崂山矿泉水酿制而成,其水质经德国柏林的检验机构检验,系优质酿造用水。所有的酿制方法和工艺流程都严格按照 1516 年颁布的《德意志啤酒酿造法》进行,企业管理和技术工艺由德国人负责,关键生产岗位上的酿酒工均系德国人。啤酒厂建成之后,产品除了在本埠销售之外,也通过其销售网络的各个商号洋行销往北京、香港、上海、天津、烟台、大连等沿海城市。1906 年,啤酒产量已达 1300 余吨,同年在德国慕尼黑啤酒博览会上,该公司生产的"青岛"牌啤酒获得金牌奖。由此,处于现代工业启蒙期的"青岛制造",注入了品牌基因。①

1898 年中德《胶澳租借条约》签订后,青岛城市基本建设随即展开,电力工业摆在市政建设的第一位。德国民营资本投入,建造了两个规模体量较小的私营电灯厂。1898 年,德国企业主朴尔斯曼在今河南路、天津路交叉处附近建立了青岛电灯房,是山东省历史上最早的发电厂。内装 50 马力移动式石油汽罐纵式机械发电机 2 部,发电设备容量 75 千瓦,专供德国军政官署通讯、照明用电。1900 年,德商库麦尔电气股份公司在今广州路 3 号筹建一处较大的电灯厂,总督府授予该厂经营特许权。是年 5 月,市区有了电灯照明,市区电话用户增加到 40 户,德国胶澳总督府的专用电话增加到 31 部,电话线总长 75 公里。德国胶澳总督府不满足于库麦尔电气公司的供电能力,当年提出"计划在工业区建一座更大的电厂以取代目前的临时电厂"②。

---

① 1914 年日本侵占青岛后,日本麦酒株式会社于 1916 年 9 月 16 日以 50 万银圆收买了德国在青岛开办的日尔曼啤酒公司青岛股份公司,更名为日本麦酒株式会社青岛工场。日商对厂房略加修整后开工生产,其产品为黄、黑两种啤酒,以"札晃""太阳""福寿""麒麟"等商标注册。之后,日本人对工场陆续进行了扩建,并增置了部分设备,使生产规模和产量有了较大提高。1922 年,产各种牌号的啤酒达 14 万箱,计 4300 多吨。

② 《胶澳发展备忘录(1899 年 10 月至 1900 年 10 月)》,青岛市档案馆编:《青岛开埠十七年——〈胶澳发展备忘录〉全译》,中国档案出版社 2007 年版,第 89 页。

库麦尔电气公司在新建电厂过程中,一面利用临时电厂向市区供电,一面投入包括发电机、锅炉房、办公大楼和宿舍楼的新电厂工程,资金不敷支配,负担日益繁重,不得不拒绝新增用电客户,在工业用电和市区照明的电能需求压力下,公司面临破产的危险。德国胶澳总督府遂以 200 万马克之重资将其全部收买,新建电厂工程改由总督府承办,1903 年电灯厂建成发电。是年,电灯厂的用户,除总督府外,扩至 351 家,由电灯厂供电的照明路灯增至 52 盏。1904 年,发电量 44.95 万度。是年,电灯厂改为德国在青岛的官营事业之一,成为青岛第一个正规的电能工业企业。1905 年,增装 1 台 410 千伏安蒸汽引擎发电机组,发电设备 3 机 3 炉,容量 750 千伏安(600 千瓦)。是年,该电厂新增 500 马力发电能力,除了市区用电,还能向包括船坞在内的大港船厂供电,公私用户大幅增加。是年,位于河南路的青岛电灯厂终止发电。此时,城市工业用电还存在大批潜在用户,城市基础设施用电还留有若干缺口,也就是说青岛电灯厂仍不乏电力市场需求。试析之,关闭该电灯厂并非企业自身行为而是行政干预的结果。和奥斯特船厂的结局一样,当在青德国民营企业妨碍总督府下辖的工业企业运行时,则会强令其退出市场竞争。而强令该电灯厂退出,则完全是为了把电力市场向总督府电灯厂集中。[①]

大窑沟,地处孟家沟一带,即今中山路与堂邑路接壤地带,系小鲍岛东山及环绕孟家沟的南北高地沙土冲积而成,低平松软,土层丰腴,适宜于建窑烧砖瓦,最早有窑场主在此经营,故称大窑沟。1898 年,德国人在大窑沟一带设立捷成窑厂,建成青岛第一座轮窑,使用蒸汽动力机器生产砖瓦,攸关城市基础设施建设的青岛砖瓦业由此进入机器生产时代。胶县麻湾河口,地处大沽河与胶莱河的入海口,沙土资源丰厚,宜于砖瓦生产。1898 年,德国买办魏希成在河口地开办大成窑厂,用德国产的制瓦机制作平瓦,再用德式轮窑焙烧,所生产的平瓦(俗称牛舌瓦)专供青岛城区建筑德式楼房。随着大窑沟沙土资源几近告罄,德国人又转在孤山、沙岭庄分别设立砖瓦厂,该地新建砖瓦厂均备有 50 马力原动机,采用机器动力生产砖瓦,并依托两地临海优势,向青岛市区大批输运砖瓦产

---

① 1914 年日本侵占青岛后,次年 1 月 1 日,将青岛电灯厂改名为青岛发电所,隶属于青岛日本守备军递信部。1916—1922 年,日本人先后安装了 800 千瓦机组 1 台、1200 千瓦机组 1 台、1500 千瓦机组 2 台,将原德国人安装的 3 机 3 炉全部拆除,至 1922 年底发电容量达 5000 千瓦。1922 年,中国收回青岛后,青岛发电所交还中国。1923 年 5 月 27 日,中日合资的胶澳电气股份有限公司正式成立,发电所的所有设备划归该公司。

品。至 1910 年,青岛机制砖瓦业已初具规模,每年生产砖、瓦 600 万块(页)。除利用沙土制作砖瓦外,德国殖民当局还广泛进行租借地土质资源调查,经地质勘查记载,石老人、沙子口盛产白土,"德人尝运往大鲍岛及孤山之窑厂,以供砖瓦之原料,或供磁砖及砖与琉璃瓦之材料也"。当时的大鲍岛窑厂就建在大窑沟,经德国地质专家研究,此种白土是大孤山硅岩风化而成,其化学构成性能良好,耐高温达 3500 华氏度,用白土作原料可烧制瓷砖和琉璃瓦。但迄今尚未查到有关产品投产记载。

1903 年,德国殖民当局开始介入食用肉屠宰加工业的管理,不仅攸关租借地人口的食品卫生,而且随着胶济铁路通车在即,与胶东半岛最大的牛市——塔耳堡建立牛市集散地和加工基地之间的紧密联系尤为必要,通过临港加工业的第一个官办企业——总督府屠宰场的建设,拓展青岛港大宗牛肉出口业务。屠宰场全称为胶澳总督府屠宰场和生物化学制药厂,建设投资 75 万马克,厂址位于今观城路,是青岛第一个全面实施现代卫生检疫的屠宰加工企业,主要业务是牲畜检验、屠宰、冷藏及肉类出口等。德国胶澳总督府颁布的《屠杀章程》规定,租借地内牛、羊、猪、马、骡、驴进行宰杀、剥皮、破腹等肉类加工必须在总督府屠宰场完成。其屠宰加工程序规定,牲畜宰杀前须牵入屠宰场检疫,符合健康标准方可由各屠户在屠宰场管理人员严格监督下进行屠宰。屠宰后离场前,所有肉类须经屠宰场场长复验许可后方能离场。总督府屠宰场,根据屠宰场业务经营及肉类出口业务进行规划设计,为此曾专程去香港、上海等地参观各家屠宰场,还参照了德国本土的设备进行了专门设计,于 1906 年建成投产。屠宰场的机械设备大部由德国进口,设有一组全钢结构的单层厂房,拥有牲畜检查所、屠宰房、检验室、消毒室、冷藏库、水塔等现代化设施,其厂区功能结构是样板式的,被誉为"东洋第一"。随之,青岛的屠宰文明成了一张城市名片,只要交纳 1 马克,屠宰场会向参观者敞开大门。1907 年,青岛进行旅游促销,包括屠宰场在内的现代化卫生设施成为向外地游客推介的工业景点。屠宰场投入使用的当年,牲畜检疫、屠宰量为 15600 头,次年提高到 18672 头,增加 20%。同年,租借地对易变质的食品冷冻、储存需求趋旺,屠宰场新增奶酪、鸡蛋冷藏业务。

胶济铁路开建后,德国殖民当局即计划利用胶济铁路带来的山东最大的蚕丝集散地东移之机,开办大型缫丝临港加工业。1901 年,德华蚕丝工业公司在柏林成立;1902 年末,该公司在青岛设立德华沧口缫丝厂,资本金最初为 80 万马克,后增加为 174 万马克,1904 年投产,次年资本金扩至 200 万马克。该厂占地 13 公顷,使用蒸汽机械设备,安装有最新式纺丝机、捻线机,并设有发电站提供机器用电和厂区照明,利用山东丰富的柞蚕及桑蚕丝作原料纺织丝绸,销往欧洲市场。该厂采用新的缫绕柞桑蚕丝工艺,"首先几次系用诸城附近出产野生蚕茧作了试验,因为蚕丝的耐拉韧力不够,结果都告失败。其后采用满洲(即辽东)出产的野生蚕茧试验成功。因此,以后通过海关获准特许,自满洲进口野生蚕茧"①。1907 年末,该厂向市场推出一种粗细均匀、质地优良的野生蚕丝,为其他缫丝厂不可企及,其成本比旧工艺生产的蚕丝高出 20%,在欧洲市场的销售价格,比烟台地区出产的最佳丝绸产品高出 40%,获利颇丰。该厂自建厂起,着力培训一批男女操作工人和童工,因新招工人大多来自农渔民,熟练掌握操作技术要花费大量培训和练习时间,导致耗料多、功效低、经营亏蚀。1907 年,该厂 1200 名工人结束培训,生产经营逐步向好。

据《法兰克福报》披露,当第一批投资告罄时,该厂与柏林总公司在未来发展和投入上的意见发生分歧。一般说来,企业越快投入运转,盈利越早。但该厂坚持认为,要全部运转必须再行扩建该厂规模,包括扩建能贮存、处理 2 亿茧子的车间,增建约 2000 工人的住房,把机器增加到 130 台机的规模,以期达到年产 5 万公斤的产能。② 许多业内人批评该厂的"未来梦想,就是试着继续募集更多的资金",鉴于此,柏林总公司继续增资的可能性搁浅了。许多资料称,该厂"因经营不善,陷于停顿",此其一,而关键原因则在于该厂与总公司之间"彼此发生误解和意见分歧",导致该厂在有望扭转投资亏空的关键时期,于 1908 年突然宣告停业。1910 年,曾有 6 名青岛和烟台的华商打算接办该厂后重新经营,但因瘟疫流行而打消了组织新公司的计划。1913 年 8 月,素享"南张北周"之誉的周氏家族出资收购,筹办青岛华新纱厂。该公司作价 30 万元售予周学熙开办的华新实业公司。

禽蛋养殖是胶东半岛与山东内地农户生业经济的重要构成,加之沿海商埠、远东及日本等地的销售市场趋旺,蛋品加工遂成为临港加工业之一。1909 年,经营日用品、食品业及小五金的德国顺和洋行投资组建了股份有限公司性

① 青岛市档案馆编:《帝国主义与胶海关》,档案出版社 1986 年版,第 129 页。
② 青岛市档案馆编:《胶澳租借地经济与社会发展——1879—1914 年档案史料选编》,中国文史出版社 2004 年版,第 298 页。

质的哥伦比亚蛋厂,厂址在兰山路与广西路之间,主要从事鲜蛋冷冻、蛋白提炼和蛋粉生产,是当时租借地仅有的两家新鲜蛋白加工企业之一,主要面向蛋品出口,同时向大小西餐厅和欧洲人家庭提供制作蛋品的原材料。1911年,该厂出口干蛋粉4000担左右。同年,德商卡尔·爱培斯洋行开设了一家蛋厂,可同时生产干蛋品和湿蛋品,年产量2400担左右,其干蛋粉的商标名称为Sinaqua。1911年,以青岛太平山山泉水为优质水源的崂山汽水配制成功,从事各种汽水饮料生产的崂山汽水公司开始接入品牌化过程和美最时洋行的出口营销链,是年出口瓶装崂山汽水约18000打(12瓶为1打)。

　　这一时期的临港加工业,还有从事花生油、豆油、食盐、草帽辫、陶瓷、漆器、皮革出口加工的榨油厂、制桶厂、精盐厂和草帽辫厂、陶瓷厂、漆器厂、皮革厂等。另外,基于城市功能初构的基础工业群体也初成体系,先后开办了2家自来水厂、1家面粉厂、1家肥皂厂、1家制碱厂、1家锯木厂以及糕点厂、香肠厂和乳品厂等食品加工企业。依附港航经济和城市机体的基础工业与加工类企业门类众多,虽规模不一,产能不大,但奠定了城市基础工业之基,成为青岛城市加工业的始端。

　　胶澳租借地的基础工业,一开始就表露出"重大轻小"的倾向。德国胶澳总督府曾寄希望于德国西门子公司这样的顶尖大企业接手租借地的电力工业,但西门子公司因租借地工业前景在德国国内遭到质疑而放弃,最终促成总督府通过企业收购实行官办。德国胶澳总督府在租借地推行的以国有工业集中经营的组织化政策随之受到了指责,德国商人坚决要求放弃官僚政治的国家资本主义,转而实行自由主义的经济政策。他们认为,造船厂、电厂、自来水厂等官办企业,将中小企业和民间资本逐出市场竞争的状况堪忧,"大企业和国家资本主义在这里也会吞下小企业"①。可见,以德国殖民当局和官办企业为一方,以德国商人和中小企业为另一方形成的对立,滞碍了租借地基础工业与临港加工业的发展。城市基础工业门类单一、进展缓慢,临港加工业长期处于进出口贸易的卵翼之下,停留在分拣、包装、储运的初级形态,此弊端也必然反作用于官办大企业的运营效能和港航经济的发展。

　　除了外商资本经营的临港加工业和城市基础工业之外,国人经营的同类行

① 青岛市档案馆编:《胶澳租借地经济与社会发展——1879—1914年档案史料选编》,中国文史出版社2004年版,第344页。

业成为初级形态的行业补充。史料记载,当时的胶澳租借地内,已有国人经营的 4 家铁工厂,3 家染坊,磨坊、油坊、窑厂、采石场、木工厂若干家,正处于手工工场向机器工厂的过渡阶段,虽然背负着农耕经济的浓重背影,难与德国工厂相匹俦,但手工作坊式的民族工业萌芽,已具备前工业化时期的某些属性,绝非德国人所评价的"此处几乎没有可称作工业的东西"。其间,曾任北京政府财政总长的周学熙出资买断德华沧口缫丝厂,并订购英国纱机,筹办青岛华新纱厂,此举惜因日德青岛战事突发而中辍。观察"启蒙期"的青岛工业,脱胎于农耕经济的本土工业初萌与舶来的工业化交互并存、杂糅共生,并且以后者为引领和主导。它所呈现的特殊形态,并非社会生产力发展到一定阶段的必然结果,而是殖民外力扭合的结果。德国工业资本的输入,成为这座城市的一扇橱窗,带有显而易见的"示范"意味和理想成分。尽管如此,这一时期的青岛工业,已然置身连接世界经济的开放平台,站到与中国著名港口城市竞争的前沿,特别是德国工业的先进理念和严谨精致的管理模式,为萌芽状态的"青岛制造"植入深刻的人文根基。

第三节 日本棉纺织业的"青岛并喷"

西方各主要资本主义国家的资本原始积累,几乎无一例外地从纺织业特别是棉纺织业起步,成为其占领海外市场的主要产业和主要商品。甲午战争以后,日本攫取中国台湾和朝鲜两大棉布市场,并依靠巨额战争赔款,促进了本国棉纺织业的进一步膨胀,加快了日本棉布向中国市场倾销的步伐,日本在中国棉布市场的占有份额迅速上升。1914 年爆发的日德青岛之战,日本强行侵占青岛。在日本军事统治青岛初期,日本棉纺织业开始进军中国的第一个高潮期。

日本纺织业能够成为近代日本工业的主干产业,自始至终和中国市场紧密相连。据统计,从 1895 年日本由棉纱输出国变为棉布输出国起到第一次世界大战爆发前,日本棉纺织业产品的 40％出口海外市场,中国几乎是其唯一的市场,日本棉纱棉布对中国市场高度的出口依存度进一步加强。第一次世界大战爆发后,陷于战火的欧美纺织大国纷纷从中国市场撤离,中国民族纺织工业迎来了崛起的黄金期。沿江、沿海及铁路沿线出现诸多棉纺织业重镇,"长江流域、津浦、江宁、平汉以及京沪、沪杭甬各路沿线,均设有机器棉纱纺织工厂"①。随着民族纺织工业生产棉纱的能力日渐提高,中国的棉纱进口量急剧下降,急速推进的中国棉纱进口替代过程,使日本纺织业迅速丧失了之前曾高度依存的中国市场。第一次世界大战结束后,当日本在战时购买的欧美纺织机械运抵本土时,正值纺织业的萧条之时,本该装配生产线的大量先进设备,转眼积淀为库存。为了打开这一困局,日本纺织企业竞相涌向拥有丰富棉产资源和廉价劳动力的中国,由商品输出转向资本输出,开始了在华纺织工厂的大规模扩张。

在大批日本纺织企业抢滩中国之前,日本内外棉株式会社奉行"雄飞海外"的信条捷足先登,成为"上海进出"的第一家日本棉纺织企业,从1911年到1914年接连在上海开设了第三、第四、第五纺纱工厂。第一次世界大战结束后,随着战后经济的恢复与重建,全球棉纱市场价格暴涨,巨大的市场缺口令规模膨胀的日本内外棉株式会社把扩张的目标指向青岛。

青岛地处山东半岛南端,气候温润,水陆交通发达,发展纺织工业首得地利。青岛港为华北第一良港,胶济铁路与津浦铁路相接,通向山东、河北、江苏三大产棉区,为纺织工业提供了广大的资源腹地。山东劳动力资源丰富廉价,加之旱涝灾害频仍,大批破产农民为纺织业储备了廉价劳动力资源。1914年日本侵占青岛后,颁布《青岛施政方针》,明确提出"贯彻我对支(中国)政策,助我工商经济之发展",大规模发展工业成为日本在青岛殖民政策的基本方针。日本殖民当局为鼓励日人来青投资办厂,实行征用土地和进口物资减免税收政策,与外埠大多数在"国中之国"租界地设厂的日商纺织企业相比,日商来青建厂更可谓独占"天时地利"。

1916年,日本内外棉株式会社投资50万日元修建内外棉株式会社青岛工厂。该厂位于四方区海岸路22号,新建青岛工场的排序紧随上海工场之后。1918年起,边建厂边开工投产,直至1923年共有3个工场投产,为内外棉株式会社青岛支店第一、第二、第三工场,总建筑面积30370.3平方米,共有纱锭90400枚,布机627台,线锭11200枚,产品主要是"银月"牌面纱。1917年,日商铃木丝厂在青岛建厂,成为抢滩青岛的第二家日本纺织企业,资本60万日元。厂址在今辽宁路80号。后改行印染业,厂名改为瑞丰染厂。

日本在青兴办工厂的高潮始于1917年,日本工业资本大举涌入青岛也始

---

① 陈迈:《近十年来中国纺织业衰落情形及今后复兴问题之讨论》,《工业月刊》1946年第1期,第5页。

于 1917 年,都是以日商纺织工业资本的率先涌入为开端。1917 年 9 月,当年建厂的日本铃木丝厂开工生产,资本日金 60 万元,被视为"已经开厂制造出售货品而规模尚未宏大者"①,成为日本纺织工业资本大举涌入青岛的首位事件。是年,资本 50 万日元的内外棉株式会社青岛工场尽管尚处于在建阶段,但边建厂边试产,以期早日进入下一轮扩张。以此为标志,日本在青岛的资本扩张从一般性的商业贸易和商业扩张,转向以工业产业首先是棉纺织工业为主的资本输出与经济控制。同年开工的日商企业除内外棉、铃木丝厂外,还有大连制冰株式会社青岛支店(资本 50 万日元)、青岛罐诘株式会社(资本 20 万日元)、青岛制粉株式会社(资本 50 万日元)等;已经在青岛建厂的日本企业还有青岛盐业株式会社(资本 50 万日元)、大仓组蛋粉厂(资本 10 万日元)、山东兴业株式会社(资本 100 万日元)等;还有筹划、推进在青岛建厂的日资企业如山东火柴公司(资本 5 万日元)、青岛磷寸制造所(资本 30 万日元)、大星洋行蛋粉厂(资本 9 万日元)、东洋制油株式会社青岛支店(资本 50 万日元)、三井油坊(资本 30 万日元)等。1918 年,日本工业资本在青岛的投资已超过 1045 万日元,其中增幅最大的是内外棉株式会社青岛工场,资本投入由 50 万日元增加到 100 万日元,成为带动日商大企业投资青岛的头牌。1919 年,日商纺织工业资本的"青岛井喷"仍在继续。是年,日商大康纱厂在青岛建厂,厂址在今四方区杭州路 12 号。大康纱厂的全称是大日本纺绩株式会社青岛大康纱厂,其总厂设在日本大阪。该厂于 1921 年 10 月开工投产,占地 217800 平方米,资本金 5200 万日元。有日本职员 57 名,雇用中国工人 3500 名,后经几度资本扩张,成为青岛规模最大的日商纱厂。

20 世纪 20 年代特别是 1920 年以后,是日本在华纱厂的规模急剧扩张期。这一时期,日商纱厂在内外棉、大康先期抢滩青岛、投产运营之后,继之以群起之势大举进军青岛,成为这一扩张期在中国最具典型性的表现。1920 年,日商宝来纱厂(全称日本长崎纺绩株式会社青岛支店,总厂设在日本长崎,营业所设在大阪,因该厂使用"宝来"牌商标,故习称宝来纱厂)建立。1923 年 11 月开工投产,占地面积 46.7 万平方米,投资 538 万银圆,雇用中国工人 1200 人,有纱锭 2 万枚,年产棉布 14400 件。1924 年 5 月,该厂改为日本官营,厂名改为长崎国

---

① 《胶海关一九一七年贸易论略》,青岛市档案馆馆藏档案 47 全宗 1 目录 1006 号卷 10,青岛市档案馆编:《帝国主义与胶海关》,档案出版社 1986 年版,第 272 页。

光纺绩株式会社青岛支店。

1921 年,中国收回青岛进入倒计时,日商在青扩建纱厂的速度不但没有放缓,反而加速推进。这一年度的前 10 个月,先后有 3 家日商纱厂在青岛开建,其建厂速度堪称史无前例。是年 2 月,日商钟渊纱厂始建。钟渊纱厂是由日本钟渊纺绩株式会社在青岛开设的纺织厂,建于沧口街南侧,西临大海,靠近胶济铁路。初建时占地 92.4 万平方米,投资 1500 万日元。有日本职员 143 人,中国工人 3400 人,纱锭 42240 枚,织布机 865 台,年产棉纱 9.6 万件、棉布 684 万匹。同年 10 月,日商富士纱厂开建。富士纱厂全称日本富士瓦斯纺绩株式会社青岛工场,总厂设在日本东京。富士纱厂于 1927 年 3 月开工投产,厂址在营子村南,西临胶济铁路,门前是四流路。初建时占地 44 万平方米,投资 4550 万日元。初开工时有日本职员 26 人,雇用中国工人 850 人。有纱锭 31360 枚,年产棉纱 2.9 万件,商标为"五彩星"牌。同月,本年度第三家日商纱厂——隆兴纱厂开建。隆兴纱厂全称日清纺绩株式会社,总部设在日本东京,辖有 6 个工厂,其中 5 个在日本。隆兴纱厂 1923 年 4 月开工投产,厂址位于下四方村西北角,初建时占地 191891 平方米,资本金 2700 万日元。有日本职员 28 人,中国工人 1073 人。初建时有纱锭 26360 枚,年产棉纱 20400 件,商标为"宝船"牌。

从日商在青设厂的时间表来看,1916—1921 年是日本棉纺织业进军青岛的第一个"井喷期",先后建成的日商六大纱厂联袂一气,形成了沿胶济铁路分布的规模格局。1924—1925 年,日本在华纱厂纱锭已达 100 万枚,占中国纱锭总数的 1/3。而青岛日商六大纱厂在经历了不到 10 年的集聚、扩张之后,其纱锭总数已达 25 万余枚,成为仅次于上海的第二大日商纱厂聚集中心城市。

1922 年中国收回青岛后,随着日本在青政治、军事势力的退潮,日商纱厂在青岛的扩张顿呈挫势,建厂布点虽未有新的增加,但六大日商纱厂除富士纱厂外,大都在短短二三年内开工投产,且规模扩张由外转内,同一旗号下的分支扩张呈倍增现象。其中,内外棉株式会社由最初的 1 个工场扩展为 3 个,纱锭数量翻了两番。

1929 年,全球经济危机爆发,波及东亚地区经济,尤其是棉纺织业,中国南北各纱厂停工歇业者不计其数。为应对这一困局,20 世纪 30 年代初,南京国民政府实行新的经济政策,一方面改订中日关税,一方面出台棉麦借款,在亲美政策的主导下,改变了中国棉纺织业一向高度依赖日产原料的消费结构,使日本在华棉纺织业陷入困厄。受此波及,从 1922 年至 1934 年的 13 年中,日商纱厂在青建厂曾一度寂然无声。后经中日交涉,南京国民政府调整对日经济政策,中日双方达成妥协后,日商在青增建纱厂又起高潮,先后增设了三大纱厂:上海纱厂、丰田纱厂、同兴纱厂。青岛纺织第二个"井喷期"随之到来。

1934年3月,日商上海纱厂建立,该厂系日资上海纺织公司青岛工场,俗称上海纱厂,厂址位于今四流南路70号。1935年5月开工生产,装备有日本丰田式纺机,纱锭4.05万枚,织机720台,自备4800千瓦发电设备。至1937年,纱锭扩展为5.5万枚,织机1440台。1934年5月,日商丰田纱厂开工建设。其全称是丰田纺绩株式会社青岛工场,总厂设在上海。丰田纱厂的建厂期仅11个月,1935年4月即开工投产,厂址在大水清沟村的西北侧,初建时占地35万平方米。有日本职员73人,中国工人2000人。机器设备有纱锭37908枚、织布机540台。年产棉纱2万件,商标为"丰鸟"牌;年产棉布47.5万匹,商标为"燕喜"牌。1935年7月,同兴纱厂始建,全称是同兴纺绩株式会社青岛工场,总厂设在上海。该厂于1936年10月开工投产,工厂建在营子村和板桥坊村西南海边。初建时占地35万平方米。有日本职员50名,雇用中国工人2000人。机器设备有纱锭37020枚、织布机1152台,年产棉纱1.5万件,棉布56万匹,商标为"喜鹤"牌。

除了这一时期迅速投产并迅速形成规模的3个日商纱厂,先期投建的日商六大纱厂的生产规模也在迅速攀升。1925年时,大康纱厂的机器设备仅有纱锭4万余枚、织布机150台,年产棉纱65520件(每件平均为180公斤),年产棉布82500匹(每匹平均为34米)。到1937年时,大康纱厂已拥有纱锭137573枚、织布机3000台,是青岛当时规模最大的日商纱厂。生产棉纱的商标为"童鱼""金货""宫女"等牌,棉布为"花鸟"牌。钟渊纱厂于1931年改厂名为钟纺公大第五厂,到1937年底,纱锭增至133496枚,织布机增至4412台,棉纱商标为"花蝶"牌,棉布商标为"双飞龙"牌。1932年,富士纱厂增设织布工场,安装织布机480台,工人增至1600人。到1937年时,纱锭增至90980枚,并有织布机1472台,棉布商标为"桃"牌。1932年,宝来纱厂纱锭增至32768枚,到1937年7月,纱锭又增至46832枚。据统计,至1936年末,青岛纺织业有纱锭56.84万枚,占全国的10%以上,其生产规模仅次于上海,居全国第二位。

日商纱厂大举涌入青岛的前后两个"井喷期",基于不同的历史背景,呈现不同的特征。庄维民、刘大可认为,20世纪30年代中期日商纱厂再度卷起的第二个"井喷期",大体显现出3个方面的特征。一是日商纱厂来青岛建厂的资本主体,已由总部(总厂)位于东京、大阪的国内大型纺织公司,变成总厂位于上海的在华日商纱厂,反映出日商纱厂凭借在华生产基地上海,历经 20 余年的扩张后,资本积累及产业实力达到了支撑其再度扩张的规模,上海由此成为在青日商纱厂第二个"井喷期"的储力站和踏跳板。二是这一时期日商纱厂的产品流向表现为内销＋出口的双向流通,棉纱主要在中国销售,行销山东各地和长江流域、沿海各省、京津地区和东北地区,后产品覆盖面扩大到河北、河南、陕西等地,以低价竞争挤占欧美棉纱中国市场,以致棉纱的进口量大幅缩减;棉布除中国上述地区销售外,还销往日本、朝鲜等国家,与欧美棉布争夺中国境内、境外两个市场。三是九大日商棉纺企业形成沿铁路线南北纵向分布的狭长工业区,突破了 20 世纪初城市规划沿前海—后海一线布局的框架,城市功能由单一路港功能向工商综合功能转化,经济动能由港航经济向工商城市经济转化。但城市劳动力流动呈现"南宿北工"的畸态,成为长期滞碍城市发展格局的瓶颈。

七七事变后,日本全面发动侵华战争,国民党青岛市政当局实行"焦土抗战",撤离青岛前炸毁日商九大纱厂、铃木丝厂、丰田油厂、四方发电厂等日资企业主要机器设备及工厂厂房。1938 年 1 月青岛沦陷当月,日商纱厂卷土重来,在被炸为废墟和瓦砾的原厂基上修复扩建 9 个纱厂。复建后的日商各纱厂,占地总面积为 342.6 万平方米,建筑总面积(包括宿舍等非生产性设施)共 50.9 万平方米。复建后的生产主厂房为锯齿形砖砌钢筋混凝土和砖木结构,厂房屋顶覆盖波浪式石棉瓦。除隆兴纱厂为南向采光外,其余各纱厂均为北向采光,回转窗通风,地板系混凝土打基,上铺樱花木地板。各厂配有冷暖房装置,织布车间配有喷雾装置,清花装置有尘塔、地室、集尘网等设备。一般仓库均远离生产车间,装有空气式自喷水龙头,以防冰冻,门楣装有自动防盗警铃,并有铁路专线直通仓库站台。厂房内装有自喷淋灭火水龙头、火警自警器和防火门。各厂房、仓库水电设施完备,消防、空调及其他非生活用水由自掘水井和水塔供给。大康、内外棉、上海、钟渊等纱厂建有小型发电厂。[①] 复建后,各日商纱厂安装有日本 20 世纪 30 年代制造的荣光式、神津式、日清式、钟渊式、牵引式等各式日制精纺机,织布机为丰田式自动换梭织机和阪本式自动换梭织机,设备性能在国内外同行业中居领先地位。日商纱厂在复建的同时还大事扩建,其中大康纱厂重修后,该厂面积扩大为 339306 平方米,有日本职员 75 名,雇用中国工人

---

① 青岛市档案馆编:《青岛通鉴》,中国文史出版社 2010 年版,第 307 页。

2000 余名。机器设备有纱锭 54980 枚、织布机 830 台,年产棉纱 45 万件、棉布 80 万匹。[①] 但即使如此,复建扩建后的日商纱厂规模仍离战前规模甚远,安装纱锭 389632 枚,为战前的 68.5%;线锭 29396 枚,为战前的 49.5%;织机 5830 台,仅及战前的 45.3%,生产能力大为缩减。太平洋战争爆发后,日本国内钢铁资源奇缺,青岛日商纱厂被迫拆除一批纱机,运回日本国内炼铁,其产能再度大幅缩减。

第四节　日资化工橡胶业的渗透与扭合

19 世纪末至 20 世纪初,日商资本进入青岛的化工产品经营,日商相继在青岛开设商行,经销合成染料。第一次世界大战后,日商信昌洋行接手原德商经营的信昌化工厂(位于今广州路),组成山东药物研究所,"制作化妆洗濯所需之粗细肥皂,日出九十吨,销路则由本埠推至胶济沿线以达济南、天津"[②]。这一时期,因染料产品紧缺,青岛输入进口染料急剧减少,民族染料工业乘势得以发展。1919 年,国内第一个化学染料厂——青岛维新化学工艺社在青岛创建,所需原料——氯化苯、硝酸、硫酸均从日本进口,专制硫化青颜料与土碱,运销本埠及胶济铁路沿线。

20 世纪初起,牛肉成为青岛港出口大宗。总督府屠宰场建立后,大批量的牛肉出口一跃成为青岛港出口商品的新宠,同时,肉牛副产品牛骨、牛皮、牛脂更为出口商所青睐,出口量大增,其中尤以骨胶、骨粉主产原料的牛骨最为走俏,而出口地则以日本为主。"牛骨分为两种,长骨销于日本大阪、广岛等地,作细工骨器之用,杂骨则在本地制成骨粉,作肥料之用,运销于日本鹿儿岛、长崎、横滨等地。"[③]1919 年,日本铃木洋行驻青岛分行经理金子庆治在青岛台西三路 60 号组建铃木商店青岛出张所,生产营销骨粉,青岛的"三胶"(指骨胶、皮胶、明

---

① 抗日战争胜利后,中国纺织建设公司在青岛建立分公司,接收日商大康、内外棉、隆兴、丰田、上海、公大、仓敷、富士、同兴等九家纱厂,并在接收后按以上顺序更名为中纺第一至第九棉纺织厂,合计纱锭 443504 枚、线锭 58848 枚、织机 9748 台。中纺青岛分公司还接收了丰田式铁厂(改称中纺第一机械厂),改组日华兴业会社瑞丰染厂为中纺第一印染厂,将和顺、大信两厂合并为中纺第一针织厂,将曾我、华北两个木厂合并为中纺第一梭管厂。
② 民国《胶澳志》卷 5《食货志·工业》,民国十七年(1928)铅印本。
③ 《青岛市牛业状况》,《青岛工商季刊》1933 年第 1 卷第 1 号,第 29 页。

胶)生产开始起步。后因铃木商店青岛出张所经营不善,1926 年遂以 1800 元将全部设备及厂房拍卖给另一日商高桥丑吉和中国商人方百川共同经营,并易名为青岛肥田骨粉公司(即南厂),中、日合资双方各占股权的 50%,以生产骨粉为主,其产品主要由高桥丑吉销往日本,获利颇丰。1932 年,青岛肥田骨粉公司从所获利润中提取法币 25 万元,购得日商金子庆治在济南经七路西道德街 16 号所建的安泰骨粉厂,改称青岛肥田骨粉公司济南出张所(即分厂)。这一时期,华商独资设立的"三胶"工厂开始出现。1934 年 6 月,张柏祥等 21 人集资,在青岛四方区北山一路 19 号创办青济国货胶厂,并在济南设一分厂,成为以生产骨胶、骨粉为主的中资生产厂。1936 年,青岛肥田骨粉公司再次从利润中取出法币 2.3 万元,购得另一日商兴亚株式会社在青岛台西三路 53 号开办的兴亚骨粉厂,为青岛肥田骨粉公司北厂,仍以生产骨粉为主,形成南、北两厂加一分厂的产业规模。

20 世纪 30 年代初,青岛民族颜料工业发展迅速,青岛维新化学工艺社资本已达 25 万银圆,有工人 50 多名。继之青岛正业颜料公司建立,年产硫化煮青 300 吨左右。至 1934 年,青岛市染料生产厂家(作坊)有 10 余家。同年,日本财团企业帝国染料制造株式会社投入资金 16 万银圆,与维新化学工艺社合作组建合资企业,次年正式更名为株式会社维新化学工艺社(简称株式会社维新社),由日本人出任社长,并重新向市政当局领取租地等凭证,维新化学工艺社遂被日本化工资本所控制。1935 年,合资双方再度扩充资本,由 20 万银圆增至 50 万银圆,添置滚筒式干燥机,开始生产 BX 粉青(粉末状硫化黑染料),年产量增至 1300 余吨。1936 年,又增加硫化碱产品,年产能力 2000 吨,商标为"桃"牌。

分析日本工业资本在青岛化工橡胶业的扩张路径,实行所谓的"华日合资"是其重要途径之一。对于化工橡胶等重要产业领域的重点中资企业,日商工业资本通过以政府为后援的金融资本"蓄水池"向合资企业注资,达到掌控重点中资企业的目的,进而形成具有一定市场控制力的垄断势力,此点在维新化学工艺社的日资化过程中表现尤为明显。株式会社维新社扩张到 2000 吨规模后,在市场占有上遭遇中国颜料厂、正业染料公司等民族染料企业的抗拒与竞争。1937 年,日本帝国染料制造株式会社决定"联合日人在华内地之同业中有力者",以株式会社维新社为本店,将上海日商三和颜料厂纳入,并在天津兴建年产 2500 吨硫化腈分厂,以放大产能达到排挤中资颜料工业之目的。该株式会社整合多家日商化工企业后,再度扩股筹资,以使株式会社维新社资本达到 100 万日元规模,但筹资至 70 万日元时因抗日战争爆发而中辍。国民党军政当局于撤离青岛时,将株式会社维新社厂房焚毁。

青岛橡胶工业的起步以民族资本橡胶工厂的建立为始端,且与国人蓬勃兴起的提倡国货运动相伴生。1932 年,民族资本同泰胶皮厂建立,成为青岛市最早生产自行车胎的厂家。经几年发展改进后,所产自行车胎逐步打开销路,占领胶东半岛地区市场,初步打开舶来品垄断中国市场的局面。时值国人提倡国货抵制日货方兴未艾之时,同泰产自行车胎销路日畅,该厂进入生产鼎盛时期,车带年产量已达 20 万条,职工增至 200 余人,与华新纱厂、永裕盐业公司和振业、华北火柴厂等并列为青岛大型厂家之一。[①] 1935—1936 年,日本商人分别投资 100 万日元和 30 万日元建立桥石 Bridge Stone 护谟株式会社制胎场(简称 BS 制胎场)、鑫和护谟株式会社,先后建成自行车胎和汽车轮胎生产线,开始自行车胎和汽车轮胎生产,以其雄厚的资金、技术优势,夺占民族橡胶厂产品市场,致使同泰胶皮厂等民族橡胶企业外无市场、内乏资金,陷入经营困境。

1940 年,日商 BS 制胎场与其总厂分离,成立日本车胎股份公司青岛分公司,主要生产 32×6、32×7 两种型号的卡车轮胎内、外胎,年产量约为 9000 套,商标为"BS(皮爱司)"。1944 年,日本车胎股份公司青岛分公司与日本护谟株式会社太阳胶鞋场,借日本发动太平洋战争大肆扩充军需之机,联手进行大规模资本扩张,进而谋取日本在华橡胶业垄断地位,两厂合并成立青岛胶皮工业株式会社青岛工厂,资本由 200 万日元增至 1100 万日元,成为日资在华开办的最大橡胶制品工厂,汽车内、外胎年生产能力均达 12 万条。是年,该厂生产汽车轮胎外胎 13 万条,内胎 12.8 万条,分别占华北地区总产量的 50%~70% 和 30%~60%。

手推车是中国农村最为普及的运输工具,手推车胎生产拥有广大的农村市场,尤以北方农村为大,成为在青日商橡胶企业垄断青岛橡胶工业市场的又一角力场。1938 年 5 月,日本桥石护谟株式会社 BS 制胎场开始生产手推车胎,1940 年生产"BS"牌 26×21/2HC、28×13/4HC、29×400HC、30×5HC、32×6HC 等 5 种规格的手推车外胎 1671 条、内胎 7523 条。1942 年,被日商租占的

---

① 王超凡:《青岛橡胶工业概况》,中国民主建国会青岛市委员会、青岛市工商业联合会工商史料工作委员会编:《青岛工商史料》第 3 辑(内部资料),1988 年版,第 65 页。

青岛同泰胶皮厂利用日本式八瓣硫化机投产手推车胎,产量不大,产品覆盖面不广。以上两厂手推车胎生产均未形成规模。1945年,日本青岛胶皮工业株式会社青岛胶皮工厂生产手推车外胎2.61万条、内胎3.24万条,其规模、产量为华北地区之最,基本垄断了华北市场。

日商BS制胎场在并入日本青岛胶皮工业株式会社青岛胶皮工厂之前,是山东省最早的胶管生产厂。其胶管产品主要有风闸管、汽管、水管、油输送管以及其他各种橡胶管,胶管年产量达5.9万标米。1939年投产橡胶传动带生产后,由胶管生产厂扩充为输送带生产厂,新增输送带产品品种包括机械用传导帆带、三角带(即V形带)、风扇带、平形带等。由于该厂输送带年产量不敷工业生产需求,1944年日本青岛胶皮工业株式会社青岛胶皮工厂以原BS制胎场胶带生产线为基础,增置、改进装备配置,胶带生产形成规模。其胶带部主要设备有帆带成型机2台、6×30英寸和2×12英寸平板硫化机各1台、小型平板硫化机4台、卧式硫化罐3台。此外,A、B、C、D、E各型三角皮带模型齐备。到1945年,该厂平型带产量已达到1.51万平方米,三角带、风扇带产量达3.88万平方米,各类胶管产量达62万标米。[①] 日商鑫和护谟株式会社是专事胶带、帆布带生产的另一日商厂家,自日本全面发动侵华战争以来,在碾轧民族橡胶企业的基础上规模迅速扩张,成为仅次于青岛胶皮工业株式会社青岛胶皮工厂的日商橡胶厂,拥有当时最新式传导带用平板加硫机及胎用帆布织机,其传输带生产设备可与青岛胶皮工业株式会社青岛胶皮工厂相匹。

20世纪初,胶鞋开始输入中国市场,其防水、耐磨等其他鞋类所不具备的特点、性能渐为社会民众所认知,显示出广阔的市场前景,在青日商一直以日产胶鞋进口博取厚利。1928—1930年,在青日商变产品输出为资本输出,分别投资5万日元开设了青岛胶皮工厂和大裕胶皮工厂,生产胶鞋和鞋底。1931年,民族工商业者创办隆裕胶皮工厂,产品亦为胶鞋和鞋底,与日资胶皮厂展开竞争。在同年建立的民族胶皮厂中,以民族资本的福字胶皮工厂规模和影响力最为显著,该厂日产"福"字牌胶鞋300~400双,开创了青岛整鞋生产的新格局,盈利状况好于其他中资胶皮工厂。1933—1935年,日本护谟株式会社太阳胶鞋场及

---

① 抗日战争胜利后,日本青岛胶皮工业株式会社青岛胶皮工厂被南京国民政府经济部鲁豫晋区敌伪产业局接收,改称青岛橡胶厂,1947年7月转让给国民党中央党部财经委员会,易名为齐鲁股份有限公司青岛橡胶厂。

其青岛工厂先后建立,主要产品从"太阳"牌胶鞋发展到各种胶鞋,迫使"福"字牌胶鞋市场衰竭。福字胶皮工厂因生产用橡胶及其他原料均需从日本运进,成本倍增,加之国内胶鞋市场萧条等原因被迫停业。

1936年,民族资本山东胶皮工厂建立,与日资胶鞋厂争夺胶鞋市场。同年,日商为挤压中资胶鞋工厂,进行产业规模和产品品种扩张,以2万日元低价购买了福字胶皮工厂,改名泰安胶皮厂,新增工人100余名,重新开张生产,日产"虎"牌胶鞋400～500双,胶鞋品种新增力士鞋、自由鞋、胶皮板(鞋底)、漆布(鞋帮)等,对中资胶鞋厂构成强悍的市场打压。

20世纪30年代后期,胶鞋业带动了青岛的再生胶产业。日本护谟株式会社太阳胶鞋场再生胶生产部采用油制法生产再生胶,日产约1吨,自产自用。继之日资青岛胶皮工业株式会社青岛胶皮工厂投产棒(垒)球、皮球、鞋后跟、瓶口胶片等产品。40年代,日商化学工厂为配套橡胶工业所需,开始投产橡胶助剂。日营泰隆化学厂生产的橡胶助剂产品有硫化油、胶皮柔软剂、亚铅华、脂肪酸锌等。日商第一工业制药株式会社青岛支店所属第一工场投产用于纺织、印染业的土耳其红油(现称保色油),是山东最早出产的印染助剂产品。[①] 其间,日本桥石护谟株式会社青岛工厂制鞋场兼制胶布制品,主要产品以电线绝缘胶布、医用胶布以及工业类胶布制品等胶布类为主。至1945年,生产医用胶布5.88万卷、电线胶布28.15万卷。同年该厂试生产医用手套7600副,但试产过后并未形成规模生产。

20世纪三四十年代,青岛市纺织、印染及其他行业所需要的烧碱(氢氧化钠,别称火碱),基本依赖从国外及外埠输入为主,本埠民族化工企业尚不具备生产能力。1942—1943年,民族工商业者先后创立了丰盛号制碱厂、德隆号制碱厂、青岛制碱厂等苛化法烧碱厂,均为手工业工场,生产技术落后,采用人工操作,大锅熬制,生产规模较小,职工人数多者30余人,少者不及10人。1944年,日本在青岛设立的上海纺织株式会社和德山曹达(日语,即烧碱)工厂,共同投资65787万元(伪币),计划利用青岛地区的海盐和上海纱厂(现青岛国棉五厂)的剩余电力,建立青岛曹达工厂。设计规模为日产烧碱9吨、漂白粉5吨、

---

① 1946年7月,中国纺织建设股份公司青岛分公司将日商第一工业株式会社青岛支店第一工场收购并开工生产,10月并入青岛第一印染厂,1947年又转归青岛第一化工厂,更名为第一化工厂宁海路分厂。

盐酸 17 吨;全部设备均由日本运来。直至 1945 年 8 月日本投降时,运达的设备器材尚不足 20%,所有的初期工程也随着日本的投降而中夭。

第五节　日商盐业的扩张与垄断

清初,胶州湾沿岸陆续开辟盐田,胶州盐田和即墨县盐田相继出现,盐田总规模不下 1000 亩。清光绪十七年(1891),即墨大桥村盐民建起张家滩晒盐场,滩晒—制卤—蒸发—结晶,形成了海滩晒盐的一系列操作程式,从此结束了胶州湾自古以来的煎盐历史。1897 年德国占领青岛后,为攫取盐业资源,把原属石河场署管理的环胶州湾盐田划入胶澳租借地,改称胶澳盐场。光绪三十一年(1905)芝坊盐场建成投产。光绪三十四年(1908)阴岛萧家村的盐业大户萧廷藩,依据海水晒盐的生成原理,建成储水、蒸发、制卤、结晶等配套盐池,盐产量大增,阴岛盐田跃为胶州湾盐田的新兴高产区。这一时期,即墨大桥盐滩规模逐年扩展,多处盐滩次第而起。至 1912 年,大桥盐滩已发展到 63 副斗,面积 63 公顷,盐民 146 人。即墨县泊子、北颜武、雄崖所、埠后、里外栲栳、金口、沟里、海东、海南、纪家庄、南泊子等盐场相继建成,即墨、胶州沿海盐滩与阴岛盐田已毗连成片。

胶州湾沿岸滩地,阔达平坦,退潮时沿岸滩地有六七里之阔,且海水潮汐落差较大,土质为黏土,"所以无漏水及变更地盘之虞"。胶州湾沿岸温度不低,湿度不高,风力强弱平衡,一年可分晴雨两季,干燥时多,阴雨时少,和海外诸多产盐国家制盐地的气候十分相近。加之胶州湾内海水含盐浓度高,盐分极为丰富,具有大规模建设高产盐田的必备条件。

当时,晒盐场的配套建设非一家盐户所能承担,且各家盐户售盐价格不一,产盐少时哄抬市价,产盐多时竞相压价,内耗内卷较为严重。为力避盐田经营的上述弊端,阴岛宁家、萧家、高家、陈哥庄 4 家晒盐场实行合资经营,集中资金,统一盐价,合资建盐场。合营的晒盐场包括宁家 5 家,萧家 30 家,高家和陈哥庄各 10 家,实为 4 个不挂牌的合资经营公司。合资经营实行利益均等,赢利分配到参与合资的各家,每家可得 60 吊钱。阴岛盐田的规模扩展和产盐量的提升,使胶州湾沿岸城乡的食盐供应十分充裕,按一个成年人年需盐 20 斤计算,阴岛产盐对于满足胶州湾沿岸城乡的全部食盐需求绰绰有余。"斯时德之总督,亦不加干涉,所以(盐业)益能畅行无阻。至前清宣统三年,德人对于盐田及盐,方始课税。"①德国殖民当局实行征收盐税后,其课税办法是按蒸发池 12 个、结晶池 24 个为一副斗子,每副斗子课税 4 元;盐的输出税按每百斤征银 3 钱计算。至 1912 年,阴岛周围已有盐田 900 多副,面积 2.7 万亩,盐民 1800 余人,人均年产盐 19 吨,年产盐总量达 3.5 万吨。

1914 年日德青岛之战期间,不少盐滩和制盐工厂堤堰坍毁,厂房倾塌,毁于战火之中。从这一年起,日本盐民在移民潮的裹挟下,开始向胶州湾盐区涌流。当时,每百斤青岛盐的生产、洗涤、粉碎成本不超过两毛钱,而同期日本国内制盐的成本却高达一元五角乃至二三元,两地生产成本相差 10 倍以上。大利所在,趋者若鹜,在巨大获利的刺激下,大批日本盐民渡海而来,纷纷涌入胶州湾盐田。1915 年,青岛地区暴雨成灾,使 135 亩盐田堰决堤塌,冲毁一空。1917 年,胶州湾盐田开始修复,盐业生产逐步回升,青岛盐声名渐起,开始向日本、朝鲜大量输运食盐。1918 年,运往门司 5 万吨、横滨 2.8 万吨、神户 1.95 万吨、仁川 1.3 万吨、釜山 2.45 万吨、符拉迪沃斯托克(海参崴)0.2 万吨。1919 年起,青岛输入日本的盐的出口量以及胶州湾沿海的大量日商盐田和加工厂的数量激增。据不完全统计,仅 1919 年,日商便从青岛输出海盐 440 余万担,创历史最高。

伴随日本国内盐化工业的高速发展,工业盐需求量与日俱增。当时日本国内虽然大量设置精盐加工厂,改进传统盐加工生产技术,但所需原盐仍取自民间,而民间的原盐生产仍然沿袭古老的煎盐方法,每年产盐量不超过 1000 万担,与极速增长的工业用盐相差甚远。1918 年,日本盐化工业巨大的原盐缺口,终于导致其国内发生盐荒,驱使原盐供需矛盾日益加重,拉动盐价飞速飙升。1919 年,日本为缓解其国内的盐荒,填补国内盐化工业的原料缺口,加快了向胶州湾盐田的移民步伐。在日本政府的鼓动之下,大批日本小本盐户纷纷涌入胶州湾盐区开采盐田,开办精盐加工厂。在日本移民政策和暴利的驱使下,最初涌入胶州湾盐田的日本盐户,并非具有资本实力的企业主,"实则开滩设厂多属来青致富之徒,小本营业事类投机",从事小本经营的日本小盐户,多为急功近利的掠夺式开发,盐田开发投入不足,所修盐田大部因陋就简仓促而就。"且国

---

① 郑尊法:《盐》,商务印书馆 1923 年版,第 92 页。

人开滩在先,日人开滩在后,先开者多占优胜适宜之地,而后开之滩,距海非远即近,远则沟渠工巨,而引水困难,近则潮水冲刷,堤堰费重,且日人狃于当年营利之厚,与其政府奖励之殷,富者工程开支不免浮费,而资本薄者减料偷工,不为久计"①。其中工程费用较高的围堰式盐田,尽管投入较大,但效果往往不佳,在潮汐的强作用力下,往往堤崩堰坍,血本无归,即便勉强维持,工程的漏洞也往往堵不胜堵。1914—1922年,日本盐商共建成新盐滩1004.75副,国人私有盐田也增加到1071副,合计2075.75副,盐田面积82978亩,生产规模达到德占时期的3倍;平均年产98635吨,比德占时期提高181.81%;盐工盐民人数4151人,实物劳动生产率每人每年24吨,比德占时期提高26%。至1922年,胶州湾"其所有盐田,为华人所经营者,一千零七十一付斗子,约占面积一千零七十四亩。其为日人所经营者,约一千四百十四付斗子,约占面积九百九十四亩。此外精盐工厂十六所,加工盐工厂十二所,皆为日人所设"②。至1922年青岛盐田接收前,日商尚有在建盐田367町步(约5460亩),草草完工及中辍停建的盐田达853町步(约计12697亩)。这一时期,日本盐商先后建成的盐田几乎与中国人经营的盐田相当,胶州湾盐田的盐产量增幅较大。但中日盐民生产的盐质有优劣之分,原盐的品质,中国盐户晒制的盐,反比日本盐户为优。1921年,经青岛盐质检定所盐质检定,其中上等盐,中国盐户生产的占72%,日本盐户仅占28%;中等盐中国盐户生产的占70%,日本盐户仅占30%,对比极为悬殊。

1922年,中日签订《解决山东悬案条约》。按照条约规定,凡沿胶州湾海岸盐场确系日本人或日本公司正在经营的,全部由中国政府公平购回,并照相当条件以该沿岸产盐的若干数量准予贩往日本。当时,青岛地区的盐务制度与内地省区截然不同,内地实行盐务专卖,主要以商运官销为主,其盐价和利税都由官方来定,而青岛盐务则操于日本青岛守备军之手,青岛盐的销售权几乎完全操纵在日本人手里。日本占领青岛后,出台盐田及盐输出管理办法,规定盐田税及盐的输出税仍沿袭德人旧制,并强行规定青岛盐的出口配比。日本侵占青岛前,青岛盐的60%出口香港地区,20%出口符拉迪沃斯托克(海参崴),10%出口朝鲜,余皆内销。日本侵占青岛后,青岛盐主销日本,次销于朝鲜,再次方销于香港地区,取消青岛盐内销,"禁止输入予吾国的内地",以确保青岛盐主销日

---

① 《青岛市盐业状况》,《青岛工商季刊》1933年第1卷第1号,第69页。
② 郑尊法:《盐》,商务印书馆1923年版,第93页。

本。中国收回胶州湾盐田,青岛盐主销日本的规定将不复存在,从此回归中国盐政管理,实行中国盐务制度,由此决定了包括日商盐业和国人盐业在内的胶州湾盐田经营权,从此握于中国盐政手中。中日鲁案善后委员会盐田分会的日方代表,不甘心青岛盐主销权一朝失去,以日本盐商请愿书为借口,向中方提出中日合办青岛盐田,遭中方严词拒绝,申明中国盐业一向实行国家专卖,不许外商染指经营,中方拒绝接受日本盐商一切非正常外交程序的"请愿"。1922 年,中日"鲁案"善后谈判中,日方代表提交"盐业利益赔偿金集计表",提出日商在青岛的盐田总计 3200 町步,盐工厂 24 所,把日商一批质量低劣的盐田工程包括一批围堰"烂尾"工程一并甩给中方高价索赔,提出日商盐田索赔金额为7877883 日元。被誉为"中国民族化学工业之父"的天津久大化学公司总经理范旭东[1]一直关注中日关于胶州湾盐田偿价问题的谈判,"乃秘派久大技师扬子南等人再度来青作进一步调察。一者为进军青岛做准备,二者可以参照塘沽建厂时的造价评估青岛盐业的真正价值,以供政府谈判时参考。根据扬子南等人提供的资料,其全部盐田共 1500 副斗子(2.5 万亩),连其 17 处制盐工厂价值不过200 万元,此外'青盐输日'的专利权约值 100 万元,三项相加不过 300 万元"[2]。久大扬子南的调查报告上报北京政府后,中方代表把偿金额定为 200 万元,与日方报价形成几近 4 倍之差。在中国谈判代表的力争下,日本获得的盐田索赔金最后定为该调查报告提出的偿金底线,即 300 万日元。

第六节　英美烟草业之东渐

青岛颐中烟草股份公司,前身是英美烟公司。公司总部于 1902 年成立,由英美两国六大烟草公司共同出资组成,故称英美烟公司。该公司总部设在伦

---

① 范旭东(1883—1945),名源让,字旭东,湖南湘阴人,中国化工实业家,被称为"中国民族化学工业之父"。1914 年在天津塘沽创办久大精盐公司。范旭东先后创办和筹建久大精盐公司、久大精盐厂、永利碱厂、永裕盐业公司、黄海化学工业研究社等企业,历任总经理、董事长、化学工业会副会长等职,并生产出中国第一批硫酸铵产品,更新了中国联合制碱工艺,其所形成的"永久黄"团体,是近代中国第一个大型私营化工生产和研究组织,被毛泽东称赞为中国人民不可忘记的四大实业家之一。

② 李丁:《范旭东和青岛盐业》,中国人民政治协商会议青岛市市北区委员会文史资料研究委员会编:《市北文史资料》第 2 辑(内部资料),1993 年版,第 168 页。

敦,其生产经营置于世界其他国家和地区的分支市场上,而中国则是其重点扩张的主要市场之一。继上海浦东建立第一个小型烟厂之后,英美烟公司经过多年经营,逐渐发展成为一个遍布中国南北 11 个卷烟厂、6 个烤烟厂、6 个印刷厂、1 个包装材料厂和 1 个机械厂的烟业托拉斯。

山东是中国北方重要的烟叶产地,胶济铁路贯通以后,英美烟公司从 1913年起就着手在铁路沿线推广种植和收购烟叶。1914 年 1 月,驻上海的英美烟公司与德国山东铁路矿务部商定,租用坊子煤矿空场和医院原址,作为烤烟试验场。1917 年在坊子的二十里铺建了大型烤烟厂,在周边乡村发展烟草种植园,成为山东第一座烟叶复烤厂,将在胶济铁路沿线收购的烟叶复烤后,再由青岛输出。是年,烟叶在青岛港出口货物中"颇属明显"。"本年(1917 年)运出之烟叶,计三万五千一百四十九担,估值六十三万四千四百三十九两,其中以至沪者居多数。"①此时,经青岛港输出的烟叶主要运往上海,即为英美烟公司在华经营的最大卷烟基地提供原料。其后,日商经营的山东产业公司在青岛李村农场进行烟种改良试验,以期介入山东内地烟叶产地的市场竞争。

随着英美烟厂卷烟原料大批涌入青岛,1919 年英美烟公司在青岛商河路设立大英烟草公司驻青岛办事处,地点在大港火车站对面,经营烟叶海陆运转业务和卷烟批发,收购烟叶并进行加工整理和转销活动。1920 年,山东烟草公司在青岛台东镇建立烟叶复烤厂,有复烤机 2 部,年复烤烟叶 1000～1500 吨,复烤后的烟叶转销外地卷烟行业。1923 年,驻上海英美烟公司在青岛办事处内建成 800 平方米临时厂房,把大英烟草公司驻青岛办事处改建为大英烟草股份有限公司青岛英美烟厂,俗称大英烟厂,从此开始生产卷烟,是山东省内建立的第一家机器卷烟厂,也是英美烟公司在华卷烟生产的主要基地之一。

大英烟厂建厂,是由国内卷烟市场"土烟"与"洋烟"的竞争所引发。这里所谓的"土烟",是指在中国生产的卷烟,包括大英烟厂建在上海、青岛的生产厂所产卷烟也在"土烟"之列。从青岛港的卷烟进口统计来看,自 20 世纪 20 年代初起,"洋烟"进口呈逐年递减之势。1921 年"外国纸烟(进口)较上年减四分之一,因沪致纸烟为华人所乐用,几有日甚一日之气象"。至 1922 年,"外国纸烟受土制纸烟激烈竞争之影响,进口较少,自五万九千九百七十六千支减至三万七千

---

① 青岛市档案馆编:《帝国主义与胶海关》,档案出版社 1986 年版,第 276 页。

九百九十七千支"①。"洋烟"与"土烟"的此消彼长,不仅为大英烟厂的规模扩张提供了极为有利的时机,而且促进了大英烟厂加强原料的在地性,其所用原料以胶济铁路沿线所产烟叶为主,同时从美国进口部分烟叶和辅料,其原料生产的山东基地成为产品在地性的醒目标识。此时,大英烟厂有职工 300 余人,卷烟机 13 台,日产卷烟 50 箱,主要商标为"老刀""品海""古印"和"红印"等牌,牌子不多,产量也不大,但从原料到市场的整体运作和灵活多变的营销手法,使大英烟厂的卷烟占据了方兴未艾的城市纸烟消费群。英美烟公司的山东攻略从此由乡村种植园转向消费强劲的城市,由单一原料经营转入原料生产、加工、运销和成品兼营,大英烟厂的卷烟从此开始成批量打入青岛市场。

大英烟厂最初位于毗近台东镇工厂区的华阳路 20 号,属新式卷烟工厂,工厂内设有设备先进的彩色印刷处。彩色印刷处,即印制彩色包装、彩色商标和广告的彩印车间,作为厂区规划的功能区之一,进入 1923 年下半年的公司扩张计划。1923 年底,该公司又在孟庄路和昌邑路附近租地 130 亩,建成 3.6 万平方米的车间和仓库。厂房大楼底部是烟叶处理和制丝车间,上部是卷烟和包装车间。而"有此大规模之建筑",完全基于"该公司在本省及别省营业扩张"的长远考虑。此时,该厂制丝工艺已由全人工转为半机器进行大规模生产,烟叶回潮使用蒸气回潮罐,抽梗则利用抽梗机,使烟叶的回潮、配叶更加均匀,提高了烟叶的柔软均匀度和可塑性,压梗成片,便于切丝;梗片、叶片分切,再用烘丝机去掉多余水分,提高了烟丝弹性和填充能力;加料、贮丝后,所含水分更加均匀,料液被充分吸收,为下一道工序做好了充分准备,保证了卷烟质量。

1925 年,大英烟厂着眼于立足青岛开辟广大的华北市场,大肆扩充产业规模,厂址迁至孟庄路 7 号,卷烟机增加到 63 台,职工增至 1200 人,年产香烟达到 10 万余箱,两年之间增长了 2000 倍,其膨胀之迅猛令业内同行大为惊叹。其间,"帆船"牌、"别墅"牌、"金砖"牌、"哈德门"牌、"红锡包"牌、"司太飞"牌、"三炮台"牌、"大前门"牌等颐中新牌卷烟先后打入市场,颐中烟品牌纷纭迭现,其中的大前门、红锡包和三炮台走红全国市场,经久不衰,整个青岛市场和华北市场的大部被颐中烟所占有、垄断。

20 世纪 30 年代,大英烟厂发展为一个从推广种植、收购加工、储运烟叶到生产销售卷烟的全链式烟业经营实体,设有烟叶部、卷烟部、印刷部、营业部、仓

① 青岛市档案馆编:《帝国主义与胶海关》,档案出版社 1986 年版,第 318 页。

库部、会计部、人事部和医务部。当时印刷部使用先进的双色胶版印刷机,能精印各种牌号的包装盒皮、包装用纸、人物画片、广告彩图和美女年画,包装设计亦中亦洋,色彩搭配明快流畅,画面题材极为广泛,上至天文地理,下至飞禽走兽,内容十分丰富。如"老刀"牌香烟发行的是一套中国成语画片,"红锡包"牌香烟的画片是全套幼儿游戏的百子图,"哈德门"牌香烟的画片则是一套京剧人物。印刷部专为公司服务,概不对外营业,使颐中烟在形象包装上独领风骚,无与伦比。营业部专管市场销售,把山东划分为青岛、济南、烟台、潍县、周村、济宁、德州、枣庄八大销区。青岛区以中山路福泰烟号为总经销,按出厂批价配货,再批发给各零售商号经营。关注市场动态的营业部,每天须填报"敌牌香烟"专报——163号表格,报给公司备案。而一旦出现"敌情",公司则不惜一切手段利用价格战、攻关战、促销战或广告战打压对手,以使大英烟厂的产品立于不败之地。1930年,青岛英美烟厂已有职工4000人,卷烟机仍为56台,但增加了生产班次,日产卷烟400~500箱。

1931年"九一八"事变后,举国上下发起"提倡国货,抵制日货"运动,"洋烟"也在全国民众抵制之列。在一片抵制洋货的声潮中,国民政府提高了"洋烟"的税率。在青岛,山东烟草公司、中国崂山烟厂等民族卷烟企业乘势而起,"崂山"牌、"老虎"牌、"一品香"牌、"荣誉"牌、"铁马"牌等民族香烟品牌先后进入市场,和大英烟厂展开竞争。为了应对变局,大英烟厂以合资为名,通过注册易名、实体转移及建立青岛主营重心等方法和策略,既占有中资企业的优惠,又保有外资企业的特权,以此争得了更大的经营空间。1934年,英美烟公司在山东的烟叶种植、加工、储运经营中心由二十里堡转移到青岛,并于当年12月将原大英烟厂易名为英美青岛颐中烟草公司,1935年改称青岛颐中烟草股份有限公司。该公司在青岛孟庄路设有烟叶复烤厂,有复烤机2部,年复烤烟叶0.5万~1万吨。[①] 大英烟草变身颐中股份后,大号特写的"颐和世界中惠人生"8个字成为颐中烟的代名词,公司经营未降反升,扶摇直上,至1936年,颐中公司步入鼎盛时期,卷烟产量仅次于上海,居全国第二。

1937年,青岛成立振兴烟叶股份有限公司,接管了颐中烟草股份有限公司烟叶部的业务,颐中烟草的烟叶种植、加工、储运业务实行体外运作,承担此项

---

① 田乃权、李树铭、王之千:《颐中烟草公司青岛分公司》,青岛市政协文史资料委员会编:《青岛文史撷英·工商金融》,新华出版社2001年版,第22页。

业务的振兴烟叶股份有限公司成为颐中烟草生产原料的专门供应商。同时,二十里堡的烟叶经营机构及烤烟厂也改属青岛振兴烟叶股份有限公司。该公司由此与省内各地烟业经营分支机构建立起统一的隶属关系。同年,青岛颐中烟草股份有限公司烟厂有卷烟机 56 台,占山东省卷烟机总量的 73%,职工占60%,年产卷烟 13.8 万箱。

太平洋战争爆发后,青岛颐中烟草股份有限公司被日本接管,改称日本军管理颐中烟草公司青岛事务所,增加了部分卷烟设备,职工扩至 5000 人。同时,日商华北叶烟草株式会社接管了青岛振兴烟叶股份有限公司所属烟业种植、加工企业与储运机构,掌控了山东省烟业的种植、加工、生产、营销。1945 年抗日战争胜利后,日商全部颐中烟草股份有限公司的资产移交英商。公司召回旧有职员,重新组织开工生产。战前青岛振兴烟叶股份有限公司所辖的二十里堡烤烟厂由南京国民政府山东省第八专员公署接管,停止了烟业生产经营和加工业务。①

---

① 1948 年 4 月 27 日,颐中烟草股份有限公司所建的二十里堡烤烟厂由中共华东局工商部接管,成立山东大华烟草公司,统管山东解放区烟叶的生产、收购、复烤和销售业务。

第五章　夹缝中崛起的民族工业

近代青岛民族制造业的兴起,既是市场需求引发的结果,也是民族制造业在内外经济力量抗衡中寻求自我发展的结果,其发展进程与全国民众反帝爱国运动和"提倡国货"运动相伴而行,紧密相连。从政府主导层面看,对民族制造业"挹注"政策的实施,也产生了一定的推助力。民族工业的兴起与发展,改变了青岛城市劳动力资源的流向,从而形成了大多数劳动力转向制造业的发展趋势。在城市制造业发展的不到 30 年里,青岛农业人口从占总人口的 96％降为 27％,商业人口占 11.9％,工业人口占 10％,青岛人口的产业划分和职业结构由此而改变。20 世纪 30 年代中期的青岛已呈现中等城市发展规模,其城市定位按照"中国五大经济区之一黄河区出海口"来规划设计,使城市腹地有了更为广大的外延和纵深,为民族制造业的发展提供了更为广阔的市场需求。

第一节　华新纱厂:中国民族纺织业的巨擘

近代青岛民族制造业之始,首属青岛华新纱厂。1913 年,曾任北京政府财政总长的周学熙辞职下野,寓居青岛。周学熙见国内纱厂多集中在江苏、浙江一带,而拥有众多产棉区的华北却阒然无闻,认定在青岛发展纺织业具有巨大潜力,遂出资买断德华沧口缫丝厂,筹建华新纺织股份有限公司青岛分厂。翌年,日德青岛之战突起,周学熙被迫弃厂离青。战后周学熙再度提出筹建华新纱厂,但日本青岛守备军司令部却久拖不允。"当时日本人占领青岛,对我方办厂百般刁难……原来青岛无棉纺织厂,由于日本对我拖延,遂使日商内外棉纱厂成为青岛第一家开工的纱厂。"[1]华新建厂一直拖至第一次世界大战结束后才

---

[1]　周志俊:《青岛华新纱厂概况和华北棉纺业一瞥》,青岛市史志办公室编:《青岛市志·纺织工业志》,新华出版社 1994 年版,第 245～246 页。

得以实现。1918 年,周学熙投资 120 万元,购买纱锭 1.5 万,并招募工人,亲自兼任青岛华新专务董事,再度筹建青岛华新纱厂。1919 年底纱厂筹建完成,当年投产。此时,在青外资纱厂仅日本内外棉株式会社一家,日资纱厂尚未大举进军青岛。青岛华新纱厂不断增资扩大生产,拓展产品销售市场,基本垄断了胶济铁路沿线的棉纱市场,步入高速发展期。1920—1921 年,青岛华新纱厂的资本及纱机数量均增加 1 倍以上,盈利超过 155 万元。至 1922 年,纱锭规模达到 3.2 万枚,一跃而为华北最重要的民族棉纺织企业之一。

从青岛华新纱厂正式投产的当年起,日商纱厂进入在青岛建厂的急剧扩张期,以风起云涌之势大举进军青岛,成为这一时期日商纱厂在中国大事扩张的典型性表现。继日本内外棉株式会社之后,20 世纪 20 年代中期,日商纱厂对华新纱厂构成南北夹攻之势,六大日商纱厂源源兴建,先是位于四方的大康纱厂、隆兴纱厂,继而为沧口的富士纱厂、公大纱厂、宝来纱厂,青岛华新纱厂以一敌六,备受排挤。在技术力量流失、市场备受排压的境况下,1925 年,青岛华新纱厂亏损高达 32 万元,生产经营陷入极度困境。周学熙的次子周志俊[①]受命于危困之时,出任青岛华新纱厂常务董事。周志俊掌管华新后,推行西方先进的管理模式,引进西方先进的动力设备,面向沿海渔民及花边生产厂商转产股线产品,并面向国外市场突击发展短快产品,使华新的生产经营重现生机。

20 世纪 30 年代初,全球经济危机引发国内市场萧条,对棉纺织业冲击较大,对于刚刚走出低谷的青岛华新纱厂冲击尤烈,一方面需应对市场衰落的困局,另一方面需抗御日商纱厂的挤压。1933 年,国内纺织品市场开始回升,而青岛正值日商纱厂大举涌入的第二个"井喷期"的前夕,中日棉纺织厂的角逐日益炽烈。是年,"计日本纱厂六家,共产本色棉纱二十万包(合六十万担),较上年增加三万五千包。又本色棉布三百万匹,较上年增加七十六万八千匹。中国纱

[①] 周志俊(1898—1990),字志俊,以字称,安徽至德(今属安徽东至)人,爱国实业家。是清末山东巡抚周馥之孙、民国初年两任财政总长周学熙的次子。1913 年,周学熙与美国美兴公司洽商订购设备时,周志俊任翻译,从此走上了经营民族工商业的道路。1918 年,周志俊任青岛华新纱厂见习董事,1925 年升任常务董事,主持厂务。其间,不断设立新的生产部门,开发新产品,推广植棉,使华新纱厂发展为一个从组织原料到生产成品的纺织染印完整的棉纺织综合性生产企业。周志俊主持厂务,加强劳工教育,增办工人福利,试行劳动保险,缓解劳资矛盾,稳定职工生产。抗日战争时期,华新纱厂被日商宝来纱厂强行兼并,周志俊辗转至上海,先后开办了信和纱厂、信孚印染厂等 10 多家企业。1946 年赎回青岛华新纱厂,并续任该厂常务董事,直至青岛解放。

厂仅有一家,产纱一万五千包"①。从棉纱产量的悬殊对比可见,青岛华新纱厂在日商六大纱厂的打压下,市场占有额极低,但仍苦力坚守在生存的边缘。其时在华日商纱厂加大对华北民族纺织业的蚕食鲸吞,对中国的纺织业格局产生了强烈冲击。"查日本对中国纺织业的侵略本集中于上海,第二个中心则为青岛,至于天津,自华新创办以来,为华商清一色的局面。但在七七事变以前,已经风云变色,天津各厂相继为日厂所吞并,只青岛华新尚在艰难挣扎中。"②自1934年起,位于水清沟的日商丰田纱厂、上海纱厂,位于板桥坊的日商同兴纱厂先后建成,连同之前建成的日商六大纱厂,先后在青岛建起九大纱厂,规模达到50余万锭。青岛华新纱厂与日商纱厂的角逐从以一敌六变为以一敌九。

　　面对风云多变的中日棉纺织业竞争,周志俊深切感到"株守纱线一途,势为江河日下,受人淘汰",只有大胆引进—改造—变革才能应对变局,站稳脚跟。1933年,周志俊出访日、美、英、法、意、德等西方十国,重点考察棉纺织业,后赴美国参观考察了产棉区、纺织印染厂、纺织机械厂等棉纺织业上下游产业企业等近百处,制定出"人无我有,人有我优,人优我弃"的经营战略,对青岛华新纱厂的成功转型起到了巨大推动作用。同年9月,青岛华新纱厂生产的32支细纱,42支、60支及80支股线4个品种货样,远赴美国,代表中国参加芝加哥百年进步世界博览会,为华新产品打入国际市场搭建了平台。此后,青岛华新纱厂引进大宗织布和印染设备,添购精纺烧毛机、丝光轧光机、刮绒机等,增设合股线厂、织布厂、染色印花厂,改用大牵引工艺,增加细纱机8000余锭,在20世纪初期水平的机器设备基础上,建立起以电气动力为标志的现代机器化大工业,通过纱、布、印、染纵向一体化战略控制了产品市场。至1936年夏筹办漂染印花厂,其设备在华北首屈一指,花色布销路遍及大江南北。

　　中日棉纺织业竞争,首在原料之争,而原料之争又首在原棉之争。青岛华新纱厂在日商纱厂环伺之下谋求生存发展,首要战略之举就是推广植棉,打破日棉对原料市场的垄断。山东居全国各大产棉区之首,平均年产原棉150万担,而山东产棉区多集中在鲁西、鲁南一带,津浦路以东、沿胶济线及沿海各县均非产棉区,"居青岛而求棉产增加,鼓励出口,并以原棉随时供给纱厂也,自当

---

① 《胶海关一九三二年报告》,青岛市档案馆藏海关资料16~18页印本。
② 周志俊:《青岛华新纱厂概况和华北棉纺业一瞥》,青岛市史志办公室编:《青岛市志·纺织工业志》,新华出版社1994年版,第252页。

以在胶济沿线提倡植棉为宜,是不独交通便利,运费减少,取用无穷,即全省产棉亦可以立时倍增"①。周志俊以"青岛工商学会"的民间组织名义,由青岛华新纱厂出资在李村设立植棉总场,推广美棉良种实验。后选定高密县为主要推广区,又在高密设立植棉分场,推广种植脱籽棉种 2 万余亩,还设立高密轧花厂,在高密、昌邑、平度、安邱等各县设立棉花合作社 350 余处。后在安邱展设第二植棉分场,鲁东地区由此成为山东美棉的主要种植区,青岛华新纱厂也由单一的棉纺企业发展为华北地区最大的集原棉、轧花、纺织、印染于一体的联合企业,在行业中产生了引领作用。

周志俊主持青岛华新纱厂以后,不断设立新的生产部门,开发新产品,逐步形成一个从组织原料到生产成品的纺织染印完整产业链的棉纺织综合性生产企业,开辟产品市场,注重生产细高支质量棉纱,并以多品种、多花样的新产品扩展市场竞销。青岛华新纱厂产品品种随市场情况而变化,除纺制小批量多品种的高支纱外,还纺制单股、42 支双股、42 支三股、20 支六股、32 支六股,适应了多线支棉纱市场的需求。1935 年后,青岛华新纱厂先后对管理制度进行过 3 次改革:最初采用工务长制,其后改为工务长与总工程师并行制,最后改为工务长兼总工程师制,同时将大部分车间管理人员换为棉业传授所的毕业生。此外,青岛华新纱厂加强技术力量的投入和管理,设立考工科,增添技术干部,加强技术管理,建立各种规章制度,拟订工作法,制订人员定额和材料消耗定额,建立健全原始工作记录等,调动了劳动积极性,提高了工作效率。青岛华新纱厂的技术力量多来自棉业传授所纺织科的毕业生,工人则以培训的当地人为主。周志俊主持厂务,以加强教育为主,增办工人福利事业,开办职工子弟幼儿院、小学、中学、职工俱乐部,建职工宿舍,举办文体活动,试行劳动保险制度等,缓解了劳资矛盾,提高了工人生产的积极性。20 世纪 30 年代中期,国内一些赴青考察团体的考察报告对青岛华新纱厂的劳工管理留有记载:"该厂系青岛规模最大之纱厂,资本二百七十万元,工人两千余名,年有盈余。入门树木成林,浓荫覆道,厂中有花园,有图书馆、俱乐部,皆备工人工余之娱乐者。"②

---

① 叶德备:《胶济铁路沿线棉业调查报告》,《青岛工商季刊》1933 年第 1 卷第 1 号,第 1 页。
② 彭望芬:《青岛漫游》,生活书店 1936 年版,第 16~17 页。

第二节　打破日商火柴业的"独占地带"

　　第一次世界大战以前,我国火柴市场长期被欧洲进口火柴所垄断。甲午战争前后,日本火柴输入中国,数量逐年增加。至 1894 年,日本输入中国火柴数量达 5789596 罗(每罗 144 盒,每 50 罗等于我国旧制火柴一箱),占当年进口火柴总量的 88%。1913 年,济南振业火柴公司组建成立,为山东省第一家民族资本的火柴生产厂家。史料称该厂因取得官方赞助而得以成立,资本额 20 万银圆,日产火柴能力达到 7000 罗,把大部分日本进口火柴排挤出山东市场。第一次世界大战爆发后,西方资本主义国家输入中国的火柴数量大为削减,在进口火柴中占绝对比重的日本火柴,趁西方国家无暇东顾之机,加紧向东南亚及南洋群岛扩张,导致输向中国的火柴也较前顿减。至 1918 年,日本输入中国的火柴由 1913 年的 21827988 罗跌至 10784744 罗,仅及战前的 47%。火柴进口数量的巨减,使民族火柴工业扩大了产品市场,赢得了发展契机。[①]

　　第一次世界大战期间,日本火柴对中国输出的数量虽然削减很多,但其火柴工业资本输出却得以强化,输出方式由产品出口转为来华建厂。1914 年日本侵占青岛后,青岛成为日本火柴工业资本对华输出的重要口岸,日本国内一些火柴企业直接来青投资建厂。1916 年,日本大阪小林磷寸株式会社的小林义雄首先在青岛创办山东火柴公司,资金 5 万元。1917 年,日本明石磷寸工场、山东火柴工厂、三星磷寸株式会社在青创办。1918 年,日本共同磷寸株式会社的陇川仪在青岛创办青岛磷寸株式会社。

　　日商火柴工厂相继在青岛投产后,青岛港的火柴进口量骤降。是年胶海关对青岛港春、夏、秋三季的火柴进口量分析认为:"春夏两季,运进之火柴极多,迨至秋季骤减,缘青岛及明石磷寸制造所于夏季开工,制成火柴均入市销售,该两厂如合力制造,每日可出货五十吨,每吨计一百罗。"[②]

　　日商在青岛开办的这些火柴生产企业,均建于今曹县路、内蒙古路一带。

---

① 青岛市工商行政管理局史料组编:《中国民族火柴工业》,中华书局 1963 年版,第 19 页。
② 《胶海关一九一八年贸易论略》(一九一九年三月二十三日)青岛市档案馆馆藏档案 47 全宗 1 目录 1006 号卷 77～85 张底稿。

一些日商火柴厂规模不大,工艺不太先进,产量有限,如日商明石磷寸工场只有1台排梗机,雇用1个工人操作,资本金仅5万元。但大大小小日本火柴厂接踵而至,扎堆经营,形成了对青岛火柴市场的垄断经营。其间,日本青岛守备军军政部蛮横地规定,日商火柴厂密集的曹县路、内蒙古路一带附近25华里以内不得再建火柴工厂。这一规定,断绝了民族火柴工业在青岛的发展,由于这一限制,民族火柴厂一直无法在青岛设立。

中国民族火柴工业的发展,同我国人民的反帝爱国运动密切相连,息息相关。1919年五四运动爆发后,由北京首倡的抵制日货运动迅速燎原漫延全国,日货遭到爱国民众的抵制,日本火柴的进口量至1920年骤减为6036648罗,同比下降一半还多。作为大宗日货产地和进出口港的青岛,抵制日货之风日盛一日,无论青岛进口还是产于青岛的日本火柴同其他日本货一样被中国民众所抵制,日商青岛火柴厂的产品也遭到广大民众抵制而不得不转口销售。据胶海关资料记载:"本埠自制之棉纱及火柴,因受抵制声中一种新现象之连累,悉改运各口,棉纱往大连、天津,火柴往大连。"[①]日本人在青岛开设的山东火柴厂和磷寸株式会社,因产品受到抵制不得不转口大连以免遭遇灭顶之灾,因转口销售,导致成本大增,日商为此付出了惨重代价。青岛即墨城关的高等小学和模范小学的师生100余人上街演讲,宣传抵制日货,并在城关和集镇查缉日产棉纱、日产衣针及日产火柴,全县为之震动。全国民众的抵制日货运动,为民族火柴工业的发展打开了通道。1920年成为中国民族火柴工业发展最快的一年,年内全国有20余家民族火柴厂建立。当时即墨尚不归属日本青岛守备军军政统治辖域之内,在当地民众抵制日货运动的推动下,即墨增益火柴厂于1920年创办,成为青岛地区首家民族火柴厂。

1922年中国收回青岛,打破了原日本规定的日商火柴厂密集的曹县路、内蒙古路周边25华里之内不准再建火柴厂的"禁区",为青岛民族火柴业的崛起创造了条件。此时日本青岛守备军虽已撤离青岛,但日本火柴厂依然占据青岛火柴业垄断地位。1924年日商华祥磷寸株式会社、福隆磷寸株式会社相继建厂,其垄断势力愈益庞大,民族火柴工业依然无法插足其间。但1925年的"青沪惨案"和1928年日本出兵青岛、转赴济南制造惨绝人寰的"五三"济南惨案相

---

① 〔日〕立花政树:《一九一九年贸易论略》,青岛市档案馆编:《帝国主义与胶海关》,档案出版社1986年版,第294页。

继发生，激起山东人民反帝爱国浪潮一浪高过一浪，抵制日货、提倡国货的民众运动此起彼伏，使青岛日本火柴厂的产品销路再度受阻，民族资本乘势而入，青岛的民族火柴工业得以崛起。

1925年，济南振业火柴股份有限公司总办丛良弼①投资30万元，在青岛曹县路29号筹建青岛市首家民族火柴厂——青岛振业火柴厂。1928年正式投产，日产火柴480件（每件240封，每封10盒）。当时，国内几家日本火柴厂生产的火柴，药头均采用冷胶制作，唯振业火柴厂采用热胶制作工艺。该厂生产的"蜘蛛"牌和"三光"牌火柴，磷头光滑，不易受潮，发火有力，质量好于日商产品，一经上市，迅速占领了火柴市场。振业火柴厂打开市场销路后，产品满足省内市场需求，之后沿着津浦线和陇海线向河南、陕西推进，发展成为总资本达100万元的大型火柴厂。为了扩大产品销路，振业火柴厂在主打"蜘蛛""三光""津昌"三大名牌火柴的同时，采取增加每盒枝数、加厚包装木箱等营销策略，与国内著名火柴生产大厂展开竞争；通过与外埠著名商号建立经销关系，实行先货后款、年终结账等优惠条件，广设外庄、分号和驻外机构，在河南、陕西市场竞争上占据了上风。

1925年7月，江一山等人集资创建了华北火柴厂（青岛火柴厂前身），厂址在利津路20号。华北火柴厂初创时，有职工80余人，排梗机6台，卸梗机4台，并花重金从日本购进适用于30毫米火柴梗的排梗机，在青岛第一家使用了油药连续机，提高了生产效率和火柴的质量。该厂生产"中山""北丰""虎""良心""光明"5种商标牌号的火柴，日产火柴140余件，开办仅3年，盈利达100万元，成为仅次于振业火柴厂的山东省第二大民族火柴厂。从1928年青岛首家民族火柴厂正式投产起，先后又有华北、鲁东、华鲁、信昌、明华、兴业、华盛、华兴、振东、洪泰等民族火柴厂创办。青岛民族火柴工业的崛起，加快了山东省民族火柴工业的发展。凭借青岛的路港优势和海陆交通之便，制造火柴所需的原材料

①　丛良弼（1868—1945），号庭梦，蓬莱马格庄乡安香丛家人，山东火柴工业创始人。丛良弼出身于农民家庭，青年时代先后在烟台、上海等地商号为店员，勤于事业，精明诚信，被派往日本大阪川口九十六番东顺泰任资方代理人。其间，丛良弼考察了日本实业状况，发起组织了北帮商会公所。大阪中华商务总会成立后，被推选为总理。1913年，丛良弼凭借对火柴生产技术和经营管理资料的长期积累，在济南投资20万元创建振业火柴有限公司。1920年和1925年，丛良弼投资60万元，先后在济宁、青岛增设分厂，所产火柴除行销国内市场外，还供出口。振业公司生产规模之大，资金之雄厚，工艺之先进，市场之广阔，均为国内各生产厂家之冠，和国内各民族火柴工业名厂一道，结束了日本、瑞典火柴垄断中国火柴市场的局面。

由青岛进口,通过胶济铁路转运各地,供给及时便利,全省火柴工业迅速从工商要埠普及到中小城镇,全省民族火柴厂达到 34 家。

青岛民族火柴工业的兴起,加剧了中日火柴企业的火柴原料生产竞争。当时中资火柴厂所用的火柴原料主要有火柴梗、盒料片、包装纸、商标纸、皮胶、骨胶、氯酸钾、黄磷、玫瑰红等,均依赖从日本进口。各中资火柴厂竞相派人去日本采购,日商福生洋行、石原商会也先后来青经营火柴原料进口业务,而日本青岛磷寸和山东磷寸两火柴厂自设火柴梗片车间,实行严密的技术封锁,但因其磨刀工、看车工及各操作程序离不开中国工人,其生产技术仍为国人所掌握。青岛振业火柴厂是最早生产火柴梗片的民族厂家,该公司通过与日商合资经营的途径,率先掌握火柴梗片生产技术。振业火柴厂与日本人河合在华阳路合资开办广业制梗厂,有 12 部制梗机和 6 台盒片机,日产火柴梗 30 包(每包 133 磅),盒片 3 包(每包 6 万套)。产品除供应本埠火柴厂使用外,有相当一部分外运出口。后振业与河合分立,在原址开办自营新生制梗厂。其后青岛的民族资本制梗厂陆续增多,逐步实现了火柴梗片国产化。[1]

1931 年"九一八"事变后,青岛开展"提倡国货,抵制日货"的爱国运动,日商在青岛开办的火柴制造业受到不同程度的打击,而民族火柴工业得到一定程度的扩张。不仅原有的振业和华北两个火柴厂产量有较大增加,山东各地火柴销售市场也倍趋兴旺。1932 年,华北火柴厂扩大改组为华北火柴股份有限公司,对外仍称华北火柴厂,生产规模进一步扩大。1932—1936 年,是华北火柴厂的鼎盛时期。此时,华北火柴厂已有排梗机 36 台、卸梗机 22 台,职工增加到 700 余人,日产火柴 600 余件,产品销往陇海、津浦、胶济铁路沿线的广大城市和乡村,成为青岛火柴工业中的佼佼者。至 1934 年,青岛已有大、中、小火柴生产厂 13 个,成为全国重要的火柴生产基地。

青岛民族火柴业的规模扩张,加剧了火柴市场的竞争,胶东半岛及山东内地的销售市场日显逼仄,而青岛的火柴市场竞争尤为激烈。为了避免近距离的同业竞争,振业火柴厂退出青岛及胶东半岛销区,致力于拓展沿黄区域与西北各省的销路,利用青岛港海运费用低廉之便,将产品运到海州后再由陇海铁路转向西行,其产品以徐州、西安为基地,一直延伸至河南、陕西、甘肃、宁夏等西

---

① 王超凡:《青岛火柴原料的生产经营情况》,中国民主建国会青岛市委员会、青岛市工商业联合会工商史料工作委员会编:《青岛工商史料》第 4 辑(内部资料),1989 年版,第 125 页。

北重镇,并在宿州、漯河等地打开新的市场。① 这一时期,华北火柴厂采取和振业火柴厂相似的经营路数,沿津浦铁路和陇海铁路与振业火柴厂展开中西部市场争夺。该厂在振业设立外庄或经销店的中西部重镇设立推销机构或经销代理,用增加回扣或送礼的办法笼络客户,甚至采用在火柴箱内附赠毛巾、肥皂之法争夺客户,购货达到一定份额还赠送自行车等贵重物品,千方百计争夺市场占有份额,终于挤进振业火柴厂的中西部市场。此种竞争一直持续到抗日战争爆发前夕。

第三节　民族化工橡胶业的艰难崛起

第一次世界大战前,青岛尚无化学染料工业,所需工业、民用染料由德国、日本商人在青岛开设的商行经销。第一次世界大战结束后,青岛进口的西方染料急剧减少,为满足广大的民间染料市场之需,民族染料工业乘势而起,渐次得以发展。1919 年 9 月,青岛民族资本福顺泰洋杂货店经理杨子生投资 2 万银圆,创办青岛维新化学工艺社(青岛第一染料厂前身)。其是国内第一个化学染料厂,被誉为"民族染料第一家",标志着青岛化学工业的诞生。维新化学工艺社原址在台西镇,规模较小,设备简陋,聘请 3 名日本人担任技师,所需原料全部购自日本,年产"丹凤"牌煮青(硫化青)不足百吨。在硫化染料的 13 个品种中,除煮青外,其主要品种粉青(硫化黑),亦于 1919 年由维新化学工业社开始生产。1922 年该社开始生产的碱性紫 3B(又称甲基紫),成为青岛染料工业长期生产的又一主干品种。同年,因该社排放的硫化氢等废气对位于团岛的日本青岛守备军电台"颇多障碍",被迫迁至四方村北山一路 22 号址。迁址后,添置了电驱动密封夹套设备,煮青产量由原来日产 200 公斤增至 1750 公斤左右,产品销往山东、河南、直隶(今河北)3 省。

这一时期,中国染料厂在湖岛创建,由维新化学工艺社原职员陈介夫任经理,曲子善任厂长,生产硫化青和煮青染料,并利用附近盐田的副产品芒硝自制硫化碱,降低了生产成本。为了扩大该厂染料产品种类,厂长曲子善曾赴上海宏兴染料厂,以工人身份进厂学艺,掌握了制造品紫和孔雀蓝的生产技术与配

① 青岛市工商行政管理局史料组编:《中国民族火柴工业》,中华书局 1963 年版,第 49 页。

料方法,将中国染料厂的染料生产品种增扩到 4 种,使其成为青岛中资染料工业的重要厂家。[1]

20 世纪 30 年代初,维新化学工艺社资本已达 25 万银圆,有工人 50 多名,3 种主干颜料产品达产能力有了显著提高。20 年代末至 30 年代初,民间颜料市场需求渐从天然颜料转向工业颜料,硫化合成染料较之天然染料不仅使用方便,且价格低廉,深受小型土布染房和广大农户渔民家庭欢迎,为青岛民族颜料工业创业建厂提供了良好契机。这一时期,青岛民族工商业者相继投资创办了大华颜料公司、青岛正业颜料公司等染料工厂,生产"织女""电光""天女"牌硫化煮青,其中"天女"牌硫化煮青,年产 300 吨左右,为普及率最高的工业颜料品种。至 1934 年,青岛市颜料生产厂家(作坊)已有 10 余家,呈现较为繁荣的发展局面。

20 世纪 30 年代初,青岛橡胶工业继之而兴,先后有日本资本、民族资本数家工厂建立。1931 年,杨子生出资 1 万银圆在团岛一路开办福字胶皮工厂,聘日本人担任技师,以"福"字为商标生产胶鞋,是为青岛橡胶制品业之嚆矢。同年,民族工商业者创办隆裕胶皮工厂,产品亦为胶鞋和鞋底。福字胶皮工厂生产设备有 12 英寸炼胶机、6 英寸压延机、缝纫机和小型硫化罐各 1 台,时有职工 30 人,日产"福"字牌胶鞋 100 双,产品仅力士鞋一种,开创了青岛民族资本整鞋生产的历史。在当时提倡国货、抵制日货的爱国运动中,"福"字牌新型胶鞋大受民众欢迎,一时盈利颇丰。一年后,该厂又购置了 2 台炼胶机、7 台缝纫机,新招收了 40 名工人,使胶鞋日产量提高到 300~400 双。后因生产用橡胶及其他原料均需从日本运进,生产成本较高,加之国内胶鞋市场萧条、资金亏尽被迫停产。

1932 年,民族资本同泰胶皮厂建立,是青岛市最早生产自行车胎的厂家,产品为 28×11/2 软边自行车外胎。当时国内抵制日货之风日盛,实业救国呼声日高,该厂生产的自行车胎产品被人们视为民族橡胶工业的代表,加之该厂自行车胎属华北地区独家产品,因此甚为畅销。至 1936 年,该厂每月生产自行车内、外胎 2 万余套,工人也从建厂时的 24 人增加到 200 多人,为民族橡胶企业之翘楚。20 世纪 30 年代中期,日本工业资本大举进入青岛橡胶工业,相继建立

---

[1] 王第荣:《青岛化学工业发展历史》,中国民主建国会青岛市委员会、青岛市工商业联合会工商史料工作委员会编:《青岛工商史料》第 3 辑(内部资料),1988 年版,第 51 页。

　　了桥石护谟株式会社 BS 制胎场、鑫和护谟株式会社等颇具规模、设备先进的橡胶制品企业,使橡胶工业成为日资在青岛仅次于纺织、机械业的第三大产业。其间,日本橡胶企业凭借资本、技术优势先后建成自行车胎生产线,造成日产自行车胎充斥市场,逼使同泰自行车胎处于竞争劣势。1937 年,同泰胶皮厂陷入外无竞争之力、内无资金支撑的困境,生产出现衰退。

　　20 世纪 30 年代初,青岛尚无制氧工业,机械焊接等所用的氧气大多由大连氧气制造厂供应。1932 年秋,民族资本复顺铁工厂利用电解水制氧装置试制生产出氧气,产量虽少,每瓶压力不足 50 磅(仅供该厂自用),亦成为青岛制氧工业的发端。1933 年 4 月,在复顺铁工厂的基础上,私人合股投资的中国瓦斯股份有限公司成立,为中国民族工业中最早的氧气专业生产厂。该厂采用德国制造的旧空分设备进行制氧生产,生产能力为每小时 15 立方米,为青岛民族氧气厂生产的首批氧气定型产品。同年,青岛民族工商业者集资开办了山东省首家电石生产厂——德泰工厂,生产出青岛最早的有机化工原料产品——电石(碳化钙)。其主要设备大多从日本购进,包括 9 台 200 千伏安单项变压器等,另有几台小型电石生产炉,所产电石主要供矿山照明及金属焊接或切割等使用。产品商标为"三星"牌,年产量达 9000 箱,约 2.4 万吨。这一时期,青岛民族石油化工企业的润滑油生产开始起步。史料记载,青岛德记石油厂、永利石油厂,均以日本进口的重油为原料,加工生产机械油、车油等;青岛德记石油厂年产机械油 2.4 吨、车油 1.8 吨,永利石油厂年产机油 1.8 吨、车油 4.8 吨。[①]

　　20 世纪 30 年代中期以后,日本在大力向青岛输出资本、兴办工厂的同时,利用种种手段侵吞民族化工企业,尤其至青岛沦陷后,青岛全部橡胶厂和主要化工企业均为日资所有或控制。日资及其控制的化工企业,经一再扩张,形成相当规模,如青岛胶皮工业株式会社青岛胶皮工厂、维新化学株式会社等均成为青岛著名的日资化工业厂家,而民族化工厂则被迫维持在手工业作坊水平上,设备简陋,技术落后,仅作为殖民经济的附庸,苟且生存。40 年代初期,随着青岛市纺织工业的发展,烧碱生产开始兴起。1942 年,民族工商业者先后创立了丰盛号制碱厂、德隆号制碱厂、青岛制碱厂等苛化法烧碱厂,均为手工业工场,生产技术落后,采用人工操作,大锅熬制,生产规模也很小,职工人数多者 30 余人,少者不及 10 人。

---

① 伪青岛特别市政府:《青岛工业制品调查》第 1 卷第 1 期,1940 年版。

在日伪政权实行战时统制经济的恶劣条件下,民族资本的化学工业厂仍不辍化工新产品的试制试产,填补了青岛化学工业产品的一些空白。这一时期,青岛无机盐生产亦有所发展,增加了八九种产品。1942 年,青岛国华工业原料厂和中和化工厂先后投产硫酸钡,是国内两家最早的硫酸钡生产厂家。1943 年,民族工商业者创办东兴化工厂,在省内最早开始生产硅酸钠(又称泡花碱),在设备简陋的小规模作坊基础上,生产 56°Bé 泡花碱,开山东省泡花碱生产之先河。

抗日战争胜利后,青岛民族化工企业通过引进新工艺、新设备,拓宽电解法生产渠道,漂白粉、烧碱生产能力得到提升。1945 年,青岛延年化学厂建成投产,主要设备有爱尔麻亚电解槽 16 只(投产 8 只)、电动机 6 台、直流发电机 1 台、真空蒸发器 1 套、漂白粉塔 1 座,日产液体烧碱 300～350 公斤、漂白粉 300 公斤左右。1946 年春,青岛广益化学工业厂(青岛红旗化工厂前身)建立,主要设备有纳尔逊电解槽 10 只、漂白粉装置 1 套,日产 30％烧碱 350 公斤、32％漂白粉 182 公斤。1947 年,中纺青岛第一化工厂(青岛化工厂前身)建成投产,利用日本曹达工厂遗留的电解烧碱联产氯气设备生产漂白粉,主要设备有纳尔逊电解槽 28 只、漂白粉间与盐酸石英塔 1 座。该厂投产后,又增装西门子电解槽 32 只,建水泥制氯化锌塔 1 座,产品由漂白粉扩展为烧碱、盐酸和氯化锌等工业急需化工产品。以上 3 个电解法烧碱厂的建立,标志着山东省以电解食盐水溶液为基础的氯碱工业生产体系初步形成。

20 世纪 40 年代中后期,美国化工、橡胶产品大量涌入青岛,以低价倾销压缩民族化工企业的生存空间。因无力与之抗衡,民族化工企业仅存的市场被抢夺殆尽,私营化工企业几乎全部倒闭,即使规模较大的官僚资本化工企业,也处于停产、半停产状态。40 年代末,青岛市无机盐产品经过多年的试制与技术积累,从 30 年代形成的硫化磷、硫化钠、轻质碳酸钙、碳酸钠、硫酸钠产品,新增硅酸钠、硫酸钡、氯化锌、漂白粉、硫酸镁等产品,形成较为完整的无机盐产品链。其生产方法除电解食盐外,大部分产品是以窑、炉、坑手工业作坊式进行生产,设备简陋,技术落后,产量很低,且生产时断时续,很不稳定。[①] 同期,青岛地区出现生产铅丹、红土的手工作坊。这类产品多以天然矿物简单加工而成。将这

---

① 王第荣:《青岛化学工业发展历史》,中国民主建国会青岛市委员会、青岛市工商业联合会工商史料工作委员会编:《青岛工商史料》第 3 辑(内部资料),1988 年版,第 51 页。

些天然涂料与各种颜料及其他材料配制成各种油漆的手工作坊，可制造各种油漆、磁漆、调和漆等，为青岛颜料工业新增了品种。

第四节　蓬勃而兴的民用工业"青岛造"

近代以来，"民用工业"一直作为"军事工业"的对称而存在。这种为扩大再生产提供生产资料和为人民提供日用生活品的物质生产，因其与人民日用生活品的密切关联，不仅成为西方工业资本对华输出的重要领域，也是民族工业最先从西方工业技术封锁的夹缝中顽强崛起的工业领域。在历经德、日殖民统治的近代青岛，其表现尤为突出。

青岛自行车工业始于1914年，其创办人为上海人曹海泉。曹海泉幼年曾在何生记汽车行学修汽车，20岁时用历年积蓄购置车床、工具，在青岛山西路24号开办同泰车行（后迁入胶东路144号），修理自行车，代销进口自行车零件，包销英国邓禄普公司的自行车轮胎，维修从国外进口的各类自行车，同时加工制造并销售部分自行车零件。1921—1930年，青岛地区先后建起了金城铁工厂、福合炉、复兴城铁工厂、同泰铁工厂、同益铁工厂、吉盛恒铁工厂、润大铁工厂等生产自行车零部件的工厂。这些工厂规模不大，设备简陋，工艺落后，生产的零部件数量有限，质量不高。

制造业，因为产业链之间的紧密联系，一个产业的兴起，往往拉动相关产业相与俱生。兴起于20世纪30年代的青岛自行车制造业和橡胶业就是如此。1930年，曹海泉购置蒙古路17号地块，开办同泰铁工厂，生产自行车车圈、车把、车架，同年底开始组装"铁锚"牌脚闸自行车，由同泰车行出售，车架上印有"青岛同泰车行制造"金字。当时，同泰铁工厂厂区占地面积5596平方米，建筑面积3688平方米，拥有各种设备33台，资本17万元，职工100余人。"铁锚"牌脚闸自行车是青岛最早生产的自行车整车，因价格较舶来品低廉，并采用脚闸刹车，适于青岛地理地形，销售十分畅旺，不仅受当地用户欢迎，外省客户也纷纷前来采购，但轮胎尚需依赖进口的英国邓禄普产品。

为了填补中国自行车轮胎制造业的空白，1932年同泰铁工厂投资10万元，在内蒙古路同泰铁工厂的北院建成同泰胶皮厂，开始生产自行车内外胎。当时所需的原料橡胶、硫黄粉、炭黑、碳酸钙、帘子布等,分别向市内各大洋行和纱厂订购,所需碾胶机、成型机、胎子机、硫化锅、浆布机等机器设备由曹海泉亲赴日本订购,投产后日产外胎 200 余条、内胎 500 余条,商标为"骆驼"牌。后因日商大康纱厂供货不及时,同泰橡胶厂增设织布部,实现了轮胎生产全线自产化。同年,成立不久的隆丰铁工厂开始试制"气球"牌(后改为"地球"牌)自行车,并于 1934 年试制成功,年产自行车 1000 余辆。从此,青岛自行车工业形成一定生产能力并构成地方特色的产品体系,迈上独立完成全部零部件制造和整车组装之路。产品除满足本地需求外,还畅销国内其他地区,部分销往东南亚。

20 世纪 30 年代以前,中国没有制针工业,民间及工厂作坊用的小小一根针,完全依赖进口。1929 年,尹致中多方筹资 14 万元,租用冠县路一个旧仓库作厂房,办起制针厂,成为中国制针工业的创始人。以引进和仿制为主的技术创新,是青岛民族制造业起步阶段共同走过的道路。尹致中曾在日本制针厂做过打工学徒,早年就怀有实业救国的宏远志向。尹致中创办制针厂后,曾三次赴日引进先进的制针技术和设备。他第一次赴日本购买制针机,被日本海关查禁、扣押,以致引进日式制针机未果。后再次赴日,他将制针机拆整为零,把设备当作一堆"破铜烂铁"装上船,方突破日方的设备封锁,把制针机运抵青岛。但当年开工投产后,生产的第一批针因质量低劣销不出去。试销失败使尹致中顿悟,引进西方设备进行产品仿制,只是引进的第一步,更重要的是引进技术和在仿制基础上的技术创新。

1931 年,尹致中另择新址,在利津路 8 号筹建冀鲁针厂(青岛制针厂前身)。当时,对于后进工业化地区而言,生产技术本土化一方面是民族资本工业企业生存与发展的内在要求,一方面又面临着市场风险的激荡,在西方工业资本和生产技术把持的青岛,还需突破西方工业技术的壁垒和封锁。面对此种生存厄境,企业家表现出的自强精神和与之相匹的企业战略,成为克服障碍、推动创新的重要力量。尹致中再度建厂后,决意三度赴日,获取领先制针业的新设备、新技术。其间,他历经曲折,用高价购得最新发明的"连三速度机"的图纸,带回青岛精心研究改进,把传统制针工艺砸鼻、穿孔、切断三道工序整合到用一台机器来完成,提高生产效率 200 倍,实现了制针工业史上的一次重大飞跃。此项发明获得国民政府注册专利,被实业部授予一等奖,还被铁道部授予全国铁路工业展览会超等奖。继之,尹致中又以"偷技"的方式突破日本技师的技术封锁,实现了制针工艺的核心技术——制针模型国产化。冀鲁针的创制成功，填补了中国制针工业的空白，结束了"洋针"独霸中国市场的历史，由此成为中国制针工业的第一品牌。

这一时期的冀鲁针厂正处于发展期，来青考察团体记有下述考察印象："全厂面积占五十六公亩，吾国在五年前所需之缝纫针，皆赖德日供给，自本厂开办以来，已能将舶来品杜绝云。于此可见该厂出品之畅销矣。统计其工作由锯断，而截断，而磨光，而打眼，而装盒，而包扎，层次井然。其间除包扎、装盒外，全用机器，而包扎、装盒两部工人，则悉系女工，手法敏捷。"[1]"内部设备完整，一切工作，皆用电力，惟包装一部，系用女工，每日可造千万只，运销甚易。"[2]在全国提倡国货运动中，冀鲁针厂被誉为"国货制造"的典范，"缝衣钢针为民间必须之品，在北方能设厂制造者，只此一家……此种物品用途极广，多加提倡，即足抵制外货输入"[3]。冀鲁针厂生产的"警钟"牌、"兽王"牌、"一枝花"牌、"兰草"牌系列针品，在国内外市场享有盛誉，行销全国各地，并出口东南亚。[4]

青岛素负纺织工业"上青天"之誉，产品以单色棉纱和单色棉布为主，直至20世纪30年代中期，花布印染业尚付诸阙如，为青岛纺织工业一大缺憾。业界称"惟以青岛水质恶劣，无从印花或漂白，故各厂出品，皆以本色棉布为主，宁非美中不足耶？"[5]"九一八"事变后，东北的民族工业纷纷向内地转移，阳本印染厂等民族厂家变卖东北厂产到青岛设厂，青岛的民族印染工业由此发端。陈孟元，一位"闯关东"出身的山东实业家，"九一八"事变后，重返家乡寻觅实业救国之路。当时妇女喜穿的各色花布皆为东洋花布，而华北地区的染坊、染厂只能染整单色棉布，尚无一家印染花布的机器工厂，面市的色布，也多为来自染坊的红、绿、蓝、黑等单色布，而为年轻妇女所青睐的日产花布，则需依赖进口，价格高昂。

巨大的市场需求催发了陈孟元创办民族印染厂的动机。1934年冬，陈孟元变卖沈阳太阳卷烟厂厂产，调资20万元，在青岛"11号地区"择地建厂（今沈阳

---

[1] 彭望芬：《青岛漫游》，生活书店1936年版，第19页。

[2] 姚明甫编：《青岛一瞥》，郑州明新中学校1936年版，第11页。

[3] 姚明甫编：《青岛一瞥》，郑州明新中学校1936年版，第11页。

[4] 1938年1月，冀鲁针厂被日本海军查封霸占并强行购买，改名为冀鲁制针厂株式会社。尹致中辗转去上海，在法租界设立大中工业社临时制针厂，后在香港开设大中工业社制针厂，在重庆设立大川实业公司机械厂、石棉厂等。1945年日本投降后，尹致中返回青岛收回冀鲁针厂。

[5] 《胶海关一九三二年报告》，青岛市档案馆藏海关资料60号16～18页印本。

路 27 号)。1935 年春,陈孟元赴日本采购设备。1936 年 6 月,青岛阳本印染厂投产,资本为 40 万银圆,成为华北地区第一家动力机器染印厂。[①] 但因日本技师负责的染色工艺出现事故,试车生产失败。后陈孟元从上海聘请专家,查阅有关资料,实验染色配方,并派人前往上海德国染料行学习印花配色、染料性能达半年之久,终于闯过印花工段这道技术难关,再次试车取得成功,创出了"阳本"品牌花布这块金字招牌。"阳本"品牌花布有印花类和色布类两大品种,质地好,染色牢度高,尤以大花标布、爱国蓝布、纳夫妥红布和纳夫妥紫布销路最畅,除在本市和省内批发零售外,还打入天津市场,远销陇海铁路沿线广大地区。

青岛缝纫机制造业始于 20 世纪 30 年代。1937 年 2 月始,陆续开办了泰丰缝纫机器号、利康商行、信大缝纫机铁工制造厂等缝纫机修理、零部件加工制作、仿造和经销缝纫机的企业,由于受德、日、美等国缝纫机倾销的影响,加之生产设备简陋、技术工艺落后、资金不足,未能形成批量生产。1942—1944年,福盛义铁工厂和福茂缝纫机器号两家从事缝纫机零部件生产的厂家开办。1945 年,顺德缝纫机器号和运城缝纫机器号也相继开业。直至 20 世纪40 年代末,青岛缝纫机制造业一直处于零部件生产阶段,批量化生产厂家付诸阙如。

从 1935 年起,青岛先后建起复祥、时辰、端记、北大 4 家小型时钟制作厂,青岛时钟制作业由此起步。其中,复祥造钟工厂设在泰山路 72 号,生产"机球"牌座钟、挂钟,是青岛市第一家时钟制造厂,"所出各类各式时钟,向为各界乐用,对于品资构造,凤博好评,经潜心研究不遗余力,特选上等原料,以科学之制法,精益求精,装潢式样,亦新而月异"[②],其产品远销东南亚各国。至 20 世纪 40年代,北大时钟厂成为青岛最具规模的钟表生产厂家,时有职工 200 余人,年产普通时钟达 1 万只、双铃闹钟 2 万余只。

① 1937 年七七事变后,阳本印染厂停产。1938 年,该厂被日商以"合作"为名强占,改名为兴亚染织株式会社。日本投降后,阳本印染厂原有不动产全部发还。1947 年 8 月,该厂陆续恢复生产。青岛解放后,该厂响应人民政府发展生产的号召,增添机器设备,扩充织布车间,成为青岛市较大的私营企业之一,即青岛市第三印染厂。1954 年,该厂实行公私合营,成为青岛市第一家公私合营企业。
② 王鹏翔:《造钟业之起源》,《工业月刊》1946 年第 1 期,第 25 页。

第五节　民族工业机械制造业的兴起与发展

德、日殖民统治时期,青岛的工业机械主要依赖进口,是西方国家工业机械产品的倾销地之一。青岛的民族工业机械制造业创始于 20 世纪 20 年代中期。1923 年即中国收回青岛次年,胶澳商埠局设立商品陈列馆,主要用于陈列国货商品,张扬振兴国货的民气民心。1925 年,南京国民政府农商部发布《关于提倡服用国货的训令》,提出"国货为一国之根本,保护国货为唯一救国之良方""军警政学绅商各知识阶级,树之风声,以为劝导。"在"抵制洋货、提倡国货"的全国性国货运动的推动下,青岛华昌铁工厂(后改为利生铁工厂)于 1926 年试制出 4 英尺、6 英尺、8 英尺、10 英尺皮带车床,开创了青岛民营铁工厂机床制造的历史。1929 年,青岛复记铁工厂在山东省内首家试制成功成套面粉加工机械。复记铁工厂所产磨粉机为对辊式,包括清沙、静麦、打毛、漂白等数道工序。产品除销往青岛市小型面粉厂外,还外销黄县、潍县、高密、淄川、博山、徐州、北京。

20 世纪 30 年代,青岛市政当局致力于奖励实业,繁荣工商,促进了民族制造业在各产业领域的兴起与发展。这一时期,青岛的民营机械制造业,生产品种增加,企业规模扩大,产品生产扩展到纺织机械器材、金属切削机床、动力设备、工具与农副产品加工机械制造等产业领域。1930 年,复记铁工厂新试制出螺旋加力的铁制人力榨油机,与古老的楔式木榨相比,结构紧凑,操作简便,出油率高。同年,利生铁工厂也开始生产榨油机、弹花机、磨粉机等农副产品加工机械。继而,昔日一些靠打砧、淬火起家的铁业、铁工厂相继进入工业机械制造业行列,先后有陆丰铁工厂投产切面机,天永和、光美、长顺等铁工厂投产弹花机。是年,为助推全国国货运动蓬勃发展,青岛市联合上海、天津等地 41 家工业厂家,推出首届国货展览,展出国产工业品 1900 余种 6150 件,大力激扬民族工商业者实业报国之志,促进民族机械制造业的崛起。

1931 年,南京国民政府颁布《小工业及手工艺奖励规则》,对民族工业企业及工业生产技术进行奖励,以促进民族工业的发展。1932 年,山东省举办全省国货展览会,青岛市共有民生国货工厂、明记工厂、华新纺织公司、亚东玻璃厂、和顺染织厂、合兴工厂、织业花边工厂、中国颜料公司、美利工厂、永利工厂、贯华冻粉厂、华兴工厂、协成工厂、建业工厂、永裕精盐公司、大兴制革厂、义兴汽水公司和大纶袜厂等18家工厂获奖。1933年,东益、金城、源盛炉、德顺炉、泰东等民营铁工厂相继试制出机床,品种发展到车床、刨床、钻床、铣床、插床及铣齿机等。利生、东益、金城3家铁工厂以生产机床为主,其中利生铁工厂的生产规模较大,机床种类为多。1935年,利生铁工厂即有18种规格的产品,质量不亚于欧美制品。该厂生产的"狮轮"牌车床、刨床、铣齿机、钻床,曾获全国铁路沿线出产货品展览会的"超等奖状"。1936年,销售量即达80台,远销天津、汉口等地。1937年,该厂已发展成为青岛市民营机器制造业第一大厂,有资本3万元,雇佣工人最多时300余人,有车床40余台,设翻砂、车工、钳工3个车间。产品除机床外,还有锅炉、压瓦机等30多个品种。1934年,烟台义昌信商行青岛分号由日本购进直径215毫米二重交替横列式轧机4组(一列布置)一套,在泰安路21号办起义昌信铁工厂,以破旧船板钢为原料,轧制小型圆钢和扁钢,是为青岛生产钢板型材之始,也是青岛首家华商资本轧钢厂。

　　这一时期,青岛市政府财政局提出"提议放领工场地拟请免用竞租方法以杜侨商垄断案"的提案,申明向国人经营的工厂放领工场地的必要性:"青市工业多半在侨商之手,现有工厂其为国人经营者寥寥无几,苟竞租放领,在公家图可观增加收入,所虑者外侨资力雄厚,万一尽被垄断,国内商人何以立足?"[1]为打破侨商竞租工场地的垄断局面,变"竞租"为"批领",即经正式调查后分别批复准领工场地,为民族工业提供充足的发展空间。同时,胶海关监督公署也对青岛工厂机件出品免征转口税,以扶助民族制造业发展。

　　据1933年青岛市工业企业调查,全市中外工业企业共137家,共分纺织工业、机械工业、化学工业3大类,总计纺织工厂、地毯工厂、织袜工厂、染织工厂、花边工厂、铁工厂、制针工厂、洋钉工厂、度量衡业、火柴工厂、制革工厂、肥皂工厂、冻粉冻蛋工厂、饮食品工厂等14个行业。其中日资纺织工厂6家,丝厂1家,地毯工厂1家,铁工厂4家,洋钉工厂1家,榨油工厂3家,火柴工厂4家,制革工厂3家,肥皂工厂1家,颜料工厂1家,饮食品工厂3家。另有英资工厂3家,德资工厂2家。仅从工厂户数来看,中资工厂占绝对压倒优势,但从资本占有量及营业量来看,日资在棉纺织业、榨油业仍占据垄断优势。仅以榨油业为例,全市制油工厂以日商所设吉泽油坊为最大,资本30万元,东和油坊、三菱油坊次之,各10万元。全市华商油坊虽有数十家之多,然资本总额不及日商一

---

[1]　青岛市政府《财政局提议放领工场地拟请免用竞租方法以杜侨商垄断案》的提案,1931年。

家,且制油皆用旧法,每日总计出油数额,尚不若日商一家之半数。工业机械制造业是工业企业中资本量和用工量占比最高的行业,此两项占比,中资企业与外资企业相比也存在殊大落差。1933 年,青岛中外企业资本及雇工统计数据显示,中资资本额 1042 万元,外资资本额 8287 万元,外资资本额是中资的近 8 倍;中资雇工 7946 人,外资雇工 20246 人,外资雇工人数是中资的 2.5 倍多。

第六节　走出外销瓶颈的永裕盐业

　　1922 年 2 月 4 日,中日在华盛顿签订《解决山东悬案条约》,规定"凡沿胶州湾海岸盐场确系日本人或日本公司正在经营者,全部由中国政府公平购回"。中日达成胶州湾盐田购回协议后,接办胶州湾盐田遂成为攸关山东乃至华北盐业长远发展的重大之举,为中外盐化工业界所瞩目。青岛盐素享业界口碑,一直为输日盐的首选。其时,输日盐的两大生产加工基地,一个是胶州湾盐田,另一个是金州盐田。"金州半岛,山多滩狭,非若胶澳之为天然盐场。胶澳沙滩面积甚广,土质之粘性强,宜筑盐池。雨少风多,盐场上方又少河流,无淡水冲混之虞。凡盐滩之优良条件,胶澳皆备。而且人工价廉,装船便利,皆为金州半岛之所不及。"[①]胶州湾盐田的天然资质和发展潜力远非金州盐田可比。

　　为使胶州湾盐田经营权免落外人之手,中国化工工业的开拓者天津久大精盐公司总经理范旭东抱定"联手拒外"的主张,派遣久大总董事景本白到青岛,与商埠盐业协会会长丁敬臣协商合作。丁对接手青岛盐业思谋已久,但缺乏技术和管理上的支撑,见颇负声望的久大公司登门寻求合作,双方一拍即合。此时,山东省盐商公会的济南东纲公所也亟欲谋求合作经营青岛盐业,终于,在盐务总署的撮合下,达成了以范旭东为首、三方组合青岛永裕盐业公司的合作协议。1922 年 9 月,天津久大精盐公司和青岛盐商丁敬臣等,同济南东纲公所合资共同创办了青岛永裕盐业公司。1923 年 4 月,呈报北洋政府盐务署,9 月 5 日核准成立。并在北洋政府盐务署主办的挂牌招标中,以国币 300 万元中标承办原日本人经营的胶州湾所有盐业资产,其中,原日商经营的盐工厂 17 座,原日商盐田 1380 副,国人私有盐田 1064 副,合计 2444 副,面积 97699 亩。1924

---

① 　民国《胶澳志》卷 5《食货志·盐业》,民国十七年(1928)铅印本。

年7月，即永裕盐业公司中标2年后，胶州湾盐田正式移交永裕盐业公司经营。永裕盐业公司，分永大、裕大两厂，永大厂承办原由日人经营的17个盐加工厂，经营精盐、再制盐及洗涤盐生产加工。裕大厂则经营由日本盐户及国人收回的盐田。盐田、盐场移交后，青岛盐对日本、朝鲜输入权，归永裕盐业公司统一经营。

胶州湾盐田经营权回归后，国人接手盐业经营接踵而来，然由于日本方面的极力阻挠，加之来自盐务署的官方掣肘，永裕盐业公司接手胶州湾盐田的经营之路并不平坦。一是中日双方青岛盐输日谈判久拖不决，失去了青岛盐一向坚挺的卖方市场，面对日本盐务署的一再压价，失去了还手之力。二是北洋政府盐务署为在胶州湾盐田的拍价上卖个好价钱，曾一度主张取消永裕盐业公司的投标权，以致在盐田移交上从中作梗，造成永裕盐业公司正式接手前的2年经营管理空档，致使大片盐田堤堰垮塌，毁弃荒废，盐田面积减少近半。三是由于日商急功近利，永裕盐业公司接收的日商盐田，工程质量低劣，堰毁堤漏，中标后的恢复生产举步维艰。时原日商经营的17家精盐厂大半报废，生产设备严重失修。仅以位于小港、台西的精盐厂为例，小港精盐厂的新式真空制盐汽罐3台，洗盐机、碎盐机各十数台，以及台西厂的多部电机，自中日输日盐谈判至精盐厂移交后两年时间里，"未得一试运转"，全部锈蚀待修，无法恢复精盐生产。面对此种局面，永裕盐业公司接收盐田后由于经济困难，一时无力全部修复，勉力坚持一边生产，一边修复。

按照《解决山东悬案条约》的规定，胶州湾盐田由中国购回后，日本须承担进口青岛盐的义务。从1918年开始，青岛盐产量已达到37万吨，1919年摸至年产量44万吨的最高线，此后一直居高不下。日本即使承担年输入20万吨青岛盐，仍然有相当数量的青岛盐找不到销路。此时，青岛盐输日问题，日本盐务署一再压低输出底线和出口税，同时知照朝鲜总督府，禁止购买青岛盐，以此断绝青岛盐的出路，逼迫中方屈服，其真正目的在于推销大日本盐业会社经营的旅顺、普兰店所产金州盐，抢占青岛盐的出口市场。"彼之大日本盐业会社数年之间，资产增加数百万，而金州盐之产额逐年而增，已达五百万担。"[1]中日双方历经多次交涉达成协议，从1923年起往后15年，每年进口青岛盐最高限额35万吨，最低限额10万吨。交盐地点为日本门司。

---

[1]　民国《胶澳志》卷5《食货志·盐业》，民国十七年（1928）铅印本。

1925 年 2 月,永裕盐业公司改名为永裕制盐股份有限公司(简称永裕公司),同年将各种设备拆卸归并,加以修复,精盐工厂得以开工生产,是年除洗涤盐外,年产精盐 150 万担。北洋政府指定永裕公司为输日盐专商,每年向日本提供精盐 150 万担。由于日方不履行协定,拒绝购买青岛精盐,而国内只能按北洋政府规定的内销口岸销售,主要销往南方各大城市。由于南方盐商勾结官府多方阻挠,故内销口岸销售也无保证。特别自 1928 年 4 月起北盐严禁南销,更加断绝了永裕公司精盐的销路。而国内十几家精盐公司竞争激烈,市场供过于求,再加内地惯食粗盐,以致精盐销路不畅,生产时开时停。

1930 年,南京国民政府颁布食盐品质标准,对一向未检验等级的食用盐划级分等,制定等级检验标准,旨在提倡国民食用精细盐,以宜民众健康。此后内地百姓渐次习用精细盐,永裕公司精细盐北路不畅的销售瓶颈逐步得以化解,同时精细盐的品质进一步提升。按照国定食盐品质标准,食盐含氯化钠 85% 以上,水分 10% 以下,不得掺入泥沙杂质,并于次年复定等级盐标准。青岛盐区作为中等盐为主的盐区,出口盐达到国定标准,工业盐达到一级标准,原盐质量得以提升,中等盐占总产量的 71%～85%。[①] 随着中国北方食盐习惯的演进,精细化加工盐的市场需求日增,为永裕公司的精盐、洗涤盐加工生产提供了发展契机。

至 20 世纪 30 年代中期,永裕公司盐田仅剩 750 副,比接收时减少45.65%,但胶州湾沿岸民户私有盐田数量却呈大幅增长之势,达到 1290.37 副,比接收时增长 21.28%,盐田合计 1995.37 副,面积 79766 亩。这一时期,胶州湾盐田规模虽比接收时缩小 18.35%,但胶州湾沿岸海盐生产多丰年而少欠年,盐田单位产量连年增长,形成海盐高产期,激速增长的民户盐田供给量,助推精盐、洗涤盐加工产量持续增加。据统计,1922—1937 年,平均年产海盐 161832吨,比日本第一次侵占时期(1914—1922 年)提高 64.07%。1935 年,产盐高达379045 吨,盐工盐民人数 3991 人,实物劳动生产率每人每年 40 吨,比日本人第一次侵占时期提高 66.67%。

30 年代末,胶州湾盐田扩至 2040 副,产盐量占山东省产盐总量的 60.24%,成为中国四大海盐产区之一。

---

① 青岛工商学会:《青岛市盐业状况》,《青岛工商季刊》1933 年第 1 卷第 1 号,第 69 页。

第七节　日本对民族工商业的侵吞与洗劫

1938 年青岛沦陷后，日本占领军强行接收中资企业，对包括国家资本、地方官营与私营资本的中资企业强购强霸，大肆侵吞，实行所谓的"军管理"，为其"以战养战"的侵略战争服务。青岛的中资企业被购并殆尽，奄奄一息。胶州湾东岸日资企业林立，中国民族工商业被侵吞殆尽，几无立锥之地。日本对青岛民族制造业实行经济"统制"政策，把重要行业定为"统制事业"，其他则以"军事管理""委托经营""组合合作"等方式予以控制。四方机厂、华新纱厂、海军工厂、冀鲁针厂、阳本印染厂等中资企业均被日本军方或日商以上述种种名头强行霸占。

七七事变后，青岛华新纱厂将部分设备南迁上海，为使未迁出的工厂财产在青岛沦陷后不致被日寇掠夺，遂将这些设备及厂房等作价 170 万元转让给平安公司，以托庇于美商名义下得以保全。日本占领青岛后，急于恢复棉纱生产，但青岛日本纱厂均已被炸，恢复尚需时日。日本竟全然不顾美商名义，于 1938年 4 月，强制美商平安公司以 196 万元底价将固定资产 500 万元的华新纱厂转售日本国光纺织株式会社，更名为国光纺第二工厂。抗日战争胜利后，周志俊回述：青岛华新纱厂"至一九三六年夏筹办漂染印花厂，所有设备完全，在华北首屈一指……不意抗战突起，局势骤变，二十年之功，毁于一旦"①。"青岛华新纱厂遂一面拆迁，一面借中立国保护，但终未能脱离魔爪。"②抗日战争胜利后，依据国民政府当时"凡沦陷区被迫出售及售价不及原价一半的，可以申请赎回"的规定，周志俊"当时十去南京，自夏徂秋，几经反复，最后始获批准"③。华新纱厂赎回后，因受资金影响，只能恢复纱布生产，纱布印染生产始终未能复工。

1938 年青岛沦陷后，利生铁工厂被日本丰田织机公司以 14 万元强行收买，

---

① 周志俊：《青岛华新纱厂概况和华北棉纺业一瞥》，青岛市史志办公室编：《青岛市志·纺织工业志》，第 254 页。

② 周志俊：《青岛华新纱厂概况和华北棉纺业一瞥》，青岛市史志办公室编：《青岛市志·纺织工业志》，第 252 页。

③ 周志俊：《青岛华新纱厂概况和华北棉纺业一瞥》，青岛市史志办公室编：《青岛市志·纺织工业志》，第 256～257 页。

改名为丰田式铁工厂,主要为日商各棉纺织厂修复被炸毁的纺织机械设备。太平洋战争爆发后,该厂又转手日商三井洋行集团,改为制造迫击炮弹、手榴弹和枪械修理工厂。1938年2月,日资山东盐业株式会社以所谓"委托经营"霸占永裕公司的盐田工厂,逼迫盐厂员工开工生产,同时将永裕公司盐田、盐厂设备、员工强行纳入新设立的山东盐业化成工厂,于1941年8月至1944年4月建成投产。厂址在沧口沔阳路5号和6号,占地面积156976市亩,职工315人,设计能力年产溴素24～30吨、氯化钾30吨、氯化镁60吨、40～45度液体烧碱300吨、漂白粉300吨。但生产不到1年,即因资源不足、原料缺乏、生产状况恶化而停产。

青岛民族火柴厂华北火柴公司一直是日资火柴企业的有力竞争对手,青岛沦陷后,日军以"抗日工厂"为名查封了华北火柴厂,对其实行所谓的"军管",迫使企业停产,并强迫该企业董事会与日商合伙经营该企业。同年6月,日军解除"军管",准许恢复生产。同时,日商安藤荣次郎会同青岛磷寸株式会社、华北磷寸株式会社、东华火柴公司及山东火柴磷寸株式会社4个火柴厂商强行入股,股额占比达55%,垄断原料供给和销售市场。其他中资火柴厂则被迫停业。时《青岛新民报》刊载报道《山东火柴工业界酝酿统制经营》称,"得事变后的各种好条件之惠,活泼进展中之鲁省火柴工业界,仅八月中,山东区统税局管内出厂之新生产货,日方青岛工场五七四四四小箱,华方青岛工场一四五〇二小箱"[①]。其时,火柴业的统制经营机构称中华全国火柴产销联营社,在青岛设立分社,加紧对中资火柴厂的碾轧与侵夺,前文所称日商火柴厂的生产能力远超出华商火柴厂,其根源就是青岛沦陷后日本对沦陷区火柴业实行战时统制,折损中资火柴厂而扶持日资火柴厂所致。中资火柴厂拼力支撑至1941年,《青岛新民报》再次刊载报道"青岛火柴业以磷寸会社规模较大,华北火柴厂工作紧张",称"华北火柴厂内机件有排杆机、卸杆机、切杆机等,现在因为材料的缺乏,所以这一部分的制杆部,已经停工了"[②]。1943年起,日军将火柴原料征做军用,迫使部分华商火柴厂停产,华北火柴厂亦处半停产状态。同时,华商火柴销售受到日军和日商的严密钳制。1944年,中华全国火柴产销联营社青岛分社奉日本驻京大使馆训令:"近因火柴原料即及工人食粮获得困难,生产激减,故对

① 《山东火柴工业界酝酿统制经营》,《青岛新民报》1938年9月10日。
② 《山东火柴工业界酝酿统制经营》,《青岛新民报》1938年9月10日。

于火柴配给数量暂行变更,计都市配给每人每月二小盒。"①日军对青岛火柴的供给实行配给制,将华商火柴厂的产品销路完全操之于手,不给华商火柴厂半点自主空间。

　　青岛卷烟业因获益高、见效快,且烟民日众,消费市场愈益坚挺,早为日商所觊觎。由于英美烟对青岛及胶济铁路沿线地区烟草市场的把控,至1925年,设立于天津的日商东亚烟草工厂始在青岛设立支店。这一隶属于日本东亚烟草株式会社的烟草工厂支店,当时专代各地烟厂推销烟叶和卷烟,实系该烟草厂的一个推销窗口。20世纪20年代末至30年代初,青岛民族卷烟业进入快速发展期。1928年,民族资本家战警堂投资10万银圆,在青岛大港二路1号创办山东烟草公司卷烟厂,有职工370人、卷烟机5台,生产"齐鲁""四宝"等牌香烟,年产4000箱。山东烟草公司卷烟厂是在青岛开办的第一个民族资本卷烟生产厂。1931年,山东省海阳县宫姓商人在青岛市台东镇大成路创办崂山烟厂,有卷烟机5台,组织卷烟生产。1936年,崂山烟厂转让给山东省牟平县崔岱东,1938年改称崂山烟厂股份公司,卷烟机由5台增加到10台,生产"崂山""铁马""一品香"等牌号香烟。1938年,日商华北叶烟草株式会社(亦称华北烟草股份有限公司)在北京成立,将日商在青岛开办的南信、米星、山东、瑞叶合并组成青岛支店,资金达3000万元,共设60万股,将日商在青烟厂麾于旗下。据《青岛卷烟厂志(1999—2009)》记载,华北叶烟草株式会社"名义上的业务是烟草买卖、加工及精制,烟草栽培及改良,仓栈业、货物运送业,农产品及买卖等,实际上成了日军'统制'和垄断山东烟草的鹰犬"。同年9月,华北烟草统制公司在青岛成立,专门经营华北叶烟草株式会社的产品,烟业统制实际操于华北叶烟草株式会社之手。为了独占青岛卷烟业的厚利,华北叶烟草株式会社借"统制"之名,对青岛民族卷烟业大事吞并。1940年,朝鲜商人林熏凭借日本占领军的淫威,强行盘接了山东烟草公司,将其纳为华北叶烟草株式会社青岛支店的一部分,并在青岛市区铁山路设立厂房,卷烟机增至30台,职工扩至1422人,组织扩大"华一""双猫"等牌号的香烟生产。另外还在大港二路设立印刷厂,印制烟盒和烟标,总投资达伪币5000万元。对于另一民族卷烟公司崂山烟厂股份公司,华北叶烟草株式会社则采取攫夺股份权占比加以操控。其间,日商华北

---

① 中华全国火柴产销联营社青岛分社:《关于华北地区减少火柴配给数量的训令》(青运字第984号),1943年12月30日。

叶烟草株式会社借"统制"名义,在崂山烟草股份公司入股 49％,成为该股份公司最大股东,从而将崂山烟厂股份公司控制到手。

1938 年青岛沦陷后,日商橡胶业最大的竞争对手同泰胶皮厂被日军查封。1939 年日商强行租赁该厂,并以 4 万日元购买了厂内一切原材物料,用于日商企业扩充自行车胎产能。是年,青岛自行车外胎产量达 118.4 万条,内胎产量 127.6 万条。[①] 1938 年 1 月日本侵占青岛后,青济国货胶厂也遭遇和同泰胶皮厂一样的厄运,被强行查封半年之后,日本人强行投资伪币 35 万元,使其成为中日商人合办的骨胶生产企业,总资本额为伪币 50 万元,于同年 12 月开工生产,骨胶产品以"箭"牌为注册商标。1942 年,青济国货胶厂生产骨胶 500 余吨、骨粉 2000 余吨,由合资日商尽数输往日本,所得巨额利润大都落入合资日商袋中。之后,抗日战争逐步进入反攻阶段,日军加紧对交通运输的控制,交通受阻,原料中断,产品滞销,导致该厂骨胶生产半停产直至停产。

青岛沦陷后,日本护谟株式会社胶鞋厂实行所谓的胶鞋"产业组合",于 1938 年合并青岛胶皮工厂与泰安胶皮工厂,成立共和护谟株式会社胶皮工厂。1941 年,日本横滨护谟、东洋纺织和丰田纺织联合吞并山东胶皮工厂。日商联手吞并青岛两个民族胶鞋厂后,厂房、资本、设备规模大为扩张,青岛胶鞋年生产能力达 956 万双,成为华北地区的胶鞋主要产地,产量约占华北地区总产量的 90％。主要品种有力士鞋、中山鞋、圆口鞋、文明鞋、五眼鞋和各类雨鞋、雨靴、拖鞋等,年产各种胶鞋 627.88 万双。[②] 其间,青岛民族染料工业亦横遭摧残。1938 年 7 月,日商欲与中国颜料厂"合作"遭拒绝,后以 17 万元联银币券强制购买。日本殖民者垄断了染料生产、原料来源和市场,排挤、打击民族染料企业,除设备简陋、前店后厂的染料作坊外,凡设备上乘、技艺先进的成规模中资染料工厂,必处心积虑迫其倒闭歇业。1944 年,民族工商业者投资 100 万元(伪币),建立崂山颜料化学工厂,设备尚称完善,厂址宽敞,但开工不到 1 年,便被日商借口为日本海军生产军需品,仅以 50 万元(伪币)"购买"。在中国民族染

---

① 抗日战争胜利后,同泰胶皮厂于 1947 年初拨还中国厂主,但设备多有锈蚀,无法开工。是年 5 月,与亿中实业股份有限公司合资组建同泰胶皮厂股份有限公司。

② 抗日战争胜利后,日资胶皮工厂被南京国民政府派出机关接管。山东胶皮工厂因遭破坏,接管后被拆毁;大裕胶皮工厂 1946 年被联勤总部青岛被服厂接管,成为军需工厂。共和护谟株式会社青岛胶皮工厂以 43171.1 万元(法币)售与民族工商业者,易名大元橡胶厂,1947 年 4 月 1 日正式开工,原料购自上海,产品有长、短球鞋,女便鞋,力士鞋,童鞋,等等,日产 2000～3000 双,商标改为"五和"牌。

料工业的废墟之上，日资控制的维新株式会社和中国颜料厂，因享有营销特权，"获利颇丰"，得以较大发展。经日本人 8 年经营，该株式会社发展成为国内"规模最大，设备完善"的染料生产厂家，成为日本对华经济掠夺的得力工具。

日本全面发动侵华战争以后，对青岛民族工业企业的侵夺和劫掠，拉大了 20 世纪 30 年代中期青岛民族工业企业与日资工业企业之间业已缩小的差距。据庄维民、刘大可对 1939 年日本工业资本在青岛工业总资本中占比的统计分析，在纺织业、金属加工业、火柴业、橡胶业等 20 种工业门类中，日本工业资本占比达 100％的有 3 种，即纺织业、淀粉加工业、啤酒业；占比在 90％以上的有 2 种，即机械器具业 94.3％、橡胶业 93.6％；占比在 70％以上的有 5 种，即染料业 73.1％、窑业 79.7％、饮料业 73.5％、榨油业 77.1％、木材加工业 71.8；其他如火柴业占比 64.5％，皮革加工业占比 68％，面粉加工业占比 62.3％。在日本工业资本垄断的 13 种工业产业中，日本纺织业的资本最为雄厚，总资本达 222200 万元；总资本 100 万元以上的工业产业有 7 种，即机械器具业、火柴业、橡胶业、面粉加工业、啤酒业、榨油业、木材加工业。[①] 总观之，20 世纪 30 年代中期，青岛工业产业领域中资与日资之间明显缩小的差距，在日本侵华战争期间又被拉大了，日本工业资本不仅垄断了纺织、机械、橡胶等重要工业产业，而且把粮食、油料、木材等攸关社会民生的地产品加工业绑上"军管理""以战养战"的战争车轮，民族工业被推至几近崩溃的边缘，有的工业产业甚至倒退回手工作坊式生产形态。

---

① 庄维民、刘大可：《日本工商资本与近代山东》，社会科学文献出版社 2005 年版，第 556 页。

第六章 中国北方商业贸易中心城市的形成

　　近代青岛的商业,受殖民经济的影响远甚于国内其他沿海口岸。西方商业资本的输入,裹挟大批西方工业产品舶运青岛,垄断城市消费市场,压缩民族商业的生存空间,城市商业呈现鲜明的殖民化特征。载量大、成本低、辐射广的铁路运输,助力外埠商业资本尤其是山东内陆资本的涌入,一批商业老字号竞相进入青岛。中国收回青岛后,青岛政局相对稳定,民族经济有所发展,民族工业相继创办,青岛的注册工商业户突破 7000 户,呈现前所未有的规模。随着民族工业的发展,青岛的商业规模逐步扩张,商业行业增多,经营更趋专业化,多种新式商业迭相涌现,城市商业经济日趋繁荣。伴随城市规模的扩大和商贸中心城市的强力拉动,商品消费需求不断增加,城市中心街区的商业中心作用愈益突出,大鲍岛、小鲍岛两大商圈和中山路、馆陶路等商业街渐次形成,促进了民族商业的发展。街坊式的里院商住形态,各类商态的空间布局和规模聚集,呈现老字号—连锁店—特色街—商业街区组团发展的商圈基因。随着一些大的商业资本集团出现,城市商业行业格局实现重组,与国内南北商业中心城市的跨区域商业协作、联合,使青岛作为山东商业贸易中心与中国北方商贸中心城市的地位愈益凸显。

第一节　商业中心区:大鲍岛与小鲍岛

　　大鲍岛,原系胶州湾内的 25 个海岛之一。青岛港初建时,为开辟新港区,包括马蹄礁在内的 5 个小岛炸礁平毁,大鲍岛由此跃居湾内诸岛之首。大鲍岛村,地处今胶州路与中山路的交叉口一带,因胶州湾内的大鲍岛而得名,清末时隶属即墨县仁化乡文峰社。据史料记载,19 世纪末大鲍岛村有王姓和于姓村民680 人,半渔半农。村里有一座家庙,家庙两厢用来办学堂;还有一座官宦人家的庄园。[①] 1891 年胶州湾设防，青岛口一带成为胶州湾海防体系军事重镇和港航贸易区域中心，初具城镇规模。大鲍岛村作为青岛古村落中唯一有集的大村，以旧历初一、初六为集日。每逢集日，周围乡民咸集于此，设摊交易，人流熙攘，人气鼎盛。集的西北角是劈柴市，即劈柴院的前身。1898—1901 年底，德国胶澳总督府收买大鲍岛村土地，强令原有居民一律迁移至台东镇以北，原有房屋一体拆除，夷为平地。1900 年的第一轮城市区划，依托大鲍岛村将其扩展为租借地内界的一个区，区划以德县路—保定路为界，南为青岛区（欧人居住区），北为大鲍岛区；北迄沧口路，西到济南路，东至济宁路。时中山路南段称斐迭里街，北段称山东街，俗称大马路。

20 世纪初，山东街一带毗连式的沿街商住街坊建筑群始建，依托围合式建筑为主的街区格局，大鲍岛商业区渐次展开布局。1901 年小港建成以后，山东街一带成为小港的仓储腹地，商号、钱庄、行栈纷纷入驻大鲍岛区。随着服务于洋行的行栈业发展，青岛和山东其他地方商人经营的行栈群日益庞大，主要有悦来公司、德源永、洪泰号、通聚福、复诚号、镇昌利、大有恒、万利源、裕昌号、成通号、泰生东、恒升合、双盛泰、义源永、天诚号、周锐记、恒祥号、大成栈、协聚祥、立诚号、福和永、祥泰号、天祥永、义德栈、瑞泰协、福聚栈、通聚成、恒祥和等。[②] 自 1905 年谦顺银号从胶海关接手常税厘金以后，福记钱庄、义聚诚、东盛和、协源盛等银号、钱庄相继在大鲍岛开业。之后，瑞蚨祥、谦祥益、宏仁堂、泉祥，名列岛上三大酒楼的顺兴楼、春和楼、聚福楼，紧步其后的亨德利、盛锡福、馅饼粥、长春堂等老字号竞相在大鲍岛落户，一片世人瞩目的"华商云集之地"出现在山东街。大街上的第一道现代商业风景，是 20 世纪初"公立市场"的建立。券廊式结构的"公立市场"最先在华洋结合部——德县路和潍县路的交叉口出现，露天集市为主的传统商业形态从此被刷新。之后，山东街沿街道两侧进行组合，把商与住两个空间、两个功能结构成一个个毗连的街坊，呈现毗连成片的围合式街区风貌。山东街就在这个双层拥叠的围合式空间里扩展、生成，奠定了大鲍岛区的业态和人脉，跃升为岛城华人社会的首善之区。

1910 年，德国胶澳总督府将租借地内界九区合并为四区，市区区划格局更

---

① 〔德〕海因里希·谋乐编：《山东德邑村镇志》，青岛市档案馆编：《胶澳租借地经济与社会发展——1879—1914 年档案史料选编》，中国文史出版社 2004 年版，第 375 页。

② 庄维民：《近代山东市场经济的变迁》，中华书局 2000 年版，第 268～269 页。

趋紧凑。大鲍岛区因在租借地经济社会中举足轻重的地位和影响,其境域有所扩展,促使地价飞速飙升。这一时期,大鲍岛路网结构的形成,为大鲍岛的商业空间形态奠定了基础,为数众多、纵横交错的区内道路,均以青岛当地村落等地域元素及青岛周边、山东内外的地名命名,形成了以山东街(即今中山路)为中轴的鱼骨状路网结构,依托鱼骨状路网展开的商业布局凸显了"一街一主业"的行业特色。

自 20 世纪初起,德国胶澳总督府规定"仅容西人雇佣各人以及常佣等人在内限数居住"的"欧人区"以向心集中、环形辐射的规划布局,展开城区建设,陆续建造了多幢公寓、旅馆、邮局、俱乐部、面包房、西餐馆和商业大楼,以满足日益增长的商住需求。时斐迭里街(今中山路南段)建有青岛俱乐部、海员俱乐部、胶州图书馆、贝格学生公寓、瓦格纳时装商店、胶州旅馆、商会大楼、德华印刷所、海恩大楼、阿豪德贝克洋行等;毗邻的海因里希亲王大街(今广西路)建有博德维希-卡比施百货公司、希姆森公寓楼、兰德曼商业综合楼、拉尔兹红十字药店、侯爵庭院饭店和吉利百货公司等;位于广西路的商业综合楼内设有德国的捷成、美最时、西门子,英国的太古、怡和、英美烟草,美国的标准石油、德士古石油、亚细亚石油、通用电气等公司的青岛分支机构。辛亥革命后,一批前清遗老来青庇居,外来人口迅速膨胀,迫使德国胶澳总督府放弃了华洋分治的条令,人际趋于饱和的大鲍岛中轴线由此开始南移,山东街两侧的建筑漫过华洋分界向南推展,把"欧人区"括入其中。这一时期,青岛本土文化回归,繁荣在劈柴院、积庆里的说书场、落子馆和各种摆摊演出的艺人中间,面向由小港登岸的商帮和苦力,演唱柳腔和茂肘鼓,成为一道引人注目的本土文化风景。

日本侵占青岛时期,由于日侨大量涌入,原"公立市场"迁建市场三路,大鲍岛商业区开始北扩。北扩后的"公立市场"称劝业场。历时 14 个月建筑期的劝业场盛极一时,为"本埠有数之巨大工程",居岛城商场之首。这一时期,日本殖民当局致力于向北扩展新市街,大批日本洋行、商社、店铺麇集大鲍岛北端,加之日德青岛之战后德国势力在青岛的退潮,以及第一次世界大战期间欧美洋行、商店无暇在青经营,其商业资本的撤离,引致大批日商企业涌入大鲍岛。1922 年中国收回青岛后,部分日商企业随日本青岛守备军撤离回国,大鲍岛日商企业的麇集之势顿减。

20 世纪 30 年代,大鲍岛商业区经多年产业集聚、业态演进,已发展形成多条商业特色街,主要有:海泊路"鞋业一条街",有三星、三进、明星、履利、福兴祥、福聚泰、美华号等南北鞋店 30 余家。天津路"旅栈一条街",有岛城"三大楼"之一春和楼,西式旅馆东华旅社,中式旅栈保安栈、连升栈、悦来栈、高升栈,和式旅馆青岛旅馆等。河南路"菜馆客旅一条街",有新盛楼、菜根香素菜馆、富华楼、真一斋、厚德福、亚东饭店、春祥楼、同德楼、高升栈等名馆客店及和式旅馆吾妻馆与大和旅馆。潍县路"华洋百货一条街",有经营瓷器著称的开泰祥百货店,以经营华洋百货著称的华德泰百货店,大中华钟表眼镜公司、信康五金行、合兴电料行、新民印书馆、大成栈、华北旅馆、新乐茶社及淮扬菜馆可可斋、粤菜馆广安隆、广聚隆等名字号均设在此。北京路"百货一条街"有谦祥益、洪泰商场、顺兴楼、国民饭店和中华栈等客栈。济南路"麻纺铁业一条街",有仁聚德、公和兴、德顺兴、成德和、成德昌、义聚祥、源泰祥、德祥成、义兴成等制绳厂、麻纺厂及同利号、同和兴、隆裕等铁行。莘县路"鱼行一条街",有义长祥、福兴裕、德和福、福和兴、广兴福、德盛和、协顺兴、三义城、仁和昶等 20 余家大鱼行。李村路"土产杂货一条街",有经营棉布的丰顺恒,经营土产、杂货的德盛泰、锦泰、丰源成,经营干鲜果品的德盛,以及裕长栈、顺发栈、裕丰栈等客栈。肥城路"报业一条街",《平民日报》《正报》《青岛日报》和《青岛广告报》(英文)以及青岛通讯社、新闻通信社都曾建社于此。黄岛路"马路市场一条街",主要卖日用铁器、陶瓷器、木器、禽蛋、肉类、海鲜、蔬菜、水果,市民居家所需一应俱全,同时还是青岛名店万香斋、裕长酱园所在地。

这一时期,大鲍岛传统服务业的诸种业态基本成型,中西交融的旅栈业覆盖天津路、河南路、北京路、河北路等街区。万国理发店、吉星理发店、云祥理发店、义来兴理发店、白玫瑰理发店成为理发业名店;天真照相馆、鸿新照相馆成为照相业名店;天德堂、中华池、三新楼、新新池、润德楼(建新池前身)"五大汤池"构成澡堂业主体;万国洗衣局成为洗染业头牌。纵横交织的十几条特色商业街,以中山路为中轴,向围合式街区两翼辐射,构成大鲍岛商业社会的空间架构和行业形态。

小鲍岛村是青岛的老村庄之一,在大鲍岛村以北。据 1899 年《德邑村镇志》记载,村里有 530 名居民,一片苍翠的柞树林掩映着这个村庄。从地名上推测,小鲍岛村的旧址大约在原小鲍岛街(今黄台路)一带。在大港填海以前,后海滩涂从太平湾一直绵延至普集路一带,一道起伏的高岗挡住了来自海湾的寒冷季风,高岗身后便是后来的小鲍岛。小鲍岛一带毗近海湾,繁衍生息着小鲍岛村一半的渔业人口,故老青岛人习惯称其为小鲍岛。大港开建后,小鲍岛一带规划为港埠区,最早的一批贸易商号及饭铺、摊贩出现在毗近港湾的滩地上。1900年的城市首次区划中,小鲍岛被列为租借地内界九区之一,由此成为一个行政区域名称,由最初的港埠区演进为商业区。新兴商业区小鲍岛,从旧村址小鲍岛街向北扩展到辽宁路、益都路、普济路、泰山路、青海路一带,涵盖了纵横错落的十几条市街,形成了最初的市街架构。

　　小鲍岛发轫之初,大、小鲍岛之间隔着一道古老的地标——孟家沟,即后来的大窑沟一带,也是首次规划时确定的市内九区之一。1901年6月,德国胶澳总督府收买并迁移小鲍岛、孟家沟等5个老村庄。官方备忘录称,小鲍岛、孟家沟因人口稠密,危及"欧人区"的卫生而强令拆迁。拆迁居民的去向,是台东镇和小泥洼附近划定的地块。至此,城市首轮区划中保留的市内九区,仅余大鲍岛和小鲍岛,而孟家沟的消失,使大小鲍岛从此连成一片。1910年,德国胶澳总督府再次发布公告,青岛内界由原来的9个区合并为青岛、鲍岛、台东镇、台西镇4个区,完成了以自然村为中心的传统布局向城市组团的首次转换。小鲍岛之名从区划中消失,但其商脉地理仍在延续。

　　1906年,开辟李村河水源地。1908年水源地建成,输水至毛奇山(今贮水山)上的蓄水池。贮水山以东依次坐落着台东镇、毛奇军营和日尔曼啤酒厂,西北方向是刚开放的大港码头。1913年,德国胶澳总督府的年度报告称:"大鲍岛和大港间的市区开始合为一体。在大鲍岛建筑的空隙几乎完全消失了"。[①] 是年,在码头区和鲍岛区之间开辟新的商业中心——小鲍岛,从小港、大港和大鲍岛三个方向推进小鲍岛商业区建设。此轮城市扩张,从大、小港周边道路拉萨雷街(今聊城路)、维礼街(今陵县路)、奥瑟琳·奥古斯特街(今武定路)、德意志街(今热河路)、凯撒街(今馆陶路)展开布局。同一份年度报告中称,(1913年)大港、小港附近的建筑取得很大进展,这无疑包括上述市街在内的小鲍岛商业区。第一次世界大战爆发后,德国殖民当局的扩张计划中途夭折。

　　1914年日德青岛之战结束后,日本青岛守备军军政署宣布青岛对日本本土居民开放,把青岛土地以低于德租时期数倍的价格售于日本侨民,促使来青日侨大增。日本人入城后的两个月内,乘船抵青的日侨有4000余人。大批移民涌入小鲍岛,从市场一、二、三路到大、小鲍岛的结合部——聊城路(时称中野

---

① 《1913年胶州地区年度报告》,青岛市档案馆编:《胶澳租借地经济与社会发展——1879—1914年档案史料选编》,中国文史出版社2004年版,第198页。

町），满街全是日文广告，向北一直扩展到小鲍岛的中心地带。

1915 年，日本殖民当局开始在胶州路以北、吴淞路以南、上海路以西、胶济铁路以东实行所谓的"新市街"规划，为在青日侨提供一个独立的商业街区。日本青岛守备军军政署 1915 年绘制新的《青岛市街图》，用红色板块标注了以所泽街（今堂邑路与馆陶路）为中心的新市街"第一期工事"，以此为据点，打造日本"本邦人永久性的市街地"，构成日本商住民的"独占地带"。"新街区为从前德人时代之大窑沟，系造砖瓦之地。自日人占领后，辟为新街市，以所泽街（今堂邑路与馆陶路）为中心，如朝鲜、正金、三井、太古、取引所、信托，各大公司，比栉林立。日人之卖笑妇，亦萃此处。"①

所谓的"新市街"建设，首先从搬迁上窑厂（今聊城路一带）和下窑厂（今大窑沟一带）开始，以此作为日本市场及商场街区，随之开发大和町（今热河路）、上海町（今上海路）和信号山北麓一带的丘陵地，作为住宅用地，进而在隼町（今桓台路）、濑户町（今乐陵路）附近开发住宅区，逐步向小鲍岛纵深推进，向东接入台东镇工场地。② "新市街"于 1917 年显现大体轮廓，其新建部分包括新町一丁目（武城路）、二丁目（夏津路）、三丁目（高唐路）、四丁目（博平路）、五丁目（茌平路），东通（清平路）、西通（临清路），市场一、二、三丁目，辰町（阳谷路），祝町（旅顺路），惠必须町（东阿路）等 13 条马路。这些马路与德租时期的拉萨雷街（聊城路）、维礼街（陵县路）、奥瑟琳·奥古斯特街（武定路）、德意志街（热河路）、凯撒街（馆陶路）构连一气，形成"新市街"的路网框架。

"新市街"为了日后向东扩展，在街区中央设立中野町（今聊城路）。该町由原德租青岛时期的拉萨雷街和维礼街合并而成，作为"新市街"的中央商业街和日本商住区的大马路。大马路从胶州路至吴淞路一段，没有中国人居住，也没有中国商店，满街全是日文广告、市招，路上遍布各种日本百货店、文具店、钟表眼镜店、食品店、洋服店、鞋帽店、玻璃店、乐器店、药店、写真馆、烟庄、咖啡屋和各色休闲业门店，无所不有。还有富士屋、紫烟庄等西餐店，清中、和屋等日本料理，大和理发店、白百合、下村等美容店，丸五、南海等质店（当铺），以及舞厅和规模较大的博爱医院，等等，几乎囊括了日本商业街所有的经营业态和消费元素。

---

① 叶春墀：《青岛概要》，商务印书馆 1922 年版，第 4 页。
② 青岛市档案馆编著：《图说老青岛》，青岛出版社 2016 年版，第 61 页。

以今聊城路为街区轴心，围绕聊城路的今临清路、今茌平路、今旅顺路、今吴淞路、今陵县路及今市场一、二、三路，形成了各自的经营业态。今聊城路与胶州路交叉口有青岛当时最大的一家和式饭店，四周环以花园，是当时的高档饭店，称"第一楼"。与聊城路平行的临清路，集中了日商两大行业——饭店和妓院，总计饭店48家、妓院38家，消费者绝大部分是日本人。东起聊城路的市场一、二、三路是三条并行的马路，其中市场三路虽有中国商店在此经营，但以日本商家为主，而市场一、二路则全是日本人在此经商，商店密集，鳞次栉比，是除聊城路之外的两条日本商业街。市场一、二、三路与堂邑路构成拐尺形商业街区，是日本在青商业的中枢地带。青岛最大的日资银行日本横滨正金银行，四大日本洋行三井洋行、三菱洋行、伊藤忠商社、铃木洋行，在青岛日资银行中仅次于正金、朝鲜银行的济南银行，第一家大型日本商场劝业场，第一家日本电影院电气馆，以及日式建筑青岛邮便局大楼都集中于此，成为主宰日系商业金融业的高端商务区。

从地理区位来看，"新市街"与小鲍岛地域相连，彼此并不相属。随着"新市街"的扩展，日本学校、民居逐步漫入贮水山西侧、小鲍岛路西侧、武定路北段、热河路坡地等处，日本工商资本也渐次渗入以今辽宁路为主轴的小鲍岛街区，漫延到今黄台路、益都路、泰山路、桓台路、普济路一带。辽宁路（时称若鹤町）原是从市区通往东镇的一条骡马土路，在日侨移民潮中变成了日本侨民的聚居地。位于贮水山（时称若鹤山）下的辽宁路因为马路长，岔口多，以泰山路为界岔出一丁目（相当于支路）和二丁目，是全市首条采用国产沥青铺装的市区干线之一。泰山路居辽宁路西段和东段的中点，西段是商业区，东段是工业区，工商业交汇于同一条市街，使辽宁路具备了商工两大产业内涵。

辽宁路接受来自港口区和日侨移民潮的双重辐射，其入驻商家不仅有各种业态的商业门店，还有大批日本洋行和公司，如经营人造丝的源昌号，经营煤炭的东和公司，经营汽车的大东汽车行、日轮公司、大荣商行和经营木材的中村洋行。泰山路口的高桥商会，是从事进出口贸易的大型日本商行，其经营范围涉及矿产、化工、木材、棉花、棉布和汽车行业。泰山路以东的工业区，日商企业的布点也很稠密，其中有三井油坊、东洋印刷厂和瑞丰染织厂等日本财团经营的规模企业。辽宁路上，与日商相抗的中国商行和门店，先是一些棉花收购商行，如永泰棉行、瑞丰恒棉行、国和棉行、福顺成棉行和瑞丰盛棉行，随后一些中资百货店、五金行、鞋店、酒店相继入驻辽宁路，与日商企业展开角逐。益都路和辽宁路都始建于 1914 年,出现在殖民强权易手的历史节点上,从区位关系上看,益都路的发达,既源于港口区的拉动,也得益于商业中心辽宁路的辐射。如果说,辽宁路是市北商业区的前厅,身后的益都路则是其后院。益都路上也有日本洋行,但和辽宁路上的洋行相比,其规模不及前者,经营业态却处处体现出日侨商住区的消费需求,街上的门店有旅馆、照相馆、服装店、料理店、茶铺、理发店、文具店、书店、当铺、鞋店、诊所等,还有石雁洋行、井上商社、饭田洋行、山阳商行、太阳商会等日本洋行 10 余家,多数从事进出口贸易。

1922 年中国收回青岛后,大批日侨随同日本青岛守备军撤离青岛,日本经营一时的"新市街",除保留日本居留民所需的部分公共设施外,大部纳入公产接收范围。随着日本在青势力的退潮,一度甚嚣尘上的"新市街"区域虽归湮灭,但日商资本的垄断局面未有根本改观。

20 世纪 30 年代初,小鲍岛的民族工商业在辽宁路两侧加快聚集,厂房林立,行业众多,机械制造业、榨油业、面粉业、印刷业的中资企业有 20 余家。据同期工商业统计资料记载,这一区域的中资工业企业主要有恒顺铁工厂、义聚盛铁工厂、同合铁厂、华兴东纸盒工厂、中南会社、义和工厂、新华工厂、源成工厂、正祥和工厂、复盛工厂、恒兴面粉厂、恒星面粉公司、青岛中兴公司、益顺印刷局、益生福油坊、茂源永油坊、华昌油坊、新华制皂厂等。中资商业企业经营业态门类齐全,主要包括百货业、绸布业、鞋帽业、酱菜业、酒店业、五金业、果品业等,主要门店字号有新泰元绸布店、鸿盛泰鞋店、利丰百货店、谦泰祥商行、福源恒酱园、乐和居酒店、鑫成电器行、裕盛德五金行、德源诚果品店等。

第二节　台东镇与台西镇

台东,因位于凤台岭以东而得名。凤台岭是一片隆起的台地,即今之贮水山。19 世纪末,台东还不具备市镇规模,只有杨家村的 500 名村民世居于此,村西一座玉皇庙,村东立着一道拱门称东关。一条驿道横贯南北,往南通向青岛口,向北通往即墨城。

1899 年 1 月,德国殖民当局实施首次城市规划,开辟海泊河水源地,北迄海泊河、南至太平角的 14000 亩土地被殖民当局强征,原有居民一律迁往台东镇以北定居。当年 9 月,青岛村、大鲍岛拆迁,世居青岛村、大鲍岛的居民又被强迁台东。次年德国胶澳总督府出台《德属之境分为内外两界章程》,实行首轮城市组团,设台东镇为租借地内界九区之一。

随着大批移民人口的涌入,台东镇成了小商贩和旧货商云集的繁闹之地。成群挎篮小卖的小贩,从李村集贩来各种货色来此叫卖,连接李村集和台东镇的乡间土路上挤满游商走贩,渐渐把台东镇变成一个大型自然集市。集市上开始出现一些窝棚和用麻袋、砖块、空箱子堆成的简易席棚。最早在这里做营生的人们,往往立一个空木箱,下垫一个打有货栈字号的筐,拼凑成一张"破旧的桌子",成为一个铺面的最初形态,从事一种"随心所欲的经营",后来演化成理发铺、酒馆、茶炉、菜果摊、旧货摊或留宿的小客栈等。从市区、码头打工回来的苦力花七八个铜板就会在这里找到栖身之地。有些席棚变成饭铺,一些穿着入时的经纪人、工头和年轻人在此出出进进,吃到便宜而味道不错的饭菜。[①]

德国胶澳总督府在动手规划"中国人公共之大东镇、大西镇"时,于1899年冬发布了一纸告示,两年后又修改了其中的某些措辞,1901年形成了这座未来中国城的建筑章程。总督府规定,台东镇居民盖建住房、门头房或栈房,按3个等级的租价向官方交纳租金;在承租建房的租地内,建筑面积占地3/4;每栋房屋间距3米,每间住房面积不低于4.5平方米;每栋住宅必须有院子并建有厕所、脏土箱,有专人清扫等。

德国胶澳总督府发布告示的3个月后,台东镇规划建设的第一批房屋落成,其建房之速当时没有任何一个城市可以相比,但质量仅"优于山东农村"。随后杨家村被括入台东镇的地域,形成一座四方形的中国城,首批台东居民房就被自然框成一个独立的、方方正正的口子形空间,有人比喻它"仿佛上帝掷下的棋盘一般"。

台东镇成为中国居民聚居地以后,当地唯一的官办教育机构,是1905年在台东六路创办的蒙养学堂,开青岛新式学堂之先河,当时除教授国文、经书、算学和史地外,还加授德语课。1914年后改称台东镇公学堂。1929年,学校附设幼稚园,并在吴家村和大成路扩建了两座分校,成为当时全市规模最大的一所完全小学。

1928年夏,台东镇商绅杨圣训发动集股融资,在台东一路和台东三路之间

---

① 〔德〕海因里希·谋乐编:《山东德邑村镇志》,青岛市档案馆编:《胶澳租借地经济与社会发展——1879—1914年档案史料选编》,中国文史出版社2004年版,第378页。

的商业旺角,办起了台东镇市场楼。市场楼共两层,一楼中央设书场和菜场。菜场共 56 个排档,经营蔬菜果品鱼肉,四周环绕着一圈平房门店。市场楼里有两处说书场,说书,唱落子,演梆柳戏,供一般市民工余娱乐之需。市场楼内设一家戏园,初名同乐茶园,供人边品茶边听戏,日场夜场流水戏台,水果干果随时有供。戏园后改建为光陆大戏院,为后来遵义剧院的前身。台东镇市场楼后称台东商业市场,跻身青岛三大市场之列,就其市场组织而言,"实以菜市场而兼有游艺场之性质也",百业俱全,雅俗皆宜,为台东镇带来了火旺的商机和人气。市场楼建成后,台东镇的建设在其带动下大见起色,台东一路至八路依次建成,构成纵横交叉的棋盘式路网格局,日显稠密的沿街商业门店,加快了台东商圈的形成。据这一时期的工商统计资料记载,1929 年台东镇的大小商号工坊计 264 家,其中较大的字号 51 家,大致分布在 10 个行业:杂货业 16 家,布匹杂货门号 15 家,烧锅(白酒)2 家,工程局(建工队)2 家,铁工厂 4 家,染坊 4 家,洋车行 2 家,银楼 3 家,席行 1 家,澡堂 2 家。工商交互错列,是台东镇工商格局初构时期呈现的显著特征。此种行业聚合特征,为这一区域的商业尤其是占比过半的杂货业,提供了大量来自当地工厂的工业品,直接成为棉布、花布、铁器、日用品等工业品的推销窗口,加快形成台东商圈的特定地缘优势。

20 世纪 30 年代,台东镇已颇具市镇规模,在台东六路以北建有东镇公园。园里有花池、土山,形势天成,登高一望,全园尽收眼底。"园之东部,布成各种形式之花畦,曲径贯穿其中。西部全系松林,丛翠阴森。各部均有石桌、石凳以供游人休憩。"早期的青岛工厂,主要集中于四沧工业区和台东镇工场地,辽宁路一带工厂几与台东镇相连,而工人居住多在台东镇,威海路是台东镇通向辽宁路和四沧工业区的主干道。"垂鞭一一问工厂,东镇逶迤到四沧。""自台东镇逶迤到四方,皆工厂荟萃之区,率为日人有。工人二三万,劳顿终年,所入无几也。远者距厂十余里,夜半即兴,趋跄而往,至则鹄立门前或坐卧树下,天尚未明也。"[①]

台东镇系平民聚居之地,威海路中段曾有一处平民市场,称"大陆市场"。市场毗连的几条小街巷都以经营平民所需日用百货、菜蔬瓜果为主,或为小店铺,或露天售卖,还有艺人演出山东琴书、茂腔。台东镇又是青岛早期缫丝业、火柴业、制针业、织袜业、冶铁业、肥皂业和酿酒业的兴盛之地,也是青岛早期三

---

① 青岛市市南区档案馆编:《青岛百吟》第 4 辑,山东画报出版社 2021 年版,第 254 页。

大商帮之一即墨帮(另为黄县帮、掖县帮)的发祥地。即墨帮的帮首富商陈次治开设的福诚号土产商号、立诚银号等"八大诚"商号皆从台东镇设立的商号发展而来。后即墨帮的工商字号门店也集中于台东镇,商业字号如醋香斋绸布杂品店、长盛源绸布店、润泰号百货店等,还有火柴业名企华北火柴厂、明华火柴厂及泰东铁工厂等。众多工厂生产的各种工业品与日用品直接流入距平民市场不远的新兴市场。该市场的门店虽然不大,但长年经营的店铺有70多家,主要经营与百姓生计密切相关的轻工、手工业产品和旧货。台东镇的商脉还延伸至平民院以内,如威海路上的平民院"新华里",平民院内开设有小商店、茶炉,还有一家说书场,开讲长篇评书《三侠剑》《大八义》等,其业态契合适应平民及劳工阶层消费娱乐之所需。

台西,因地处隆起的青岛西部台地而得名。台西一带古时称西岭,为一岛。西岭有一村,名为小泥洼,村民世代以渔为业。据载,小泥洼最早的居民,出现于明朝初期胶州湾沿岸设立卫所时期,大部为安徽、江苏籍汉族军士及其家属。光绪十二年(1886),登莱青道道员刘含芳奉命勘查胶州湾,在《勘查胶州湾条陈》中述及小梅坞(即小泥洼)地势"平岗七里,向西直伸,断续相连"。1891年青岛设防,胶澳总兵衙门在此修建广武营和炮台。据《山东德邑村镇志》记载,至1899年,小泥洼有324口人。1900年德国胶澳总督府第一次城市区划时,设小泥洼为租借地内界九区之一,其地域即今台西一路、磁山路、台西五路、贵州路围合的区域,是规划中的劳工聚居区。1901年,德国胶澳总督府强迁小鲍岛、孟家沟等5个老村庄,其居民迁入小泥洼和台东镇。根据租借地规划,小泥洼将仿照台东镇,建成新的华人住宅区,取名台西镇。1910年,德国胶澳总督府实行第二次区划,小泥洼区被撤并而代之以台西镇,为租借地内界新设四区之一。其时,台西镇于明清卫所时期连接小泥洼民居的土路,因修筑台西镇炮台渐次扩展为台西一路、台西二路等棋盘式路网,沿海岸一线仅有一条台西镇街(今云南路)与大鲍岛相连。

1924年,为便利被胶济铁路隔开的市区东西部交通,横跨胶济铁路线的定安桥建成,成为大鲍岛区通往台西镇的重要人行通道。这一时期,台西镇与市区之交通要道,又增辟东平路、观城路、滋阳路、嘉祥路、濮县路、寿张路、汶上一路、汶上二路,共8条路,构成台西镇棋盘状路网框架。横贯东西的云南路东接定安桥,西连以云南路为端始的棋盘式路网,台西镇与大鲍岛商业区的连接从此可以不必绕至济南路铁路桥的水门汀,而直接从云南路跨桥而过,通过"六路口"(泰安路、肥城路、大沽路、天津路、北京路、济南路交口)进入大鲍岛中心地带,由此加快了台西镇商业区的成型。

20 世纪初期,台西镇沿街出现部分复合型民居。随着台西镇平民区及商业区的扩展,云南路、东平路一带中国式内天井大院进一步稠密,扩展至滋阳路、嘉祥路、巨野路、范县路、汶上路、成武路、云南路、南村路、石村路等街区,里院逐步成为台西镇的主要建筑样式。云南路是台西镇最早的市街,初称台西镇街,也是横贯台西镇南北的商业主脉,里院密集是其街区结构主要特色。云南路沿街建有几十个里院,主要有:居仁里、珍诚里、崇文里、裕泰里、道广里、森兴里、顺泰里、福善里、义善里、江兴里、公德里、得盛里、庆善里、龙云里、宝兴里、观云里、丁昌里、曲因里、新里院等。云南路两侧各个里院多为二三层建筑,临街一楼,称门头房,不作民居,全为商店、铺庄、货栈、客栈,里院外围有百货店、绸布庄、食品店、饭铺、肉食店,还有润德楼澡堂、理发店、义兴饭庄等一批大小饭店。作为台西镇中心商业街,云南路建有电影院、邮电所、诊所、银行、药店、煤店、水站和五金土产店等,是西镇居民日常购物、消费之地。

云南路是青岛西部工业刍兴之地。1900 年,德国库麦尔电气公司在云南路北缘的广州路上建立青岛电灯厂。1903 年德国胶澳总督府以 200 万马克收购为总督府官办,即青岛发电厂的前身。20 世纪 30 年代,青岛发电厂发电量达 4 万千瓦,职工逾千人,在广州路建励进楼、健身房、职工夜校和青岛唯一的室内球场,承办过全国篮球联赛和市立中学晚会,拉动了云南路的商脉人气。这一时期,一批从事针织业、榨油业、制革业、铁器加工业的小型工厂汇集于云南路。工商业统计资料显示,从事上述产业的工厂主要有同兴恒袜厂、兴记织袜厂、永利花边厂、德增油坊、丰记油坊、华兴制蜡厂、利文肥皂厂、增盛永米厂、明记铁工厂、东记制革厂、裕丰铁工厂、同义铁工厂、同祥益制刷厂等,云南路成为台西镇的工业主干地带。分布于西藏路的协成花边工厂、美利花边工厂,东平路的织业花边工厂,四川路的晋泰铁工厂,团岛二路的青华制革厂、鸿记制革厂、兴祥制革厂,贵州路的胶东制革厂、中华制革厂等,形成青岛花边业、制革业的产业聚集区,成为台西镇地产品贸易流通的源头,加快了市区西部商圈的形成。

云南路北端是西大森市场,从 20 年代起就是一处繁荣的平民市场。市场中心是一家戏院,即天成戏院的前身,以演地方戏为主,多演出"落子"(评剧)。戏院四周是各式百货店、杂货店、土产店、估衣店、饭铺、菜店、熟肉铺、点心铺、理发铺等。每天早市,各家店铺门前摆满各式地摊,时令瓜果,各类蔬菜,各种海鲜,五谷杂粮,日用杂货,早点小吃,应有尽有,是大鲍岛、台西镇居民及靠泊小港的船家渔民赶早市、卖货、购物的"城中集"。

位于四川路的西广场和新广场,一在四川路 7 号,一在四川路 8 号,是台西镇商圈的重要组成部分。西广场和新广场是青岛最大的旧货市场,市场经营商家均领有营业执照。西广场有固定店铺的店家有 500 家,新广场有 300 家,加上无证摊贩,总数在 1000 家以上。西广场有前、中、后 3 条商业街,前街东段以废旧五金、布匹、鞋帽及建材为主,西段有经营成衣、文具、土产、杂货、五金、古玩、估衣、修表等的各式小店铺,稍具规模的商铺不过百家。经营旧铁器的天顺栈、铁工铺的泰顺兴、酱菜铺元泰和、食品铺复元斋等栈号为其中的佼佼者,各街之间还有茶炉、饭铺、水果摊、小吃摊错落其间。刘少文《青岛百吟》称西广场为"市廛栉比广场开,评量长短供驱使",即言西广场各家商铺待卖的旧物件,可以以物论价,根据需求,斟酌购买。20 世纪三四十年代,官方文本中的市场一览,均有西广场和新广场的记载,这里的买卖平实而大众,一半卖新品,一半卖旧货,来自厂家的残次品、坯布、毛模、堆栈积存的各等货色,连同旧衣物、旧五金、旧家什、旧书都能在这里找到卖点。当时青岛的底层平民,大都有西广场买卖的经历。

第三节　中山路商业金融街

中山路,位于今市南区西部,南起栈桥,北至市场三路,全长 1329 米。自南向北依次与广西路、湖南路、湖北路、曲阜路、肥城路、德县路、四方路、天津路、海泊路、高密路、北京路、胶州路、李村路、即墨路、沧口路相交,以孙中山先生名字命名。20 世纪初,栈桥是青岛港海运中转的主港码头,由栈桥向北辟建了一条 500 多米的干线路,命名为斐迭里街,为中山路南段。后为了接续与大鲍岛区及新建港口的联系,从德县路至大窑沟区间又修筑了一条山东街,俗称大马路,为中山路北段。

1910 年前,以大马路—斐迭里街为主轴的路网结构基本成型。南段斐迭里街大多以德国皇族王室成员的名字命名,如威廉街、皇族街、太子街、皇帝街、皇后街、亲王街等,或以德国地名命名,如德意志街、汉堡街、柏林街等。北段大马路以青岛本土地域元素—青岛周边地域元素—山东地域元素—周边省份地域元素为序,命名四方街、海泊街、沧口街、李村街、即墨街、济南街、山西街、大沽街等,其地名编制序列,以大马路(即今中山路)为中轴线,呈棋盘式覆盖,构成干支分明、向心交叉、纵横布局的区域路网结构。德国远洋轮船公司——亨宝轮船公司,在大马路上设立青岛分公司后,德国禅臣洋行、美最时洋行、礼和洋行、捷成洋行、瑞记洋行、英商怡和洋行、太古洋行、哈利洋行等相继进入中山路商贸圈,形成了以远洋航运和进出口贸易为主的洋行区。同期,德国人创办的青岛俱乐部、胶州旅馆、水师饭店、车站饭店等商业企业在中山路南段出现。原青岛口一带的店铺商号迁至中山路北段,外地来青的华商店铺也多集中于这一带,与大马路纵横交错的保定路、四方路、潍县路、天津路、北京路等周边区域的华商企业相继设立,许多店铺商号成为辖区老字号的前身。位于中山路附近的大观楼、顺兴楼、连升栈、保安栈、三盛栈、泰和栈、三义泰、东华旅社等饭店旅店相继开业。这一时期,德、英、日、美、俄等国在中山路及周边先后设立了近 10 家银行,外资金融业初具规模。

第一次世界大战爆发后,日本趁德国无暇东顾之机,出兵占领青岛。日本侵占青岛时期,斐迭里街改称静冈町,山东街改称山东町。第一次世界大战期间,欧美洋行无暇经营而相继撤出中山路。日德青岛之战德国战败后,德国洋行、商铺也从中山路撤离,大批日本洋行、门店趁虚而入,其入驻商家居中山路首位,占据商业街的主导地位。1922 年,中山路已有 103 家企业,其中日商 82 个,分布在 42 个行业;华商 21 个商行、店铺,分布在 13 个行业。

1922 年中国收回青岛后,中山路南、北两段合一,称山东路。1929 年 5 月22 日,为纪念孙中山先生,此路被命名为中山路。其地理位置处于市区中心,兼接欧人区和华人区,成为贯通市区南北的交通干线,逐步发展成为全市商业中心。接收后的青岛"为谋世界各国商贸发展",改设胶澳商埠。日本商业资本虽仍维持进出口贸易的垄断地位,但随着大批日侨返国,日商规模逐年缩小,渐次退出中山路商业区的主导地位;与其相反,中山路的中资商行、商店与日俱增。1922 年版《青岛概要》载:"山东街在青岛最为繁盛,与上海之黄浦江畔、济南之西门大街,同占重要之位置。西临帆船码头,山岭回抱,房屋栉比。"[①]

20 世纪 30 年代,中山路的临街建筑已连成一片。以中山路为中心,包括胶

---

① 叶春墀:《青岛概要》,商务印书馆 1922 年版,第 4 页。

州路、即墨路、北京路、江宁路、曲阜路、四方路、天津路、高密路、湖北路、海泊路、黄岛路等 20 多条规模、特色不一的商业街纵横交错,组成青岛市区开辟最早、最繁华的商业街区。30 年代中期,中山路大型标志性建筑如亚当斯大楼(51号)、建设银行大楼(93 号)、国货公司大楼(149 号)均已建成,中山路两侧名店林立。首个餐饮街区劈柴院业已形成,青岛饭店的前身——青岛咖啡建成开业。中山路及周边较大的内资饭店、旅馆达 34 家,春和楼、顺兴楼、英记楼、馅饼粥、厚德福等餐饮名店领衔岛城中餐业;较大的外资饭店、旅馆有 39 家,青岛咖啡、中央饭店、吉美饭店、上海饭店等西餐名店成为岛城西餐业之翘楚。中西餐饮进一步交融,餐饮服务业已形成一定规模。这一时期,中山路的民族银行业得到较快发展。除中国银行外,交通银行、中央银行等相继在中山路设立分支机构外,著名的"南四行""北四行""小四行"先后在中山路设立分行,最多时中山路有银行 10 余家,银号、钱庄 30 余家,典当行、保险公司 20 余家,是青岛乃至中国北方重要的货币金融中心和管理中心。1937 年,中山路有中外商业企业 151 个。其中,日商企业 41 个,分布在粮食、糖、烟草、水果、皮革、服装、鞋、杂货、化妆品、钟表、眼镜、装饰品、瓷品、五金机械、建材、药品及器具、文具、书籍(印刷)、古物、土产品、照相、海运、中介、旅馆、理发等 34 个行业;华商企业 83个,分布在绸布、洋服、鞋、百货、杂货、瓷器、食料、水果、烟草、肉类、电器具、木材、染料、土产、金银器、药品、文具、书籍、照相、建筑、医院、银行、钱庄、理发等25 个行业;其他外商企业 27 个,分布在洋服、机械、自转车(自行车)、石炭、药品、饮料、文具、书籍、船舶、储运、保险、仲买、通讯、饭店、剧场、不动产等 18 个行业。

综观之,中山路商业街的形成与发展,固然有着与国内其他著名商业街相类似的历史过程,经历了从商业街—商业中心—商业区的拓展、延伸,商业规模、街区布局不断丰盈、完善,辐射力与美誉度与时俱增,但其发展进程依然有独特的历史成因。中外商业机构在中山路的进退与兴衰,固然反映了城市商业发展到一定程度的规模聚集,却并非单纯受城市商业自身发展规律的作用力使然,而与政权更迭、时世变迁密不可分,成为青岛不同历史时期政权更迭的缩影。中山路,源于德国商业资本的东渐而生,历经第一次世界大战后,商业主体及其经营格局大迥于前,从此进入日本商业垄断时期。之后,中山路上中资商业与日本、欧美商业的此进彼退,与殖民强权的辗转易手互为因果,与中外国际关系的调整相循而行。1938 年青岛沦陷后,中山路商业格局再次发生变化,日

商企业重返中山路,曾一度撤离中山路的德国商号开始回潮。(表 6-1 至表 6-3)
抗日战争胜利后,中山路华商企业达到 144 家,资本总额 508.28 万元(不含银
行),商业经营涉及 20 多个行业门类,为 20 世纪上半叶最高时期。

表 6-1 青岛市中山路华商企业一览表(1941 年)

单位:万元

店名	门牌号	资本金	经营范围
高大夫医院	16	0.20	——
海滨医院	18	0.10	——
远东橡皮号	21	0.05	自动车
协成号	24	0.05	畜产品
信立号	28	0.20	钟表、眼镜
华艳	35	0.04	洗染
新南京理发店	36	0.06	理发
白玫瑰理发室	38	0.05	理发
庆昌	41	0.04	洋服
上海银行	68	500	——
利泰号	47	0.50	西餐馆
吉星理发公司	49	0.10	理发
先安打字机行	60	0.05	印刷
福禄寿影剧院	61	——	——
青岛中国银行	62	4000	——
大阜银行	64	300	——
合兴利	66	10	土产
中国旅行社	68	50	旅馆
万国理发店	68	0.20	理发
启文丝织厂	117	——	织丝
大陆银行	70		

（续表）

店名	门牌号	资本金	经营范围
东莱银行	70	—	—
义聚合	78	10	土产
义聚合钱庄	82	—	—
中国联合准备银行青岛支行	82	—	—
源合号	83	0.03	水果
祥泰号	84	10	杂货
大有商行	86	0.20	化工品
辛昌号	86	2	纺织品
利田靴店	88	0.50	鞋、靴
中华电业	90	0.15	电气材料
国华银行	91	400	—
祥记行	92	0.10	杂货
青岛交通银行	93	4000	—
东聚兴	97	0.03	畜产品
聚顺兴	100	0.10	畜产品
福和	101	0.15	水产品
奇美制糖厂	101	0.05	糖果
太平洋钟表行	104	1.20	钟表眼镜
美华照相馆	107	0.50	雕刻、写真、绘画
新盛泰	110	0.30	鞋、靴
义成钱庄	115	—	—
义成号	115	0.10	杂货
亨达利	117	1	钟表、眼镜
双凤帽厂	117	0.20	帽子

（续表）

店名	门牌号	资本金	经营范围
源隆公记皮件厂	117	0.10	鞋、靴
中西药房	119	0.20	西药
云大祥	120	0.05	瓷器
同泰旭	120	0.50	杂货
广东商店	121	0.05	西药
金星药房	122	0.20	西药
吉利工业社	126	0.09	化工品
万国洗染店	128	0.03	洗染
义兴号	129	0.40	美术品
鸿聚东	130	2	金属品
天真照相材料行	131	0.30	美术品
广大袜厂	133	1	杂货
同聚文具店	136	0.05	书籍、文具
祥云寿	137	1.40	绸缎
春记家庭帽厂	138	0.02	帽子
德旭祥	140	0.40	瓷器
福顺泰	141	3	杂货
太源永	142	2	杂货
鸿新照相馆	142	0.42	美术品
亨得利	144	3.51	钟表、眼镜
新明制鞋厂	145	0.10	鞋、靴
德泰成	152	0.15	畜产品
安昌号	154	0.20	木器
复记盐庄	163	2	水产品
东盛昌	165	3.80	土产

（续表）

店名	门牌号	资本金	经营范围
恒聚兴南纸店	168	0.50	书籍、文具
英记楼福记（饭馆）	170	0.25	—
三聚福	172	0.20	钟表、眼镜
亚东商行和记	192	0.03	洗染
元厚成	194	3	土产
宏仁堂	196	0.70	中药
永康绸缎局	202	0.36	绸缎
宏济大药房	206	0.20	西药
中和戏院	212	0.10	—
鸿祥公号	—	0.03	畜产品

资料来源：青岛市史志办公室编：《青岛市志·商业志》，五洲传播出版社 2000 年版，第 81～84 页。

表 6-2　青岛市中山路日商企业一览表（1941 年）

单位：千日元

店名	门牌号	资本金	经营范围
坂井屋商店	6	50	运动具、服装
坂井屋商店	174	50	医药
云鹤花园	14	20	生花园艺
新兴公司	16	50	农产品、矿产品
福岛洋行	16	50	食品饮料、杂货
第一洋行	16	5	建材
毛达斯商会	29	150	自动车
陶雅堂	37	5	土产、装饰品、玩具、陶瓷、漆器
新和洋行	39	10	农产品、杂货、燃料
中外贸易行	39	8	农产品、交电、机械、工业燃料
美丰洋行	39	10	海产品、燃料、建材

（续表）

店名	门牌号	资本金	经营范围
浅沼商店	39	50	钟表
青岛文事务局	39	8	纸、印刷、广告、文案、翻译
东泽洋行	40	5	农畜产品、杂货、药品、文具
赤松洋行	41	8	洋服
观光社	43	20	陶器、漆器、机械、工艺品
白尼斯商会	44	20	饮食料品、烟草
太华洋行青岛出张所	46	3	矿产品、药品、装饰品
株式会社岩井商店青岛出张所	58	100	矿产品、毛织物、丝、杂货
株式会社岩井商店青岛出张所	58	15000	建材
合资会社汇泉公司青岛支店	58	10	写真材料
市川洋行青岛出张所	58	2	古物
水上洋行	58	20	机械、度量衡器、测量器械
福田商会	76	100	畜产品
福田商会	171	100	装饰品、古物
高桥写真馆	80	30	写真、摄影
蛭子商事公司	89	50	海产、食料、机械、燃料、杂货
兴亚商事株式会社青岛支店	89	200	食料、陶漆器、燃料、电器、杂货
山东兴业公司	89	50	食料、纸类、杂货
华北大洋商会	89	50	金物制品、渔业用品
久清洋行	98	100	食料品、杂货
太阳洋行	102	0.5	染料、颜料
太阳洋行	102	5	橡胶原料及制品
国际商事青岛出张所	104	50	燃料
桥洁洋行	107	20	写真机同材料
北洋洋行	113	15	土产品
国吉洋行	115	15	洋纸、文具、化妆品、医药、杂货
寺庄洋行	119	30	杂货

（续表）

店名	门牌号	资本金	经营范围
寺庄洋行	119	50	化妆品
松冈洋行	127	20	杂货
近江洋行	133	50	钟表、装饰品
近江洋行	133	500	收音机
光阳社	134	20	写真、摄影
辻吴商社	147	150	服装
银丁百货店	149	250	百货
樱井吴服店	151	80	服装
丸见屋商店	153	50	服装、伞、石硷
山崎洋行	155	6	杂货
早川洋行	156	200	金属制品、理发器具、建材
藤木支店	157	15	化妆品、杂货
博文堂书店	158	60	书籍、文具
近江屋吴服店	159	30	服装
井上诚昌堂	161	30	医药、医疗器械
香川洋行	162	180	化妆品、杂货
白石洋行	164	50	化妆品、杂货
青木洋行	166	10	钟表、眼镜、古物
滋养轩	169	200	水果、食料品、杂货
吉田洋纸店	173	300	纸、文具
加藤物产株式会青岛出张所	175	130	陶、漆器
加藤物产株式会青岛出张所	175	100	农畜、海产、化妆品、电器、建材
永久洋行	176	30	度量衡器、测量器械
中村大药房	177	20	化妆品、医药品
下江洋行	178	100	钟表、装饰品
三信公司	179	80	饮食料品、烟草
大鹿马亚	184	50	玩具

（续表）

店名	门牌号	资本金	经营范围
大鹿马亚	184	50	化妆品、杂货
华北烟草公司株式会社	196	500	烟草
东京芝浦电气株式会社	—	—	—
马自达支社青岛出张所	216	170000	电器

资料来源：青岛市史志办公室编：《青岛市志·商业志》，五洲传播出版社 2000 年版，第 84～88 页。

表 6-3 青岛市中山路其他外商企业一览表（1941 年）

国别	店名	门牌号	经营范围
德	美最时洋行	4	花生、花生油、输出
德	青岛大药房	6	药品
苏	赛达信咖啡屋	8	咖啡
美	信谊大药房	9	药品
俄	外文书店	50	书籍
英	霍格.A.R	52	保险
希腊	青岛咖啡店	53	咖啡
英	福禄寿剧院	61	—
俄	维也纳果品店	15	果子
德	彼德汉莎洋服店	23	洋服
俄	国际书店	26	书籍
俄	万国书局	26	书籍
英	华振氏大药房	27	药品
英	仁德有限公司	29	自动车
美	道济汽车公司	31	自动车
德	崂山水晶矿泉水公司	42	饮料水
希腊	Karatzas. Bros. & co.	44	烟草
德	德国珠宝店	47	银器、钟表、贵金属

（续表）

国别	店名	门牌号	经营范围
俄	佳斯肯弗商店	65	乐器
俄	侏罗特	71	杂货
希腊	丹尼斯公司	73	酒
希腊	Karatzas. Bros. & co.	73	烟草
德	凌基洋行	76	药品
	光华营业股份有限公司	91	不动产
德	德国药店	105	药品
德	福乐兹咖啡店	163	—
德	德孚洋行	186	染料
美	庄氏咖啡店	—	

资料来源：青岛市史志办公室编：《青岛市志·商业志》，五洲传播出版社 2000 年版，第88～89 页。

第四节　国货运动与会展业勃兴

青岛会展业的勃兴，是城市工商业尤其是进出口贸易发展到一定阶段的产物。1909 年，胶海关首创海关博物馆，进行港航贸易所涉及的进出口商品展示与交流。该博物馆陈列了数量可观的山东土特产品和工业产品，如花生、烟草、棉花、刺绣、花边、青岛盐、煤炭、铁矿砂、啤酒等。陈列品的展示要素完整、齐备，均详细标明其产地、价格、出口数量、运往地点等。陈列品还包括一些重要的进口商品，如棉纱、棉布、五金、砂糖、葡萄酒、纸张、煤油、颜料、火柴等，同样标明其原产国、进口数量及价格。胶海关博物馆还陈列了青岛的一些工业制品，展出了一批古代及现代的国产瓷器等，沟通了进出口商品信息与商品文化。1922 年中国收回青岛后，为"谋各国商贸之发展"设为胶澳商埠，对世界各国开放贸易。为对外展示青岛及外埠国货商品，促进国内外商品交流，胶澳商埠局于 1923 年在位于馆陶路的原日本商工会议所旧址设立商品陈列馆，主要陈列青岛与外埠国货商品,成为观照青岛工业地产品的一扇窗口。

1925 年,国民政府农商部发布《关于提倡服用国货的训令》,内政部监定《提倡购置国货歌》,号召各界"服用国货,保护国货,以图国货之发达"。1930 年青岛特别市政府发布《青岛特别市政府提倡国货办法》:

> 饬令政府机关公务人员除办理外交人员外,凡新制服装一律需用国货,日用所需纸张、文具、家具、器皿、食物、陈设品、化妆品、奢侈品、消耗品以及服装,有国货者绝对地使用国货,不得购用外货;令社会局转饬各学校,对于校用物品及学生用品,均需尽量设法购用国货,对于学生多灌输提倡国货的教育。①

随之实业部商品检验局提出《关于提倡国货和宣传国货运动的办法》,规定在社会民众中广为宣传国货运动的传播地域、传播内容、传播对象,主要有如下几点。(1)传播范围,包括公共场所、街衢巷口、学校、工厂、乡镇。(2)传播对象,包括工人、农民、商人、学生及社会各界。(3)传播内容:①农民凡遇婚娶,一切嫁妆、服饰均应采用国货,不可购用洋货;②商人须知提倡国货之重要,不可贩运洋货,不可以非国货冒充国货,商人与商人对于同样国货的运输、销售均应相互扶持,杜绝恶性竞争;③凡国货工厂工人,应加倍努力生产国货,以促进国货推广;④学生应发扬爱国热诚,服装用品应誓用国货,并向家族亲友及社会民众宣传购用国货。

1930 年 2 月 7 日,青岛各界推举代表,成立青岛各界国货运动委员会(简称国货运动委员会),并在河南路与天津路交叉口开设了青岛国货商场(青岛国货公司前身)。青岛国货商场成立之初,以专营国货为宗旨,制定了招商试行规程和管理规则,规定国货商场专营国产商品,招来国货工厂和国货贩卖商承租经营。承租厂商按等级预交保证金和按月预交租金。所陈列各种国货,均须明码标价,废除讨价还价陋习,听任顾客挑选。9 月,据国货运动委员会调查,有 23 家商号租用国货商场的营业场地,分别经营教育用品、布匹绸缎、服饰化妆用品、烟酒、日用百货、医药、机电、工艺美术品等 8 类国货商品,经营门类较为齐全。

国货运动在青岛,在提倡国货、宣传国货、推动国货生产的同时,不仅助力青岛市第一个国货商场落地,还催生了现代工商会展业的勾兴。1929 年,为征

---

① 青岛市档案馆馆藏档案:B32 全宗 1 目录第 581 卷。

集、展陈各省、区、特别市国货生产精品，"以为典范、推广之用"，南京国民政府工商部成立国货陈列馆，并颁布《国货陈列馆组织大纲》，由各省、区、特别市组建地方国货陈列馆，形成自上而下的国货陈列实体组织。1930 年 5 月，青岛市在原商品陈列馆的旧址成立国货陈列馆，隶属青岛市政府社会局，并受工商部国货陈列馆之指导。当月青岛市政府颁布《青岛市国货陈列馆规程》，规定青岛市国货陈列馆每年 8 月举办展览会，会期 1 个月，规定市国货陈列馆应与各省市国货陈列馆交换国货产品，负责征集省内外展览会参赛品充实馆藏。依照《国货陈列馆组织大纲》之规定，青岛市商品陈列馆"得附设售品部暨国货改良委员会、工商业图书馆、工商业讲演会"①。此条规程，使国货陈列馆大迥于其他展览会，具备了展陈＋展销＋培训的多重功能，尤其是展销功能，不仅体现在会展期间，且延伸到会展结束后，其售品部受国货生产厂家的委托，可以现售、约定、代办方式经售代理厂家的陈列品或寄售品。同年 7 月，国货运动委员会偕国货陈列馆在河南路东莱银行旧址举办首届国货展览会，展出上海、天津等地 41 家工厂的产品 1900 余种 6150 件，吸引了数以万计的参观者。展销赋能，使国货陈列馆成为以经售代销为手段的跨区域国货流通的枢纽和桥梁，加速国货产品在民众消费群中的推广、普及。首届国货展览会在不到 1 个月的展览时间里，销售额达 10 万元。

1930 年，国货运动委员会迁至东莱银行旧址办公，加强与国货陈列馆联合办展。其不仅举办了沪、津和本地国货产品展览会，还组织青岛民族企业参加全省国货展览会，并以优良品质在山东省国货展览会获奖。1931 年 10 月，山东省国货陈列馆暨国货展览会开幕，青岛民族企业参展众多。1933 年 6 月 2 日，山东省国货陈列馆公布全省国货展览会获奖名单，青岛市民生国货工厂、明记工厂、华新纺织公司等 18 家民族国货工厂获奖。名居榜首的民生国货工厂（民生国货机械工厂），是以生产日用日用品为主的机械厂，产品享有较高社会声誉，被称作"国货之要品"。继首届国货展览会之后，1931 年 11 月和 1932 年 10 月，青岛市先后举办第二次和第三次展览，参加展出的工厂，分别有 72 家和 50 家。

1933 年，青岛工商界筹备举办第四届国货展览会，在总结前三届办展经验基础上，制定《青岛市国货展览会章程》，正式发布办展地址、展会日期、展会布

---

① 青岛市档案馆馆藏档案：B32 全宗 1 目录第 424 卷。

置及展会组织等事项,向全国工商界征集国货展品展件。展会设总务组、场务组、出品组、宣传组,协助总干事综理展会事务,并设立审查委员会,对参展产品及产品获奖等级予以评审,呈请市政府颁发奖金。青岛市第四届国货展览会在国内工商界产生了积极反响,"其成绩之佳实为历届国展所未有"[①]。第四届国货展览会于 1933 年 7 月举办,规模更大,参加展览的有青岛市及上海、杭州、天津等地工厂 173 家,产品 6300 余种。在 22 天的展出中,参观者达 40 万人次,销货成交额达 38.99 万元。

第四次国货展览会尤为上海实业界所瞩目。"故四届国展闭幕后,沪上实业界巨子认青市前途之发展具有莫大之希望,经数度之集议商榷,乃决定联合上海各著名国货工厂十余家,在青岛设立'上海国货工厂山东联合营业所'一所,集合各厂最优美之出品,在市内设立仓库,广为存储,专供批发"[②]。经数月筹备后,同年 12 月 12 日,上海国货工厂山东联合营业所在中山路 101 号正式开业,同时在中山路 37 号特设门市部,陈列样品,供采购零售,成为外埠在青举办的首个大规模商品展销会。该营业所所有商品定价均按上海总厂批发价发售,本地商行可就近批发进货,以免函电订购和转运损耗。该营业所经营商品包括中华珐琅厂、华昌钢精厂、中华第一针织厂、华福制帽厂、中国化学实业社、华生电器厂、国华电池厂、兴业瓷砖厂、五和织造厂、美亚织绸厂、鸿新染织厂、上海灯泡厂和裕泰热水瓶厂等 13 家上海著名国货工厂的 500 余种知名品牌的日用百货。随后又有上海一心牙刷厂、联华螺钉厂、上海瓷砖厂加入该营业所。该营业所年批发零售营业额达 10 万元。大批上海国货精品在青岛行销,对方兴未艾的国货运动起到极大推动作用,也激发了青岛国货商场实现更大发展的雄心。

同年,青岛地方当局集官、商、银行各界资金,在原青岛国货商场旧址组建了青岛国货股份有限公司,同年 12 月开始营业。青岛国货股份有限公司与上海国货工厂山东联合营业所的组织形式和经营业态略有不同:前者是股份制合股形式,后者则是联合经营形式;前者广揽各地国货工厂产品,后者专营上海国货工厂产品。双方均商品齐备、价格低廉,经营业态各具优长,这为 3 年后的携

① 魏镜:《青岛指南》第 3 编《实业纪要》,平原书店 1933 年版,第 25 页。
② 魏镜:《青岛指南》第 3 编《实业纪要》,平原书店 1933 年版,第 26 页。

手联营打下基础。①

1935 年初,闻名中外的铁道部第四届全国铁路沿线出产货品展览会(简称第四届铁展会)举办在即。按照巡回制的举会方法,每年分期在各大商埠举行。是年 1 月,鉴于青岛市在第三届全国铁路沿线出产货品展览会"成绩斐然,社会誉扬",铁道部特颁令:"第四届铁展会定于六月二十日在青岛举行。"胶济铁路管理局为第四届铁展会在青举行致函青岛市商会后,青岛特别市政府饬令社会局指派专员偕商会干事分赴胶济铁路沿线各地征集"出产货品以及著名特产,广事征集,陈列展览,以资宣传而兴观感。除派专员分赴各地接洽征集外,转饬商会倡导各业,踊跃参加,共襄盛举"②。

1935 年 7 月 10 日至 8 月 10 日,铁道部第四届全国铁路沿线出产货品展览会在青岛举办,展销全国铁路沿线土特产与工业产品,是当时青岛承接举办的规模最大的一次全国性博览会。第四届铁展会借助学校放暑假,在位于青岛文登路上的青岛市立中学内举办,每天开放时间是上午 8 点至下午 5 点。此次展览会,以当时全国各铁路局为单位,共设胶济馆、京沪沪杭甬馆、平汉馆、津浦馆、正太馆、北甯馆、陇海馆、平绥馆、奥汉馆等 11 个展馆,陈列商品 52300 余件,2150 余厂家参展,并设有厂家展销专场。胶济铁路,横贯山东省,铁路沿线物产之丰饶,著称华北。胶济铁路连接青岛港,并与烟台港遥相呼应。两大海港得工商业风气之先,促经济社会发展进步。但因国内交通不便,山东物产及当地工业产品虽然品种繁多,因未能大范围地推销各地,知者尚鲜。揆诸国内各省各地,此种景况,随处皆然。故此举办铁展会,以沟通全国各地城乡的物流渠道,大力推动各地工商业发展。第四届铁展会在青岛共展出 22 天,参观本届铁展会的岛城市民和外地游客共计 59 万余人次,销售额达 38.99 万元。

为吸引外地游客来青参观,胶济铁路专门推出优惠的折扣票价。胶济馆特别刊印了《铁道部全国铁路沿线出产货品展览会胶济铁路物产一览》手册,向参

---

① 1936 年,青岛国货股份有限公司与上海国货工厂山东联合营业所合作组建青岛中国国货有限公司。公司章程规定:本公司以促进国货发展、增强产销合作为宗旨。一、运销我国各地货物;二、经销全国国货工厂产品;三、有关国货事业之开发与介绍;四、发售本公司自制货品;五、承办代理购销国货业务。该公司经营的商品,多属国产名牌,以货真价实、服务周到而赢得信誉。当时推青岛市市长沈鸿烈为董事长,青方股东代表王新三为经理,沪方股东代表柏坚为副经理。年营业额为 80 余万元。1937 年,该公司由河南路迁到青岛最繁华的中山路胶州路拐角处。

② 青岛市总商会呈青岛特别市社会局:《关于汇报征集铁展会货品经过情形的呈文》,1935 年版。

加铁展会的岛城市民和游客免费赠阅。为营造广大市民观展氛围,《青岛晨报》连续推出多期"第四届铁展特刊",宣传铁展会的主要目的在于提倡国货,调剂生产,振兴实业,发展路务。该报重点推介展会名产馆,对名产馆陈列展品,集全国铁路沿线各地货品于一堂,细加比对,鉴别其品质高下精粗。第四届铁展会还引起文艺界的关注和热忱,来青参加第四届铁展会筹展工作的著名作家王余杞抵青后,联合王统照、王亚平、老舍、李同愈、吴伯箫、孟超、洪深、赵少侯、杜宇、臧克家、刘西蒙等 12 人发起创办《青岛民报》副刊《避暑录话》①。作为第四届铁展会的亲历者,老舍作《檀香扇》、王余杞作《铁展会》并先后在《避暑录话》专栏刊出,从各自不同的视角为第四届铁展会留下了珍贵的历史记忆。

第五节　百货业的诸种业态

见于记载的近代青岛百货业绪端,始于胶澳总兵衙门设防胶州湾初期。至光绪二十三年(1897),青岛口计有 7 家经营南北杂货、竹席、瓷器的店铺。除经营百货外,有的商号还从事租船与货运业务,如《海云堂随记》所载"航载写船多由广洋、杂货木材诸店号兼业",其行业构成凸显鲜明的临港经济特征。此外,应青岛口居民、驻军所需的成衣、估衣、油坊、磨坊、染坊、药铺、酱园、当铺、鞋帽、皮货、纱布绸店、广洋杂货店等诸种商业百货门店均已面市,形成了环胶州湾商业重镇的规模和形态。

德国租借青岛后,西方商业随之涌入,青岛城市化进程的强大推力,拉动集镇化的传统商业进入快速转型期。这一时期,西方工业品进入青岛商品流通,罐头、香烟、饼干及西式鞋袜、日用品在集市、店铺、摊点面世。伴随新式商业业态的输入和新型消费方式的兴起,一些传统行业悄然发生变异。西式服装传入青岛,服装缝纫有了加工中式服装的成衣局和加工西服为主的洋服店之分,鞋帽店铺也开始出现。伴随征地潮迭起,世居老村庄的居民被迫迁离,世代因循的聚居形态随之解体,依附各处村庄、集市的旧有商业格局被打破,以原居民为

---

① 《避暑录话》于 1935 年 7 月 14 日在《青岛民报》副刊创刊,每周 1 期,共出刊 10 期,同年 9 月 15 日结束。《避暑录话》创刊词由洪深撰写,结束语由老舍执笔。10 期《避暑录话》共发表散文、杂文、游记、故事、诗歌等 67 篇。创刊号问世后立即受到读者欢迎,远及香港、四川的读者亦来函订阅。停刊后,又将 10 期装订成册,在青岛、天津、上海、北平、济南、绥远、太原等地出售。

主体的消费人群向台东镇、台西镇和市区周边转移，形成低档食品、廉价民需品和旧货交易的被称作穷汉市的临时性市场。与此同时，出现在华洋结合部德县路与潍县路交口处的公立市场（又称劝业场），以敞廊式的木结构大棚取代了传统的露天集市。而德国殖民当局人为设置的华洋分治，将华商的经营空间压缩到大鲍岛华人区，成为汇聚众多华商包括久负盛誉的外埠老字号的新兴商业勃发之地。

1898 年，胶澳租借地政府举办租借地首轮土地拍卖会后，在原大鲍岛村的地块上，私人建筑活动空前活跃。拍卖会上抢先拿地的中国商人迅速开始大兴土木，盖屋建房，其建筑活动蔓延到大鲍岛区与青岛区之间的大片旧日耕地上，一系列具有简朴的中—欧式房舍的建筑群随之在大鲍岛出现了。这片新兴华人商业居住区，被称为租借地的"中国市区"。至 1901 年，在被称作"中国市区"的大鲍岛，土地求购热依然十分火旺，大鲍岛几乎所有用于建筑的地皮均已售罄。求购者主要是那些此前仅在山东内地和沿海商埠开店而今打算在青岛开设分店的中国商人，其购地建房的热度尤其引人注目。"已有五个草帽辫商人在青岛设立代理商行。"①"还有山东人和南方人在大鲍岛、台东镇和台西镇一带开设商店和批发商行。"②早在规划大鲍岛华人商业区之初，胶澳租借地政府就已明确，"将优秀的中国商人吸引到这里（青岛），似乎是繁荣青岛经济的一个很重要的前提条件。正像所有其他沿海口岸充分证明的那样，如果没有中国商人，贸易的持续繁荣是不可想象的；把他们吸引到我们这个年轻的贸易口岸来并使他们长期待下去，也是符合德国商人利益的"③。而大鲍岛正是这样一个既能吸引中国商人"长期待下去"又"符合德国商人利益"的新兴商业区。1898 年9 月 2 日，德国宣布青岛作为自由港对全世界开放，同时出台了与自由港配套的税收法令《征收税课章程》。其内容涉及胶澳租借地内商业税、火药及燃料税。该章程规定，凡经营性船舶、车辆、轿、戏园、药店、酒类、营业鸦片烟馆、酒馆、饭铺、公寓、客栈、旅馆、当铺、拍卖行、承募海外劳工者的荐头店、输运移民的船行

---

① 〔德〕阿里文：《胶海关十年报告（一八九二至一九〇二年报告）》，青岛市档案馆编：《帝国主义与胶海关》，档案出版社 1986 年版，第 57 页。

② 〔德〕阿里文：《胶海关十年报告（一八九二至一九〇二年报告）》，青岛市档案馆编：《帝国主义与胶海关》，档案出版社 1986 年版，第 62～63 页。

③ 《胶澳发展备忘录（1898 年 10 月至 1899 年 10 月）》，青岛市档案馆编：《青岛开埠十七年——〈胶澳发展备忘录〉全译》，中国档案出版社 2007 年版，第 36 页。

等为征收课税的对象。此时,进入胶澳租借地的各路商帮刚刚举步,从事各种行当的营业者中间,不少人刚把大鲍岛地块拿到手,开始计划盖房起屋,如果立即开征营业税,对于那些正准备在大鲍岛落户的中国商人来说,其开设店铺的费用本来就相当多,任何一项税务负担都会令中国商人难以接受。所以德国官方公布的这项税收法令,起初并未实行,只规定向经营者征收营业特许捐,没有规定具体税率,使这一税收法令成为实际上的缓税措施。实行缓税的同时,德国官方还就非应税群体进行了界定。规定非应税群体主要是从事生活资料、生产工具手工生产和进出口商品加工、包装的手工业者,如油坊、磨坊、染坊、成衣、竹席、筐篓、织网、酱园、糕点、铁匠炉、粉条坊、豆腐坊等都含于其中。着眼于青岛自由港面临的竞争,德国胶澳总督府原则上实行手工业经营自由,对新落户大鲍岛的手工业店铺不设门槛,而且在行政法令中规定,将其纳入非应税群体。① 上述税收政策的实施,无疑助推华商经营群体在大鲍岛加快聚集。

华商经营群体进入大鲍岛,大致分为胶济铁路通车前、后两个时期。前期以本埠商号入驻为主,是大鲍岛商业区的创始期。这一时期,依托青岛口发展而来的诸多本埠商号率先进入大鲍岛。当时,青岛港和胶济铁路尚处于初建期,让山东内地和外埠商帮成为大鲍岛的商住民尚待时日,而吸引本埠商人落户大鲍岛成为当务之急,这不仅关乎地缘和人脉,且本埠商帮在青岛港进出口贸易中的占比举足轻重,至关青岛自由港的未来。

为此,德国胶澳总督府做出一项规定:凡愿建筑房屋的中国商人,可无偿领取地皮,根据批领地皮的文书,可以向德华银行申请贷款。由此,一些取得贷款的商户捷足先登,率先在大鲍岛建房起屋,一则实现产业转移,二是用来出租或出售。大鲍岛的兴起,一是青岛口原居民的转移带来商机,二是青岛口商业群体产业转移为其提供了经济支撑,三是与港航经济尤其是小港崛起密不可分。由于大鲍岛与小港之间的港口腹地联系,1898 年 4 家从事货物集运与杂货批发业务的航运贸易商号,进入大鲍岛的即墨路与山东街(今中山路北段)之间设立行栈。② 曾为商务会所会首的青岛口商界领袖胡存约创办的瑞昌协商号拥资一万三千贯,是青岛口专门从事航运货物代理的大商号,且《青岛写真案内》记载 4

① 德国胶澳总督府 1898 年公布的《征收税课章程》,起征时间拟订于 4 年后的 1902 年 7 月正式启动,实际上一直延至 1904 年胶济铁路正式通车后予以实施。
② 〔日〕阿部硅二:《青岛写真案内》,青岛写真案内发行所 1918 年版。

家贸易商号进入大鲍岛的时间,恰是德国胶澳总督府收买青岛村土地的时间,被迫迁离青岛村且拥趸庞大资金的瑞昌协商号,不会不为迁入大鲍岛早做安排。因资料匮乏,胡存约迁入大鲍岛的具体记载缺失,然笔者认为最早迁入大鲍岛的 4 家航运贸易商号中,瑞昌协商号必居其一。20 世纪初起尤其是小港开港后,随着小港与大鲍岛的港城互动,以大鲍岛为进出口业务经办处、门市部及加工、仓储腹地的航运贸易商号络绎而来,促使大鲍岛的商贸格局快速生成与发展,日益显现港航经济的鲜明特征。

从大鲍岛最初的地产开发状况看,率先入驻大鲍岛商业区的,是根基深厚且久负商誉的青岛口华商群体的"老班底"。

山东黄县帮"舵头"傅炳昭,以专门为德国洋行采购洋酒、罐头、食品起家,迁入大鲍岛山东街(今中山路北段)后改源祥号为祥泰号杂货行,营业范围扩至棉纱、土产及五金器材,并凭借胆魄和眼光,瞅准大鲍岛商业区的开发良机,投资经营房地产,短短几年时间,变身岛城房产大亨。① 江浙商帮的领袖浙江慈溪商人周宝山,开办有专营木材生意的周锐记商行,迁入大鲍岛后,接连在黄岛路、平度路购入两块地皮,用于商住楼院开发。广东商帮的领袖、来自广东香山的商人古成章,虽系粤商,但其不俗的经营业绩,无愧为青岛口商帮的"老班底"之一。大鲍岛开发之初,他在潍县路开办大成栈,1901 年又出资在博山路建起两层商住楼,是最早跻身地产业的华商大亨之一。综上可见,本埠商界精英率先入驻大鲍岛,不但完成了自身产业的转移,而且实现了经营转型,其经营范围扩展至房地产业,成为这片新兴商业区的奠基者。

19 世纪末,德商顺和洋行与哈利洋行在青设立分行后,除了经营进口杂货和烟酒等日用品外,附带经营大小五金商品。青岛的五金销售业随之起步。随着青岛城市建筑业的逐步进展,顺和洋行与哈利洋行五金商品的市场销售日益扩大。经营的大五金种类有元铁、扁铁、铁板、铜板、铜管、钢丝绳、平白铁、元钉等;小五金种类有活页、螺丝、插销、窗纱、门锁等;五金工具种类有各种钳子、钻头、锉刀、管钳等。其供货渠道来自德国制造厂,订货后海运来青。供货对象主要是德国在青大型企业和大型基建工程,如水师工务局、总督府造船厂、山东矿

---

① 傅炳昭(1865—1946),山东黄县(今山东龙口)人。德国租借时期来青岛经商,初在源泰号充当伙友,后任经理。在青岛口商务公所当职期间,力倡公议,深孚众望,备受青岛口商界称誉。1902 年,任中华商务公局董事。1910 年,当选青岛总商会会长。1916—1924 年,连任五届商会董事。1922 年,与刘鸣卿合资开设山左银行。

务局及山东铁路局。此外供部分市政建筑和民间建筑之用。20 世纪初起,德商吉利洋行、拍德洋行,英商和记洋行、怡和洋行和卜内门公司先后在青设立分支机构,在经营日用百货的同时,附带经营五金商品,采取订货方式,销售给华商营造局(即建筑公司)。

胶济铁路通车后,山东内地及外埠商号纷纷入驻大鲍岛,进入大鲍岛商业区的扩展期。1904 年,以经营绸缎布匹闻名南北的山东章丘旧军镇人孟雒川,在胶州路与海泊路建起粉墙黛瓦的院落式建筑群,开设祥字号青岛分号瑞蚨祥绸缎庄。总号投资 2 万两白银,占地 2800 平方米。主要经营绫罗绸缎、呢绒皮货、各色布匹,批发、零售兼营。其时,大鲍岛商业区尚无药材专营店号;各华商行栈进出口生意虽日渐畅旺,然大多数华商不谙报关业务,专业报关行缺口较大;而大鲍岛正值开发初期,房地产业方兴未艾,投资建房具有较大经营空间。因此瑞蚨祥绸缎庄开业之初,商号正厅为绸缎布匹、呢绒皮货门市部,西厢设有广济堂药房,延医坐诊,还设店经营报关行、房地产等,涉及药业、进出口及房地产等诸多产业,经营视野极为远大。其时,瑞蚨祥已在天津、北京、上海、烟台设立分号,其货源采取南北联号代购,进货主要从上海分号调拨,不足部分由本地添补,其货源渠道之畅达、货品之优尚、周转之便捷,非一般商号可比。开业第一年,销货仅 1.21 万两;至 1913 年,年销货达 22.19 万两。[①] 开业 9 年间,销货额提增 18 倍多。

1905 年,山东章丘人孟鸿升在今高密路 22 号开设又一祥字号商号——泉祥茶庄,为青岛第一家专业茶庄,改变了以往茶叶由糕点茶食店、土产杂货点兼营的经营业态。泉祥茶庄批零兼营,主营零售,兼做小批发;在南方产茶区设磅收购,并自行设厂加工窨茶,其消费对象主要是大鲍岛社会上层。泉祥茶庄以经营高档茉莉花茶见长,不仅品种多、花色全,且在制作细节上摆脱了一般"冲头大、煞头大"茉莉花茶的传统制作工艺,独具一种口感和香气,岛上无出其右者,生意历久不衰。同年,总号烟台的义昌信杂货行来青投资办厂,在即墨路 8 号开设义昌仁铁行,经营新旧大五金生产销售,经营品种主要有元钢、钢板、扁钢、钢丝、元钉等,成为华商资本在青经营大五金商业的发端。继之,宝盛栈、丰泰仁、镇昌利、文兴长、协聚祥等 5 家中资铁行、铁器行相继开办,从事大五金零售件的生产销售。其中义昌仁资本额 1.6 万两,从业人数 30 人,是 6 家中资铁

① 青岛市史志办公室编:《青岛市志·商业志》,五洲传播出版社 2000 年版,第 205 页。

行中开业最早、资本最高、规模最大的。上述中资铁行,大都在上海、香港外设采购、办货的外庄,作为货源通道,并在当地银行办理押汇提货,或收购当地铁路工厂、造船厂的剩余钢材及旧料,或从日本进口废钢轨、剪口铁和废旧船舶的钢板等作为加工原料,经拆解、切割、淬轧后制成大五金销售件,一小部分向本地铁匠炉、小铁厂、木工厂供货,大部分则转向胶济铁路沿线潍县、张店、济南等地销售,供广大农户作农具家具之用。其时,租借地的五金市场基本被德商、英商洋行所掌控,中资铁行的大小五金经营品种都是外国洋行无法通过昂贵的海运运抵青岛的,或在价格上能够与外国洋行进行竞争的,如镀锌铁皮、元钢、元钉、水泥、油毛毡等。这一时期,适应居民需求的酱菜业也开始起步。如章丘人沙裕福出资创办的商业老字号裕长酱园,园址位于今芝罘路 55 号。裕长酱园以生产各种酱制小菜和酱油、虾油、酱、醋等烹饪佐料为主,"虾油黄瓜""酱包瓜""虎皮菜""甜醋蒜"等酱菜有口皆碑,酱园出产的酱油酿制方法独到,味道纯正,为调味之上品,广受岛城饭庄及市民青睐,由此成为青岛酱菜业久负声誉的名店老字号。

1912 年,山东章丘旧军镇人孟养轩投资 5.8 万银圆,将烟台的谦祥益布店迁到青岛北京路 9 号。起初仅有门市平房 5 间,员工 30 余人,资金白银 3 万两。1922 年在原址上扩建成欧陆风格的三层商厦,员工达 100 人。门头字号为前清翰林、法部侍郎王垿书写。主要经营绸缎、呢绒,棉布、百货次之,兼营皮货及金银首饰等。其时,章丘孟家在省内外各大商港巨埠设总号、分号 20 余家,为广采天下名锦绸缎,由上海申庄联号代办上海、苏州、杭州产品,还从周村、潍坊、张家口、北京等地采入绸缎、皮货、金银饰品及各类百货。除青岛地产棉布外,谦祥益布店还在日本大阪设庄,采购青岛适销的洋布、细布和花布。谦祥益的诚信经营主要表现在诸多经营细节的人性化上,如其向客户承诺的货不二价、童叟无欺的经营信条,既表明了真货实价,也排除了讨价划价,坚执如一,绝不因人而异。同时还推出了独家经营之策"足尺送一",即量满一尺,再让一寸,购布一丈,再送一尺。其二是店内聘有公关角色"了高",专事名媛贵妇到店接待,打千,问安,奉茶,将绫罗绸缎送到贵客面前,任其挑选。"了高奉茶",既留住了上流社会的高消费层,也赢得了上流社会的口碑,成为彰显谦祥益经营文化的独家招牌。同年,位于广西路 26 号的吉利百货公司大楼开业。该建筑采取欧洲大城市百货商店的外部建筑形式,售货区共分三层,时为青岛最大的欧式百货商店。在中式专卖店林立的青岛百货业圈内,吉利百货公司内涵丰富的经营业态带有某种示范性。经营范围包括手工制品、流行商品、男女时装、童装、内衣、床上用品、服饰用品、珍珠饰品、香水、化妆品、玻璃器皿、瓷器和葡萄酒、甜烧酒、香烟、烟叶。公司兼营批发与零售业务,另外还设有观赏园艺部和商业园艺部,并有花卉、种子和植物供应部,提供社交场合氛围营造的花束、花环、花篮及宴席装饰品,兼营花卉进出口。[①]

第一次世界大战期间,日本取代德国对青岛进行殖民统治后,加紧推行"新市街"扩张计划。1918 年位于市场一路的劝业场开业。该市场占地 2313 平方米,建筑面积 1600 平方米,外加平房 400 平方米。"其建筑之宏伟,为本埠各市场冠……外部下层墙址用花岗石,楼高三十四尺……钟楼高九十五尺……内置大钟。其建筑图样属近世复兴式。"[②]劝业场为两层建筑,整体呈口字形,中间为购物通道,两侧均是商店。市场一层以鱼肉蔬菜类副食品经营为主,二层则销售洋布、百货、土杂品等各色商品。"开设伊始,即为日人捷足先登,本国商贩往往不得其门而入。"至 20 世纪 20 年代初,劝业场二楼经营业户日商有 55 家,华商仅 5 家。这一时期,广东籍商人胡茂文、郭锦卿、钟佩鸣开办的照相馆名声渐起,形成青岛照相业辉利、鸿新、天真三大名号。其中,辉利开办最早;鸿新设备尤为完善、质量出色,是著名的上海王开照相馆在青岛的分店;天真后来居上,革旧出新,成为青岛最著名的照相馆。天真照相馆创立之初,以天然采光为主,辅以电灯补光,称"美术日夜照相馆"。后开辟大型影棚,拍全家福、团体照,最多可拍 50 人,比对面鸿新的合影容量大 1 倍。天真在岛城照相业中一直领工艺革新之先,第一个采用弧光摄影,结束了天然光"日夜照相"的历史;第一个采用软底片摄影,改写了长期采用玻璃底片的历史;第一个购置柯达生产的转镜,结束了室外大集体照、大场面照、大建筑照采用拼板的历史,使外出几百人的合影照、展览会照、运动会照一次拍照完成。天真照相馆设有工艺师、化妆师,备有多种服装行头和十几套布景,其布景和道具设计堪称一绝,不仅工艺高超,着色逼真,而且贴近顾客心理需求和审美情趣,成为青岛照相业久盛不衰的品牌名店。

20 世纪 20 年代初,青岛的西药业开始起步。1923 年,神州大药房在李村路 47 号开业,为青岛最早建立的西药房。该药房特设制剂车间,研制酊剂、片

---

① 《1913—1914 年德国胶州保护地姓名地址录》,1913 年版。
② 民国《胶澳志》卷 8《建置志·市廛》,民国十七年(1928)铅印本。

剂、盒剂、丸剂等四大类中西药剂达百种,其中驱蛔药"神州五积神"、腹泻药"神州十滴水"、胃药"四妙散"和退热药"赛大蒙"在市面销售颇畅,在当时胶东一带口碑甚佳。这一时期,浙江籍商人加强在青岛百货业的设店布局。1924 年,浙江商人郑章华等合资在山东路(今中山路)144 号创办亨得利钟表眼镜店,专营中外优质名牌表,主营钟表,兼营眼镜,附带修理。座钟、挂钟由烟台、上海等地进货,手表则从上海、广州购进国外进口货。1928 年,浙江宁波籍商人在山东路(今中山路)出资创办了青岛第一家南货食品店——万源永,寓意"万源辏集,年永财广",由寓居青岛的前清军机大臣吴郁生题写店名。万源永南货店有两层楼房,一楼为店堂,二楼为仓库账房,楼后设有小作坊,生产糕点食品,前店后厂,颇具规模。万源永遵奉"至诚恒久辏集南北货,仁德本源善结四方宾"的经营理念,经营南北食品、名烟名酒、海味山珍、京苏糕点、罐头饼干、干菜果品,如金华火腿、广东腊味、姑苏蜜饯以及上海产的各色饼干糖果等,食品琳琅满目,因货品齐全、档次较高而闻名青岛。

　　1928 年夏,台东镇商绅杨圣训等集股融资,在台东一路、三路之间开办市场楼。市场楼共两层,共 48 间,平房 104 间。市场楼在中部设鱼肉菜果市场,计56 间,四周环以平房,场内空地划分为几个摊区,供露天摊贩营业,共 200 余处。1929 年,青岛特别市政府将龙口路、常州路官产 39 号院改作菜市场,定名为东方市场,由商人代表承租管理。起初主要经营菜果鱼肉,后逐渐增添了西洋百货、杂货、成衣、饭馆、理发店。1933 年院落及房屋整修后,将面街的龙口路二层楼房和地下室一并纳入,共计商铺 152 间。龙口路二层面街门店,一楼多系洋货店、文具店和餐馆,二楼多是裁缝铺。内院以果菜、禽蛋、鱼肉、杂货营业为主。龙口路地下室则以饭铺、面食加工户为主,多是小本经营的家庭店。1946年共有商号 72 家。其中,果菜鱼肉业 16 家、饭铺业 7 家、酱菜及豆制品业 3 家、酒类食品业 6 家、杂货业 15 家、中西衣业 10 家、白铁铺业 4 家、照相刻字业 2家、估衣业 2 家、米面、电器、沙发、皮鞋、文具、化妆品、理发业各 1 家。

　　1930 年初,青岛各界国货运动委员会成立,并开设了青岛国货商场,是为青岛国货公司前身。9 月,有 23 家商号入租营业,经营教育用品、布匹绸缎、服饰化妆用品、烟酒、日用百货、医药、机电、工艺美术品等。1933 年,青岛地方当局集官、商、银行各界资金,在原青岛国货商场组建了青岛国货股份有限公司,同年 12 月开业。1934 年,上海 10 家国货工厂在中山路 101 号开设上海国货工厂山东联合营业所。1936 年,青岛国货股份有限公司与上海国货工厂山东联合营业所合作组建青岛中国国货有限公司。公司以促进国货发展、增强产销合作为宗旨,以运销我国各地货物,经销全国国货工厂产品,承办代理购销国货业务,发售该公司自制货品为经营主业。该公司经营的商品多属国产名牌,以货真价实、服务周到而赢得信誉,年营业额达 80 余万元。上海五和织造厂生产的"鹅"牌绒衣、汗衫;中国化学工业社生产的"三星"牌牙膏及"三星"牌化妆品、蚊香、味精;中华珐琅厂生产的"立鹤"牌搪瓷面盆、口杯、盖杯;上海华昌钢精厂生产的"五星"牌钢精锅;上海华生电扇厂生产的台扇、吊扇,"地球"牌电池、美亚牌绸缎等,都成为该公司销售的国货精品,质优价廉、畅销不衰。1937 年,该公司由河南路迁到青岛最繁华的中山路、胶州路拐角处。1938 年初青岛沦陷,该公司停业解散。抗战胜利后,该公司重新组织,改名为青岛国货股份有限公司,增辟一至三楼为商场。一楼经营衣箱、旅具、漱具、绒线、棉线、玩具及烟酒糖茶;二楼经营鞋袜、衣帽、暖瓶、搪瓷、厨具、五金及小型家电;三楼经营绸缎、呢绒、布匹、窗帘、纱幔及床上用品。开业后生意日隆,荣膺"华北第一"之誉。

　　1931 年,享誉京师的乐家老铺宏仁堂在青岛中山路开业,成为青岛中医药业最著名的老字号名店。青岛宏仁堂为前店后场,前厅门市纳客,后厅加工成药,临街设有橱窗,聘有名望的郎中坐堂,把脉问诊,开方施药。宏仁堂以诚信为本,恪守乐家老铺祖训"炮制虽繁必不敢省人工,品位虽贵必不敢减物力",凡配方制药皆选用地道药材,绝不以次充好;凡配方制药均确保分量十足,绝不稍差分毫。青岛宏仁堂所用药材均由总店拨支,除配方药用外,也加工生产成药。宏仁堂创始之初,曾为清廷御药"供奉",掌有宫廷医药秘方,既用于坐堂问诊,也用于成药生产。其中安宫牛黄丸、乌鸡白凤丸、参茸卫生丸、苏合香丸、再造丸、虎骨酒、国公酒、紫雪散、活络丹、女金丹等成药名品均来自宫廷秘方。宏仁堂中草药配方齐全,中成药丹、丸、膏、散一应俱全,用料考究,制作细微,在青岛中医药行位居榜首。同年,青岛四大家族之一的李连溪收购了位于今北京路 25号的共和新舞台地皮,新建洪泰商场。该商场共 5 层,临街一层是一体化大商场,二、三层是一爿爿店铺,布匹、绸缎、呢绒、鞋帽、巾袜、针线、器皿等百货一应俱全,再往上是商住区。时市政规划限高 3 层,李专门跑南京办了特批手续,盖成的洪泰商场有"山东第一楼"之称,俗称五起楼。洪泰商场系水刷石镶面,费縻耗巨,楼内还建有电梯供客上下,南侧一座内廊式步梯,北侧一座露天式环梯盘旋而上,闻名而来者莫不仰视。后商场内院开放菜果鱼肉、禽蛋鸡鸭摊店,使洪泰商场兴盛一时。

　　1947年，被誉为"中国帽业第一品牌"的盛锡福帽行，在河北路32号设立青岛发行所，主要经营礼帽、草帽、四季帽等，成为青岛帽业的头牌专卖店。盛锡福帽行经理刘锡三，山东掖县人。早年曾在青岛美商洋行当练习生，以收购草帽辫为业；后到天津开帽庄，在京津一带创立了中国帽业第一品牌盛锡福；之后返回青岛。1948年，盛锡福青岛发行所迁址中山路，店场规模扩大，形成前店后厂经营格局，临街设有门市部，内设礼帽加工厂，从事压型草帽加工。此后盛锡福的帽子从草帽、礼帽扩充至男帽、女帽、童帽、单帽、棉帽、工装帽，款式新颖，质地考究，以帽顶平、帽身平、帽檐平、帽箍平"四平"广受赞誉，为男女老幼戴帽首选，被誉为"冠冕群伦""国货之光"。

第六节　"三大楼"与中餐业

　　晚清时期，青岛周边县邑的餐饮业已颇具规模。同期，青岛口的传统餐饮业随着胶州湾设防带来的商旅过往而兴起。清光绪二十三年（1897），青岛口共有9家小酒馆饭铺。其中一家周姓妇人曾在今北京路一带开锅贴铺，是年在今天津路新开一门店，即春和楼之前身。后齐燕会馆创办人之一天津富商朱子兴在此投资，与周氏合伙经营（一说是朱子兴出资兴建），店堂规模得以扩建。几经辗转起落后，1932年，田斗恒、刘景伦等5人集资，以天津路3号址正式登记为"春和楼利记"。春和楼创办初期为天津风味菜馆。时值晚清，鲁菜已发展为胶东系和济南系两派，鲁菜胶东系又以"鲁菜之乡"的福山菜为代表。该饭店为打造青岛餐饮业名号，特聘福山人林重孚为经理，经营鲁菜胶东菜系一举成名，成为有口皆碑的青岛餐饮名店。春和楼秉承鲁菜胶东系的工艺传承，以烹制各种海产品见长，烹饪技艺炸、溜、爆、炒、烧、扒、焖、炝、煎道道谙熟，所创菜肴色、香、味、形并重，以白扒鱼翅、烩口蘑鱼丁、烩虾蘑海参、油爆海螺、香酥鸡、清汤燕窝、绣球全鱼、奶油大肠、红烧驼蹄等正宗鲁菜而驰名青岛。春和楼创制的面食珍品八珍鸡卷、银丝卷、水晶包子、三鲜蒸饺等也是脍炙人口，流传至今。

　　1912年，鲁菜名馆顺兴楼在北京路13号开业。经理李万宾曾在北京鲁菜名号鸿兴楼拜师学艺，来青岛后与前清遗老王垿邂逅，由王垿出资相助，在北京路上开设了顺兴楼。王垿对顺兴楼情有独钟，因掌勺师傅确系师承京都鲁菜名号鸿兴楼，所以一字之易，循义而名顺兴楼。王垿还为顺兴楼题了门匾。顺兴楼创建之初,专聘福山籍烹饪名厨掌勺,其烹制的菜品以福山系鲁菜为主打,以面向上流社会的高档菜品经营为主,定位高端消费群体。出自顺兴楼的清蒸燕窝、高汤燕窝、红烧鱼翅、扒烂鱼翅、高汤银耳等高档菜品,非其他鲁菜馆所能效法仿制,在当时的青岛餐饮业中独占鳌头。在王垿的扶持下,顺兴楼的生意日渐兴隆,青岛豪门富户饮宴聚会、祝寿庆诞、结亲交友以在顺兴楼办宴为荣。1933 年《青岛指南》所载 11 家(A)一等菜馆,顺兴楼名列第一。1935 年,中国旅行社旅行丛书之二《青岛导游》中菜馆名录榜单,顺兴楼在 11 家名菜馆中名列榜首。20 世纪 20 年代国立青岛大学成立后,国内许多著名学者云集青岛。每逢周六下午,开罢校务会议,便在顺兴楼摆下酒宴,相邀共饮,杨振声、闻一多、梁实秋、赵太侔及女学者方令孺等八人凑成了"酒中八仙","呼朋聚饮,三日一小饮,五日一大宴,豁拳行令,三十斤花雕,一夕而罄"。(梁实秋:《饮酒》)中国现代文学史上的一批巅峰人物相率登上顺兴楼,一时俊贤毕至,英华蕴聚。据著名文学家梁实秋的记忆:"顺兴楼是本地老馆子,属于烟台一派,手艺不错,最拿手的几样菜如爆双脆、锅烧鸡、氽西施舌、酱汁鸡、烩鸡皮、拌鸭掌、黄鱼水饺……都很精美。"(梁实秋:《酒中八仙——记青岛旧游》)通过梁实秋的忆旧散文,顺兴楼的名菜珍馐至今仍历历在目。

1921 年即中国收回青岛的前一年,山东福山人高学曾在即墨路创办聚福楼饭庄。创始人高学曾原在顺兴楼任厨师多年,积攒了经营菜馆的丰富经验,后租用前清遗老王垿在即墨路 12 号的二层楼房为店址,聘福山同乡吴滋玉为经理,正式开办聚福楼包庄东号。① 后高学曾在即墨路 44 号添盖新楼,落成开业后称聚福楼西号。东、西两号以东号为大,营业面积 2000 平方米,店员有百人以上,为青岛餐饮业"三大楼"之最。聚福楼的名菜较多,有扒鱼翅、蟹黄鱼翅、砂锅三味、烤鸭、干蒸加吉鱼、奶汤白菜、清汤西施舌、扒海参等。在诸多名菜中,聚福楼的高汤最为著名,每日将几十只老母鸡宰杀、去杂、剁成肉泥熬制而成,其味鲜美,故饭庄一般不用味精作调味品。聚福楼后来居上,跻身"三大楼"之列,在于其价格诚信、经营灵活。一是菜品定价较同行业为低。当时"青岛包办酒席,昂贵异常,十二元、十四元之筵席,在南方已觉颇可下箸,在青岛尚属十

---

① 王超凡:《聚福楼餐馆》,中国人民政治协商会议青岛市市北区委员会文史资料研究委员会编:《市北文史》第 1 辑(内部资料),1989 年版,第 49 页。

分非薄"①。而聚福楼宴席一桌的价格从 10～18 元不等,菜品精到而价位低廉。资料记载,聚福楼凡是整桌酒席都是五大件、四冷拼、六热炒、四个饭菜。其中五个大件,包括高汤燕窝、红烧鱼翅(或蟹黄)、烤鸭、加吉鱼、八宝饭等。六热炒则随时令季节而变化,如炸虾段、熘虾仁、虾子海参(或通天海参)、高汤干贝、炸雏鸡、糖醋黄鱼、炸里脊、炒肝尖、炸腰花等。四冷拼也都是新鲜鱼虾肉蛋精制而成。整桌席面档次较高,但费用不高。二是采取赊账方式招揽业务。无论大小宴会,也不论是否相识相熟,一律过后收账,给顾客以充分尊重。即墨路附近的商家或住户,哪怕是价格两元钱的便餐,也会送菜上门,事后再收账,更不要说订酒席了。三是代客"打知单",即替客人代送请客帖。一般是提前一两日送到赴宴者面前,一一告知宴会时间,宴会当日再次登门催请,以免遗忘或借故缺席。此举化解了顾客"请客难"的问题,在青岛餐饮业中独此一家。20 世纪 30 年代,聚福楼达于鼎盛时期,与顺兴楼、春和楼并称青岛"三大楼"。②

青岛餐饮业"三大楼"的形成,可谓占尽天时、地利、人和,不仅有赖青岛滨海物产丰饶之地利,借得鲁菜胶东系领衔京津餐饮业之天时,还十分契合青岛人偏爱海味食俗之人和,同时也是青岛以鲁商尤其是胶东商帮为主体的工商人口构成社会影响和消费拉动的结果,由此奠定了青岛菜以鲁菜胶东系为主导的谱系形态。与此同时,地理文化差异产生的不同食俗和风味,在外埠商帮融入青岛工商的移植过程中,集中表现为青岛早期餐饮业的多元化业态。如早年青岛颇具名气的广东菜馆,即在青广东商帮经营的主业之一。位于中山路 107 号的英记楼菜馆,其面食、菜肴、煎炒烹炸的各式菜品一体广东口味,菜馆接待的也大部是粤籍人士。史料记载,英记楼的品牌粤菜有白斩鸡、扒元蹄、油烹鳝鱼、蚝油牛肉、油糟鱼等,其色、香、味及菜式完全为广东特色。英记楼的餐具器皿十分讲究,有"美食不如美器"之说。康有为寓青时时常光顾英记楼。广东会馆、广东籍的在青商号宴宾待客多在英记楼设宴。在青太古洋行、怡和洋行的买办也时常选在英记楼宴请中外贵宾。此外,设在潍县路的广裴隆粤式餐馆(广州饭店前身),其特色小吃大鸡包、叉烧包、水晶包久负盛名,在青粤籍人士日常麇集在此就餐,生意极为火爆。位居青岛名菜馆前列的厚德福,位于河南路 19 号,是北京厚德福饭庄来青岛开设的分号,系河南风味名餐馆。梁实秋在

① 魏镜:《青岛指南》第 6 编《生活纪要》,平原书店 1933 年版,第 24 页。
② 20 世纪 40 年代,聚福楼遭受一场大火,变卖部分物料后,兑入东镇东升楼,创办了聚福楼东记。

青岛大学任教时,是厚德福的座上常客。当年胡适来青岛讲学时,梁实秋曾在此宴请他,称"我们聚饮的地点,一个是山东馆子顺兴楼,一个是河南馆子厚德福……这两家餐馆被公认为是当地巨擘,不分瑜亮"。厚德福最拿手的菜品佳肴,以"三大鱼"清炒鳝鱼、黄焖鳝鱼、瓦块鱼挂头牌,其他如鱿鱼卷、琵琶燕菜、铁锅蛋、核桃腰、红烧猴头等均是独家名菜,岛上唯一。后来,厚德福引进的京派焖炉烤鸭也别具风味,为南北食客称赞不已。河南路上的菜根香也是一家颇有名气的菜馆,是当时青岛最大的素菜饭店,口味清淡,食雅而洁,佛界人士经常光顾,也是吃斋念佛的善男信女们的膳食之选。位于德县路 29 号的青岛馅饼粥,与北京馅饼周音谐而字异,是青岛最著名的清真饭店,号称"清真一绝"。京剧名伶马连良每次来青巡演都在这里订餐。馅饼粥的家常饼、荷叶饼很有名,涮羊肉岛城第一,以全家人围桌涮的"共和锅"最具人气。每逢冬季来临,馅饼粥从一楼到三楼摆满热气腾腾的涮锅子,非提前预订则一座难求。

20 世纪 30 年代中期,青岛餐饮业发展达到繁盛期。据资料记载,1936 年市区中式菜馆主要有 52 家,鲁菜、京津菜、粤菜、江浙菜、豫菜、清真菜等各式风味流派俱全,其中大部为鲁菜馆。鲁菜馆中胶东菜、济南菜、青州菜等鲁菜各菜系皆备,而专事经营鲁菜胶东系的菜馆又占鲁菜馆的大部,以鲁菜胶东系为主的青岛菜风味体系基本建立。各派中式菜馆主要分布在中山路、天津路、河南路、北京路、江宁路等大鲍岛中心地带,延伸到云南路、汶上路等台西镇主干街区。这一时期,随着城市旅游业的兴盛发展,中资旅馆如亚东旅馆、东华旅社、新民饭店、第一旅社、胶澳旅社、瀛洲旅社、中国旅行社招待所等实行食宿兼营,办有各式风味饭庄,中西餐兼营,为中外客人提供膳食,并向社会开放,其中亚东饭店、东华旅社的风味菜名列青岛中式菜馆排名前 10 位。另外,三义栈、泰和栈、悦来栈、丰泰栈、连升栈等一些食宿兼营的客栈也附带经营中式菜馆。

第七节　中西兼营的旅馆业和西餐业

1898 年,伴随着城市化演进,一批设施先进的现代旅馆相继投入建设。海因里希亲王饭店,位于原威廉皇帝街(今太平路),始建于 1899 年,是当时青岛设施最完备的现代旅馆,有带浴室和厕所的房间 170 个,女宾室、阅览室、吸烟室、俱乐部、会议室、球艺室等应有尽有,时为东亚一流旅游宾馆。水师饭店,位于原普林茨街口（今湖北路口），建于1901年，有40个房间，具有一流的疗养条件，饭店中央礼堂可容200个座席，是青岛最早放映电影的地方。海滨饭店，位于原奥古斯特·维多利亚海湾（今汇泉湾），面对东亚最大的海水浴场，建于1903年。有31间双人客房，若干浴室、餐厅、沙龙客厅及一个舞厅，是青岛最适宜夏季旅游的假日旅馆。麦克伦堡疗养院，位于崂山柳树台风景区，始建于1904年，由3座建筑物构成。疗养院建成后，每年接待1000多人来此疗养。建于1910年的斯脱兰大饭店（汇泉酒家前身），其设施属中国一流，专供接待欧美人居住下榻。因建于会前街，初称会前饭店。由于毗近汇泉海水浴场，饭店每年夏季常告客满，成为闻名一时的滨海假日酒店。辛亥革命后，一批前清王公大臣如东三省总督赵尔巽等寓青之初，曾在此居住。至1913年，青岛共有西式旅馆15所。其间，在青日商在大鲍岛区山东街的北端建有松森旅馆，兼营酒菜餐饮；在大港附近建有大和旅馆和福屋旅馆，前者是青岛罕见的纯日式旅馆，后者建有西式房间10余个，是日商在青经营的首家西式旅馆。

1914年日本占领青岛后，随着日本本土移民潮的迭起，驻青日本守备军加紧推进所谓的"新市街"扩张。这一时期，日商除接手海因里希亲王饭店（改名为青岛大饭店）、斯脱兰饭店外，新建日升旅馆、安东馆、蓬莱舍、金水旅馆、青岛旅馆、吾妻馆、大和旅馆、青叶馆等，范围包括港口、海水浴场周边以及商业中心区广西路、馆陶路、德县路、中山路、天津路、曲阜路一带。同时，先后在市场一、二、三路及聊城路、临清路、陵县路一带大事建设大小旅馆等。其中以建于今曲阜路13号的大和旅馆为规模最大。该旅馆东临深山公园（即第四公园前身），面积达2000平方米，楼高3层，水刷石墙面，瓷砖外廊柱，有大小居室50余间，内设汤沸场、洗面所等日式功能区间，是地处商业中心区的较大日式旅馆。

20世纪20年代初，民族资本进入西式旅馆业竞争。位于天津路23号的东华旅社，是当时中资经营的设备最好的西式旅馆名店，四层洋式楼房，大、小客房100余间，沙发、铁床、衣镜、面盆具备，设有中宴客厅、西餐大间，并备有球台、钢琴等。该旅社广告称："新建四层洋式楼房，大、小客房一百余间，汽椅（沙发）铁床，衣镜面盆件件具备，中宴客厅，西餐大间，宽明敞亮，雅净无比。并备有球台、钢琴、游乐等具。厨师俱系南北高手，欧西名匠，中国全席，西洋大餐……"[1]东华旅社设施上乘，但食宿费用不高，比日商经营的西式旅社价格为

---

① 《青岛晨报》1923年10月17日。

廉。这一时期的中式旅店仍以面向南北客商和大众消费的客栈业为主,其经营业态与传统车马店和低档小客栈大不相同,旅馆设施和经营业态有较大改进,尤以位于天津路的连升栈、保安栈,李村路的华通栈,大沽路的三义栈,河南路的高升栈声誉最盛。

30 年代,青岛旅馆业呈现规模扩张、密集化发展趋势,"中西客寓,遍处皆是",出现了东海饭店、新民饭店等一批高端旅居设施。东海饭店,1936 年建成,楼高 6 层,是 20 世纪 30 年代青岛最大规模、最高规格的大型旅游饭店,设有餐厅、舞厅、咖啡厅、露天影院、健身房及全楼电梯设备。东海饭店位于汇泉角,楼体高 6 层,钢筋混凝土结构,是外国设计师在青岛设计的具有现代风格的大型公共建筑。建筑呈扇形,设有 88 套客房,顶层为露天影院,地下层为健身房。建筑采用淡蓝色外粉刷,与汇泉湾的山海环境融为一体,成为青岛著名假日饭店。这一时期,青岛中资饭店有 40 余家,其中设备和经营一流的中资饭店主要有东海饭店(汇泉路 1 号)、新民饭店(中山路 18 号)、瀛洲旅社(曲阜路 3 号)、第一旅社(广西路 36 号)、东华旅社(天津路 23 号)、胶澳旅社(潍县路 92 号)等。其间,中国旅行社在青岛中山路设立招待所(中山路 56 号),备受市政当局推崇,称"陈设精雅,布置整齐,并设公共客厅,富丽堂皇,金碧辉煌,又自外洋购到最新式无线电收音机一具,能收欧洲各国音乐……室内所用,为世界最著名西门子钢床公司出品,精致整洁,早为中外人士所称许。每厅均有新式盥器,冷热自来水,任客自用。本所因感西餐对于国人多不习惯,特聘高等厨师,精制中餐肴馔,定价便宜,味道可口"[1]。与 20 世纪 20 年代相比,30 年代的青岛客栈业扩展迅速,集中在市区中心街区的知名客栈已有 20 余家,主要分布在天津路、河南路、大沽路、北京路、即墨路、胶州路、保定路、济南路、山西路、泰安路一带,其中悦来栈、中华栈等一些规模稍大的客栈还设立分号或支店,呈连锁化趋向,还有一些后起客栈,采取中西式客房设施,实行跨文化经营。

20 世纪 30 年代,兴起于 20 世纪初的崂山旅游日渐兴盛,白云洞、明霞洞、蔚竹庵、太清宫、北九水、太和观、华严寺等古刹名胜,成为游览区域游客膳宿休息处所,崂山游览区中西旅馆、饭店达 15 处,遍及柳树台、北九水、王子涧、华严寺、大劳观、流清河等崂山交通枢纽地。

近代青岛的西餐业始于 20 世纪初。建于这一时期的德式饭店将西餐业引

---

① 青岛市工务局编:《青岛名胜游览指南》,青岛市工务局 1935 年版。

入青岛。建于今太平路、青岛路口的海因里希亲王饭店,是德国人建造的青岛最具规模的大型饭店。饭店进门左侧建有餐厅,进深较大的楼厅后侧还设有可容 80 个客位的大型餐厅,是德国官方大型宴会的举办地。稍后竣工的水师饭店,有 40 个房间,是为驻青德军士兵和水兵提供休养栖息之所,建有供应西式餐饮的餐厅,其规模仅次于海因里希亲王饭店。位于汇泉湾畔的海滨旅馆(又称沙滩旅馆),建于 1903—1904 年,作为海因里希亲王饭店建于汇泉湾的一处分店,是青岛最早的假日旅馆,楼高 3 层,拥有 31 个双人房间,建有多个西餐厅,能满足规模型团体就餐。[①] 1912 年 9 月 28 日,孙中山先生访问青岛时在此下榻。

1910 年前后,海因里希亲王饭店在其西侧增建了西餐馆,为三层建筑,设有 30 个西餐间,与同期建成的胶州饭店、F. 福克特餐馆、中央饭店(又称首府饭店)、凯宁糕点咖啡店和雷曼餐厅相比,是当时青岛最大规模的西餐馆。1911 年落成的青岛俱乐部,在面朝前海的一片开阔地建成宽大的花园,将其作为面积宽绰的露天酒吧,经营西式餐饮;同时在二楼开设大型餐厅,室内布置富丽堂皇,桌椅餐具陈设精美,以供应西式套菜为主,作为中外商人和军政官员的聚会中心,以期在青岛上层社会中发挥重要作用。鉴于此种功能,俱乐部还设有专供各种西式佳肴的配菜室和地下酒窖。

第一次世界大战时期,日本占领青岛后,日式餐饮业接踵而来,呈既多又密且杂之像。日本所谓的“新市街”是日式饭店麇集之地,数量多,分布密,业态杂。临清路的日式饭店可分为两类:一类叫料理,即酒馆,一条路上集中了近 20 家料理店;另一类叫食堂,属于饭铺,不供应炒菜,主要供应米饭及汤类,也供应便当(相当于盒饭),即在米饭上加一些菜,饭菜合一。此类日本“食堂”,临清路上集中了五六家。市场三路上的日式饭店密度稍次,分类杂乱。此间的铃木饭店,专营日本的高档菜鳗鱼料理;日东京庵荞麦面店以荞麦面条为特色面食;以卖清酒为主的酒馆称多福饮食店和田舍家饮食店;另外还设有日商经营的明星西餐店和大和咖啡店。市场二路则集中了大和饭店、新青岛饭店、备中屋料理、中村田茶店等,分布也很稠密,其规模都不大。较具规模的日式饭店大都分布在所谓的“新市街”东、南两侧,南侧以胶州路为轴线,分布有第一楼、大长、籴乃家等 3 家饭店,东侧以上海路为轴线,分布有三浦屋、涟、蛇目、静养阁等 4 家饭

① 〔德〕弗里德里希·贝麦、〔德〕M. 克里格:《青岛及周边导游手册》,1904 年版。

店。位于聊城路与胶州路交叉口的第一楼,是当时青岛最大的日式饭店。饭店大楼居中,周围花圃绿地环绕,内部装修极为豪华,厨师烹调技艺高超,且有侍女陪酒,是在青日本军政上层与富商巨贾举办宴会和接待贵客要员的头牌酒店。市场一路的中央大饭店,仅次于第一楼,通体用花岗岩建成,高4层,是日本聚居区中唯一超过3层的饭店,内设大餐厅,独立雅间有40余处。

20世纪20年代,位于中山路53号的青岛咖啡店(青岛饭店前身),成为这一时期青岛西餐业持续扩展的标志。青岛咖啡店于1921年为希腊籍犹太人非尼代司所建,聘请华人为经理。后犹太人回国,将咖啡店盘兑与王秀臣、鲁寿山继续经营,经几年的发展,成为青岛久负盛名的西餐馆。[①] 青岛咖啡店除经营咖啡外,"备有特别菜点、西洋烟酒、午饭晚饭,听客自便。且晚间设有音乐师、跳舞术,以助诸君纳凉之余兴"。该店地处中山路商业街中点的商业金融白领地带,经营西餐冷盘、汤菜、甜菜及西餐大菜,备受中外白领阶层青睐。该店后改为中西餐兼营,成为久盛不衰的青岛餐饮名店。青岛咖啡店后在汇泉海水浴场设立分店,名为汇泉青岛咖啡。20世纪20年代初开业的西式旅馆东华旅社,设有宽敞静雅的西餐大间,特聘欧系名厨,精制各色西餐菜品、西洋大餐,和青岛咖啡店同为青岛国人经营西餐业之藁矢。

20世纪30年代,外商资本西餐馆依然占据青岛西餐业主体地位。据1936年青岛市餐饮业调查,全市外资经营的西式菜馆、咖啡馆、酒吧共有36家,其中苏联人经营的有18家、德国人经营的有5家、美国人经营的有4家、英国人经营的有3家、法国人经营的有2家,成为青岛城市国际化的一个缩影。出现于中山路西爿的门德来西菜咖啡馆,是口碑颇佳的西餐厅。其原是一座德国面包房,建于1902年,共3层,一、二层为营业厅,地下一层为储藏室,后作为西餐馆和咖啡馆经营。梁实秋在青岛大学任教时曾时常在此就餐,称门德来西菜咖啡馆所制牛排外焦里嫩,上覆一枚荷包蛋,佐以炸薯条和生啤酒一大杯,为"国内第一"。30年代中期,随着青岛空中航线开通,海上航线增多,陆路交通贯通全国,外籍人士来青游历日增。每年夏季,各国游客、海军、绅士、商人纷纷来此避暑,青岛"顿变为繁华之国际世界",助推西餐业的经营主体和资本构成趋向多元。这一时期,伴随东海饭店、新民饭店、第一旅社、胶澳旅社、中国旅行社招待

---

① 王树功:《青岛餐馆业》,青岛市政协文史资料委员会编:《青岛文史撷英·工商金融》,新华出版社2000年版,第107页。

所等一批国人经营的西式饭店次第崛起,民族资本加快向西餐业聚集,大力角逐西餐业市场,如东海饭店等一流饭店均设有西餐馆,并采取中西兼营的方式,接纳国内外客源市场。国人经营的大沽路18号大同西菜馆、湖南路38号上海饭店均实行西餐单一经营,以套菜为经营主打,冷盘多为色拉、酸黄瓜、红肠、西红柿等,汤菜有俄式红菜汤、玉米汤、牛尾汤等,西餐大菜主要有煎牛扒、炸猪排、烤鸡、烤鹅、烤加吉鱼、咖喱牛肉饭、咖喱鸡丁饭等,甜菜主要有布丁、水果、咖啡等,因价格相对低廉,可与外资经营的西餐馆展开竞争。

20世纪40年代中期,全市华商经营的西餐馆达15家,主要有青岛咖啡、大同菜馆、新新饭店、东海饭店、花园饭店、梦香饭店、新亚饭店、金城饭店、上海饭店、新华饭店、联合菜馆、北海饭店、第一饭店、公园饭店等。

第八节　光色陆离的娱乐业

青岛早期娱乐业,以德国殖民统治青岛时期为界,可分为传统娱乐业时期和中西娱乐业并存的城市娱乐业时期。胶澳设防后,青岛口一带渐呈市镇规模,汇集商家60余户,以戏剧、杂耍、梆柳、说书为主的传统娱乐业随之而起。"自元旦至元宵,日日人群络绎,杂耍、小场、大书、兆姑、梆柳、秧歌、江湖把式无所不有。""天后庙则设台要景。或一台,间或两台,多时亦常设于总镇衙门南侧。至三月初,渔航各船云集口内,许愿奉戏,尝延至四月或端午。"其间也有赌场出现于街肆市廛之中,"至有设场于肆街以广招泛诱"。[①]

1897年德国侵占青岛后,德国驻军、官员、商人、企业主等外籍居留人口日增,西方娱乐业随之而入。1900年,德国胶澳总督府出台青岛第一个城市规划,设定汇泉湾的未来发展定位为综合游乐区。随即开始了汇泉湾沿岸绿化,开辟海水浴场,围建植物实验场,整修跑马场,规划建设综合游乐区和别墅疗养区,形成了青岛最初的公园、海水浴场雏形。随着青岛港海上航线的开通,首批来自上海、香港、天津、芝罘等中国沿海城市的外国侨民,成为汇泉海水浴场接纳的第一批泳客。旅游业拉动了娱乐业的兴起。"自1901年起,(在海水浴场)设立了两个音乐演奏场,由德国海军第三大队的乐手每周来此演奏两次。该大队

---

① ［清］胡存约:《海云堂随记》。

为满足欧美人士的希望,还在其附属的海水浴场教授游泳,其费用规定为:浴场、器具、机器的使用费,大人及 16 岁以上者银 10 元,小孩及 16 岁以下者银 6 元……总督府又进一步在吸引外地游客方面下功夫,特准发行彩票,并将其利润投放到完善娱乐场所的设施方面。”①20 世纪初出现在汇泉湾的市民赛马会,变“军用”练兵场为军地共享的跑马场,吸引当地欧美商绅、政府官员、来青游客和驻军士官踊跃投身赛马活动,成为青岛早期娱乐业之一。

　　1902 年,青岛最早的饭店建筑之一水师饭店竣工完成。饭店内设木质结构的回廊式大型礼堂,宽 14 米,长 20 米,是容纳 200 个座席的小型电影院,主要接待驻防青岛的海军第三营水兵和德国士兵休闲栖留,又称水师俱乐部。后水师饭店电影院向社会开放营业,据 1907 年 8 月 9 日发布的电影广告载:“晚 7 时放映,门票价预售 25 分,现购 30 分。”青岛由此成为中国最早邂逅电影的城市之一。1905 年,海因里希亲王饭店在其后侧续建了音乐厅,整座德国青年派风格建筑面积近 1000 平方米,拥有可容纳 400～500 人的大音乐厅。音乐厅与门厅、中厅和侧厅相通,二楼包房能容纳几十人。音乐厅落成后,驻青德国海军第三营的乐队时常在此为上流社会举办的舞会演奏,一些社交娱乐社团在此举办音乐会、交响乐会和小型歌剧、戏剧演出。音乐厅舞台专门为放置电影银幕而设计,进深很小,挂上银幕便可放映电影。当时,青岛还没有达到堪称娱乐场所水平的设施,没有剧场,也没有曲艺场,仅大鲍岛区内有一家中国剧院,欧人区放映电影或举行其他演出都是借用海因里希亲王饭店或水师饭店的场地。后来由于放映场次和观众日增,改为影戏院,专门放映法国片、美国片、德国片和英国片。随着观众的增多,海因里希亲王饭店西部开辟了一间小电影场,能容纳 200 人左右。这两处地方分别称为影戏园东号和西号,为青岛最早的影戏园。

　　据统计,20 世纪初青岛大约有 1200 名欧洲人(不包括 3500 名驻军),组建有 10 个社团。租借地欧人社会的娱乐活动主要由各种社团和俱乐部组织进行。“在冬季,几乎每隔两周都由第三海军营的乐队举行音乐会(普通音乐会或交响音乐会)……各种社交娱乐协会也定期举办各种活动,艺术和科学俱乐部还特别为聚居于青岛的人们举办相当出色的室内音乐会以及有关音乐会的报

---

① 〔日〕田原天南:《青岛的旅游文化设施》,云彤译,刘善章、周荃主编:《中德关系史译文集》,青岛出版社 1992 年版,第 300 页。

告。另外也安排一些戏剧表演和学术报告。"①这一时期,社交型舞厅伴随娱乐业的兴起而面世,主要有海因里希亲王饭店舞厅、水师饭店舞厅、斯脱兰饭店舞厅等,成为城市舞厅业的早期萌芽。

20 世纪初,伴随城市移民潮的涌起,来自青岛周边县邑及山东内地的移民人口大批涌入青岛,对本土文化载体建设产生强烈的市场需求,中国人兴建的大戏院迭相出现。1903 年,大鲍岛华人社会的东西两端,出现了两座华人戏院。一座是位于山东町(今中山路)北端的中国剧院,另一座是位于西大森(今南村路)的中原戏院。这两座戏院,因靠近小港和大窑沟,周边多为外县来青做工的农民,所以剧院以演出柳腔和茂肘鼓为主,成为大鲍岛中国城最早"在华人的戏院演给华人看"的公共文化实体。此时,城市边缘的柳腔和茂腔演出依然徘徊在撂地儿(露天)、栓凳子(圈场子)、拉棚子(搭戏棚)的露天演出阶段,而市区中心的地方戏演出开始进入"剧院化"经营阶段。

1914 年日本侵占青岛后,日本青岛守备军挟日本移民潮涌入青岛,给岛城影业带来"和式化"的严重冲击。曾在日军供职的军曹三浦爱三倚仗军事强权下娱乐业重组带来的商机,1914 年在河北町开了一家日本戏院"乐乐座",演戏兼放电影,后购入山东町北端能容纳 700 人的中国剧院,把"乐乐座"的影戏经营迁业到此,改中国剧院为电影院,称"乐乐座",主要放映日本电影。1919 年,三浦爱三又在市场町(今市场三路)开设了一家电影院,叫电气馆,有 600 个座位,是日本日话映画会社(电影制片公司)在中国的发行总代理。三浦麾下的"乐乐座"和"电气馆",专门放映日本电影,上演日本古装戏,连广告张贴画也是日文,观众基本都是日本人。这一时期,在日本青岛守备军司令部的军事淫威下,日商接管的海因里希亲王饭店影戏院更名为大饭店影戏园,多上映日本和美国影片。

20 世纪 20 年代初,在五四新文化运动的助推下,观影开始为青岛市民所接受。1921 年,位于中山路 61 号的中西大影戏院建成,即福禄寿大戏院前身,最初仅有 400 个活动座椅,1923 年扩建为楼上、楼下双层电影院,楼上设包厢。以放映无声电影为主,多为外国片,也有部分中国风景影片和滑稽影片。"放映时间下午一点至五点,晚上七点开演,票价有楼上、楼下之分。楼上包厢二元五

---

① 〔英〕F. 帕默、〔英〕M. 克里格:《青岛(1898—1910)》,李厚基译,刘善章、周荃主编:《中德关系史译文集》,青岛出版社 1992 年版,第 182 页。

角、特等八角、头等五角、二等四角,楼下头等三角、二等二角,军人和小孩半价。"1927 年其再次翻建改造,更名为福禄寿大戏院。大戏院开幕后"对于名贵影片不惜高价租演",开幕 4 个月又 17 日,观众突破 5 万人次,"开青岛电影界未有之盛况"。① 后经多次扩建,福禄寿大戏院扩建为 4 层楼建筑,面积 2200 平方米,一、二层为观众厅,三层为放映室,四楼为办公室。观众厅计有池座 660个、楼座 442 个,可容纳观众 1102 人,为青岛影业规模最大的专业影院。1922年北洋政府收回青岛后,海因里希亲王饭店影戏院先后数度易名,1927 年改称大饭店影戏院,以上映美国和英国影片为主,主要上映的电影有《劫车奇盗》《草莽英雄》《虎口余生》《风流女皇》等。每日上映两场,即下午和晚上各一场。票价分别为日戏头等 5 角、二等 3 角、童子 2 角;夜戏头等 1 元、二等 5 角、三等 3角。后影戏院上映的国产片开始增多,《白蛇传》《三笑姻缘》等次第上映。平日每日 2 场,星期六加映 1 场,票价为:头等 7 角,二等 4 角,三等、童子 2 角。

这一时期,随着"国剧运动"的兴起,国粹京剧在青岛社会大众中日益普及。1922 年,以建于于北京路的庆春大舞台开业为标志,岛上京剧开始从依附会馆的堂会式露天演出变身为专业剧场的商业性演出。庆春新舞台即共和大舞台的前身。新舞台面积不大,有 300 多个座位,剧场上、下两层,分池座、包厢、边座。在周边影院的包围下,这家专演京剧的专业剧场很贴近大鲍岛商民的娱乐需求,上座率十分看好,故戏票售价不菲,包厢每间 5 元,和挡车工的月薪相当,池座卖到半块大洋。共和大舞台在剧场经营上,首推戏班坐台经营模式,延聘马派老生马最良领衔的戏班坐台,剧目编排颇多变化,以全本《宝莲灯》《临江驿》,折子戏《祭江》《南阳关》《乌龙院》叫响岛城。1924 年,位于平度路的新舞台(永安大戏院前身)开业,戏院建筑面积 2445 平方米,有座位 1214 个,灯光、音响等舞台设备一应俱全,时有华北第一大剧场之称,和北平长安大戏院、天津中国戏剧院、上海天蟾大舞台声名并驾,其规模仅次于上海天蟾大舞台。新舞台共 3 层,一楼池座两侧拉栏杆,栏杆以内是池座,栏杆以外是码票,即站票。戏院爆满时观众可容 3000 多人。1927 年春,享誉海内的京剧诸派掌门人梅兰芳、荀慧生、尚小云、杨小楼、余叔岩、于连泉、程继仙等联袂来青,在新舞台同台献演,成为京戏名伶在青岛的首次盛会。各派名伶连演 3 场,场场爆满,观摩之盛

---

① 时代:《红星电影院小史》,山东省文化厅史志办公室、青岛市文化志办公室编:《文化艺术志资料汇编》第 5 辑(内部资料),1985 年版,第 220~221 页。

况为京剧界所罕见。此次盛会,令新舞台名声大噪,成为上拱京津、下趋宁沪的南北京戏名伶汇集之地。

1924 年,上海滋美洋行青岛分行经理滋美满发起成立了万国体育会,把汇泉跑马场扩建成国际标准的 1000 米跑道,举办商业赛马活动,马票远销北平、天津等华北各地,成为 20 世纪 30 年代远东三大赛马场(香港、上海、青岛)之一,规模仅次于上海位居第二。商业赛马活动风靡青岛,成为青岛娱乐业的一张独具特色的名片。

20 世纪 30 年代,青岛已成为拥有 40 万人口的特别市。美、英、苏、德、法、日等 13 个国家在青岛建立了领事馆或代表机构。各国驻青领使机构每逢国庆日、圣诞节等重大节庆活动,均举办电影招待会,邀请商埠军政人员及各界名流观看电影,推动了电影在社会民众中的普及。1930 年,上海民族资本家刘鸣卿、张立堂等组成董事会,筹建青岛大戏院,后经董事会研究,改名为山东大戏院。1931 年 12 月,位于中山路 97 号的山东大戏院完工,为青岛第一家由中国人开办的电影院。大戏院为一栋 4 层楼房建筑,面积 1500 平方米,一、二层为观众厅,计有座位 750 个,三楼是放映室,四楼是宿舍。12 月 15 日,山东大戏院开业,邀请"电影皇后"胡蝶剪彩,并放映中国第一部有声电影《歌女红牡丹》。此后专门上映明星、联华、天一、新华等制片厂的国产影片。此时,外国片的一统天下已被打破,从国产片《好兄弟》开始,国产风景片、滑稽片登上银幕,《上海秋季大赛马》《白蛇传》《三笑姻缘》等国产片大受热捧。1932 年底,山东大戏院开始放映外国片,采用循环放映的形式。山东大戏院曾接待过世界著名的西班牙歌舞团。1934 年 7 月还特约北平章剧团来院演出,其中有全国著名演员章遏云(四大坤旦之一,文武青衣花衫)、奚啸伯(谭派老生)、张云溪(武生),演出过《穆天王》《骊珠梦》《雪艳娘》等戏目。

这一时期,新舞台与共和大舞台的京剧演出势头健旺,成为领衔青岛的两大京剧专业剧场。继"四大名旦"梅兰芳、程砚秋、尚小云、荀慧生之后,"四大须生"马连良、杨宝森、周信芳、奚啸伯,"四小名旦"李世芳、张君秋、毛世来、宋德珠,以及新"四小名旦"、后"四大须生"等先后来新舞台献演,使青岛戏剧舞台日趋繁荣。共和大舞台仍以京剧戏班坐台为主,主打全本连台戏。据 1930 年 12 月 20 日和 1931 年 4 月 19 日的《大青岛报》广告,共和大舞台演出剧目有:曹锡良等的《八义图》,王金兰等的《黑风洞》,赵艳琴等的《祭长江》,小迎春等的《力杀四门》,马最良等的《宝莲灯》,马春樵等的《铁笼山》,马最良、周凤琴等的全本

《临江驿》《南阳关》《血手印》《乌龙院》《九莲灯》及马如良、马最良、马秀英等的全本《桃花女》。此时，"乐乐座"已转交中国人经营，由电影院改为戏剧院，1935年改名为中和戏院，以演出京剧为主，成为华乐大戏院的前身。①

20世纪40年代中期，中和大戏院改名为华乐戏院。华乐戏院为两层楼，楼下有观众座席500个，楼上有座席200个，分为池座、楼座、边坐、码坐。码坐，是华乐戏院比其他戏院多设的一种加坐，即在楼下靠墙处多摆了几行长凳，加起来楼上楼下可容800多个座位，观众爆坐时，最多可达1600多人。此时，京戏在岛上已很普及，作为20世纪上半叶最后一个叫响的京剧戏院，华乐戏院要在青岛京剧梨园行后来居上，需在经营业态上刻意出新。一是华乐戏院的演出戏单定位在"连台本戏"上，专演《西游记》《封神榜》《荒江女侠》等连台剧，每剧一二十本，演一本少则五六日，多则七八天，每天日夜两场连台，令追剧者欲罢不能。二是华乐戏院的连台本戏，有大量降妖伏魔、奇门斗法、飞檐走壁之类的情节，为了模拟戏中情节，华乐戏院在舞台上留有各种"机关"，采用大幅布景演绎"十万天兵斗悟空"等剧中情节，还通过烟雾、电光、声响模拟"轰天雷""贯地炮"及宝器斗法等。此种舞台效果营造，令其他剧院望尘莫及。三是实行低门槛、低票价。华乐戏院主要面向大鲍岛、小鲍岛一带的平民阶层及"闯青岛港"的短工苦力，故票价极为低廉，池座前排仅五六角，边坐、楼座三四角，而码坐仅卖1角，故平民大众花钱不多，便可来此一饱戏瘾，这是华乐戏院能从青岛梨园行脱颖而出的制胜法宝之一。②

20世纪三四十年代，位于市区中心及商业闹市区的平民娱乐业，依附商业市场、商业街区与大型里院的人流与空间，得到迅速扩展，成为青岛娱乐业空间布局的一大特点。其中，以并称老青岛三大市场的劈柴院、广兴里、台东商业市场规模最大，分布最为集中，业态最为齐全。位于江宁路丁字街的劈柴院娱乐业，以戏院、电影院、茶社、说书场、曲艺、杂耍戏法为多。戏院其名不详，是青岛第二家由中国人经营的戏院，是仅有200多个座位的小剧场，后改为大光明电影院，主要面向一般市民放映票价低廉的三流影片。劈柴院的茶社主要有永安茶社、共乐茶社、群艳茶社、桂仁茶社等，以经营茶点为主，延聘曲艺艺人坐堂，

① 默然：《青岛第一个影戏园》，山东省文化厅史志办公室、青岛市文化局史志办公室编：《文化艺术志资料汇编》第22辑（内部资料），1990年版，第177页。

② 石振寰、王逸：《华乐戏院五十年》，中国人民政治协商会议青岛市市北区委员会文史资料研究委员会编：《市北文史》第1辑（内部资料），1989年版，第154页。

说大鼓书或弹唱;后发展成为挂茶社招牌的曲艺场,一些说唱艺人自任茶社经纪人,直接改茶社为说书场,较著名的说书场主要有刘泰清茶社、王教顺说书场、苗心诚说书场、王兰生说书场、葛兆鹏说书场等。从中涌现出一批著名艺人,例如,曲艺世家刘泰清是以西河大鼓著称的曲艺家;葛兆鹏是以全本《七侠五义》评书名闻岛城的评书大师;相声艺术大师马三立早年曾在劈柴院撂地,后进入茶社说单口相声;还有著名的山东琴书演员李金山、高金凤,著名的山东快书演员杨立德,著名的戏法大师王傻子,等等,都曾在这里表演并成名。位于海泊路的广兴里,是青岛面积最大的里院,内有经营百货、布匹、绸缎的商铺。里院中有一家光陆电影院,一般人称"小光陆",还有聚仙、玉顺等几家茶社和赵更祥说书场、张玉诚说书场两家说书场,演出戏曲清唱和评书、大鼓书。位于台东三路的台东市场楼,内设戏园一所、书场二所,菜场、书场居于中部,四周环以平房,书场听书人多为来此购买鱼肉果菜的顾客以及附近工厂工人及一般职员。戏院即位于商业市场内的东镇商业舞台,原名同乐茶园,以茶点经营为主,兼伴京剧清唱;后改为东镇商业舞台,主要上演京剧,有时也上演评剧或地方戏,成为光陆大戏院的前身。此外,位于青海路的宝兴里,因毗邻大港码头和大港火车站,也是平民娱乐业的聚集之地,从宝兴里 20 号至 46 号,坐落有宋秀山说书场、北平书场、建鸿书社、文明说书场和张俊卿说书场等 5 家说书场。

20 世纪三四十年代,青岛中外咸集、五方杂处的社会人际环境,也拉动了舞场业的发展。特别是 40 年代中期美国海军陆战队进驻青岛,全市舞场业快速膨胀,全市舞场共 13 家。主要集中在毗近后海海军栈桥和美舰驻泊码头的冠县路和沧口路,其中冠县路 4 家,有却尔斯登舞场、黑猫舞场、咖尔登舞场和米得耐特舞场;沧口路 4 家,有阿体爱体克舞场、万国舞场、马加斯得克舞场和纽约舞场;其余舞场分布在博平路、博山路、临清路、聊城路、市场三路一带。

这一时期,戏院、影院、舞场、曲艺场遍布市区,形成青岛四大娱乐业商圈。

第九节　岛城鱼行鱼市业

1914 年日本占领青岛后,日商鱼行接踵而至。随着日本青岛守备军司令部向日本本土开放移民,日本人来青者激增,鱼市场需求随之扩大,日本渔船开始进入青岛海域捕鱼。"日人之来本市捕取鱼类,始于民国三年(1914),随日军以俱来。因该国官厅给予诸种便宜,当民国五年(1916)为最盛时代,几夺我渔场而占领。民国四五年(1915—1916)时,青市有该国鱼船一百三十余艘,现在(1933)尚有船四十五艘。"①

为了协调在青日商渔业行业管理,日商中正正树、佐藤至诚、坂井庆治、松崎翠等为首,发起成立了股份制组合鱼市场。以"同业组合"形成的渔业行业性商业团体,统一协调本行业的竞争策略,维护日商渔业的共同利益。在青岛渔业圈内,日商渔业是一个具有共同利益的商业群体,而"组合"最初的出现,是"内控式"的商业组织,在对内形成行业约束的同时,打着"亲和协同"的幌子,对华商渔业展开竞争。其时,青岛华商渔业经营户已近 3000 户。"民国四年(1915)据日人之调查,阴岛方面有渔舟三百三十艘,渔夫一千三百余名,渔获物价值约二万五千元,沙子口方面有渔舟及筏三百艘,渔夫一千二百余名,渔获物价值十万元以外,较小之渔村则无统计。"②

华商户数虽众,但设备陈旧,其作业领域广,近海捕捞优势明显,具有日商渔业所不具备的竞争优势。有鉴于此,日商股份制组合鱼市场后,开始由"内控式"的商业团体向"外控式"的行业垄断经营转化。

1916 年 2 月,莲田默思朗、松崎翠、小林喜正等 11 人组成青岛水产组合筹备委员会,制订组合成立计划,并向日本驻青岛守备军司令官提出认可申请。3 月 10 日,水产组合批准成立,同日公布《水产组合规则》。该规则共 11 章 45 条,分别规定组合员加入及脱退、组合员权利义务、事务员职务权限、议员选举、违约者处分及杂则等,另有附则《水产组合经费分赋收入规程》《水产组合组合员救济规程》《水产组合施疗规程》等。同年,水产组合在青岛小港码头附近设立鱼市场,以军令挟制从事水产品捕捞、加工、销售的中国业户加入,垄断青岛水产品交易。其称:"遵照军令,凡在军政管辖区以内居住的渔业者、捕捞加工业者、销售业者都有义务加入水产组合。"

水产组合规定凡中外渔民捕鱼上岸,均须向鱼市场交纳费用 10%,每尾鱼抽缴大洋 7 分,方可自由发卖,非该组合成员不得从事渔业,非缴纳渔获品抽款不得上市交易。1918 年,加入水产组合的业户达到 5800 名,其中中国业户5200 名。次年,水产组合成员达 8000 名。水产组合通过对渔业捕捞、加工、销

---

① 青岛工商学会:《青岛市渔业状况》,《青岛工商季刊》1933 年第 1 卷第 1 号,第 56~57 页。
② 青岛工商学会:《青岛市渔业状况》,《青岛工商季刊》1933 年第 1 卷第 1 号,第 53~54 页。

售的强制性"组合",形成了对青岛水产业的全链式行业垄断。该规则颁布后,日本青岛守备军司令部提供津贴,由日商中正正树等集股 4 万元,在小港码头附近设立水产组合下属的共同鱼市场及金融组合,并通过渔业者、销售者全体代表协议会,推选出日人掌控的"代表"协助鱼市场管理,以此把水产品收费和鱼市场定价权、交易权掌控在手,操纵、垄断青岛水产市场。

1922 年中国收回青岛之后,组合中的中国成员鉴于日人水产组合长期侵夺自身的利益而自动退出,成立了胶澳鱼市场,对日人组合鱼市场实行"不买同盟"政策,原日人水产组合一改昔日的强制组合为"自由组合","但参加者惟日人,国人无与焉",后因无交易业务而日趋零落,以致一度停业。1929 年,市政官方决定筹集资金,组织水产公司,设立渔业金融及鱼市场,"以釜底抽薪之法,借谋吸收钳制(日人水产组合)之方",抵制日人对鱼市场的垄断。1931 年,青岛商界开设青岛渔业公司鱼市场,中资鱼行业争趋鱼市场交易,当年交易鱼货 2000吨。1933 年初,实业部决定策划、筹建上海鱼市场。上海鱼市场成立之后,设备完善,交通便利,交易集中,不仅可以降低成本、改良运输,且可抵制日货、调剂盈亏、平抑市价,凡属渔民、鱼商以及社会各方等无不称便,称上海鱼市场的设立,为民族渔业复兴奠定了一大基石。时值上海鱼市场方兴之际,受此影响,青岛鱼市场也应运而生,形成一南一北两大鱼市场呼应之势。"其时青岛处于日敌暴力压迫之下,为谋对抗,并与中央采取平行护渔政策起见,亦于同时筹设青岛渔业公司兼办鱼市场业务,以维渔权,以护渔民,我国之有鱼市场制度,实肇基于此。"①

鱼市场,顾名思义是水产品的批发营销市场,由多个大鱼行组合经营。大鱼行既是独立的经营实体,又是鱼市场的经纪人,因其具有进场竞买的资格,鱼市场须假鱼行之手,把鱼货分散到鱼商鱼贩手上,所以鱼行又充当鱼商鱼贩的代理人。据《青岛市志·水产志》记载,20 世纪 30 年代初,青岛有鱼行 65 家,其中义长祥、福兴裕、德和福、福和兴、广兴福、德盛和、协顺兴、三义城、仁和昶等24 家大鱼行,多设在小港附近。莘县路有仁和昶等鱼行 20 家,市场三路有德盛和等鱼行 15 家,其余分别在小港二路、北京路、金乡路、河北路、台东商场等处,基本形成以小港、莘县路、市场三路为主干的鱼行贸易网。鱼行通过鱼市场竞得水产品后,大部分运销外埠,一部分在市区销售。市区销售的鱼货,由鱼行批

---

① 张玉芝:《农林部青岛鱼市场筹备经过》,《东方渔业》1948 年创刊号,第 2 页。

发给鱼商鱼贩,再由鱼商鱼贩在大小鱼市零售。鱼行分为鲜鱼行和干鱼行两类:鲜鱼行以批发鲜活水产品为主;干鱼行则将鲜鱼进行腌制加工,制作成咸鱼或干鱼运销外埠,其余批发给鱼商鱼贩供市区零售。青岛鱼市场的鱼货销售,按地区远近、交通条件和交易习俗,与沙子口、阴岛、薛家岛、鳌山卫、灵山卫、灵山岛一带鱼货集散重地结成销售网,从海陆运进青岛,以扣取佣金为条件,依托鱼行代销,形成渔业生产者对鱼行的依附关系。随着鱼行贸易日渐发达,鱼行之间的竞争日趋激烈,年营业额相差悬殊,如义长祥等大鱼行年营业额高达 15 万,而台东商场的 3 家鱼行仅为 1500 元左右。1947 年,青岛市 148 家鱼行组成鱼行业同业公会。次年青岛鱼行增加到 200 多家。

青岛的鱼市主要集中在人口、商流密集的市区,市区的鱼市主要有市场三路鱼市、菜市楼鱼市、东海楼鱼市、小鲍岛鱼市、东镇市场鱼市等处。营业规模以市场三路鱼市最大。市场三路鱼市原系中日鱼商合营性质,设于原劝业场一楼和楼外的露天市场,面积为 1400 余平方米。一楼的鱼市有华商 45 家、日商 29 家,露天市场的露店有华商 27 家、日商 18 家。"市场外部,尚有多数货摊,从事各种营业,然其数不能一定,平均中国人三百名,日本九十名……至于每店卖出货物之所值,平均二圆乃至十圆,如鱼肉商店有达至三十圆者,亦不为奇。"①"因我国商贩多麇集于露天之下,日炙雨淋,不胜其苦",胶澳商埠局遂于 1926 年冬在露天市场增盖 90 余间平房做商铺,鱼市规模大为扩展,经营业户近百家。每日早汛过后,楼内楼外的鱼商一齐应市,楼内主要面向饭店、饭馆及较大客户,楼外则以零散经营为主,地摊、挎篮的小贩亦混杂其间。

位于莘县路 15 号的菜市楼,初称鱼市场,建于 1934 年。菜市楼的问世,既系之民生,尤关乎环境,时因市政当局推行"新生活运动",须将沿小港码头至南村路"西大森"的露天鱼摊集中实行"改摊为店,退路进室",特选在小港湾南岸修建菜市楼。该楼建筑面积 8900 平方米,地上 3 层,地下 1 层,总计 405 间,统为经营干鲜海货的鱼市场,鱼价在全市为廉。整个楼体呈双回转型结构,每层由 270 根立柱间隔成 135 个独立门店,互不封闭也互不相扰,买卖双方和栉比的店铺仿佛置于一个天井之下,营业场面通透敞亮,是小港湾最大的鱼市场。后迁入蔬菜肉摊、鞋店、理发铺、估衣店,业态趋于综合。因 405 间商铺不敷支配,又将楼顶扩建为露天市场,鱼市场遂改名为莘县路市场。东海楼,位于莘县

---

① 张武:《最近之青岛》,桐城张宅 1919 年版,第 40～41 页。

路与河北路交叉口,一楼为鱼市场,摊位从河北路弯至莘县路。《青岛指南》曾如是介绍:"东海楼为雉妓集合之所,地址在小港莘县路侧。楼上住妓,楼下设摊。有鱼肉摊,牛脏腑摊,小饭馆,落子馆,说书场等,一劳工娱乐之所也。"[①]东海楼居河北路与莘县路拐角处,楼体呈曲尺形,是表里俱一的楼院式市场。因与小港一街之隔,其经营业态完全依地利而定,临街一面是经营渔具、绳索、灶具、火油、煤炭、烧柴等的土产店铺,被称作"土产一条街"。楼内一层是鱼市场,柜面是一面坡的水泥台面,市场内店挨店、门对门,水泥台上专卖小港码头新上市的各类鲜鱼,对门的店铺经营腌制的各种干鱼货,内外两层套成回字形格局。

1938年青岛沦陷后,"日人遂乘机致力青岛渔业之开拓,加强统制机构,贯彻其殖民青岛之政策"[②],恢复"青岛水产组合鱼市场",并于1943年6月开办"青岛水产统制组合"。凭借重叠式统制机构,加以严密组织,在青日人经营的鱼市场"其业务畅行无阻,获利多多"。

抗日战争胜利后,南京国民政府提出"於各省院辖市区由中央设立官商合办一等鱼市场"。1946年11月,青岛市成立青岛鱼市场股份有限公司筹备处,接收日伪水产组合,加以整顿,恢复经营,于1947年10月27日正式成立官商合股组建的青岛鱼市场。

---

① 魏镜:《青岛指南》第6编《生活纪要》,平原书店1933年版,第11页。
② 董秉钧:《青岛鱼市场之沿革》,《东方渔业》1948年创刊号,第6页。

第七章　收回经济利权的较量与抗争

近代青岛,西方工商业资本的楔入,通过强加给中国的一个个不平等条约而攫取种种"条约特权",并恃仗军事强权的威慑得以维系与推进。相对于中国广大内陆与其他沿海城市,德租日据时期的青岛工商业属性有别于"半殖民地半封建"经济,而是典型的殖民经济。在长达四分之一个世纪的殖民过程中,青岛民族工商业一直被笼罩在殖民经济的阴影之下,拌合殖民化与城市化的殖民经济与青岛民族工商业的发展进程相因相生,交并而行。青岛商民和山东人民一起,为收回经济利权进行了旷日持久、持之不懈的斗争。

第一节　收回山东路矿权

1898 年中德签订《胶澳租借条约》,清政府允准德国修筑胶济铁路,双方规定"设立德商、华商公司,或设立一处,或设立数处。德商、华商各自集股,各派委员领办。允许德商在上述铁路 30 里内开挖煤矿,德国商人及工程人,中国国家亦应按照修建铁路一节所云,一律优待"。同年 6 月,德国政府举行修建胶济铁路和铁路沿线 15 公里采矿特许权授权仪式,德国首相何洛伦熙申明,特许权的持有者,必须在 3 个月内组建起股份制的中德合营公司,并在租借地的"帝国法院"注册登记,然后进行股份制运作。

随后组建的山东铁路公司和山东矿业公司名义上称股份制的中德合营公司,但两个德国公司基于日后独啖其肥的考虑,完全把中方权益弃之不顾,在股票发行时将中方排出局,都没有采取任何具体措施去推动合资的进程。因此,拥有参股权的山东巡抚衙门一直未能成为山东铁路公司和山东矿业公司的持股人。本应由中德合营公司共同推进的胶济铁路修筑工程,在铁路开建之初,完全由德商单方面经营。在线路勘测、土地征用过程中,由于毁苗占田、拆屋迁坟、阻水成灾导致民怨沸腾,终于在开工不久演变成筑路与反筑路的剧烈摩擦,最终酿成了暴力和流血，迫使铁路修筑工程陷于停顿状态。德国人感到铁路工程独力难撑，转而请求山东巡抚衙门出面派兵护路，推助筑路工程顺利进展。[①]中德双方为此进行谈判，订立《山东华德铁路公司章程》。正式启动中方持股胶济铁路的实质性进程。该章程规定：

按照曹州教案条约（即《胶澳租借条约》），应设立华商、德商胶济铁路公司，招集华人、德人各股份，先由德人暂时经理。所收华人股份，每半年呈报本省交涉局。俟招集股银10万两以外，再由本省选派委员入公司，详定章程，会同办理。该公司将来若在山东添立分局，本省亦随时添派中国委员入局，该公司寻查修路地段，应由巡抚专派官员，会同勘办。铁路经过地段，概不准损妨本省城垒、公基及防守各要害。该公司购买地亩，应用中国弓尺丈量亩数。凡请地方官选派帮同修路之人，该公司均应发给饭食钱。

当时，中德双方因采矿权规定尚未明确，在确认中方铁路持股的同时，还订立了《山东华德矿务公司章程》。该章程的第17款就中方持股矿务公司也规定了与胶济铁路相同的内容。

按照曹州教案条约（即《胶澳租借条约》），在铁路附近30里内指定各地段，允准德商开挖煤矿等项及须办工程各事，亦可华商、德商合股开采，应设立山东华德煤矿公司。并照公司章程招集中国官、商股份，先由德人暂时经理。所收华人股份，按季呈报本省交涉局。等招股在10万两银以外时，再由本省选派委员入公司，订立章程，稽查华股应得一切利益。

1902年，周馥继任山东巡抚，立即接手中方入股山东路矿。周馥赴任前，就中方入股山东路矿提出鲜明主张，上呈朝廷允准以认股的办法打破德国人对山东路矿的垄断。是年5月，适值山东铁路公司和山东矿业公司发行C、D两组股票，每组600万马克，每股面值1000马克，其中65%很快便被付款认购。周馥闻讯即刻致信山东铁路公司董事会主席菲舍尔，对其发行方法提出疑问，认为如不公开发行，则中国官方和商界的持股便是一句空话。菲舍尔无奈，只得回复山东巡抚衙门，承诺股票认购采取公开发行方式，并引进中方资本参股。6月，两个公司首次公开发行价值1500万马克的股票，周馥当即从省库拨支25

① 《胶澳发展备忘录（1899年10月至1900年10月）》，青岛市档案馆编：《青岛开埠十七年——〈胶澳发展备忘录〉全译》，中国档案出版社2007年版，第75～76页。

万两白银,认购铁路、矿业两个公司股票各 300 股,每股 1000 马克,共计 60 万马克。从此,山东巡抚衙门正式成为两个公司的持股人。

1903 年 3 月,周馥向菲舍尔发出函电,提出筹措 10 万两白银作为中方追加的补充股本。当时山东巡抚衙门派出 5000 名官兵保护铁路,每年耗银上百万两,红利只是杯水车薪,所以增股是中方的必然之选。他告知菲舍尔,山东巡抚衙门将根据双方此前达成的协议,派一位官员和商界代表进入山东铁路公司的高管层,官员代表主要协助处理筑路事务,商界代表则便于沟通公司与商界和社会民间的联系。经周馥提议,山东路矿公司董事会被迫接受了两名中方委员。

按照山东矿业公司的股权分配规定,股东可以得到 5% 的红利。周馥通过省库拨支买下的 300 股矿山股份,以每年 5% 的矿山股份红利逐年递增,加上省库直接拨款,一并转换成山东巡抚衙门对山东省民族矿业的资本注入。昔日在设备上居于下风的当地"煤老板",渐渐站到与山东矿业公司竞争的平台上,在煤价与煤市场上与对方展开竞争,导致对方的经营每况愈下。正如德国当代一些研究学者所指出的,山东矿业公司经营矿山的失败,首先缘于周馥通过向山东省民族矿业投资给德国公司制造的致命痛点:

为了防止德国人的垄断,周馥还从省金库拨款向矿山投资。由此而形成的与山东矿业公司的竞争构成了导致后者后来破产的最重要因素。[1]

除了山东巡抚衙门把股票收益用来扶持民族矿业发展之外,回溯中德双方订立《山东华德矿务公司章程》的有关条文,还可找到山东矿业公司经营失败的另一个重要原因,即在被迫接受德国凭借不平等条约攫取采矿权的同时,还为华商资本采矿业保留了经营权。此点被德国一些当代研究学者认为是"要命的":

此外,矿山章程中有一个对于德国企业充满厄运的规定(第 17 条),其中允诺现有中国矿业公司可以继续经营。[2]

导致山东矿业公司倒闭的主要原因,是全国民众收回路矿权运动逐年高

---

[1] 〔德〕余凯思:《在"模范殖民地"胶州湾的统治与抵抗——1897—1914 年的中国与德国的相互作用》,孙立新译,山东大学出版社 2005 年版,第 174~175 页。

[2] 〔德〕克劳斯·米尔:《德国在后方的桥头堡:通过基础设施对山东省的渗透》,〔德〕汉斯-马丁·辛茨、克里斯托夫·林德:《青岛:德国殖民历史之中国篇(1897—1914)》,青岛出版社 2011 年版,第 183 页。

涨。1905 年，山东商民与中国留日学生及直隶、山东、江苏三省京官、乡绅发起从德国手中收回山东路矿权的斗争，反对津浦铁路借款，要求"废约自办"，收回路矿权。1907 年，山东商民倡导成立山东矿权保存会，发起了收回沂州、沂水、诸城、潍县、烟台等 5 处矿权的斗争，敦促山东巡抚杨士骧与德商采矿公司进行多轮谈判。同年 3 月，中德双方就淄川矿区中德煤矿开采有争议地区进行联合调查，山东巡抚杨士骧与德国驻山东领事和山东矿业公司签订《淄川附近土法采煤合同》，维持中方矿主在淄川矿区的合法采矿权。1909 年，山东巡抚衙门与山东矿业公司德国总办签订《山东收回德商五矿合同》，以白银 34 万两赎回德商瑞记洋行所办的沂州、沂水、诸城、潍县、烟台等 5 处矿权。1911 年 7 月 24 日，山东巡抚孙宝琦与山东矿业公司签订《收回山东省各路矿权合同》，以 21 万银圆赎回除坊子、淄川、金岭镇 3 矿区外的各铁路两旁 15 公里以内的所有矿权，并划定山东矿业公司专办矿界，以限制德人沿胶济铁路 15 公里的开矿权。

山东矿业公司失去"条约特权"之后，经营愈加艰难，亏蚀愈益严重，再难扛下去，到 1912 年山东矿业公司的亏损额已累计达 123 万马克。1912 年 10 月的全体股东大会决定该公司破产。鉴于煤炭是火车的动力来源，又是胶济铁路的主要货运品，在军事供应上还需提供德国驻青舰船之需，故山东铁路公司出资 500 万马克收购了全部股票。1913 年，山东铁路公司兼并了山东矿业公司，改称山东路矿公司。

第二节　对殖民经济政策的抵制运动

1899 年《青岛设关征税办法》颁布后，自由港的开放吸引胶东半岛及山东内地物产汇流青岛，同时关税滞碍带来的种种弊端渐露端倪，从事转口贸易的中国商民遭遇"非免税"的瓶颈，由此引发了中国商民的一致抵制。1903 年，代表青岛华商社会的齐燕会馆、三江会馆、广东会馆联名上书，呼吁德国胶澳总督府改变殖民经济政策的片面性做法，应考虑到中国商人的存在及其利益，使中国商民从自由港税制的羁绊中解脱出来。他们在呈文中对自由港税制表示强烈不满，认为青岛港不是为中国人建的，自由港的好处首先让德国人享用了。此种状况如不改变，中国商民便不会跻身自由港贸易，反而会弃青岛自由港而去，转口贸易的热点将转向塔埠头港，而在胶州湾西岸出现一个新兴边界贸易港，是德国胶澳总督府所不乐见的。他们还在呈文中呼吁德国胶澳总督府改变歧视中国工人的现状,认为:"中国苦力在当地经济发展中的作用也不像许多人想象的那样无足轻重……如果要把他们吸引过来,必须先把工资提高到一个合理的水平上,把为建立一个新城市所要耗费的、数以百万计的资金用到合适的地方。单凭这一点就可以保证数量不少的劳工长期留下来做工。"[1]这一联名呼请,直接促成了中国苦力的工资上涨,日工资由德币 20 分涨至 25 分,租借地的用工荒也借此得以缓解。而前者则成为 1905 年青岛自由港税制调整的直接动因。

1808 年 9 月 1 日,德国胶澳总督府出台《收民费筹办公益章程》,在设有港口的女姑口、沧口、沙子口和塔埠头以及台东镇、台西镇实行房屋税。每间房纳税 2~6 元。在沧口和塔埠头的中式货棚、货栈、堆栈实行地皮税,每百平方米每年缴纳地皮税 2~6 元。另外还实行过秤税,规定由卖方承担的费用最多为被秤货物总价值的 3%。商人们在集市交易中还要支付摊位费,小摊位每天交 20 枚铜钱,大摊位每天交 40 枚铜钱。摊位不得超过 4 平方米,否则将征收相应的附加税。过称税出台后,凡从港口运入租借地的货物,统统被强制过秤纳税,然后还要向海关缴纳普通税。这样一来,来租借地从事帆船贸易的商人们须得承担双倍税负,苦不堪言。考虑到房屋税、市场税、过秤税、房租税、码头税等税负,外地华商移居青岛经商的人数骤然大减。

1908 年 9 月 2 日,青岛港设立码头管理局,分管码头、仓库等事务,向各轮船公司出租仓库和岸壁地域。同日,德国胶澳总督府发布了《码头并栈房规条》和《装卸存储货物章程》,规定将大小港码头栈房、堆栈分段出租,收取码头装卸、存储及栈房、堆栈使用费,并特别规定在码头入泊使用排序上,德军舰艇和领有德国补助金之邮船及德国商船优先入泊。从时间节点看,上述章程、规条的出台,与大港工程的最后结束恰在一个节点上。

青岛建港后,中外货物装卸一直采取商家代办的办法,临时雇人装卸作业,船舶装卸、货物搬运均由各船行、货主自行承办。《码头并栈房规条》和《装卸存储货物章程》颁布后,码头管理局改码头货物装卸私办为官办,其规定的仓储收费标准明显高于以往收费。再者,章程规定缴费者不再是船主、船行,而是在港

---

[1] 〔德〕余凯思:《在"模范殖民地"胶州湾的统治与抵抗——1897—1914 年的中国与德国的相互作用》,孙立新译,山东大学出版社 2005 年版,第 187 页。

口从事装卸业务的中国和德国代理商,借此,码头管理局可以从这些代理商手中把码头收入的大头据为己有。此外,章程还规定所有私营栈房一体关闭,一律迁至大港。如此一来,码头管理局把私营栈房踢出局,完全垄断了码头货栈业务。

资料显示,汉堡—美洲轮船公司等大轮船公司在章程的制定中发挥了重要作用。这些大轮船公司经营着若干条政府资助的航线,是接手政府订单的主要航运力量,而新章程则完全是从这些大轮船公司的利益出发并为大轮船公司制定的。德国殖民当局与德国大企业的互利性团伙关系,不仅是殖民经济的本质所决定的,而且在青岛开放自由港之后,殖民当局极力推进国家资本的工业化进程,多方寻求与西门子、克虏伯等德国大企业的合作而不可得,其对于在青德国大轮船公司的利益关护有加,继对德国大轮船公司实行"特别航运补贴"后,希冀在码头装卸、存储方面向大轮船公司再度输送利益。德国学者余凯思在评价《装卸存储章程》出台背景时认为"德国大企业与殖民统治当局之间密切的团伙关系再次得到了证实。汉堡—美洲轮船公司属于新章程最大的受益者"[1]。

然而对于中国商人来说,新章程的出台则意味着一笔数额较大的码头装卸费用将落入码头管理局的口袋。据第一个财政年份统计,码头管理局收入约 63万马克,占总收入的 15%,比私办时期增加 6 成。为此,中国商人坚决反对《装卸存储货物章程》,并派代表与总督府顾问委员会进行谈判。但殖民当局拒绝对新章程做出修改。9 月 14 日,中国商人发起一场抵制殖民当局经济政策和德国商品的群众运动,工人罢工,商人罢市,整个租借地经营贸易陷入停顿。"在(总督府)实施了码头管理之后,中国人决心呼吁政府停止;他们采取行动,对青岛实行抵制。"[2]11 月,胶澳租借地内爆发了一场大规模的公开示威。当月的对抗形势未得缓解,中国商人继续与德国胶澳总督府的新制度抗争,致港口装卸陷于停顿,船空空而来空空而走,情形相当危急。接连发生在青岛港的抵抗性事件,使汉堡—美洲轮船公司业务遭受了重大损失,该公司长期经营的上海—天津—青岛定期航船停运,使公司信誉和公众形象遭遇严重危机。为尽快摆脱困境,汉堡—美洲轮船公司表示愿意自己承担码头费,在不提高运输费的情况

---

① 〔德〕余凯思:《在"模范殖民地"胶州湾的统治与抵抗——1897—1914 年的中国与德国的相互作用》,孙立新译,山东大学出版社 2005 年版,第 200 页。
② 译自《东亚劳埃德报》1908 年 11 月 4 日第 46 期。

下继续经营青岛的进出口贸易。但大轮船公司的妥协并未产生丝毫效果。"中国人以更强烈的方式继续着抵制。妥协者将受到（中国）行会的高额罚款和违背禁令的中国人的抵制，事实无法动摇。而青岛的总督府竟然毫无办法结束此类抵抗运动。""抵抗运动所采取的方式、方法和总督府中国人事务顾问委员会会长（由中国选举产生，但需经总督批准）本人便是抵抗运动的首领之一以及煽动手段——在一次有 60 位中国人参加的集会中清楚地表现出来。"①

前文所说的"总督府中国人事务顾问委员会会长"，指德国胶澳总督府参事会中的华商代表。1902 年，德国胶澳总督府设立专办中华事宜辅政司，成立参事会，作为咨询机构，由海军参谋长、军政长官、民政长官及 4 名华人代表组成，总督兼任议长。华人代表称"信任"，皆系商界首脑，他们是瑞泰协经理胡存约、成通木行经理朱杰、周锐记经理周宝山、大成栈经理古成章。同年 4 月 15 日，德国胶澳总督府颁布《中华商务公局章程》，由中国商绅代表 12 人（其中 6 人为山东籍，3 人为外省籍，3 人为洋行买办）为董事组成中华商务公局，主要负责华商登记、商务调停、仲裁及民事纠纷，参议工商经营，促进贸易发展和稳定华人社会。中华商务公局设在天后宫，董事有傅炳昭、丁敬臣、张颜山、周宝山等人。资料显示，总督府《装卸存储货物章程》颁布后，中华商务公局会长傅炳昭及被聘为总督府参事会"信任"的华商首脑，与总督府专办中华事宜辅政司进行谈判，吁请修改新章程。因谈判未果，遂发起全体华商抵抗运动，并自始至终组织、领导了这场抵抗运动前后达两个半月之久。

抵抗运动一直持续到 12 月 2 日。在抵抗运动的压力下，德国胶澳总督府被迫做出让步，不得不对新章程的一些主要规定做出修改，降低港口装卸业务的收费标准，部分地满足了中国商人的要求。

1908 年发生的抵抗运动，使中国商民在租借地的社会地位和政治地位发生了明显改观，首先是在租借地的经济领域获得了重要的参与权。德国殖民当局必须越来越多地把中国商民作为行为主体加以接受，并不得不兼顾其经济利益。同时，抵抗运动还反映了具有政治意识的公共舆论开始在青岛华商社会形成，租借地的经济事务、政治事务借此得以向华民社会公开并接受其意愿表达。工人罢工和商人罢市则反映了租借地华民社会民族精神和政治意识的觉醒。

---

① 译自《东亚劳埃德报》1908 年 11 月 20 日第 47 期。

第三节　收回胶海关关税汇缴权

胶海关设立之前，青岛口岸的税制和中国沿海其他海关并无二致，其有所不同，自胶海关设立始。作为设在德国租借地的中国海关，胶海关实行的自由港税制，不仅和中国沿海其他海关税率不同，且关税存储方式被完全殖民化。1898 年德华银行青岛分行设立后，时任德国胶澳总督的罗绅达尔下达了《德国胶州地区临时海关法令》，规定在中德正式签订关税协议之前，海关关税照常征收，但须临时上缴总督府保管，转入总督府的中央金库——德华银行。德华银行收存关税的法定地位通过总督府的一项临时法令被固定下来。

《青岛设关征税办法》出台后，按清朝税制，胶海关的税收实行四六分成，按季结算，其中四成按季度通过海关总署指定的银行解缴户部，其余六成，除胶海关关务支出外，"与常税厘金一并存储，听候拨用"。海关总署为胶海关"指定的"银行是德华银行，其四成关税解缴户部的途径和东海关关税的汇解途径完全不同，东海关是汇解到香港汇丰银行在上海的分行，而胶海关则是从德华银行青岛分行汇解到上海的总行。胶海关的四成关税从收入德华银行起，直到总税务司划拨户部之前，一直被锁定在德华银行设立的关税存储专户上，由此产生的利息十分可观。按当时关税汇解的惯例，广州、福州、宁波、上海和汉口的海关税收，每半年一次汇解到上海汇丰银行。但此时德华银行在上海滩的实力足以与汇丰银行相抗，且在霸据胶州湾之后，与总税务司达成协议，胶海关的关税汇解无须经过汇丰银行，而直接汇解到德华银行上海总行。对于德华银行而言，在关税按季结算的周期里，收纳的每一笔关税都将划作存贷之本。德华银行坐拥海关账下的六成税收，足以撑起中央金库的内存，另外四成税收因其关税汇解路径和其他海关不同，收存生息的空间依然很大。

1905 年，谦顺银号以山东省官银号的名义落户青岛大鲍岛的山东街（今中山路北段），开始胶海关关税存储分割。流失多年的胶海关关税，随同谦顺银号参与关税存储开始回流。据《山东快报》称："在青岛设立海关是根据与德国的协议而执行的。当时不曾就关税的存放问题有任何协议，因为中国可以自行决定。只要青岛只有唯一的银行——德华银行，则关税和厘金钱就全存在该行。但在该处现在也有了一家中国政府银行，它是由杨（士骧）巡抚根据其申请批

准的。"（1905 年 10 月 3 日《山东快报》所说的"一家中国政府银行"，就是谦顺银号）

　　谦顺银号，是烟台谦益丰、顺泰两家银号在青岛建立的民族资本金融机构，为山东官银号在胶澳租借地的代理机构。该银号由时任山东巡抚杨士骧亲自批准设立，并拥有山东官银号在胶澳租借地的代理权，经收关税，经办存款、放款、汇兑、贴现等业务。拥有资本金胶平银 10 万两。1905 年 6 月，经山东巡抚杨士骧与外务部同总税务司交涉，将胶海关该年度代收的民船常税厘金由德华银行青岛分行拨交谦顺银号经收。胶海关代征的常税厘金 15000 海关两，改由青岛谦顺银号取代青岛德华银行收存生息。

　　根据关税存储自主的原则，青岛有了山东省巡抚衙门的官银号之后，理应直接指定谦顺银号为关税银行，接手关税储存的全部业务，但这个最初方案被总税务司赫德叫停，他担心关税全数回流会遭到德国人反对。于是山东巡抚衙门退而求其次，把谦顺银号的关税存储限定在常税厘金。胶海关代理税务司哈尼施建议从下个关税年度起，让商人们按各自意愿向两家银行的任一家缴纳关税。

　　德国胶澳总督不甘心德华银行突然被剥夺了代理关税的授权，随即致函德国海军部，请求德国外交部出面，向中国海关总税务司赫德提出维持现状的申诉，并提出"把帆船关税分给中国银行，把其余关税留给德华银行"①。

　　1906 年新的关税年度到来，胶海关关税存储方案临近实施前夕。德华银行致函总督府，请求转达德国驻华公使穆默，向大清国海关总署争取推迟关税存储变革："外务部的决定以如此突然的方式出台，它事先没做任何通知，便有意自 2 月 1 日起实施一种关税（存储）革新，使人措手不及。我们请求皇家总督府面对中国竞争者坚决保护我们德国银行的利益，并首先通过皇家驻北京领事的斡旋，把任何变动至少推迟到今年 4 月 1 日来实行。"②

　　5 天后，德国公使穆默接到总税务司赫德的答复函："授权推迟青岛银行的业务，并定于 4 月 1 日实行新的缴款办法，即凡愿意在德国银行缴款的可以去

①　《胶州总督就胶海关关税存储问题致德国海军部的函》（1906 年 1 月 28 日），青岛市档案馆编：《胶澳租借地经济与社会发展——1879—1914 年档案史料选编》，中国文史出版社 2004 年版，第 82 页。

②　《胶州代理总督就海关银行问题致德国驻华公使穆姆·施瓦茨泰因的函》（1906 年 2 月 2 日），青岛市档案馆编：《胶澳租借地经济与社会发展——1879—1914 年档案史料选编》，中国文史出版社 2004 年版，第 84 页。

该行办；否则，凡认为到中国银行缴款更方便的则可去那里办。"[1]

1906 年 4 月 1 日起，胶海关税款改由谦顺银号、德华银行青岛分行分储。凡商人交纳课税或赴德华，或赴谦顺，任听其便。而常税、厘金款项仍拨归谦顺银号储存，谦顺银号和德华银行青岛分行均在海关办公楼设立收税处，关税存款按二厘计息，免费汇兑。

1909 年 9 月，大清户部设在青岛的银号在今中山路 152 号开业。大清银行青岛分号是清政府在青岛最早设立的国资银行分支机构，隶属济南分行，胶海关关税一分为三的存储格局由此开始。之前，时任山东巡抚孙宝琦曾和海关总税务司及德国驻北京公使有过交涉，大清银行的总、分行既已建立，"关税乃国家之款"，自然应由济南分行派驻青岛分号（鉴于中外属地有别，大清银行设在德国租借地的分支机构，不称分行而称分号）收存。由于青岛当时被德国侵占，该银行的中央银行地位和作用虽未能得到发挥，但作为关税存储银行依然对胶澳租借地的关税储存格局产生了重要作用和影响。

查此项关税乃国家之款，向系德华、谦顺两号分存，听候拨用，今国家银行既已设立分号，理合仰求行知胶关税司将前项税款定为敝分号与德华、谦顺两号三份摊分……（摘自胶海关致谦顺银号函钞字第 384 号）

1910 年，谦顺银号已成为拥有资本 40 万两的大银号，在上海、北京、天津、济南、胶州等地设有分号。除经营银钱兑换外，还从事存款、放款、汇兑、票据贴现等类似普通银行的业务。是年秋，上海源丰润钱庄倒闭造成的金融风暴，波及烟台的谦益丰银号。谦顺银号虽出手救市，但难挽其覆灭之灾，反而导致自身业务下滑。加之该银号的特殊官方背景，在辛亥革命的冲击下，最终沦为清廷覆灭的殉葬品。1911 年，作为大股东之一的烟台谦益丰破产，谦顺银号受牵累而歇业倒闭，由山东银行接管，成为山东省"关税银行"新的接盘者。

1914 年日本占领青岛后，强行订立《会订青岛重开海关办法》，将原中德《青岛设关征税办法》与《青岛设关征税修改办法》中的"德国"字样改为"日本"字样，派大连海关税务司日人立花政树为胶海关税务司，继承德国把控胶海关税收的全部特权。胶海关关税经收，随着德去日来的殖民变迁，改由青岛中国银

① 《总税务司赫德就关税银行问题致德国驻华公使封·穆姆男爵的信》（1906 年 2 月 7 日），青岛市档案馆编：《胶澳租借地经济与社会发展——1879—1914 年档案史料选编》，中国文史出版社 2004 年版，第 86 页。

行和正金银行代收,所有经收税款,虽分存两行,但青岛中国银行经收的税款达到 3 万元以后须拨入正金银行,待关税汇结上海时,由正金银行及本埠各外国银行投标承汇。后经青岛中国银行力争,正式入围投标承汇。

随着华商贸易日益活跃,青岛中国银行经收的关税,数量上压倒正金银行,许多日商缴纳关税也向青岛中国银行的收税处缴纳。久而久之,收税款多的青岛中国银行,反而要把税款存入收税款少的正金银行,汇款时正金银行即便未得标,但交付汇款尚须凭正金银行开具的支票转账。为"要求同等待遇",青岛中国银行特致函胶海关税务司,"此本埠领土改变而经收关税存款、承汇特权亦随之而异也",要求胶海关关税由青岛中国银行一家经收,"对于胶海关关税,现既属我领土,日人所设之正金银行,是否尚有收税特权,须令交还,由敝一家经收,方符国体"①。但正金银行却以种种借口拖延不交。

1929 年,青岛银钱业一举废除胶平银,正金银行随之失去了胶海关关税的收存权,自中国收回青岛以来青岛中国银行与正金银行的海关关税收存权之争终于落定,昔日胶海关的税收汇解上海,一概由正金银行发标选定,"废两改元"后,一直由正金银行操控的招标权也一并收归青岛中国银行。

第四节　收回胶济铁路的外交斗争

1914 年第一次世界大战爆发后,日本趁德国无暇东顾之机对德宣战,出兵青岛。日德青岛战争爆发前,中国照会日本:"系胶济铁路之潍县车站以东为限,约距青岛一百英里。日军应遵守界限,不得侵越而西。"日军不予理会,将军队由潍县推至济南,占据胶济铁路全线和沿线矿山,并蛮横宣称:"山东铁路为德财产,胶济路所到之地,即胶州湾租借地延长之处。日本为破坏德国之根据地,占领胶州路及济南,殊属正当,与中国毫无关系。"日德青岛之战结束后,中国照会日本政府撤兵,日本内阁却复照中国,声称:"帝国军队之行动,丝毫不因贵国政府之通牒而受其约束。"之后,日本以驻青岛的守备军换防为名,继续向胶济铁路沿线增兵,将 5 个步兵大队驻扎胶济铁路沿线。日本军队以青岛为大

---

① 《青岛中国银行致总处函》(1929 年 6 月 21 日),中国人民银行青岛市分行《青岛金融志》编纂办公室:《青岛金融史料选编》(内部资料),1991 年版。

本营,在胶济铁路上反复调防,时减时增,每次调防或增兵,都要向中国政府索取代价。

第一次世界大战结束后,解决战后问题的巴黎和平会议,于1919年1月18日在法国巴黎召开,收回青岛、收回胶济铁路和废除"二十一条"成为中国代表团的主要提案。4月30日,巴黎和会"最高四人会"秘密决定把青岛及山东权益转让日本。"现山东(问题)决定办法如下:德国前在胶州(即青岛)及山东省所有各项权利,一概放弃,交与日本。"①德国根据1898年3月6日中德《胶澳租借条约》将所获得之一切权利、特权,如领土、铁路、矿山、海底电缆等,一概让与日本。德国所有胶济铁路权和其他支线权,以及属于胶济铁路与其他支线的一切财产、车站、店铺、车辆、不动产、矿山及开矿材料和附属一切权利权益,让与日本。5月4日,北京13所大专院校的3000名学生齐集天安门广场集会演讲,呼吁举国一致争青岛,内除国贼,外争主权。五四爱国反帝运动由此爆发。在五四运动的推动下,收回青岛、收回胶济铁路和山东权益的斗争此起彼伏,持续不断。

1921年11月13日华盛顿会议开幕。收回青岛、收回胶济铁路和山东权益再次提交国际会议。11月30日,包括收回胶济铁路在内的青岛及山东问题进入中日"边缘"谈判。日方提出,本应"交还"中国的胶济铁路,须通过"赎路"向日本赎买。所谓"赎路",就是要中国用钱赎回胶济铁路,赎金是整条胶济铁路的估价,日方报价为5340万金马克,同时提出仿照中国近些年铁路借款的条件,和日方订立借款合同"借款赎路",让日本成为胶济铁路的债权人。中国谈判代表拒绝了日方提案,并提出用发行国库券的办法"现款赎路"。这一提案最终载入1922年2月4日中日双方在华盛顿签订的《解决山东悬案条约》。条约规定,日本应将青岛、胶济铁路及其支线并一切附属产业,包括码头、货栈及其他项同等产业移交中国,中国照上述铁路产业的现值实价偿还日本。

华盛顿会议以后,中日胶济铁路谈判移师北京,进入中日"鲁案"善后谈判阶段。中国是银本位币制国家,而日本则是金本位币制国家,中方向日方支付铁路偿金,理应采用银本位而不是金本位。况且当时日元股票在伦敦股市一落千丈,当时中国银币1圆可兑日元1元6角,以银币折算日元对于中方是极为

---

① 《外交总长陆徵祥关于英美法三国会议山东问题决定办法致北京政府外交部电》(1919年4月30日),青岛市档案馆编:《中国收回青岛档案史料汇编》上册,青岛出版社2012年版,第81页。

有利的。反之,如果以日元为本位金,中国将承担很大风险;再者,如果中国选择日元为本位金,则必须向日本借款,这也是日本想压中国接受日元为本位金的居心所在。随着签约日期步步逼近,日方见中方坚执不让,只得同意以国库券支付。①

随之,双方进入胶济铁路谈判最要害、难度最大的一项,即日方向中方提出的赎金报价。在华盛顿会议的"边缘"谈判上,日方对整条胶济铁路的赎金报价为5340万金马克。日本这个报价由何而来? 据德华铁路公司1912年经营胶济铁路的借贷对照表,资产项下的铁路设备价值6000万金马克,贮存材料价值110万金马克,其他尚余10万金马克,合计6120万金马克(其中不包括铁路存款及矿山财产)。而日本人开列的经营胶济铁路8年间新增设备的偿价,总计2898万日元,其中土地价值66万日元,房产价值296万日元,工程估价296万日元,机械设备估价230万日元,机车车辆价值1122万日元,以及工厂厂房、材料、修复费、备用材料等。甚至连沿线学校都开价索偿29万日元,这个报价比新建这些沿线学校高出几倍之多,而偿价单上的沿线小学校舍几乎成了危房!

日方偿价单呈交中日铁路联合委员会审议后,中方当即提出必须对照偿价单进行实地评估。中方委员沿胶济铁路进行实地评估时,发现偿价单上开列的火车机车,竟然趴窝在车库角落里;偿价单上开列的修理车间,主要机床零件被拆得七零八落;偿价单上开列的煤窑坑道,煤井随时有冒顶的危险……如此等等显而易见的讹报状况随处可见。中方委员把现场评估报告提交联合委员会再度审议,把日本人的偿价单一下压到4500万日元。接着,中方提议把交通部现行的铁路会计规则作为铁路评价标准来考虑,所有固定资产的项目在那个规则里都有明确的作价标准,且此规则是在欧美铁路专家的帮助下制定的,完全与国际通例接轨,一些涉外铁路工程的论价和审计都以这个规则为准,日本自然不应例外。但日方仍执意坚持4500万日元偿金不松口。于是中方提出组织外国专家来青会审,迫使日本人就范。在青岛召开的国际技术专家铁路评价会议上,当时在青的外国铁路专家无一阙席。现场评估结果公布后,最后把日方的4500万日元要价杀到4000万日元。

按照中日双方协定,胶济铁路于1923年1月1日正午移交中国。中国政

① 青岛市档案馆、青岛市政协文史资料委员会编:《中国收回青岛档案史料汇编》下册,青岛出版社2012年版,第102页。

府偿还日本政府铁路财产价值 4000 万日元,此款以国库券支付日本政府。至此,中国收回胶济铁路的外交斗争以胶济铁路回归而告终。

第五节 "废两改元":收回金融利权

1922 年中国收回青岛,对于国行身份的青岛中国银行而言,收回正金银行把持的关税经收权,已成迫在眉睫的利权之争。收回经济利权,首在收回关税利权,而收回关税利权,则首在废除胶平银。20 世纪 20 年代中期,青岛港"本埠轮船装出土货向上海者,年约一千万两;由上海装来进口土货,年约二千万两;而洋货由上海转口装来,亦恒在一千万两内外"①。其时,青岛作为山东最大的进出口货物集散地,其直接对外贸易额居全国第六位。

外贸主权与金融利权辅车相依,金融利权旁落必然引致外贸主权流失,反之"进出口贸易大权既已操之外人,故金融势力亦属太阿倒持"。其时日本正金银行"稳然握本埠金融之重心"。据《胶澳志》记载,1923 年日本正金银行日金存放款 22300 万元、银圆存放款 34400 万元。1924 年该行日金存放款减至 18900 万元,银圆存放款增为 44900 万元。1925 年,该行日金存放款再减为 14400 万元,银圆存放款再增为 45300 万元。日本正金银行日金存放款逐年下降,与青岛日本势力的退潮互为因果,而银圆存放款逐年递增,则与该行握有海关关税存储权互为表里。由于向胶海关办理关税和货物交割,一律采用胶平银,握有胶平银定价权、存储权、交易权的正金银行便有了银圆存放款的"吸金利器"。

胶平银作为进出口贸易及汇兑货币,其流通量居全国通商口岸前列。青岛的胶平银,虽仅就进出口交易而言,但事实上其流通范围甚广。"凡系本埠厂制棉纱,棉布以及洋货入口及土产草辫、牛皮等,均以胶银论价,故买卖申电、申票,大宗汇款,无不按胶银计合授受,长年成交不下万万两。"②但用于青岛进出口贸易的胶平银大部握于正金银行之手,胶平银虚银两和实银两之间的折算率也操于正金银行手中,而华商持有的银圆却被排除在进出口交易之外。一座通

---

① 民国《胶澳志》卷 5《食货志·商业》,民国十七年(1928)铅印本。
② 青岛中国银行致总处函(1929 年 8 月),中国人民银行青岛市分行《青岛金融志》编纂办公室:《青岛金融史料选编》(内部资料),1991 年版。

商大埠的进出口贸易"辗转划账,归宿正金银行一家""授受之间,仅凭数字划账"[1],上亿元规模的贸易流通竟为正金银行所制造之虚银两所把持。货币是银行的命脉所系,日本正金银行在收受货币时,经常以种种借口拒绝中国银行钞票,直接妨碍了中资银行的发行权,滞碍了青岛货币市场的正常流通。受此制约,中资银行的业务运转"不得自由伸缩",酿成青岛金融之大害。

经调查,日本正金银行的资金准备,不过三五十万两胶平银,以如此微薄的资金准备,经营上亿元外贸资金的流转,以此把控青岛金融之命脉,随意抬压市价,从中牟取厚利,侵夺中国商民利权。其次,以胶平银为埠际之间的汇兑统一筹码,青岛汇款至上海,须折合胶平银为上海规元,上海汇至青岛,又须由上海规元折合为胶平银,多此一层周折,青岛商家须多承受一重损失。由胶平银产生的高昂汇兑成本,已使青岛商界不堪重负。20 世纪 20 年代末,"打倒正金之势力及外人之经济压迫",废除胶平银,挽回经济利权,成为青岛商民特别是华商金融界的一致目标。

1929 年 4 月,南京国民政府内政部长赵戴文提交《拟请明定青岛为特别市案》,提议根据 1928 年 7 月公布的《特别市组织法》,设青岛为特别市。7 月 2 日,青岛特别市正式上位,原青岛接收专员公署改为青岛特别市政府,南京国民政府委任国民革命军总司令部办公厅主任、中央宪兵司令吴思豫为青岛特别市代理市长。城市地位的上升,主政者的新履新为,拨快"废两改元"的时针。青岛各中资银行审时度势,迫切感到"现以本埠既隶青白旗帜之下,对此种整理市面含有革命性质之事,一经主张,易于实现"。其时,在南京召开的经济会议及第三届中执党委全会议,已形成整理币制的决议案,而"废两改元又公认为整理币制之第一步",上海造币厂已在加紧筹备新币,进行"废两改元"的前期准备。江礼璪在《银行周报》撰文称,当时的外部环境"是废两改元,理论与事实,皆已水到渠成,全国实行,不过时间问题,青岛乃为其先驱耳"[2]。青岛首举"废两改元","乃首由明华银行行长张绚伯先生倡议,中、交及各银行一致赞同"[3]。张绚伯曾撰文记述了青岛银钱业发动"废两改元"的谋划过程:

---

[1]　青岛中国银行致总处函(1929 年 8 月),中国人民银行青岛市分行《青岛金融志》编纂办公室:《青岛金融史料选编》(内部资料),1991 年版。
[2]　江礼璪:《述青岛废除胶平银之经过》,《银行周报》1929 年 13 卷第 31 期,第 22 页。
[3]　江礼璪:《述青岛废除胶平银之经过》,《银行周报》1929 年 13 卷第 31 期,第 18 页。

乃与各华银行共同建议实行二事：一推行国币及国钞；二实行废两改元。幸以华银行之团结一致及外银行之诚意合作，斯二事皆告成功。鄙人更号召同业，奉中行为盟主，使本埠金融中心，移归吾国掌握，昔日外银行对我不平等待遇，亦一律无形取消，外银行更先后向中行开户往来，此种先例，通国所无。①

时任青岛中国银行行长邬志和被推举为全市中资银行、钱庄联合"废两改元"的组织领导者。此时，邬志和刚刚拔擢为分行行长，青岛中国银行初登全市金融业的帅位。最初"关于此事，秘密接洽，阅时已久"，张绚伯和邬志合一拍即合，经过多次秘密谋划后，举事的方案日渐成熟。

7月24日下午，青岛中国银行发起召开"废两改元"筹备会议，各中资银行行长全体出席，由青岛中国银行行长邬志和正式向与会各银行行长报告"废两改元"提案，提出"欲挽回全体商人之利权，打破外银行把持之势力，必须牺牲银行界自身之利益，废除胶银，改用银元"。会议一致通过"废两改元"办法六条，由各银行行长签字实行。

7月26日，青岛中国银行再次发起召开"废两改元"正式会议，"复加邀各钱庄经理"莅会，全市银钱业各行、号共同议决废除胶平银的实施办法，商定"废两改元"后的应对措施。

当时，日金银行对"废两改元"的走势已有所觉察，布下众多耳目，四处打探消息，且中资银行内部虽口头一致，但银行行长签字栏里还留有空档，说明首鼠两端者仍不乏人。如消息一旦走漏，引致哄抬银圆市价，"废两改元"则会功亏一篑。为此，各行、号共同议决，速决勿迟，极密勿泄，即以迅雷不及掩耳之势，决定于27日实行"废两改元"。"议决即以该日行市为胶银折合银元之最后价格。（按该日行市为六七二二五与比价六七一九相差最近，故即以此为率）用迅雷不及掩耳之手段，于廿六日废除胶银，改用银元。推中国银行起草咨总商会函并呈请市政府文，要求协力赞助，一面登报通告全市周知。"②26日下午散会后，青岛中国银行等6家银行即将呈文报送青岛特别市政府。报送呈文的是以青岛中国银行为首的"废两改元"核心团队，依次是青岛中国银行、大陆银行、交通银行、山左银行、明华银行和中鲁银行。呈文中，6家银行正式向市政当局宣

① 张绚伯：《青岛银行界之使命》，中国人民银行青岛市分行《青岛金融志》编纂办公室编：《青岛金融史料选编》（内部资料），1991年版。

② 江礼璨：《述青岛废除胶平银之经过》，《银行周报》1929年13卷第31期，第18页。

示："故在今日党治下之青岛，吾华商各业，不能不一致合作，以谋金融上之革新，而冀市面之发达，则废止胶银，免人操纵，实为根本要图。"①

青岛特别市市政府认为，"废两改元"与孙中山先生提出的"整理币制"相一致，不日后将向全体市民、各国侨民及各外资银行正式发布公告，以示全力支持。青岛总商会也在同一时间接到各银行联合"废两改元"的通知，对"废两改元"力表赞成。随之，青岛中资银行实行"废两改元"开始对外资银行发布。汇丰、麦加利、德华、朝鲜各外资银行得到正式通知后，均未表示异议。接着邬志和、张绚伯一行亲赴正金银行行长办公室，郑重宣布"废两改元"通知。

日金银行行长提出疑问，称这是中资银行单方面的决议，事先并未征询日金银行的意见，此行动对日金银行及日商在青贸易造成的影响，如何处理？张绚伯言之堂堂地告知对方：改革货币流通之恶例，行使币制划一之举，为我国人自决之事，今日我等前来，是将"废两改元"正式通知贵行，而并非征求意见。一直以来，贵行针对我国商人以胶平银设限，拒不接受我国国币和银圆，此有违国际公道之举，再不能继续下去了。在中国经商，岂有拒收中国国币一说？"废两改元"，为我统一币制的第一步，绝不会因为外人反对而中止。日金银行行长闻听后，一时瞠目无语。

7月27日晨，全市18家中资银行的行长和钱庄、银号的经理齐集齐燕会馆钱市。张绚伯宣读"废两改元"决议案，并由邬志和宣布自今日今时实行"废两改元"，胶平银从此废止，开本埠商业金融之新纪元，创自立自强之无上荣光！全场群情激奋，欢声雷动，"当时尤以进出口商人为甚"。

据青岛中国银行的钱市交易调查，27日的钱市交易，"本日进出，照敝与各行议决办法，一律以大洋买卖，不得再以胶银成交，结果交易甚寥，挂牌均悬银圆，胶银行市，达到废止"。从此，青岛进出口往来一律以银圆为准，从而迈出收回金融利权的第一步。《中国实业志（山东省）》在评价青岛"废两改元"的历史作用时指出："经华商银行联台整顿发行权及废除胶平银两本位后，日本银行之势力稍杀。"②实行"废两改元"后，胶海关关税经收权从此收归青岛中国银行。

1933年4月，南京国民政府宣布"废两改元"，并确定以"元"为单位的银

① 江礼璨：《述青岛废除胶平银之经过》，《银行周报》1929年13卷第31期，第19页。
② 实业部国际贸易局编：《中国实业志（山东省）》第10编《金融机关》，山东省国际贸易局1934年版，第23页。

本位制。此项改革,青岛比全国其他地区早了 4 年,成为全国"废两改元"第一市。

第六节 中日物品证券交易市场的争夺

20 世纪 20 年代初,青岛作为中国北方重要的商贸港城,商品交易活动日趋兴盛。随着日商纱厂大举进军青岛棉纺织业,青岛成为日产棉纱的集散地;同时,青岛也是山东花生、花生油、豆油的最大期货市场,出口欧美市场的油作物交易极为畅旺。其时,青岛华商拥有自己的土产交易市场,钱钞交易在齐燕会馆的钱市进行,交易权未落入日人之手,日商也无法借掌控交易权而牟取暴利。日本守备军方面曾多次致函青岛市总商会,敦促其出面支持成立提供钱炒、物产交易的取引所,但总商会不愿趋附日本势力,不仅不出面支持,反而明确表示反对。

1920 年 2 月,日本驻青岛守备军司令部批准成立了青岛取引所,定为官营,由民政署事务官兼任主事,下设书记及检查员。青岛取引所最初设在今北京路临街的一排平房内,作为官办交易所,内设物产、钱钞、证券 3 部。初时,取引所虽定为日本官办,但对大多数华商而言并不具吸引力,如总商会不出面,大多数华商也就不会参与其中。于是日本官方再次向总商会施压,以日本守备军司令官的手令逼迫总商会就范。"至民国九年(1920)8 月,奉日本守备军司令官命,著敝商会商家以中日平均资本开办,不得已与之合办,原为青岛取引所之清算及担保机关。"①在日本守备军的淫威胁迫下,总商会不得已同意中日商家合办,并承担担保之责。

同年 9 月,青岛取引所正式营业,分物产、钱钞、证券 3 个部,另组信托会社办理交割、担保及垫款事务。信托会社额定资本金 800 万元,分为 16 万股,每股 50 元,中日商人平均认股。各部均设取引委员会,委员中日各半,但负责人均由日本人担任。物产交易以花生米、花生油、豆油为限;银钞交易以正金银行所发行钱票为限;证券交易指定 24 种,都是日本人在青各株式会社的股票。所

---

① 《青岛总商会致鲁案善后事宜督办王正廷函》(1922 年 6 月 28 日),中国人民银行青岛市分行、青岛《金融志》编纂办公室:《青岛金融史料选编》(内部资料),1991 年版。

谓"中日合办"的青岛取引所,炒的钱钞是日本的,炒的证券是日本的,炒的物产虽是中国的但却是专为输入"特定进出口对象国"的,资本金虽属"中日合办",但股权分配却另作别论。青岛的钱炒、期货交易,不始于青岛取引所,"实则物产、钱钞,华人原有买卖市场,自有取引所,而后大部移于外人之手。证券买卖,仅以抬高日商之股券声价,俾日人之企业资金便于周转"①。据考证,上述华人原有从事物产钱炒交易的取引所,位于北平路(今北京路),青岛取引所建成后,交易客户携其资本被日商拉走,遂成空壳,被迫关闭。

青岛取引所开业第一年,现货、期货交易兴旺,财势日增。据开业半年后的营业报告统计,物产部经手的花生油 25700 余车,花生米 4500 余车;钱钞部经手成交钱钞 4 亿元。日本大阪财阀松井见此利好,顿生觊觎之心,与日本驻青岛守备军司令部暗相勾结,私下向青岛取引所注资,以期日后坐享渔利,进而攫取青岛取引所的管理权。1921 年 3 月,日本驻青岛守备军司令部委托松井发起成立青岛企业信托会社,随之宣布青岛取引所改为商办,将营业权交与信托会社,改称株式会社青岛取引所,为取引所向体外过渡、走出由官办改商办的第一步。

1921 年 8 月,美国发起召开太平洋会议(即华盛顿会议),中日前后历经 36 次"边缘"谈判,在泛美大厦签署载入归还胶澳租借地、胶济铁路、胶海关、海底电缆、土地公产、胶澳盐田及撤兵、撤邮、撤无线电台等 14 项议案的《解决山东悬案条约》,青岛收回已经指日可待。青岛市总商会当即提出,青岛取引所不宜改官办为商办,应在中国收回青岛后交中国官方续办。这一提议得到广大华商的一致响应。而日本信托会社掌管的株式会社青岛取引所,反而提出扩充取引所营业范围,把物品交易扩大到棉纱、棉布、棉花、粮食、面粉等。日人的扩充方案,显而易见是为日本在青利益定制的。当时日商在青六大纱厂所产的棉纱、棉布不需转口,可以最便捷的路径变身为"进口",直接在取引所上市。且粮食对本地市场影响极大,一旦纳入交易,则会对市场粮价形成冲击。此提案经青岛市总商会正、副会长讨论后,立即遭到一致反对。青岛市总商会还对青岛取引所改官办为商办提出异议。虽青岛市总商会据理反对,但日本驻青岛守备军司令部坚执不改,最终强行以命令形式发布,使青岛取引所改官办为商办成为事实。此后青岛取引所出现的股票变故,引致市面纷扰,皆因改官办为商办

---

① 民国《胶澳志》卷 5《食货志·商业》,民国十七年(1928)铅印本。

所致。

　　青岛取引所改制后，日本信托会社转而提出另一项提案：将青岛取引所与日本另一企业公司合并。据青岛大陆银行后来的调查，这个企业公司是由日人松井发起成立的，资本金 800 万元，经营业务和信托公司相同。另据青岛市总商会有关档案记载：该企业公司资本 800 万元，额定 16 万股，大阪方面先分去 9 万股，青岛只余 7 万股，要分与华人方面者，仅 3 万股。

　　上述可见，拿一个资金、股权均等的取引所去和一个资金、股权差比悬殊的企业公司合并，其结果早已是优劣自辨，利害分明。对于此等明目张胆的资本绑架，日本人操纵的股东大会，最终把"与企业公司合并"硬性塞进了决议案。会后，虽经青岛市总商会向日本驻青岛守备军司令官及株式会社青岛取引所数次抗议，但合并既成事实，已势难挽回了。

　　"与企业合并"后的青岛取引所，资本金扩至 1600 万元，按 4∶1 的比例实收 400 万元，采取"自票自押"的勾当，把取引所的日本股票 10 万股抵押给企业信托会社，每股押金 30 元，并扬言将大批买进该股。局外人不知内情，争相购买，促使股价飞涨，竟把底价 12.5 元的股票炒到 44～45 元。后黑幕败露，股价最后跌至 2 元，一批华商大股东损失达八九百万元之巨，而一些洞悉内幕的日商早已将手中的股票抛售获利，日商松井等人攫得盆盈钵满之后则一去不返。青岛取引所之失败，华商直接间接所受损失约 1000 万元。事过 10 年，元气尚难恢复。华商之大股东如成学田、刘云碧、隋熙麟以及组合员等直接间接损失八九百万元，迄今市民且为谈虎色变。[①]

　　1928 年在馆陶路建成 3 层取引所大楼，土产交易为花生、花生仁、花生油 3 种。花生仁以 50 吨为交易单位，花生油以车为交易单位，每车 11000 斤。货币交易以日金为主，交易单位以 1 万元起算。应对巨量的土产交易，青岛取引所在大港的连接处租地 80 亩，建造 3 座容量为 1500 吨的大油罐，专用于花生油集中存储。1931 年，花生油存储达 7500 吨，花生米存储 400 万斤，精品花生油 155 万斤。同年交易额，花生油 676650 吨，花生米 188850 吨，钱钞 21480 万元。时值"九一八"事变前，由于东北局势日趋紧张，日本人在东北的取引所均告停业，青岛取引所更显活跃，土产、货币交易有经纪人 80 名。经纪人领取牌号，缴纳保证金 2000 元，由取引所给予周息 8 厘，于歇业时发还。

---

① 民国《胶澳志》卷 5《食货志·商业》，民国十七年（1928）铅印本。

按照取引所的收费规定,50 吨花生仁每交易 1 次收费 8.5 大洋;花生油 1 车(11000 斤)每交易 1 次收费 2.5 大洋;1 万元日金票交易收费 2.4 大洋。仅此 3 项即获利近 70 万元。此外,取引所还向交易人收取一笔数目可观的"证据金":花生每 50 吨 300 大洋,花生油每车 200 大洋,日金票每万元 400～600 大洋。此项获利达 1500 万元以上。"证据金"在出口货物抵岸验收后,固然可以退回,但其"证据"期内的质押时间给取引所提供的流动空间足够做成几单大额生意。根据取引所的规定,花生油的交易收费,最长时限 3 个月,如不能脱手,则进入下一个计费期;"证据金",以货物抵岸验收后方可退回,如果货物囤岸压仓,"证据金"则会变得遥遥无期,任凭取引所支配挪用。凡此种种,都为取引所提供了可观的生财空间。青岛取引所最大的交易,还是钱钞。据《胶济铁路经济调查》统计,1932 年青岛取引所钱钞一项,交易达 73290 余万元之巨,其中大部分为日金票。

1931 年春,青岛商民要求维持本国商权,反对取引所独占青岛交易市场。素负"强项商人"之称的青岛商会会长宋雨亭①公推为这次行动的发起人和组织者。值此档口,青岛商民把收回交易权作为收回金融利权的最后一步。争其利必先褫其权,多年来物产、证券、钱钞交易权一直为日人把持,何谈收回利权?

同年 8 月,青岛商会发起成立青岛市物品证券交易所股份有限公司筹备委员会(简称筹委会),另组青岛市物品证券交易所,创办人宋雨亭为理事长。当月即由 21 家工商业大户发起退出青岛取引所。呈奉市政府批准,在馆陶路 13 号齐燕会馆设临时交易市场,9 月 19 日开业先行交易。筹委会决定,在青岛取引所交易的中国商人,钱钞交易到 9 月 15 日,物产交易到 9 月 20 日,全数交易结束,一齐退出青岛交易所。

1931 年 9 月 18 日,"九一八"事变猝发,全国民众发出抗日的怒吼。次日,青岛交易所在齐燕会馆开幕。日人四处散布恐吓言论,威胁宋雨亭:"交易所朝

---

① 宋雨亭(1882—1950),山东掖县(今山东莱州)人。少时在青岛习商,接任其叔瑞记商号经理。因其善于经营,在青岛工商界崭露头角。1926 年,任青岛市总商会董事。1927 年 12 月,被选为青岛市总商会会长。1931 年 5 月,兼任青岛市救济院院长,设育婴所、济良所等,兴办社会慈善事业。同年 8 月,主持成立青岛市物品证券交易所,自任理事长。1934 年 1 月,筹资成立普利股份有限公司,兼任经理。1935 年 5 月,筹资成立青岛渔业股份有限公司,组织并扶助渔民摆脱日本水产组合的挟制。同年兼任青岛红十字分会会长。1937 年七七事变后,他携眷匿居故里,将所带小卧车献给胶东抗日游击第三支队。1938 年 1 月,日军将其财产全部查封,并游说其出任青岛维持会会长,宋雨亭坚辞不就。抗日战争胜利后,他又以病为由,拒绝国民党当局一切委任。1950 年去世。

成,宋雨亭必暮毙。"身处危境,宋雨亭从容应对,不为所动,宣示称:"我宋雨亭死不足惜,青岛交易所开幕的日子不能变,中国人在自己的土地上,办中国人自己的交易所,凭什么还得看××人的眉高眼低!"临时交易所开幕时,市公安局派出警察维持秩序,"欲以暴力作种种之妨害"的日本人见此状况不好下手,除了"以交易所为青岛市排日行为最恶之机关"之外,只得悻悻罢手。

青岛市物品证券交易所开业后,围绕青岛华商另组交易所一事,中日双方的外事交涉随之而起。日本驻青岛总领事川越茂和原青岛交易所理事安藤荣次郎,向青岛市政府发出公函和呈文,指责此举"抹煞该所在本地之历史和实情",是违反"交易所法之精神""违反经济上之原则,根本错误之计划"等,要求青岛市政府出面阻止。青岛市政府在复函中坚持认为:青岛市物品证券交易所,遵照我国交易所法组设,且交易所经呈请实业部核准备案,"本府未便予以取缔,且经营商业法律所许之下,交易所之如何处置,纯系个人自由。在交易人利害切身,自必熟权去取,本府既不能强令交易人脱离,亦不能强令交易人加入"。日方遭拒后,不甘罢手,在公函和呈文中提出:中国交易人退出取引所是受了"极不合理不自然的压迫",如果青岛市政府对此置之不理,由此发生"不祥事件,实难预料"。11月,青岛市政府再次复函日方,强调指出:日方"极不合理不自然的压迫"一说,"既无事实可资证明,在本府更不信营业得失利害切己之交易人不自熟权去就,而甘受他人之压迫""商人自由营业,此种合法行动何至因此惹起不祥事件"。同时申明,原青岛取引所"在山东悬案条约及细目协定内均无规定,就事实言之,自我国收回青岛以来,并未向我官厅呈请立案"。中日双方交涉拖宕4个月之久,青岛市政府终未接受日方要求。

1933年7月,青岛市物品证券交易所股份有限公司(简称青岛交易所)正式创立。1934年2月,青岛市政府转咨南京国民政府实业部,实业部于同年6月批复设立,并登记备案,颁发第1号特许状及设字第845号登记执照。青岛交易所的组织形式和章程,多取法于青岛取引所,资金定为40万元,分4万股,股东95位,理事会理事15人,监察3人,理事长是青岛商会会长宋雨亭。青岛交易所设土产、纱布、证券3个部,从事花生米、花生油、纱布、面粉等期货交易。每部有40~60家殷实商号为代理店,商号经理为经纪人,只有经纪人或经纪人代表有资格进所交易。所有成交货物均为期货,以当月末或下月末为交货、收货日期。到期不能交货、收货,无论盈亏都必须合扶割清。每天成交的某种货物的最高价与最低价的平均数值为公定价,按公定价计算各代理店在交易所中的亏损数字,收取押金。如行市再有变动,还要根据新的亏损收取续押金,以此类推。青岛交易所还设油柜和仓库,待客存货,收取栈租、保险费等,向货主出具存货单,凭存货单可向银行抵押借款。

青岛交易所创办后,华商纷纷退出青岛取引所,转入青岛交易所,因此生意兴隆,收益日增。青岛取引所由于中方经纪人全部退出,交易日见萧条,引起日本人的嫉恨。为避免日人的骚扰,青岛交易所迁至北京路。1935 年 11 月,南京国民政府财政部颁布《法币政策实施办法》及《兑换法币办法》,全国币制改革拉开大幕。与此同时,华北形势急转直下,日本公开宣称华北自治和华北经济圈独立,推动华北财政向所谓"日满华共存圈"靠拢。华北日危,局势日危,而在青岛,作为中日冲突交并的焦点,日本势力对青岛交易所的冲击和挤压越加紧迫。

币制改革的当月,立于大沽路和天津路交叉口的新交易大楼竣工,青岛交易所正式迁入营业。新交易大楼建造的意义重大,是"为打破日本人垄断青岛的商品和证券交易,欲与之抗衡而建造的一处场所"。1935 年,新迁后的交易所生意达到鼎盛时期,此时取引所的营业急剧下降,钱钞交易额大幅萎缩,市场呈停顿状态。在难以为继的情势下,日本青岛取引所提出与青岛交易所合并经营,日方称之为"进行与中国方面的交易所合并问题的谈判"。处于经营劣势的青岛取引所提出以后两方收入合并总计,将所有盈余以"四六分擘利益"(即交易所四成、取引所六成)的无理要求。日本驻青岛领事馆,幕后唆使日商寻衅闹事,游行示威,扬言要放火烧毁青岛交易所大楼,游弋青岛的日本海军也掀去炮衣,将炮口对准市区,以登陆占领青岛相威胁。

青岛市政当局面对日本军事高压,既无军队可对敌应战,也不想因"分擘"之争而引发军事激变,为日本渴求的"华北自治"制造由头,只得与青岛取引所达成妥协,允许日商化名进入青岛交易所做经纪人,青岛交易所每年所得纯利分给青岛取引所 40%,部分商品交易业务让给青岛取引所经营。1938 年日本第二次侵占青岛,青岛取引所倚势吞并了青岛交易所。1939 年,青岛取引所分为物产部(花生油、花生米等)、棉线部(棉布、棉线等)、棉花部(中国产棉花)、麦面部(中国产机制面粉)4 个部分。由于棉花统制和面粉原料不足,棉花部、麦面部未开展业务。1942 年,由于日本侵华战争消耗过巨,物资极度缺乏,流通受到限制,青岛取引所营业萧条被迫停业。1944 年 6 月 26 日,青岛取引所临时股东会议议决解散,青岛取引所宣告结束。

抗战胜利后,青岛敌产清查委员会曾对 11 年前青岛交易所把 40%收益让

与日本取引所一事进行专门调查,调查结论认为:

> 交易所当局为求地方与社会上之安全,秉市当局密令,并奉实业部默许,宁损公司商股利益,不失国权之旨,对敌商提出之要求,予以承认。敌商取引所既得交易所无偿赠予之利益后,即停止其威胁压迫之恶劣手段,而交易所得此与之相安,并对抗经营物品证券交易市场业务达4年之久。①

经调查认定,青岛交易所将部分收益让与日商,是奉市政府密令行事,并为南京国民政府实业部所默许,实属情势所迫的无奈之举。青岛交易所宁损利益,不失国权,让利以图存,继续与日商物品交易市场对抗达4年之久,直至青岛沦陷前夕。

---

① 《青岛市物品证券交易所之创设及其与日商对抗经营之经过》(1946年9月30日),中国人民银行青岛市分行、青岛《金融志》编纂办公室:《青岛金融史料选编》(内部刊物),1991年版。

参考文献

[1] 胶济铁路管理局车务处. 胶济铁路沿线经济调查报告[R]. 青岛:胶济铁路管理局车务处,1933.

[2] 青岛市工商行政管理局史料组. 中国民族火柴工业[M]. 北京:中华书局,1963.

[3] 寿扬宾. 青岛海港史(近代部分)[M]. 北京:人民交通出版社,1986.

[4] 青岛市档案馆. 帝国主义与胶海关[G]. 北京:档案出版社,1986.

[5] 刘善章,周荃. 中德关系史文丛[G]. 青岛:青岛出版社,1991.

[6] 刘善章,周荃. 中德关系史译文集[G]. 青岛:青岛出版社,1992.

[7] 魏尔特. 赫德与中国海关[M]. 陈翔才,陆琢成,李秀风,等,译. 厦门:厦门大学出版社,1993.

[8] 王相钦. 中国民族工商业发展史[M]. 石家庄:河北人民出版社,1997.

[9] 许檀. 明清时期山东商品经济的发展[M]. 北京:中国社会科学出版社,1998.

[10] 米庆余. 日本百年外交论[M]. 北京:中国社会科学出版社,1998.

[11] 汪敬虞. 中国近代经济史(1895—1927)[M]. 北京:人民出版社,2000.

[12] 陈诗启. 中国近代海关史[M]. 北京:人民出版社,2002.

[13] 唐致卿. 近代山东农村社会经济研究[M]. 北京:人民出版社,2004.

[14] 王林. 山东近代灾荒史[M]. 济南:齐鲁书社,2004.

[15] 青岛市档案馆. 胶澳租借地经济与社会发展——1879—1914年档案史料选编[M]. 北京:中国文史出版社,2004.

[16] 庄维民,刘大可. 日本工商资本与近代山东[M]. 北京:社会科学文献出版社,2005.

[17] 李明伟. 清末民初中国城市社会阶层研究[M]. 北京:社会科学文献出版社,2005.

[18] 余凯思. 在"模范殖民地"胶州湾的统治与抵抗——1897—1914年的中国

与德国的相互作用[M]. 孙立新,译. 济南:山东大学出版社,2005.

[19] 张照东. 宋元山东区域经济研究[M]. 济南:齐鲁书社,2006.

[20] 罗苏文. 近代上海:都市社会与生活[M]. 北京:中华书局,2006.

[21] 任银睦. 青岛早期城市现代化研究[M]. 北京:生活·读书·新知三联书店,2007.

[22] 青岛市档案馆. 青岛开埠十七年——《胶澳发展备忘录》全译[M]. 北京:中国档案出版社,2007.

[23] 刘克祥,吴太昌. 中国近代经济史(1927—1937)[M]. 北京:人民出版社,2010.

[24] 余鑫炎. 简明中国商业史[M]. 北京:中国人民大学出版社,2010.

[25] 王红曼. 中国近代货币金融史论[M]. 上海:上海人民出版社,2011.

[26] 青岛市档案馆,青岛市历史学会. 青岛近代城市史论文集[G]. 青岛:青岛出版社,2011.

[27] 钱穆. 中国经济史[M]. 北京:北京联合出版公司,2013.

[28] 青岛市档案馆. 胶澳商埠档案史料选编[G]. 青岛:青岛出版社,2013.

[29] 斐迪南·冯·李希霍芬. 山东及其门户胶州[M]. 青岛市档案馆,编译,青岛:青岛出版社,2014.

[30] 庄维民. 近代山东市场经济的变迁[M]. 北京:中国社会科学出版社,2015.

[31] 钱穆. 中国社会经济史讲稿[M]. 北京:北京联合出版公司,2016.

[32] 纪丽真. 山东盐业史[M]. 济南:山东人民出版社,2019.

[33] 青岛市档案馆,青岛理工大学马克思主义学院. 民国时期青岛档案史料选编[G]. 青岛:青岛出版社,2020.

[34] 青岛市档案馆,青岛大学历史学院. 胶海关档案史料选编[G]. 青岛:青岛出版社,2020.

[35] 青岛市档案馆,山东大学历史文化学院. 青岛商会档案史料选编[G]. 青岛:青岛出版社,2021.